박정희
한국의 탄생

박정희
한국의 탄생

조우석 지음

살림

| 저자의 인사말 |

미국 역대 대통령들이 조각된 사우스 다코다 주 러시모어 산의 초대형 큰 바위 얼굴은 우리에게 못내 부러운 광경입니다. 나라를 세우고(조지 워싱턴), 땅을 넓힌 뒤(토머스 제퍼슨), 분열을 치료하고(에이브러햄 링컨), 강국으로 만든(시어도어 루스벨트) 지도자들을 오래 기억하려는 미국인들의 태도와 자부심이 잘 드러납니다. 역대 대통령과 그 시대란 결국 자신들이 함께 연출했던 공동의 드라마가 아니겠습니까?

많은 대통령을 만나기 위해 미국인들은 굳이 먼 산만을 바라볼 필요가 없습니다. 달러화에 잠시 눈길을 줘도 됩니다. 1달러화의 조지 워싱턴, 2달러화의 토머스 제퍼슨을 포함해 에이브러햄 링컨(5달러), 앤드루 잭슨(20달러)을 매일같이 보고 만지며 삽니다. 대통령 이야기는 단행본은 물론 영화, TV 드라마로도 쏟아져 나옵니다. 링컨을 다룬 단행본만 무려 16,000여 종인데, 그건 다른 분야도 사정이 비슷해서 영화 〈JFK〉〈닉슨〉을 연출한 올리버 스톤은 '대통령 전문 감독'이라는 타이틀을 갖고 있습니다. 그동안 주목받지 못해왔던 2대 대통령을 그린 TV 미니시리즈 〈존 애덤스〉는 2008년 에미상 13개 부문을 휩쓸었다지요?

이화여대 박성희 교수의 비유대로 그들에게 대통령 이야기란 먹어도 먹어도 질리지 않는 음식이라면, 우리는 꼭 그 반대가 아닌가 싶습니다. 곡해·질시 속에 손가락질하거나, 그것도 질려서 내처 잊고 삽니다. 다른 이는 몰라도 박정희만큼은 안 된다며 흥분하는 이들도 주위에 왕왕 있습니다.

    아무리 생각해봐도 그건 아닙니다. 그가 이룩한 경제적 성취가 20세기 세계사에 흔치 않은 사건인데, 왜 그 시대 지도자를 백안시해야 할까요? 왜 그의 시대 앞에 무뚝뚝한 개발독재라는 문패 하나만을 달아놓은 채 손을 털어야 하는지요? 그의 통치 기간은 현대사의 청년기라서 오늘 한국의 뼈대가 만들어진 시기이자, 한반도 모더니즘 혁명이 일어났던 결정적 국면입니다. 폭력정치, 정보정치를 포함한 부정적인 측면까지도 일단은 우리 유산이라는 게 제 판단입니다. 초고속 성장을 질주하며 완전고용의 신화를 낳았던 그 시기를 저는 이 책에서 '6070시대'라고 명명했고, '금박의 시대'라고도 했습니다.

▶ 러시모어 산에 새겨진 미국 역대 대통령들의 얼굴.

경제 우울증을 앓는 이 시대 시계를 거꾸로 돌려 옛날이야기하며 헛된 위안을 주고받자는 게 아닙니다. 6070시대는 탄탄대로가 아니었을 뿐더러 우여곡절을 거쳐 위기와 수렁을 헤쳐가야 했으니, 그 자체로 드라마가 아닐까요? 때문에 한국사 전체를 통틀어 그때만큼 역동성이 분출했던 시기를 발견하기란 쉽지 않습니다. 그 시기를 이끌었던 박정희를 포함한 앞 시대 선배들의 이름을 오늘 우리가 아니면 누가 불러주고 기억해줄까요?

때문에 이 책은 '실물크기 박정희'를 함께 들여다보자는 새로운 제안입니다. 숱한 오해와 억측을 제쳐둔 채 그의 맨얼굴을 제대로 볼 필요가 있습니다. 오해하실까 두렵습니다. 이 책은 그 시대 일부 탈선과 폭력에 대한 면죄부가 아닙니다. 실은 제 스스로가 궁금했습니다. 이토록 개성 강하고 여러 개의 얼굴을 가진, 그 놀라운 성취를 이끌어냈던 정치지도자는 과연 어떤 과정을 거쳐 만들어지고 성장했단 말인가? 그가 창출해낸 6070시대의 모더니즘 혁명의 실체는 과연 무엇인가? 우리가 막상 무덤덤하거나 아니면 당연시하고 있을 때 왜 미국의 버락 오바마 대통령은 기회가 날 때마다 "한국의 경제성장을 본 받으라"고 강조하는가? 얼마 전 이탈리아 G8 정상회담과 아프리카 가나 의회 연설에서 세계가 따라 배워야할 국가모델로 한국을 지목했지만, 왜 우리는 박정희를 잊고 살까?

사람들은 무관심하거나, 아니면 미스터리라고 하면서 제쳐놓고 있지만, 풀리지 않는 비밀이란 없습니다. 우리가 놓쳐왔을 뿐이지요. 대표적인 대목이 출생의 비밀입니다. 그의 생애는 고향인 경북 선산의 상모리가 품고 있는 비밀을 해독하지 않고는 접근할 수 없다는 게 이 책의 시각입니다. 훗날 박정희를 움직였던 역설적인 힘은 어릴 적 마치 불도장처럼 찍혔던 가난과 수치심에서 비롯되는데, 그건 '고향이되 고향이 아니었던' 상모리에서 싹텄습니다.

상모리는 전 시대, 봉건·전근대의 상징이자 전형이었습니다. 어떻게든 그곳을 벗어나려는 충동, 새로운 질서를 세우기 위해서라면 지금의 낡고 병든 패러다임 모두를 뒤집겠다는 맹렬한 서원誓願도 여기에 뿌리가 있습니다. 남달리 과묵한 성격과 돌연한 만주행 등 박정희의 행로도 비로소 설명이 되는데, 집안의 구조적 배경도 중요합니다. 특히 부친 박성빈이 그렇습니다. 좌절한 먹물인 그는 구한말과 일제 초기 고령 박씨 문중에서 버림받은 뒤 고향을 떠나 처가살이를 해야 했고, 그것도 바닥의 신분인 산지기였습니다. 그렇습니다. 식민지 환경에 더해 사회적 소외 속에 갇혀 있던 답답한 삶이 소년 박정희의 성장 배경이었습니다. 이러저런 이유로 그동안 우리는 그런 디테일 확인에 소홀했습니다. 이 책은 그동안 드러나지 않았던 정치 지도자 박정희의 여러가지 인간적 모습도 새롭게 들여다보았는데, 그중의 하나가 '울보 박정희'의 모습이고, 적지 않은 서정시를 썼던 낭만시인의 면모입니다.

이런 측면은 그동안 철권 통치자 이미지에 가려왔을 뿐인데, 이번 기회에 그가 남몰래 흘렸던 눈물에서 미어지는 통곡 그리고 절묘했던 '악어의 눈물'까지를 훑어보았습니다. 술꾼 대통령의 진면목, 그래서 때로는 망가지는 박정희는 또 어떠한가요? 그게 전부가 아닙니다. 쉬 해독되지 않는 정치 9단 마키아벨리언다운 복잡한 표정까지도 다면체 박정희 모습이라는 게 저의 시각입니다.

사후 30년, 이제는 편견과 고정관념에서 자유로운 새 논의가 필요한데, 이 책이 그 실마리가 되길 저는 기대합니다. 20세기 한국 현대사는 박정희를 건너뛰거나 우회해서는 절대로 만날 수 없습니다. 그걸 부정하려는 것은 괜한 허위의식이자 냉소주의가 아닐까요? 참고로 동양학 연구의 1번지로 꼽히는 미국 하버드대 엔칭 연구소는 오래전부터 박정희 연구서를 차곡차곡 준비해왔습니다. 이러다가는 자칫 그에 관한 학술적 규명마저 외국에 추월당할까 걱정스럽습니다. 저는 압니다. 아직도 진보·보수라는 공허한 그림자놀이에 코 박고 있는 게 한국사회인지라 이 책에 대한 비판과 옹호가 함께 나올 것입니다. 그런 반응 모두를 환영합니다.

실은 이 책은 논쟁을 위한 것도 아니지요. 무엇보다 우리 시대 젊은이들을 향해 말문을 트는 작업입니다. 로켓처럼 치솟았던 한국사회가 왜 지금 휘청거릴까요? 그 시대가 만일 금박의 시대였다면, 21세기 지금을 진정한 황금시대로 만드는 게 우리 몫이 아닐까요? 지금 밥 먹고 살며 즐기고 있는 2000년대란 결국 그 시대의 연장선상인데, 앞 시대를 외면하는 것은 무책임한 게 아닐까요? 젊은 층을 포함한 우리가 역사의 무임승차 세대로 남을 수야 없지 않을까요?

여섯 개의 장으로 된 이 책은 각 장이 독립적 성격을 가졌으면서도 유기적으로 연결되어 있습니다. 처음부터 읽어 내리는 게 좋겠지만, 독자 분들의 관심에 따라 골라 읽어도 무방할 듯합니다. 그 시대의 유산 점검(제1장), 박정희라는 캐릭터와 스타일 해부(제2장), 새롭게 밝혀지는 출생과 성장과정 분석(제3장), 18년 박정희 시대의 성취 자리매김(제4장), 여전히 '지뢰밭'으로 남은 그 시대의 핵심 쟁점 따지기(제5장), 사후 재평가 움직임 점검(제6장)이 그것입니다.

첫 인사의 마무리입니다. 책 표지의 저자로 저 혼자 이름이 올라 있지만, 사실상의 공저자가 한 명 더 있습니다. 기회에 밝히자면 고은선 박사입니다. 미국 코넬대에서 국제정치학을 전공했던 그와 저는 책을 쓰는 내내 거의 매일같이 전화를 주고받았고, 무수히 만났더랬습니다. 저와 지적 관심까지 닮은 샴쌍둥이인 그는 제 초고를 읽어주며 다양한 조언도 들려줬습니다. 더없이 유쾌한 토론의 시간이었고 그 과정만도 우리는 행복했습니다. 그게 어디 둘만의 교감일까요? 동시대를 사는 독자 여러분과도 마음을 나누고 싶습니다.

| 차 례 |

저자의 인사말 — 4
프롤로그 | 신화와 오해의 벽을 넘어서 — 12

01_ 한반도 모더니즘 혁명

6070시대 우리는 로켓처럼 날았다 — 26
빵빵한 경제의 펀더멘털 — 40
세계 최강 탱크 '흑표'를 아시나요? — 48
민주화 트로피, 올림픽 트로피 — 59
민주화 세대와 산업화 세대 — 72
고대인, 산업시대 엔지니어로 진화하다 — 83
| 테마 6070 | 박정희의 민족문화, 한창기의 토박이문화 — 36
            그런데 장발·미니스커트 단속은 왜 했지? — 69

02_ 햄릿형 시인, 마키아벨리 정치인

"모든 술은 다 좋다" 천하무적 주당 — 94
울보 대통령의 맨얼굴 — 108
스무 편 서정시 남긴 '문학청년' — 121
이병철 스타일과 정주영 스타일의 사이 — 134
숨겨진 폭력정치 기질 — 143
대쪽선비 정구영의 또 다른 길 — 155
| 테마 6070 | 토종 와인 마주앙 탄생비화를 아세요? — 105
            '금오산' 등 박정희 작사 대중가요 두 편 — 131
            그 시절의 조연들, 김재규·차지철·전두환 — 151

03_ 그 남자 출생의 비밀

상모리는 왜 고향이되 고향이 아닌가 — 166
대구사범 때 그는 행복한 청년이었나 — 182
제3의 탈출구 만주 발견 — 193
함석헌·장준하의 길, 박정희의 선택 — 207
지옥의 문턱 '남로당' 체험 — 217
그의 베아트리체 육영수의 등장 — 229

| 테마 6070 | 소년 박정희의 '근대로 열린 창', 교회 — 179
　　　　　　박정희는 과연 식민화된 군인 맞나? — 204

04_ 박정희 18년의 A to Z

쿠데타, 총 아닌 마음으로 했다 — 242
18년 정치, 탄탄대로인가 살얼음판인가 — 258
마지막 비상구 중공업과 유신체제 — 271
중남미 회전문 쿠데타와는 너무나 달랐다 — 281
부국강병 꿈의 완성 — 293
라이벌 김일성을 제친 역전 대승부 — 302

| 테마 6070 | 너무도 달랐던 5·16과 김옥균의 갑신정변 — 254
　　　　　　필리핀과 한국의 뒤바뀐 나라 운명 — 290

05_ 논란 속의 6070시대 '지뢰밭'

민주주의, 본질인가 하이패션인가 — 314
지역차별의 멍에 — 323
지식인과 언론은 왜 등을 돌렸나 — 332
한일회담, 월남 파병 대차대조표 — 344
아킬레스건으로 남은 공작정치 — 355
10·26과 핵개발, 그리고 '미국 변수' — 362
| 테마 6070 | 한국의 보배 함병춘, 상처받은 지식인 김형효 — 341
극과 극의 스타일, 카터와 레이건 — 370

06_ 그와의 싸움, 그와의 화해

'성난 얼굴로 돌아보라' 민중문화운동 — 376
학계 검투사들, 반 박정희 칼 뽑다 — 385
제3의 목소리, 경제학자 장하준 — 396
| 테마 6070 | 이시형, 김동길, 손학규, 김문수의 박정희 재발견 — 393

에필로그 | 박정희는 이제 치유와 화해의 이름이다 — 403
부록 | 나는 왜 이 책을 썼나? – 저자의 셀프 인터뷰 — 411

| 프롤로그 |

신화와 오해의 벽을 넘어서

장기집권 이미지에 가린 탓일까? 사람들은 박정희가 무척이나 젊었고, 한국의 역대 대통령 중 최연소 지도자였다는 점을 채 떠올리지 못한다. 1963년 윤보선과 맞붙었던 첫 대선 때 "황소처럼 일하겠다"라는 구호를 내걸었지만, 억척 이미지에 맞게 그는 실제로 젊었다. 해방 이후 등장한 역대 대통령 열 명 중 박정희를 제외한 아홉 명의 취임시 평균 연령은 62.1세다. 내각책임제를 채택했던 2공화국의 총리·대통령 모두를 포함해서 그렇다. 쿠데타 당시 박정희는 44세로, 역대 대통령 평균에 비해 18.1세나 적다. 부인 육영수도 30대의 젊은 새댁이었다. 집권을 마감했던 1979년 당시의 나이는 62세라서 요즘 기준으로는 노인 축에도 못 끼었다.

이에 비해 이승만, 윤보선, 장면, 최규하, 김대중, 김영삼이 60대 혹은 70대였고, 전두환, 노태우, 노무현도 50대에 집권했다. 유일한 40대 지도자인 그가 얼마나 활기찼는지는 미국 J. F. 케네디 대통령과 맞비교를 해야 한다. 그는 박정희와 동갑이다. 선거로 당선된 미국 최연소 대통령 케네디는 버락 오바마에 비해서도 세 살이 젊었다. 그런 케네디와 박정희와는 공교롭게도 태어난 해(1917년)와 집권 연도(1961년) 역시 같다.

통치 철학도 닮은꼴이다. 구조가 그렇다는 얘기인데, 케네디는 은수저를 물고 태어난, 정치 명문 집안의 차남이다. 하지만 집안이 가톨릭이라서 미국 역대 대통령 중 개신교도가 아닌 첫 소수파 출신이기도 했다. 개신교를 믿는 앵글로색슨계 백인, 즉 와스프(WASP)라는 주류 파워엘리트와는 달랐다. 그는 집권 기간 동안 막강한 철강 대기업을 굴복시켰고, 제2의 노예해방을 통해 인종차별의 궁극적 해결도 노렸다.

그런 만큼이나 케네디는 미국사회의 내부에 적을 키우고 있었다. "정의야말로 진정 나라를 드높인다"고 외쳤던 그는 재임 기간 내내 당대의 인기보다 후대의 평가를 염두에 뒀는데, 그래서인지 댈러스의 비극 이후 그에 대한 평가는 급반등했다. 통치자로 가졌던 적지않은 약점에도 불구하고 암살 직후 미국 정치의 영원한 리더로 등극한 것인데, 박정희는 그와 전혀 달랐다.

불과 집권 3년을 못 채우고 암살됐던 집권 1,000일의 케네디가 '영원한 대통령'으로 남아 있는데 비해, 박정희는 서거 이후 편견·오해 속에 바로 묻혀버리고 말았다. 역설이다. 케네디 식으로 말한다면 "근대화와 민족중흥은 정녕 나라를 드높인다"고 외쳤던 그는 한국의 오늘을 만든 주인공이 아니던가? 이점 논란의 여지가 없다. 긍정·부정의 평가를 포함해 누구나 그걸 일단 인정한다. 케네디가 이미지로 구축된

프롤로그 | 신화와 오해의 벽을 넘어서

▶ 1961년 11월 박정희가 미국 방문 중 케네디를 만났다. 둘은 동갑이자, 같은 해 집권했다.

대통령이라면, 박정희는 뚜렷한 성적표를 갖고 있다. 그렇기 때문에 박정희에 대한 저평가 현상은 크게 의아스럽다. 사실 박정희는 6070개발시대의 선배들이 품고 있던 꿈을 상징하는 이름이기도 하다. 질풍노도 시대를 이끌었던 그는 비유컨대 지휘자였다. 대한민국 오케스트라를 이끌던 '마에스트로 박'으로 딱이던 그는 단원의 실력을 조율해 '코리안 사운드'를 뽑아내는 대성공을 거뒀다.

『한국전쟁의 기원』의 저자로 유명한 브루스 커밍스가 박정희를 20세기의 산업지휘관이라고 명명한 것도 우연이 아니다. 『브루스 커밍스의 한국현대사』에서 보듯 한국사회가 "(근대화) 저울의 거의 밑바닥에서 20세기를 시작하여 거의 꼭대기에서 20세기를 마감"하는 데 기여한 공헌에 대한 평가다. 국내의 좌파 지식인들이 가장 좋아하는 외국학자 중 하나인 그의 이어지는 발언은 그래서 더욱 이채롭게 들릴지 모른다.

"(미국의 철강왕) 앤드루 카네기, (포드 자동차를 만든) 헨리 포드, 소련의 스탈린, 일본 소니의 회장 모리타 아키오 등 20세기 산업군주들을 도열시킨다면, 한국의 산업지휘관 역시 그 반열에 마땅히 속할 것이다."

대중들의 열광, 지식인들의 냉소

사실 박정희가 내세웠던 모토인 민족중흥이란 서유럽이 산업혁명 이후 이룩해온 모더니즘 혁명, 부국강병의 꿈인데, 그 도약을 밑천 삼아 한국은 오래전에 OECD회원국이 됐다. 그 전후해서 무한변신에도 성공했다. 광복 이후 받았던 해외원조만도 25조원인데, 이 원조를 끊은 것이 1991년이다. 원조 수혜국에서 원조국가로 탈바꿈한 나라는 제2차 세계대전 이후 우리가 거의 유일하다. 단 지휘자 '박 마에'의 집착이 문제였을까? 사람들은 박정희를 긍정적으로 말하면서도 끝에 가서는 물음표를 달곤 하는데, 고 김수환 추기경도 그랬다. 1972년 봄, 추기경은 식목일 다음날 하루를 대통령과 함께 움직였다. 진주까지 가는 기차여행을 포함해 11시간이 걸리는 여정이었다. 오늘은 "저 분이 어떤 통치 철학을 가졌는지를 보고 듣자"고 스스로 결심했다.

"어이 비서실장, 저것 봐. 나무가 없잖아. 추기경님, 저 둑 좀 보십시오. 대한민국이 이래요!"

기차가 김천을 통과하고 있을 무렵이었다.

"추기경님, 여기가 무슨 역입니까?"

"아마 대신역일 겁니다."

"아 그래요. 쯧쯧……. 저 플라타너스 나무는 전지剪枝하면 안 되는데. 비서실장! 철도청장 불러서 저걸 누가 했는지 알아봐."

▶ 박정희와 인연이 많았던 고 김수환 추기경.

김 추기경은 "박 대통령은 우리 강산 구석구석 나무 한 그루에까지 애정을 쏟는 분이었다. 그 모든 것을 자신이 가꾸고 돌봐야 한다고 생각할 만큼 집착이 강했다. 종이에 4대 강을 그려 가면서 몇 십 년은 족히 걸릴 개발계획을 설명해주는 그분 모습에서 이 나라가 1인 장기독재로 갈 것임을 예견했다"고 『추기경 김수환 이야기』에서 밝혔다.

적지 않은 사람들은 아쉬움을 품고 있다. 그래서 주변에서 일었던 3선 개헌 움직임을 애써 뜯어말린 뒤 시골 농부로 조용히 살았던 미국 초대 대통령 조지 워싱턴의 사례를 떠올리며 박수갈채를 보낸다. 대통령직을 걸었던 국민투표에서 패배하자 잔여임기도 마다한 채 훌훌 권좌를 털었던 프랑스 샤를르 드골 대통령의 멋진 뒷모습을 부러운 시선으로 기억하기도 한다. 왜 박정희는 그러지 못했을까? 무엇이 그들과 같고 무엇이 달랐을까?

어쨌거나 타계 30년을 맞는 그는 높은 대중적 지지를 받고 있다. 역대 대통령 선호도를 묻는 여론조사에서 항상 부동의 1위다. 그것도 2위와의 격차가 엄청나게 벌어진다. 2008년 KBS가 실시한 조사에서 '역대 대통령 가운데 역할을 가장 잘 한 이는 누구냐'는 질문에 응답자 69.8퍼센트가 박정희를 꼽았다. 나머지는 김대중(12.5퍼센트)과 노무현(4.5퍼센트) 순이다. 이런 반응은 어제 오늘의 일이 아니다.

서거 10주년이었던 1989년 조선일보 여론조사에서는 박정희를 제외한 나머지 네 명의 대통령을 놓고 '잘했다' 보다는 '잘 못했다'고 응답한 비율이 높았다. 모두 마이너스 점수를 맞은 셈인데, 유일한 예외가 박정희다. '잘 못했다'는 평가(5.6퍼센트)를 멀리 따돌리고 84.7퍼센트가 '잘했다'고 응답했다. 1992년 미디어리서치 조사도 성공한 대통령에 대한 평가는 박정희(88.3퍼센트), 전두환(3.0퍼센트), 이승만(2.8퍼센트)의 순이다. 어떤 이들은 말한다. 그건 대중 차원의 박정희 향수에 불과하다고……. 너무 쉽게 말하면 안 되는 법이다. 어디 우리만 그러하던가? 미국 시사주간지 「타임」은 1999년 그를 '현대 아시아에서 가장 영향력 있는 지도자 20인'에 꼽았다. 문제는 우리 대학을 포함한 일부 학계의 살벌한 풍토다.

"박정희를 말하는 자 저주 있을진저!"

말하자면 그런 식인 그들은 대중과는 전혀 딴판인데, 지식인들은 1960~1970년대 내내 반 박정희 정서를 주도했고, 지금도 그 틀을 유지하고 있다. 지금은 민중문화운동이라는 견고한 요새를 만들어 놓고 그 안에서 나올 생각을 못한다. 불행이다. 이런 풍토에서 '꺼내면 안 되는 이름'이 박정희다. 신화로 떠받드는 측과 일반 대중 사이에서는 불세출의 영웅이지만 몇몇 지식인들에게 박정희란 쉬쉬해야 하는 이름이고, 혹시 그를 언급하는 이에게는 눈치없는 보수주의자라는 딱지를 붙여준다. 이런 기형적 풍토를 거부했던 학자가 김형아다. 국립오스트레일리아대 정치학과 교수인 그는 1974년 유신 한국을 뒤로 한 채 서울을 떠났던 인물이다. 당시 젊었던 김형아는 '독재의 나라'를 견딜 수 없어 스스로 조국을 굿바이했다. 이후 오스트레일리아에 둥지를 틀었지만, 그래도 잊을 수 없는 한국인지라 별산대놀이 등 1970년대 한국의 민중운동을 연구했다. 그러던 중 20년 만에 박정희와 김일성의 자주·주체를 연구하고자 취재차 서울을 방문했다. 그때 크게 놀랐다.

"한국 방문 중 알게 된 것은 수많은 대학교에 김일성연구소가 있고, 그에 따른 자료도 풍부한데 반면에 박정희 대통령에 관한 자료, 특히 1970년대 자료는 거의 구할 수 없다는 사실이었다. 하도 기이해서 왜 그러느냐고 국회도서관 직원에게 물어야 했다."

이것이 우리의 참담한 현실이다. 박정희는 사후 수십 년간을 내내 빈칸으로, 익명의 공간으로 남아 왔던 것이다. 김형아는 그때 서둘러 박정희 단독 연구 쪽으로 방향을 바꿨는데, 이는 물론 박정희를 홀대하는 한국사회에서 받았던 충격 때문이다. 그 결과 바로 몇 해 전 발표한 단행본이 『박정희의 양날의 선택』이다. 이 책이 유신에 대해 전면적인 재해석을 담고 있음은 물론이다. 즉 유신을 정권연장의 음모라고 보지 않는 것이다. 중화학공업을 통해 한국을 선진국 문턱으로 밀어 올리려는 마지막 빅 푸시big push이자, 이를 위한 환경정비로 규정한다. 이런 이들의 용기 때문에 사회 분위기가 조금 바뀌었다지만 고정관념은 여전하다.

학계가 주입시킨 박정희를 둘러싼 고정관념은 세 가지로 요약된다. 첫째 친일파요, 둘째 독재자이며, 셋째 지역차별의 3대 원죄가 있다는 주장이다. '진짜 박정희'를 만나기 위해서 우선 이런 고정관념부터 점검해야 하는데, 세상이 알듯 박정희는 식민시대 빈농에서 태어나 만주관동군 장교를 거쳤다. 친일파 시비는 만주군관학교와 일본 육사 교육 때문이다. 군관학교를 수석 졸업했던 그는 일본 육사에서 위탁교육을 받았으며, 광복 직전 만주지역에 배치돼 1년 동안 초급장교 생활을 했다. 그런 20대 시절의 선택을 두고 친일파라고 비판하는 것이다. 이 책은 그런 단선적인 논리, 시야 좁은 민족주의 논리와는 관점이 다르다. 당시 동북아의 엘리트 교육을 체험한 것 자체가 잘못은 아니다. 개인사로나 훗날의 정치인으로서의 공적 활동에서나 도움이 됐으면 됐지 그 반대는 아니라고 본다.

태어났을 때부터 조국은 식민지 상황이었다. 그 안에서 성장해야 했던 젊은이를 무턱대고 '식민화된 군인'으로 설정하는 것이야말로 너무 매몰찬 것이 아닐까? 한번 물어보자. 청년 박정희는 그런 교육환경과 자기 삶이 자랑스럽기만 했을까? 식민지 구조에 안타까워하면서도 그 안의 근대성에 조금씩 눈을 떠가는 식의 남다른 아픔을 겪었으리라. 그게 누구보다 강렬했다는 증거도 적지 않다. 또 친일파 논란이란 그의 사후에 주로 제기됐고, 그것도 정치적 공격이라는 점을 기억해둬야 한다.

뒤틀린 흔적까지도 우리의 모습이다

독재자라는 비판 역시 따져볼 요인이 많다. 분명 그에게 서구 민주주의란 하이패션, 즉 비싸지만 거추장스러운 옷이었다. 2000년대 지금까지도 시퍼렇게 살아 있는 싱가포르의 지도자 리콴유나 말레이시아의 마하티르처럼 박정희 역시 민주주의는 그 자체가 본질이 아니라고 보았다. 박정희에게 보다 간절했던 과제는 사회개조였다. 중화학공업을 통한 경제 이륙take-off이란 비전이 중요했다. 물론 여기에 개인의 권력욕도 일부 배어 있었을 것이다. 꿈 없는 권력욕이 추한 데 비해, 그의 권력욕은 그렇지만은 않았다.

"민주주의와 경제발전이 양립하지 못할 이유는 없지 않느냐? 선 민주화, 후 산업화의 길을 걷는 것은 어땠을까?"

사람들은 요즘 그렇게 묻는다. 문제는 지금도 선발 산업국가 영국, 프랑스, 미국 등이 정치혁명(시민혁명)과 경제혁명(산업혁명)이라는 두 마리 토끼를 잡았다고 굳게 믿는 이가 있지만, 유감스럽게도 그건 역사적 진실이 아니다. 의외로 간단한 얘기인데, 우리가 소망해온 자유와 민주란 어느 날 갑자기 민주 헌법을 채

택하고, 의회민주주의라는 절차적 민주주의를 지키는 순간 뿅 하고 등장하는 마법의 게임이 아니다. 때문에 서구 모든 나라가 '꽤나 소란스러운 근대'의 과정을 거쳐 오늘의 민주주의를 창출했다. 또 서구의 공식을 얌전히 지키면서 산업화에 성공했던 제3세계 나라가 어디 단 한 곳이라도 있기나 한가?

"민주화란 것은 산업화가 끝나야 가능한 것입니다. 자유라는 것은 그 나라의 정치환경에 맞게 제한될 수 있습니다. 이를 두고 독재라고 매도하는 것은 말이 되지 않습니다." 박정희 시대를 두둔했던 미래학자 앨빈 토플러의 발언이 신선하게 들린다. 결과적으로 그가 산업화를 앞당겼고, 그 토대 위에서 1980년대 이후 시민들은 민주화 트로피를 쟁취하는 '역할 분담'에 성공했다. 아무리 봐도 산업화와 민주화 둘 사이는 배타적 관계가 아니다. 지금 우리는 유례없는 자유민주주의를 누리고 있다. 프리덤하우스 기준으로 봐도 그렇고, 광장민주주의를 운운하고 있는 지금 상황으로 봐도 그렇다. 그걸 두고 어느 외국 외교관이 최정호(전 한국신문학회장)에게 예언하듯 말했다.

"박정희에 의해 한국이 당대에 근대 산업국가로 초석을 다지리라는 것을 나는 조금도 의심하지 않는다. 또 박정희의 반대 세력에 의해 근대 민주국가의 초석을 다지게 되리라는 것도 확실히 믿는다."

여전히 논란이 되는, 박정희 원죄의 하나라는 영호남 사이의 지역감정 문제도 중요하다. 1971년 대선 이후 본격화된 이 문제는 훗날 호남 푸대접론으로 연결되었다. 그것은 전혀 근거가 없지 않아서, 지역별로 현격하게 차이가 나는 파워엘리트 구성비에서도 일부 흔적이 엿보인다. 왜 초기 경제개발 과정에서 서울-부산을 개발축으로 삼으며 호남을 소외시켰느냐 하는 의문도 따져봐야 할 문제다. 지역감정이 존재하는 게 현실이라면, 정교한 사실 확인부터 필요하다. 하지만 이때 함께 물어봐야 할 것이 있다. 선거 때마다 호남 푸대접 때문에 표가 떨어진다

▶ 제주도의 저수지 개발사업장을 시찰하는 박정희. 1970년 9월.

고 야단이던 상황에서 그가 의도적으로 지역차별을 했을까? 대한민국 모두를 바꾸는 대혁명의 과정에서 호남 차별 같은 게 박정희의 안중에 있기라도 했을까? 혹시 그게 사실이라면 의도하지 않았던 결과는 아니었을까?

그렇다. 오해와 억측의 포로가 되어온 박정희와 6070시대란 'only yesterday', 즉 바로 어제 거쳤던 시대다. 나이 든 세대는 나름 안다고 생각하지만 전체 모습은 아슴아슴하거나 잘 모르는 게 태반일 것이다. 세월의 풍화작용 때문이기도 하고, 아니면 누군가가 잘못된 기억을 심어줬기 때문이다. 젊은 층은 또 달라서 박정희 시대란 의외로 까마득할 수도 있다.

그러저런 이유로 박정희는 지금 우리 사회의 혼란 그리고 세대 차이를 극복할 수 있는 훌륭한 디딤돌이다. 지금의 사회분열, 진보·보수 갈등도 그를 긍정하느냐 부정하느냐에서 출발하는데, 그동안 우리는 너무 소모적이었다. 그 결과 사회가 건강하게 돌아가기 위해 꼭 필요한, 눈에 안 보이는 국가의 밑천인 사회적 자본social capital까지도 까먹었다. 땅에서 넘어진 자, 땅을 짚고 일어서라는 말대로 박정희의 실체 파악은 그만큼 소중하다.

더욱이 1990년대 이후 우리는 급속한 해체기에 돌입했다. 시작은 김영삼 대통령 시절의 '역사 바로 세우기'인데, 책임 있는 자기 점검대신 성급한 과거와의 단절이 문제였다. 2000년대에 집권했던 두 정부는 더 했다. 민주화의 가치를 너무 좁게 해석했던 것이다. 그 결과 성난 얼굴로 과거를 돌아보는 냉소와 적대적 자세가 유행이었다. 유감이다. 이런 해체기가 너무도 빨리 찾아왔다. 그 결과 길을 잃고 헤매는 우리 모습은 미국사회와 대조적이다. 미국도 19세기 말 20세기 초에 산업화에 성공했지만, 이때의 성취와 부작용을 깐깐하게 점검하는 쌓고 다지기 작업을 통해 자기 성숙에 성공했다. 제2차 세계대전 전후 헤게모니를 쥐는 데 성공했던 것도 우연이 아니다. 우리는 과거 망각과 단절을 통해 '벽 쌓기'에 여념 없었다. 안타깝다. 하지만 지금이라도 너무 늦은 것만은 아니다. 과연 우리는 박정희와 그의 시대를 얼마나 알고 있는가? 그걸 물어볼 때가 지금이다.

핵심 참모들을 살펴보면 박정희와 그의 환경이 더욱 잘 보인다. 이를테면 6070시대 박정희와 참모들이 일하는 방식은 경이롭기까지 했다. 그걸 보여주는 사례가 박정희, 김정렴과 함께 중화학공업을 추진한 '삼두三頭체제'의 한 명인 청와대 경제2수석 오원철의 고백이다. 그는 자신이 어떤 윤리적 자세로 공직에 임했는지를 보여준다.

"내가 어떻게 부정 따위에 손대지 않았는지 궁금할 것이다. 나는 구식 한국인이고 징고이스트(맹목적 애국주의자)여서 '부정 탄다'는 말을 믿었다. 그 때문에 새로운 일을 시작할 때마다, 그것이 중화학공업 프로그램이건 율곡 사업이건 간에 내 자신이 부정한 생각이나 행동을 하지 않도록 우선 준비했다. 뇌물을 받는다든가, 술을 마신다든가 심지어 아내와 동침하는 것조차도 피했다. 조국을 위해, 실패하지 않는 것이 내 사명이었다."

박정희는 재임시 사석에서 "아귀처럼 닦달을 해서라도 기어코 근대화와 민족중흥을 달성하고야 말겠다"고 다짐했지만, 그런 닦달이란 것도 손발이 맞아야 했다. 즉 참모는 물론 동시대의 많은 이들과 꿈을 함께 했고, 그래서 멋진 성공을 거두었다. 물론 박정희 시대는 질풍노도의 무한도전 시대라서 일도 많이 했고 탈도 많았다. 이 과정에서 무리가 따랐던 것 역시 숨길 수 없는 사실이다.

그러나 그것까지가 온전히 현대사이고, 우리 모습에 다름 아니다. 박정희란 때론 우리의 치부까지도 함께 보여주는 이름이다. 그 자체로 우리의 얼굴, 우리의 삶이다. 검부러기가 묻고 흙탕물이 튀었다고 한 사람의 모든 것을 폄하할 필요는 없다. 더욱이 얼핏 근엄해 보이는 박정희의 맨얼굴에는 눈물 자국과 수줍음이 어려 있고, 그 사이로 고통과 자부심이 엇갈렸던 역사가 엿보인다. 조금은 얼룩지고 때로는 뒤틀렸지만, 크게 부끄러울 것도 없다. 현대사를 현대사로 받아들이자. 휘청거리면서도 내달렸던, 그러면서 20세기의 연금술에 가까웠던 '한반도 모더니즘 혁명'을 이끌어냈던 시대와 그 안의 인물들을 만나볼 차례다.

01 한반도 모더니즘 혁명

여성우주인 이소연, 그녀는 얼마 전 "대한민국에서 태어난 것은 축복입니다"라고 말했다. 우주에서 한반도를 바라봤던 첫 한국인인 그녀는 무엇을 보았기에 그 말을 했을까? 우리가 미처 발견 못했던 게 있단 말일까? 그렇다. 좁은 울타리를 벗어나 우리를 들여다보자. 그래야 우리가 발 딛고 서 있는 6070시대의 성취가 보이고, 그 '밑천'을 만든 박정희를 따라잡을 수 있다. 조선·철강·IT·자동차 등 빵빵한 제조업, 세계 수준의 사회간접자본이 우선 그렇다. 산업화와 민주화를 동반 달성한 것도 박정희 이후 우리의 자랑이다. 하지만 질풍노도의 변화 속에서 바뀐 것은 무엇보다 우리 자신이 아닐까?

6070시대 우리는 로켓처럼 날았다

　2002년 월드컵 4강은 한국 축구의 영원한 금자탑이다. 하지만 축구팬들이 잊지 못하는 또 다른 명장면이 1983년 멕시코 청소년축구 4강 신화다. 홈팀 멕시코와 호주, 우루과이를 연파하며 세계 언론으로부터 '붉은 악마'라는 별명도 그때 얻었지만, 올드 팬들이 기억하는 원조 명승부는 따로 있다.

　1976년 박스컵 대회(박정희 대통령배 국제축구대회)가 그러한데, 그때 참 대단했다. 말레이시아와의 승부에서 1 대 4로 뒤지던 상황, 차범근이 만들어낸 3개의 소나기 골로 기적의 7분을 연출해냈던 드라마틱한 경기였다. 당시에는 신참이었던 까까머리 공격수 차범근이 크게 솟구쳤던 것은 패색이 짙던 종료 7분 전이다. 그때 첫 골을 터트렸다. 그래보니 2 대 4, 빛바랜 골이 아닐까 싶었지만 그게 아니었다. 기적의 서곡에 불과했다.

　4분 후 추가 골을 성공시키며 3 대 4를 만들었다. 팬들의 열광 속에 그는 종료 1분 전, 또 한 번 상대편 골대를 흔들었다. 천금의 동점골과 함께 경기가 극적으로 마감됐다. 당시 말레이시아는 아시아 최고의 수비수 소친원이 이끌었는데 만만한 전력이 아니었다. 차범근의 해트트릭이 한국을 겨우 구했을 정도로 당시 한국 축구는 아시아라는 운동장에서 놀았다. 아시아 축구 판도는 버마(현 미얀마), 이란, 이스라엘과 우리가 4강 체제를 유지했다. 말레이시아, 태국, 버마, 일본과도 난형난제라서 그들과의 경기 중계에 매번 가슴을 졸여야 했다.

박스컵은 그때 만들어졌다. '박임금님 사발 따먹기 대회'라는 일부 풍자도 있었지만, 의미 있는 시운전이었다. 1966년 런던 월드컵에서 북한이 8강을 하면서 세계를 놀라게 했고, 때문에 안보환경 차원에서라도 우리 축구 실력을 키워야 했는데, 1971년 시작된 박스컵은 그런 안간힘이었다. 직후부터 우리가 확 달라지기 시작했다. 축구는 물론 국력도 함께 키웠다.

▶ 분데스리가에서 슛팅을 날리고 있는 차범근. 1971년 박스컵 신설 이후 한국 축구의 실력은 한국의 고도 경제 성장과 궤를 같이 했다.

1970년대 말 신흥공업국이라는 말을 들었고 「타임」「뉴스위크」는 앞 다투어 '한국이 몰려온다'는 커버스토리를 냈다. 한번 속도가 붙으니 못 말렸다. 1985년 한국은 286비트 실리콘칩을 개발해냈는데, 세계 세 번째 기록이었다. 당시부터 미국 내 염가 매장을 가득 메운 가정용 컴퓨터는 '메이드 인 코리아'였고, 가난한 나라, 전쟁의 나라라는 이미지가 서서히 바뀌기 시작했다. 반도체야말로 한국의 압축 성장을 상징했다. 미국, 일본은 1M D램, 4M D램을 거쳐 16M D램을 개발했는데, 삼성전자는 처음부터 16M D램을 뚝딱 만들어내 외국을 놀라게 했다. 전근대적인 농업국가로 꼬박꼬박 졸던 나라였다. 그러다가 식민지 경험까지 했던 한국인데, 우리가 치솟기 시작한 것이다. 당시 우리는 저 멀리 하늘 높이 날았던 신화 속의 이카루스였고, 첫출발은 6070시대 박정희였다.

집권 초기 경험 부족으로 연신 위태위태해 보이던 박정희는 성공적인 첫 걸음을 몇 발자국 떼더니 이후 정신없이 내달리기 시작했다. 그가 "몇몇 산업부문은 세계 1위가 돼야 한다"고 호언했던 게 1970년 대통령 신년사인데, 놀랍게도 집권 10년이 채 안 되던 시점이었다. 이후 펼쳐진 과정도 그랬다. 차범근의 소나기 골에 못지않았다. 1970년대 중반에는 중화학공업의 틀을 잡으면서 산업고도화 문턱에 성큼 진입했다. 그걸 평가해줬던 이가 널리 알려진 경제이륙 이론을 제시했던 미국 경제학자 월터 로스토우다.

영국은 131년, 우리는 20년 만에 '경제 이륙'

경제이륙 이론은 서구 선진국이 근대적 산업화에 성공해 날아오르는 데 걸린 기간을 제시했는데, 로스토우에 따르면 영국은 장장 131년이 걸렸다. 산업혁명이 막 시작됐던 1783년에서 1914년까지다. 프랑스는 84년(1830~1914년), 독일은 74년(1840~1914년), 볼셰비키 체제의 러시아는 72년(1890~1962년), 일본은 72년(1880~1952년)이 걸렸다. 서구 열강들에 한참 뒤진 1960년대에 출발했던 우리는 불과 20년 만에 이륙에 성공했다. 그게 6070시대의 한복판에서 이뤄졌지만, 너무 거창한 얘기보다 훨씬 실감나는 게 일상생활의 변모일 것이다.

민간소비지출은 1970~1997년 109배 늘었다. 전기 혜택이 전 국토에 보급 완료된 것이 1979년이고, 전화 가설은 그 한 해 전에 손을 털었다. 전국의 초가집도 이 무렵 바뀌었다. 짚 이엉을 헐어낸 뒤 알록달록한 양철지붕이 들어섰다. '프랑스의 멋진 시골 프로방스처럼 될 수는 없나?' 하는 아쉬움은 일단 뒤로 해야 했다. 초가집은 멀리서 볼 때 시골의 정취였으나, 가난의 한과 꾀죄죄함을 상징

▶ 1960년대 서해 어촌 마을의 초가집 풍경.

했던 슬픈 유산이었다.

변모한 게 시골뿐이랴? 서울만 봐도 상전벽해란 말이 딱 맞다. 초고층 빌딩과 아파트로 숲을 이룬 금싸라기 강남 땅, 여의도 등도 이때 모습을 갖췄다. '수퍼 서울' 강남의 탄생 자체가 이 시대의 작품이다. 본래는 푸성귀와 참외 등이 뒹굴던 논밭, 하지만 1968년 경부고속도로 건설과 이듬해 말 한남대교 개통으로 강남 개발의 신호탄이 올랐다. 한 해 전에 불도저 시장 김현옥이 강남 개발안을 내놓았을 때 사람들은 반신반의했다. 그게 아니었다. 아차 하는 순간에 강남은 새 모습으로 바뀌었고 강남권 땅값은 폭등했다. 1963년을 100으로 했을 때 1970년 압구정동이 2,500, 신사동이 5,000으로 뛰었다. 아파트 건설사에 획을 긋는 시기, 무명의 한보주택이 은마아파트를 지으며 업계의 신데렐라로 떠올랐던 것도 이때다.

이런 얘기다. 대치동은 여름만 되면 물바다라서 별 볼일 없던 곳이었다. 한보

▶ 1955년경 여의도 비행장(위)과 현재의 여의도(아래) 모습. 일제시대 공항 역할을 했던 여의도는 신도시의 원조이다.

는 대치동 외곽에 탄천 제방이 건설된다는 정보를 입수하고 이 일대 땅을 사들이는 대모험을 감행했다. 그 뒤 4,000여 가구를 분양했는데, 이후 그들은 돈 세기에 바빴다.

1981년 문을 연 강남고속버스터미널도 강남의 아파트 건설에서 빼놓을 수 없는 분기점이다. 터미널 주변을 아파트 단지로 조성하라는 구자춘 당시 서울시장의 지시로 허허벌판 반포에 10여 년간 5만 가구 가까이가 들어섰다. 자고 나면 아파트 숲이 들어선다 해서 '벌떡 아파트'라는 말도 들었는데, 이 무렵부터 아파트는 단순히 편리한 거주공간을 넘어 투자 가치가 있는 자산으로 완전 변모를 했다.

이 숨찬 레이스에서 터졌던 대형사건을 사람들은 기억한다. 1970년 4월 와우아파트 붕괴 사고. 33명의 목숨을 앗아간 이 사건은 속전속결, 빨리빨리 관행이 낳았던 사건으로 지목되지만, 그래도 우리는 멈출 수가 없었다. 훗날 아파트가 진화한 주상복합 시대의 선두주자인 도곡동 타워팰리스도, 그 이전 1980년대 상계동, 목동아파트는 물론 제2기 신도시로 등장한 성남 판교, 화성 동탄, 인천 검단 신도시 등도 뿌리는 그때다.

1975년 전국의 가구 중 아파트가 차지하는 비중은 1.9퍼센트. 하지만 딱 한 세대 뒤인 인구센서스 통계가 말해주듯 전체 주택 중 아파트가 차지하는 비중은 53퍼센트를 훌쩍 넘겼다. 입이 다물어지지 않을 정도의 신장세인데, 물론 세계 최고의 수치다. 참고로 일본의 아파트 거주 인구 비중은 20퍼센트다.

뿐인가? 신도시의 원조가 여의도인데, 85만평 넓이의 땅은 실은 덤으로 생겨났다. 1967년 소양강댐 공사를 시작하면서 숙원이던 한강의 홍수 조절을 할 수 있었고, 이때 상습 침수지라는 오명을 씻으며 재탄생했던 공간이다. 일제시대에는 공항 역할을 했고, 한국의 첫 비행사 안창남이 시험 비행했던 곳도 이곳이지만, 장마 시즌이면 폐쇄가 불가피했던 애매한 곳이었다. 마치 백지에 그림을 그리듯 버려졌던 땅에 도시 설계를 한 주인공은 건축가 김수근. 그의 붓끝에서 여의도광장이 1971년 문을 열었으며, 그해 분양한 여의도 시범아파트는 수십 대 1의 경쟁률을 보였다.

서울의 모든 그림도 그때 그려졌다

여의도라는 땅을 만들어낸 소양강댐이야말로 무한 개발시대의 활력을 상징한다. 소양강댐은 경부고속도로, 서울 지하철 1호선과 함께 그 시절 3대 국책사업으로 꼽히는데, 댐에 들어간 자갈과 흙만 해도 국민 한 사람 당 일곱 가마 꼴이다. 소양강댐은 제2차 경제개발의 핵심인데, 완공 이후 혜택은 서울과 수도권이 고르게 나눠 가졌다. 수도권 인구가 1년 동안 쓸 물을 담았고, 전력도 생산했다. 이 과정에서 근사한 신화도 하나 탄생했던 유명한 공사현장이다. 소양강댐은 현대그룹 회장 정주영의 고백대로 "간이 배 밖으로 나온 짓"이 통했던 곳이다. 본래의 설계방식(콘크리트 중력식)을 바꿔 자갈과 흙을 활용해 값도 싸고 훨씬 튼튼한 사력식 공법으로 밀어붙였던 사람이 그였다.

▶ 1946년 파고다 공원의 노신사. 한복차림에 색안경과 담뱃대가 인상적이다.

"정사장, 댐에 대해 당신이 뭘 안다 그러시오. 일본공영은 동경대 출신 집단이며 세계의 댐을 설계했는데 소학교밖에 안 나온 사람이……."

비용을 3분의 1 이하로 낮출 수 있는 사력식 댐 아이디어를 냈던 소학교 출신의 왕회장은 일본 회사로부터 무식쟁이라며 대놓고 면박만을 당했다. 누구나 일본식으로 가는 줄 알았는데, 하지만 박정희는 기꺼이 소학교 출신 기업인의 손을 들어줬다. 공사비도 문제지만, 전쟁시 폭파됐을 경우를 염두에 뒀던 포병장교 출신 박정희의 판단이 맞아떨어졌던 셈이다.

서울의 변모는 끝이 없다. 서울시장 김현옥은 1967년부터 세운상가·낙원상가·파고다아케이드 등 도심 재개발에 손을 댔고, 워커힐 호텔로 가는 청계고가도로를 착공했다. 당시 경제성장의 상징이 고가도로와 삼일빌딩이었다. "우리도 고층건물을 갖고 있다"는 사실만으로 시민들에게 위안이 되던 서울의 랜드마크였다.

고가도로는 새로 지은 워커힐로 가는 지름길로 만들어졌다. 달러를 쓰러 대만에

▶ 1970년대 서울의 랜드마크였던 삼일빌딩과 청계고가도로.

놀러가던 주한미군을 유치하기 위한 호텔이었던 만큼, 한국전쟁 중 사망한 미8군 사령관 월튼 해리스 워커 장군의 이름을 땄다. 이후 2005년 고가도로가 철거되고 청계천이 복원된 것은 서울이 무한개발에서 생태도시로 바뀌었음을 알려주지만, 한세대 전 용틀임을 하던 거대도시의 꿈만은 오래 기억해둘 일이다.

외양만이 아니라 우리네 삶의 방식도 바뀌었다. 그 사례가 선진국 형의 재테크인 펀드. 2008년 말 현재 기준으로 펀드 잔액은 357조원으로 은행 정기적금 규모를 넘어섰다. 계좌 수는 2,295만 좌, 1세대 1펀드 시대가 열린 셈이다. 물론 최근 경제위기 속에서 반토막이 났다는 비명소리가 이곳 저곳에서 터져 나오지만, 어찌됐든 변화는 변화다.

그걸 확인하려면 1950년대의 전통 계契와 비교해야 한다. 한국전쟁 직후 못먹고 못살던 그때 한국인의 90퍼센트가 계를 들었다. 계원이 돈을 모아 순서대로 한 사람에게 목돈을 몰아주는 전근대적 재테크였는데, 시중 금리가 형편없기 때문에 거기에 모든 사람들이 몰렸다. 문제는 일간지에 계가 깨져 일가족이 거리로 내몰렸다는 기사가 날이면 날마다 실렸다는 점이다. 연탄가스 중독 기사가 실리던 시절보다 10년 전의 풍경이다.

뿐인가. 그렇게 살던 시절을 뒤로 한 채 대중소비 시대가 열렸다고 환호성을 질렀던 게 20년 전이다. 자신이 중산층에 속한다고 여기는 사람이 전체 인구의 60퍼센트 대를 빵빵하게 유지하던 게 1980년대였다. 당시 경제활동 인구의 75퍼센트가 제조업, 생산직, 사무직 그리고 기타 서비스와 판매직인데, 양질의 일자리를 보장해주는 공장·회사 등이 생겨난 결과임은 두말할 것도 없다. 500명 이상 사업장에 종사하는 사람이 1970년 35만 명이더니, 9년 뒤에는 120만 명으로 불어났다. 한국전쟁 직전 100인 이상 근로자를 고용한 업체가 전국에 걸쳐 77곳이 전부였다면 누가 믿기나 할까? 당시 우리 소득이, 오바마 미국 대통령의 지적대로 아프리카 가나 수준보다 뒤졌던 사정도 이해가 된다. 하지만 그 시대가 대한민국 구성원에게 안겨준 최대의 선물은 따로 있다. 우리를 옥죄어온 이른바 엽전의식, 짚신의식으로부터 벗어난 것이다. 오랜 패배주의 심리와 자기비하에서 훌쩍 벗어나 우리도 해낼 수 있다는 자신감이 생긴 게 그때다.

"빈곤은 단순히 저소득을 말하는 개념이 아니다. 기본적으로 여하한의 가능성이 박탈된 상황을 말한다. 그걸 벗어난 것이 바로 자유다."

1998년 아시아 인으로서는 최초로 노벨 경제학상을 수상한 아마티아 센이 『자유로서의 발전』에서 한 그 말은 한강의 기적이 안겨준 선물에 대한 설명으로 딱이다. 지금 우리는 그 토대 위에 살고 있다. 빈곤의 보릿고개를 넘어선 자유는 그만큼 소중하다. 그게 믿기지 않는 스피드와 활력의 결과임은 두말할 것도 없고, 분명 자랑스러운 성취이다. 스포츠와 국력 사이에 상관관계가 있지만, 그건 야구도 마찬가지다. 스몰 볼과 빅 볼이 절묘하게 합쳐진 한국 야구의 활력은 2008년 베이징 올림픽 우승에 이어, 2009년 3월 WBC 준우승으로 나타났다. 그게 우연이 아니라는 얘기는 굳이 덧붙일 필요가 없다.

테마 6070

박정희의 민족문화, 한창기의 토박이문화

　20세기 인물 중 눈썰미 뛰어나고, 영향력도 컸던 문화인 몇 명을 꼽을 때 빠짐없이 거론될 이름이 고 한창기(1936~1997년)다. 1970년대 월간지 「뿌리깊은 나무」와 「샘이 깊은 물」의 발행인으로 이름을 날리던 그는 옛 잡지에 배어 있던 우중충한 일본색을 완전히 벗게 한 으뜸가는 공로자다. 세로쓰기를 가로쓰기로 바꿨고, 모던한 감각의 본문 편집 디자인을 구현했다. 활자체도 날렵한 오늘의 꼴을 갖췄다. 민화民畵가 가진 아름다움을 일깨워주고, 예법에 맞추어 품위 있게 한복 입는 법을 일깨워주던 운동도 이 잡지를 통해 이루어졌다. 두 잡지는 가히 문화의 독립정부였는지도 모른다.

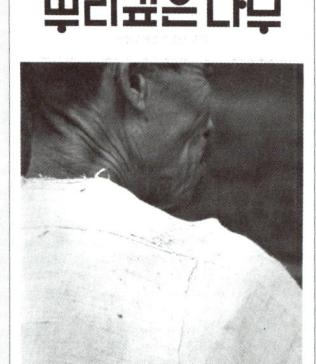

▶ 모던한 디자인의 「뿌리깊은 나무」 표지.

　그 자신이 훌륭한 고미술 컬렉터였으니 한창기야말로 못말리는 문화주의자가 맞다. 고대 토기, 문방사우인 벼루에서 석물石物에 이르기까지 그의 사랑을 받지 않은 골동품은 없다. 잡지의 부대사업으로 판소리와 민요 LP 레코드를 찍어냈고, 칠첩반상기, 한지, 쪽물, 옹기, 녹차 등을 옛 법대로 재현해 화제를 뿌렸던 그의 우리 것 사랑은 유별났다. 결정적으로 6070 개발시대가 안겨주던 현기증과 멀미 기운까지 상당 대목 씻어줬으니까. 그것은 일부 볼썽사나운 난개발에 대한 의미 있는 문화 차원의 저항이기도 했다.

한창기의 스타일은 박정희의 구호인 민족주체성과 같으면서도 달랐다. 언론학자 강준만의 독설에 따르면, 박정희의 전통문화 강조란 군사작전 식으로 추진되어 결과적으로 우리 것에 대한 경멸을 부추겼다. 새마을운동 당시 초가집을 몽땅 없애버린 게 그 대표적인 사례다. 필요성이야 인정하지만 결과적으로 알록달록 원색의 지붕이 안겨주는 위화감이야말로 '볼 만한 꼴불견'이다. '볼 만한 꼴불견'은 「뿌리깊은 나무」의 인기 고정란이기도 했다.

디테일이 살아 있었고, 남에 대한 강요나 설교도 아니었다. 애시당초부터 그걸 선언했던 게 「뿌리깊은 나무」 창간사다. "토박이 문화가 역사에서 얕잡힌 숨은 가치를 펼치어 이 시대를 휩쓰는 대중문화에 치이지도 않으면서 변화가 주는 진보와 조화롭게 만나야 한다." 그렇다면 박정희 식과 한창기 식은 언제나 평행선이고 극과 극일까? 우리는 예나 지금이나 그런 이분법과 편가르기에 익숙하지만, 그게 과연 맞는 말일까? 도시, 시골 할 것 없이 모든 게 바뀌는 속도전의 와중에 박정희인들 균형을 찾으려 하지 않았을까?

▶ 창간 한돌을 맞아 동아일보에 실린 「뿌리깊은 나무」 광고. 1977년 3월.

박정희의 우리 것 사랑은 민족주체성 확립이란 구호로 요약되고 이후 한국정신문화연구원(현 한국학중앙연구원) 설립, 강화도와 현충사 등 문화 유적 정비로 나타났다. 하지만 한창기와 달리, 그런 프로젝트를 관료 조직에 의존해 진행해야 했으니 디테일이 허술하다는 지적도 당연히 받았다. 단 우리 것이 천대받던 시절, 경제개발에 올인하기도 버겁던 그때 문화 투자는 쉬운 결정이 아니었음을 기억해야 한다.

그렇다면 박정희 식과 한창기 식은 동전의 양면 관계로 볼 수는 없는 것일까? 한창기 없는 박정희가 허전하다면, 박정희라는 개발의 불도저가 없는 한창기 식의 우리 것 사랑이란 시대착오적인 딜레탕트 취미로 머물지는 않았을까? 박정희라는 큰 그림에는 한창기라는 섬세한 풍경이 살아 있어야 하고, 한창기라는 작은 그림은 박정희라는 널널한 울타리가 필요했다. 그걸 덮어둔 채 박정희를 '난개발의 돌격대장'이라고 말하는 것 자체가 자가당착의 꼴불견에 불과하다. 꼴불견이고 아니고를 떠나서 그런 가짜 이분법의 색안경을 끼고 보면 6070시대의 전체 모습이 들어오지 않는 법이다.

실제 사례가 있다. 「뿌리깊은 나무」는 '말 공장' 답게 하루 종일 문법과 표현을 둘러싸고 논쟁이 벌어졌던 곳으로 유명하다. 1980년에 폐간됐던 그 잡지는 그래서 한창기의 체취로 가득하지만, 박정희도 마찬가지였다. 그도 모국어 사랑이 남달랐다. 때문에 1970년대 중반 방송에 외래어가 많다는 지적을 했다. 문제는 그게 언어순화운동이라는 관료적 현상으로 번져나가곤 했다는 것이다.

반면 한창기는 전체보다는 세부에 민감했다. 막 나온 잡지를 훑어보다가 마침표 하나가 정상적인 위치에서 0.2밀리미터만 더 떨어진

▶ 한창기.

곳에 찍혀 있어도 노발대발했다. "호연지기가 이 나라를 다 망치는 주범"이라고 개탄했던 그를 두고 '위대한 좀팽이'라는 칭호도 생겨났다. 그의 훌륭한 도반(道伴)이었던 사진가 강운구가 안겨준 명예로운 별명이다. 1960년대에 「사상계」가 있었다면, 1970년대는 「뿌리깊은 나무」가 있었다는 말처럼, 작지만 훌륭한 앙상블을 이끌던 리더가 한창기였다. 반면 산업지휘관으로 국토를 개조하려 했던 큰 스케일의 리더 박정희는 그와 또 다르면서도, 결국은 같은 이름이다.

둘의 지향점은 결국 근대, 즉 모더니티다. 근대의 외투를 입었으면서도 전근대에 머물던 한국호(號)에 제대로 된 근대, 전통과 어울리는 근대를 창출하려 했던 게 두 사람이다. 둘은 그 점에서 적대적 파트너 관계로 봐야 옳다. 전남 벌교 출신으로 서울대 법대를 나온 한창기의 지향점을 확인해줄 단서가 있다. "현대가 7이면, 전통은 3이 되게 하라"는 입버릇이 그것이다. 잡지의 편집 방향을 둘러싼 논쟁에서 중심을 잡아주던 말이 그랬다지만, 그건 박정희가 추구하는 근대화의 모토는 아니었을까? 한창기 같은 문화몽상가들이 함께 있어서 6070시대는 덜 살벌했고, 생각 이상으로 풍요로웠다.

빵빵한 경제의 펀더멘털

"얼마전 가수 김장훈의 콘서트에서였다. '사노라면'이라는 노래의 가사를 '대한민국 사람인 게 한 밑천인데~'로 바꿔 불렀다. 본래는 '새파랗게 젊다는 게 한 밑천인데~'인데, 가사 몇 마디만 바꾼 것이다. 2008년도 우주비행 이후 나에게 '대한민국' '태극기' 등은 예전과는 사뭇 다른 느낌으로 다가온다."

여성 우주인 이소연이 얼마 전 썼던 신문 칼럼 '와우~ 대한민국'의 첫 머리는 노가바(노래 가사 바꿔 부르기) 얘기로 시작했다. 무엇보다 내용이 좋았다. 그녀야말로 우주에서 한반도를 바라보는 행운을 잡았던 첫 한국인이고, 그래서 한국의 가가린이 아니던가? 소련의 첫 우주인 가가린은 지난 1961년 인류 최초의 우주비행 뒤 "지구는 푸른 빛이더라"는 코멘트로 유명하다. 반면 이소연은 "대한민국에서 태어난 것은 결코 작은 축복이 아니다"라고 외치고 있는 것이다.

"우주에서 실험하는 동안 나는 대한민국을 뽐낼 수 있었다. 미국·러시아의 경우도 실험장비가 꿈쩍하지 않는 적이 있었다는데, 우리 실험장비들은 하나도 빠짐없이 작동해주었다. 대한민국 우주인 1명이 우주에 가기 위해 타야 하는 우주선을 만든 나라는 러시아다. 그러나 러시아인이 직장에 가기 위해 타는 자동차를 만드는 나라, 사랑하는 연인과 이야기하기 위한 휴대전화를 만드는 나라, 그들이 사는 아파트와 호텔을 만드는 나라는 대한민국이다. 이곳 대한민국에서 태어난 것은 결코 작은 축복이 아니다."

이소연이 했던 발견을 우리 스스로는 정작 잘 모른다. 이유는 괜한 자기비하 심리 때문이기도 하지만 지난 시절 우리 변화의 모습이 너무 크고 여러 방면에 걸쳐 있기 때문이다. 때문에 최소한 한국이라는 울타리 밖으로 나가서 전체를 훑어봐야 한다. 그래야『강대국의 흥망』으로 유명한 미국 석학 폴 케네디가 "탁월한 중견국가(eminent middle-range power) 한국은 앞으로 20년 뒤에는 프랑스, 독일을 앞설 것"이라고 예견한 것도 실감할 수 있다. 폴 케네디는 얼마 전 '중앙선데이'와의 단독 인터뷰에서 "미래의 한국이 미국, 중국, 인도 등 초강대국 클럽에 낄 수 없을지 몰라도 오늘의 프랑스나 독일처럼은 될 수 있다"고 말했다. 그런 이유로 현재의 다른 나라들과 비교해보는 작업도 한 번쯤은 필요한데, 우선 스위스와 한국 사이의 비교, 즉 키재기부터 해보자.

스위스는 안정된 강소국이다. 초콜릿, 요들송, 알프스부터 생각나는 나라인데, 국가 브랜드도 좋다. 그런 스위스와 대한민국은 어느 쪽이 더 경제의 펀더멘털(기초체력)이 더 강하고 장래성이 많을까? 쉽게 답을 못하는 이가 적지 않을 것이다. "당연히 스위스가 정답일 텐데, 왜 그걸 굳이 물어보느냐"고 힐난부터 하는 사람도 없지 않을 것이다. 과연 그럴까? 스위스는 꽉 쥐고 있는 시계 산업은 물론 고부가가치의 MRI, 치과용 의자를 포함한 의료기기 등 정밀기계에 강하다. 세계 최고 수준의 사회복지 혜택, 세계의 부자들이 끼고 사는 비밀금고에 유러피언 드림의 이미지까지 더해지면 실제 이상으로 부풀려 보인다. 하지만 인구가 800만인 그 나라의 잠재력까지 높게 보는 전문가는 드물다. 주변에 바다가 없는 데다가 규모의 경제에도 취약할 수밖에 없다.

좋다. 눈을 아시아로 돌려 대만, 싱가포르, 말레이시아, 인도네시아 등과 우리를 비교해보자. 우선 인구 2,000만이 약간 넘는 대만. 이 나라의 경우 1인당 국민소득은 우리보다 높은 3만 100달러이고, 주력 산업은 반도체 등 전자전기 제품과 금속·화학제품이지만 우리처럼 고른 중화학체제를 갖추지는 못했다. 중소기업 중심의 경제를 가진 그들에게는 철강, 자동차, 석유화학, 조선산업이 불가능하다. 간단하다. 그들과 우리는 체급부터 서로 다르다.

인구 2억 4,000만 명으로 세계 랭킹 4위 국가라서 '잠자는 거인'으로 불리는 인도네시아. 이 나라는 1인당 국민소득이 3,600달러에 불과하다. 때문에 1960년대 이전의 한국이라고 해야 하는데, 이웃 말레이시아는 상대적으로 형편이 좋다. '무슬림의 리콴유'로 불리는 멋쟁이 지도자, 아시아적 가치를 주창해온 지도자인 마하티르 때문인데, 그가 이끄는 이 나라는 1인당 국민소득이 1만 4,500달러(2007년)이지만, 산업구조는 취약하다. 자동차, 전자제품, 기계는 전량 수입한다. 인구도 2,500만 명을 웃돌 뿐이다. 인구가 작기로는 도시국가 싱가포르를 당할까?

싱가포르는 인구가 461만 명이다. 하지만 "미국도 우리에 비하면 제3세계 정도가 아닙니까?"하고 받아치는 국민들의 자기 나라에 대한 자부심은 유럽을 뛰어넘은 지 오래다. 1인당 국민소득은 5만 달러에 가깝고, 도로, 공항, 학교, 병원 등에서 세계 수준의 인프라를 자랑한다. 기계설비, 전자제품, 화학제품 등 몇 종을 수출하지만, 덩치가 작은 나라의 한계는 피할 수 없다.

싱가포르, 대만, 스위스와 우리를 비교해보니

종합평가를 하자면 우리의 경우 자꾸 움츠러들려는 심리가 문제다. 스위스에 비해 펀더멘털이나 성장 잠재력, 그리고 국가총생산 등에서 훌륭한데 괜히 주눅부터 든다. 모두 떨쳐낸 줄 알았던 이른바 엽전의식의 망령이 아닌가 싶은데, 지난해 1인당 국민소득 2만 달러를 돌파했을 때 사람들의 반응도 그랬다. "체감상 느껴지는 게 없다" "대체 어느 별 이야기인지……" 하며 사람들은 우울해했다. 사정이 이러하니 2050년쯤에 우리가 1인당 GDP가 8만 1,000달러로 일본, 독일을 누르고 세계 2위의 부국이 될 것이라던 얼마 전 골드만삭스의 예측은 허황된 미래이야기로 들릴 뿐이다.

외채·환율·증시로 설명되는 이런 전망과 달리, 한국의 경제 체력을 종합하면 얘기가 좀 달라진다. 골드만삭스 보고서가 장밋빛 예측만은 아닌 것이 세계 교역량 10위권의 대한민국은 당신의 생각 이상으로 빵빵하기 때문이다. 얼마전 투자의 귀재 워렌 버핏도 말했듯이 수출을 뒷받침하는 제조업이 버티고 있고, 그중 조선, 철강, 비철금속, 기계, 자동차, 석유화학 등 중화학공업의 비중이 83퍼센트를 넘어선다.

기억해둬야 할 게 오늘 우리 경제의 펀더멘털은 6070시대가 출발이다. 1970년대 중반 이후 과감하게 대시한 결과다. 1970년대 초반 중화학공업의 비중은 37.9퍼센트였으나 이듬해 52.3퍼센트로 뛰어올랐다. 자고 나니 세상이 바뀐 셈이다. 짧은 기간에 산업혁명의 본고장이 누리는 산업고도화를 달성한 것인데, 사실 중화학공업 체제는 인구 5,000만 명 이상인 나라에서 가능

▶ 포항제철 제2고로 화입식. 박정희가 포항제철 박태준 회장(사진 뒤쪽)과 함께 고로에 불을 넣고 있다. 1976년 5월 31일.

하며 세계적으로 이중 두세 개 부문을 제대로 갖춘 국가는 드물다. 우리의 중화학공업은 산업혁명의 진원지 영국, 프랑스, 독일에 비해 밀릴 것도 없으며, 외려 앞서는데, 한반도 모더니즘 혁명이란 말은 결코 빈말일 수 없다.

사회발전 지표인 사회간접자본(SOC) 역시 훌륭하다. 상하수도시설, 인터넷 회선, 고속도로망, 철도망, 통신시설, 항만시설 모두 빠지는 게 없다. 이를테면 고속도로를 보자. 1970년 경부고속도로 개통에 이어 호남고속도로, 영동고속도로가 완공됐고, 훗날 중부, 중앙, 중부내륙, 서해안 고속도로로 뻗어가면서 기간 수송망으로 자리 잡은 지 오래인데, 이게 어느 정도의 SOC일까?

전국을 신경망처럼 엮어놓은 고속도로망은 세계 6위이다. 우리처럼 사통팔달 고속도로망을 갖춘 나라는 세계적으로 몇 나라가 없는데, 압축 건설한 속도로 치면 당연히 1등이다. 전광석화의 움직임은 쉬 실감이 나지 않을 정도인데, 때문에 서울~부산 국도의 느림보 공사와 비교해야 한다.

날아본 기억을 살려 다시 날아 볼까나?

국도 포장은 미군정 시절인 1946년 경기도 시흥에서부터 국도 1호선 아스팔트 포장이 시작이었다. 우리 힘으로 안 되니 미군이 아스팔트를 깔아주는 공사를 총지휘하는 형편이었는데, 이때 1년 사이에 연인원 85만여 명이 동원되었다. 인해전술일 수밖에 없었던 게 장비 부족도 문제였지만, 설사 있더라도 그걸 운용할 인력이 없었다. 목표도 희미했고 공사 스케줄도 헐렁했던 것은 피할 수 없는 일이었다. 예전의 우리 모습이 그랬으니까. 전쟁으로 멈췄다가 시작하는 우여곡절 끝에 완공된 것은 1971년 12월이었다. 총 소요기간은 장장 25년이었다. 반면

22년 뒤 첫 삽을 떴던 새까만 후발주자, 그러나 규모는 비교할 수 없었던 경부고속도로는 기공식을 한 뒤 불과 2년 반 만에 '공사 끝!'을 선언했다. 1970년 7월의 일이다. 사반세기 세월이 걸렸던 국도 완공보다도 5개월이나 빨랐으니 거의 '미친 속도'다.

6070시대 개발의 열매는 주위에 부지기수다. 2009년 초 국내 자동차 보유대수는 1,678만여 대로 전국의 가구 수를 뛰어넘는다. 매일 마시는 상수도도 그렇다. 1970년대까지 서울 고지대에서 물지게가 흔했던 풍경은 지금은 사라졌는데, 예전의 물 소동은 상수도 보급률이 16퍼센트에 불과했기 때문이었다. 지금 우리의 대도시 상수도 보급률은 99퍼센트 이상인데, 참고로 OECD 평균치가 87.4퍼센트이다.

▶ 포항 포스텍의 첨단 방사광가속연구소. 문학평론가 김병익이 경이로워했던 현장이다.

고마워해야 할 것은 전기다. 제한 송전 때문에 구차스러운 촛불에 등잔불에 의존해야했던 시절을 졸업했던 게 1979년 이후다. 전화電化 작업 98.7퍼센트를 완료한 것이 그때인데, 구조도 좋다. 지금 우리는 원전 20기를 보유해 세계 6위 원전대국이다. 1978년 고리 1호기 이후 물가가 올랐어도 전기요금 인상이 상대적으로 높지 않은 것도 원전 덕이다.

원전에 대한 관심은 이승만 때부터 있었지만, 이를 공격적으로 키운 것은 박정희다. 사실 30여 년 전 고리 1호기의 상업적 가동도 느린 게 아니어서, 세계 20번째 원전 보유국을 기록했다. 원전을 포함한 각종 사회간접자본의 버팀목, 이를 토대로 한 수출입국의 위용은 수십 년을 내다 본 포석의 결과임은 두말할 것도 없다.

이런 스토리는 현재 우리가 처한 우울한 상황을 염두에 두고 읽어야 한다. 지금 글로벌 금융위기 외풍 아래, 한국 경제는 2008년 4분기 10년 만에 처음으로 마이너스 성장을 했다. 그것도 큰 폭(−3.4퍼센트)이다. 무엇보다 성장 잠재력의 하락이 걱정스럽다. 2000년대 성장 잠재력 3.2퍼센트란 평균 6.4퍼센트인 홍콩, 7.1퍼센트인 싱가포르 등 아시아의 네 마리 용 중 가장 낮다.

우리가 지금 비틀거리는 이유는 간단하다. 주력 산업은 성숙 단계인데 새 성장 동력을 키워내지 못한 탓이다. 6070시대 주력산업을 키운 뒤에 우리가 게을러도 한참 게을렀다는 증거다. 하지만 한번 날아봤다는 게 중요하지 않을까? 우리들의 집단기억을 잘 살린다면 또 한번 화끈하게 날아오를 수 있지 않을까?

"세발자전거도 만들어본 적 없는 사람들이 제트기를 제작하는 것과도 같다. 경이로운 역사에 감탄했다."

어떤 문학평론가는 현대사를, 6070시대를 그렇게 표현했다. 문단인사 김병익이 포항 포스텍의 첨단 방사광가속연구소를 둘러본 뒤 했던 말이다. 오랜 쇄국과 식민통치, 분단과 전쟁 등 최악의 조건 속에서 어떻게 오늘의 선진화가 가능했는가를 스스로 되물어보면서 그는 '이 기적적인 행운'을 연신 고마워했다. 하지만 그런 김병익이 잘 모르는 게 하나 있다. 6070시대를 이끌었던 박정희가 가장 싫어했던 말, 거의 알레르기 반응을 보였던 말이 한강의 기적이었다. 대중들이 쓰니까 잠시 양해를 했을 뿐이지 그 자신은 질색팔색을 했다. 왜 그런 반응을 보였을까? 우리 성공은 하늘에서 뚝 떨어진 선물이나 로또 복권 같은 행운 같은 게 아니라는 또렷한 인식 때문이다. 한국인 스스로의 피와 땀으로 일구어냈다는 자부심은 그토록 크고 강했다.

세계 최강 탱크 '흑표'를 아시나요?

　　2008년 세계 최강의 전차가 개발됐다는 소식이 들려오자 막상 최대의 수혜자가 될 육군을 비롯한 군 관계자들의 표정이 흥미로웠다. "세계 최강 맞나?" "허장성세는 아닐까?" 반신반의하는 분위기였다. 뉴스의 진원지이자 국산 무기 연구개발의 총본산인 국방과학연구소(ADD) 측은 오히려 느긋했다. "글쎄, 뭐 우리 방산(방위산업)기술에 대한 관심의 표현이 아니겠느냐?"
　　자신 있다는 얘기다. 공식명칭 XK2, 일명 흑표는 개발 초기부터 세계 최고를 노리고 설계됐다. 우선 전차와는 천적 관계인 공격형 헬기 잡는 능력이 최대 강점인 무서운 놈이다. 다목적 고폭탄을 헬기를 향해 쏘면 포탄이 스스로 표적을 찾아 날아간다. 그것도 목표물의 근접거리에서 터져 파편을 넓게 흩뿌려서 맞히는 방식이니 실수란 용납되지 않는다. 경쟁 모델로 분류되는 미국의 신형 에이브람스(M1A1)나 프랑스의 르클레르에는 찾아볼 수 없는 기능이다.
　　화력도 최강 수준이다. 기존 모델인 K1A1전차보다 긴 포신에다 텅스텐 중합금인 신형포탄으로 무장해 북한의 전차 '천마'를 비롯한 어느 나라 전차도 가차 없이 뚫어버린다. 정보기술(IT)을 바탕으로 날아오는 미사일을 교란시키거나 대전차 미사일을 쏴 맞히는 능력도 있다. 이미 터키 등에 수출을 시작해 방위산업의 효자 노릇을 하는 이 전차는 도하 능력도 최고라서 깊이 4미터의 강이라도 마치 물개처럼 가뿐하게 건넌다. 울퉁불퉁한 구릉 지대도 시속 5킬로미터로 내달린다. 기동 중 포사격의 정확도 역시 꼽히는 대목이다.

"미국의 에이브람스, 독일 레오파드 2A6에 비하면 15톤 정도 적은 총중량 55톤인데 혹시 방어력이 떨어지지는 않을까?"

"2008년 국회에서 약간의 생산 축소 결정이 내려졌다는데……."

밀리터리 마니아들 사이에서는 007 뺨치는 호기심을 겸한 정보 교환이 이뤄지는데, 관심의 표적이 흑표다. 육군병력 수를 줄이는 대신 전투력을 강화하는 국방 개혁 중심에 서 있는 명품 전차이기 때문이다. 대당 가격은 약 80억원. 이 모든 정보는 공개된 스펙이라서 군사기밀은 아니다. 각종 무기의 스펙을 줄줄 꿰는 밀리터리 마니아들인지라 질문과 응답 모두 수준급이다.

"자주포는 S테크윈에서 만들고 있고, 소총은 D정밀이겠죠? 흑표의 경쟁 모델인 K1전차는 H로템에서 만든다는데, 흑표 전차는 어디서 제작하고 있습니까?"

▶ 화력시범을 보이고 있는 XK2 일명 흑표 전차. 흑표는 개발 초기부터 세계 최고를 노리고 설계됐다.

"몸무게가 적게 나간다고 방호력이 꼭 떨어지는 건 아닙니다. 일본 신형 전차도 무게는 적지만, 방호력은 셉니다. 흑표의 경우 장갑이 정면에 치중되어 있는 편이라 측면이 약간 희생된 면이 있지만……. 요즘 전차의 최대 적은 대전차 미사일이지요. 이거에는 능동방호장치로 대응한답니다."

2008년 말 주요일간지에는 방산물자 수출 10억 달러를 돌파했다는 기사가 등장, 새삼 방산기술에 관심을 고조시켰다. 수출은 전통적인 단골 지역인 중동, 미주 지역 이외에도 이집트, 페루 등으로 늘어난 데다 과거 탄약류와 장비의 부품에서 자주포, 항공기, 함정 등 첨단 제품이 증가하는 추세다.

땅에서만이 아니다. 우리 방산기술은 바다에서도 강하다. 세계 최강 조선산업을 가진 나라에서 그런 성과는 당연한 일인지도 모르지만, 한국기계연구원은 "해군 함정이 수중 폭발로 인한 충격에 견디는 기술인 함정 수중폭발 충격응답 시뮬레이션 기술을 개발했다"고 최근 밝혔다. 앞으로 돈이 되는 기술이 이것이다. 즉 군함에게 가장 무서운 무기는 기뢰이다. 배는 수많은 벽으로 나뉘어 있어 미사일

▶ 우리나라의 신형 고속정 윤영하함.

을 맞을 경우 그 부분만 망가지지만, 기뢰가 폭발하면 강력한 충격파로 상대방 배를 움직이는 전자장비가 주저앉는 바람에 군함은 그 즉시 올스톱이다. 국내 연구진은 이 문제를 독자적으로 해결해 최신형 군함들에 새 기술을 적용시켰다. 해군의 대형 수송함인 독도함과 신형 고속정인 윤영하함, 첫 이지스급 구축함인 세종대왕함 등이 그 대상이다. 마케팅만 받쳐주면 외화벌이로 따 놓은 당상이라는 얘기도 그 때문이다.

1975년 대통령 특명 '한국형 탱크 개발하라'

국방과학연구소는 2009년 초 전력증강 효과와 고용창출에 좋은 10대 명품무기를 선정했다. K-9 155mm 자주포, K-21 보병전투장갑차, K-2 차기 전차, K-11 복합형 소총, 경어뢰 '청상어', 함대함 유도무기 '해성', KT-1 기본훈련기, 휴대용 대공유도무기 '신궁', 군 위성통신체계 그리고 지대지유도탄 '현무' 등으로 방산의 가능성을 보여주는 자랑스러운 이름이다. 미군의 최강 헬기 블랙호크에 비견할 만한 한국형 기동헬기로 2009년 7월 첫선을 보인 수리온에도 방산의 젊은 피가 이어지고 있다. 한국항공우주산업(KAI)이 중심이 돼 대한항공·한화 등 98개 국내업체가 참여해 개발한 수리온은 중무장 병력 9명을 태우고 분당 150m 속도로 수직 상승할 수 있는 능력을 가졌지만, 이런 흐름의 출발은 박정희 시대다. 한국형 전차 흑표의 개념도 그때 이미 잡혔는데 현대그룹 정주영에게 개발을 독려한 장본인도 대통령 자신이었다. 1975년 말이다. 그 몇 달 전 월남이 패망한 뒤 형성됐던 흉흉한 안보 환경을 감안해야 한다.

"탱크를 만드시오. 우선 미제 전차 성능을 우리 식으로 바꾸고 끌어올리는 개

▶ 박정희 권유로 한국형 탱크를 개발한 현대그룹 정주영 회장.

조사업으로 시작합시다."

박정희는 현대그룹의 왕회장을 만나 대뜸 그렇게 일렀다. 서슬에 밀린 정주영은 알겠다고 일단 대답했지만, 뜻밖의 지시에 놀라지 않을 수 없었다. 아무리 호흡이 잘 맞는 사이였지만, 이번에는 달랐다. 폭탄 맞은 표정으로 돌아갔던 정주영은 며칠 뒤 실무자인 청와대 경제2수석 오원철을 찾아갔다. 주무 책임자인 그를 만나 자세한 것을 상의하라고 대통령이 지시해둔 탓이었다. 앉자마자 왕회장은 한숨부터 내리 쉬어야 했다.

"대통령 명령이니 하긴 해야겠지만, 탱크는 당최 생각해본 적도 없어서……."

"창원에 공장만 지으시면 됩니다."

"짓는다고 해도 개조사업 끝나면 뒤에 일감이 있어야 되는 것 아뇨?"

비즈니스맨인 그가 안정적인 수주 등 사업 모델로 적합한지부터 체크하려 했다. 당연한 일이다. 아무리 '산업지휘관' 대통령의 지시라지만, 이번에는 쉬 납득되지 않았던 모양이다. 설득에 들어갔다. 확실히 유인할 수 있는 보너스도 은근히 준비해놓고 있던 차였다. 그의 호기심부터 끌었는데, 어렵지 않게 척척 먹혀들었다.

"일감요? 있지요. 개조사업 뒤에는 신형 전차를 만들면 됩니다. 그리고……."

"미군에 신형전차가 있을 텐데 왜 하필 우리까지 해야 하지요?"

"북한제 탱크는 소련식인데 미제보다 키가 작습니다. 무려 70센티미터나 차이가 납니다. 포탄에 잘 노출되고 무게가 나가니 엔진도 부담된다는 얘기지요."

"그래요? 근데 왜 소련 전차는 그렇게 작은 거지요?"

"키 작은 사람만 골라 전차병을 키웁니다. 우리도 그렇게 할 겁니다."

"아, 그렇구먼. 잘만 하면 수출도 될 것 같기도 해. 좋아. 오 수석, 내가 신나는 전차를 한번 만들어볼까요?"

대화를 무사히 끝낸 뒤 오원철이 대통령 서재를 찾았다. 탱크 사업 현대 참여 뉴스야말로 대통령이 가장 듣고 싶어 할 소식이 분명하니까. 마침 대통령이 좀 여유가 있어 보여 자세히 설명했다.

"정 회장으로부터 사업 참여 약속을 다 받고나서야 각하께서 말씀하신 보너스 제공 소식을 들려줬습니다. 방산업체는 비상시에는 병기를 만들지만 평화시에는 민수용품을 제작하는데, 대통령께서 탱크 사업을 하는 회사에는 철도 기관차 사업을 맡긴다는 말을 나중에 들려줬더랬습니다. 이미 철도 인입선을 끌어들이도록 배치를 끝냈다는 말까지 했더니 왕회장 입 꼬리가 올라가면서 '아, 진즉에 보너스 얘기부터 해주지~' 하면서 제 방을 날아갈 듯한 발걸음으로 나갔습니다."

"아, 임자두. 보너스 얘기부터 해드리지 그랬어."

표정 없는 돌부처 박정희가 흐뭇한 표정부터 지었다. 탱크와 기관차 공장이 창원에 들어선 게 그 직후다. 정확한 날짜는 1976년 7월 21일이고 명칭은 현대차량이었다. 훗날 현대정공으로 바뀌었고 그때 약속대로 각종 기차, 지하철 그리고 지금 우리가 타는 KTX 차량까지 만들어내지만, 당시에는 탱크 개조사업과 신형 전차 설계부터 불붙였다.

미제 M-48 전차는 A-5형으로 개조돼 105밀리미터 포를 장착했고 미국의 탱크 전문 기술용역회사와 계약을 체결했다. 그러나 박정희는 이때 설계했던 탱크를 시승해보지 못한 채 타계했으니 더 없이 아쉽다. 아니, 아주 안 타본 것은 아니

▶ 박정희가 국산병기 시험발사 행사장에서 박격포를 시험조준하고 있다. 1972년 4월 3일.

다. 1979년 초 실물 크기로 만든 목제 탱크에 한 번 탑승했다. 그게 지금 흑표의 할아버지뻘 모델인데, 당시 미국 측이 제작한 목제 탱크 모형이 서울로 막 공수돼 왔던 것이다.

서울 도곡동 현대체육관에 위용을 드러낸 탱크는 탑승 내부 공간도 완벽하게 처리했고, 외관을 국방색으로 도색해 만만치 않은 위용이 느껴졌다. 득달같이 일정 잡아 달려간 그는 그때 몸소 탑승까지 해야 직성이 풀렸다. 크지 않은 체구인지라 그가 들어섰던 내부 공간은 아마도 쾌적했을 것이다. 지상전의 왕자 탱크, 건군 이래 첫 육군 고유 모델이 될 이 탱크에 앉아 있던 짧은 시간, 그는 무엇을 떠올렸을까?

한국전쟁 때 인민군 탱크 앞에 속절없이 당했던 아픔을 떠올렸을까? 아니면 바로 몇 개월 전인 1978년 9월 공개행사로 치러진 방산 시제품 시험발사 때 다연장로켓, 대전차로켓과 함께 사정거리 180킬로미터인 국산 장거리 지대지 미사일 백곰의 발사에도 성공했으니 이제 잠시 한 시름 놓자고 생각했을까?

사정거리 180킬로미터 첫 미사일 '백곰'

당시 미사일은 한국이 세계 일곱 번째로 자체 개발하고 보유한 나라임을 선언한 쾌거이자 방위산업 도약을 보여준 성과였다. 그 무렵 박정희는 보안사령관 강창성에게 "핵무기 개발의 95퍼센트는 완료됐다"고 내비쳤다. 카터 대통령과의 드잡이 속에서 추진해왔던 핵 개발이 가시권에 들어온 것이다. 그렇다면 탱크 안에서 박정희는 1981년 상반기까지는 핵 개발을 완료할 수 있다고 일부 참모에게 했던 다짐을 새삼 떠올렸을까? 아니면 18년 전 혁명공약에서 "절망과 기아선상에 허덕이는 민생고를 시급히 해결"(공약 넷)한 뒤이지만, "공산주의와 대결할 수 있는 실력배양"(혁명공약 다섯)에도 성공한 자신의 삶을 회고했을까? 누가 그걸 가늠할까? 몇 달 뒤에 썼던 일기(1979년 10월 1일자)에서 그의 속마음을 확인할 수 있다. 국군의 날 행사를 참관한 뒤 쓴 일기인데, 신문기사처럼 드라이한 문체이지만 그 안에는 전에 없는 자랑스러움과 안도감을 내비치고 있다.

"국군의 날, 건군 30주년을 맞이하게 되다. 오전 10시 여의도 5·16광장에서 국군의 날 행사가 거행되었다. …오늘의 행사에 동원된 장비 중 70~80퍼센트 이상이 우리 국산장비라는 것을 확인할 수 있었다. 외형적으로나 내용적으로 우리 군이 엄청나게 성장했고 강해졌다는 것을 피부로 느낄 정도로 달라졌다. 아마 우리 역사상 이처럼 막강한 국군을 가져본 것은 처음이리라. 장병들이여, 더욱 분발하여 조국을 빛내도록 하자. 국군 장병들에게 신의 가호가 있으리라."

하지만 국산병기 개발사에서 꼽을 만한 날, 국산병기의 첫 탄생일로 기억해야 할 날짜는 따로 있다. 한국형 탱크 개발 7년 전인 1972년 4월 3일의 일이다. 건군 이래 없었던 국산병기 테스트가 열렸던 날, 대통령과 3부 요인들이 두루 참석했다. 자랑스러운 D데이, 그러나 당시 선보였던 무기는 초라했다. 소형병기 수준인 카빈소총, 수류탄, 대전차 로켓포, 81밀리미터 박격포가 전부였으니까.

첫술에 배부를까? 건군 이래 첫 시도가 아니던가. 당시 박정희의 반응은 정말 남다른 것이었다. 시사회가 끝난 뒤 그는 너무도 감격스러워 했다. 관계자들을 일일이 치하한 뒤 병기 하나하나를 살펴봤는데 81밀리미터 박격포 쪽으로 가서 포신 윗부분을 몇 번이나 쓰다듬고 또 쓰다듬었다. 한 관계자는 당시 대통령의 모습이 "꼭 귀여운 자식을 어루만지는 것과 같았다"고 표현했을 정도다. 하지만 당시 시제품들은 모양은 어슷비슷했으나 불량품도 많았다.

카빈소총, 박격포 등은 여러 번 쏘고 나니 총신이 갈라지고 무뎌지는 등 내구성에는 문제가 많았다. 어쩔 수 없었다. 문제는 정밀도와 내구성인데, 그게 당시

▶ 국산병기 시험발사장에서 병기를 살펴보고 있는 박정희. 1972년 4월 3일.

우리 기계공업의 한계였다. 그래도 밀어붙였다. 불과 14개월 뒤인 이듬해 6월 또 한 번의 방산품 시험발사회가 있었다. 당시 출동한 무기는 크게 업그레이드 됐다. 그 대표주자가 105밀리미터 곡사포였다. 3문의 포를 가지고 화력시험을 했다. 포차를 끌고 와서 직사直射와 곡사曲射를 함께 선보였다. 기대 이상으로 훌륭했다. 타깃에 명중에 명중을 할 때마다 망원경을 든 대통령의 얼굴에는 희색이 만면했다.

그렇게 우여곡절을 거쳐 끝내 미사일·탱크까지 치고 나간 것이다. 불과 6~7년이라는 기간 안에……. 또 하나 놀라운 것은 박정희가 장성 출신이라지만 집권 중기까지도 그는 국산 병기 개발은 감히 생각하지도 못했다는 점이다. 1970년대 초까지 내내 그랬다. 무엇보다 우리의 정밀기계공업이 취약하다는 것을 누구보다도 잘 알고 있었고, 때문에 국산병기는 그저 먼 꿈이자 이루어질 수 없는 사랑으로 남아있었을 뿐이었다. 첫 시제품 발사회가 열렸던 것이 1972년 4월인데, 그 전해 말까지도 그는 반신반의했다.

하지만 그에게 용기를 준 것은 실무자들이었다. 모든 무기도 결국 분해하면 부품이 되는데, 이 부품은 규정된 소재를 사용해서 설계도면대로 가공을 한다면 우리도 할 수 있다는 제안에 크게 고무되었다. 그게 이른바 유명한 역逆 설계론이다. 기계이건 무기이건 간에 선진국 기술을 빠른 속도로 따라잡는 6070시대만의 방식이다. 무기의 경우 모자라는 정밀도는 조금씩 높여가고 국방과학연구소에서 부품 검사를 실시하는 과정을 거치며 단련하면 된다는 보고를 받은 뒤 확신이 들자 비로소 '고!'를 불렀다.

그게 1971년 11월, 그렇다면 첫 시제품 발사회 불과 6개월 전에 국산 무기 개발 계획을 결정했다는 얘기다. 이후 방위산업은 가히 전광석화처럼 내달렸다. 때문에 국산무기의 첫 아들 격인 81밀리미터 박격포나 카빈 소총 그리고 105밀리미터 곡사포 등은 불가능을 가능으로 만든 이름인지도 모른다. 지금 우리가 자랑하는 10대 명품 무기란 결코 우연이 아니며, 당시 박정희의 의지이자 실무 개발 종사자의 피와 땀이 분명했다. 그들에게는 그게 훗날 흑표나 경어뢰 청상어에 못지않았다. 자랑스러웠다. 당시 한 실무자가 토해낸 가슴벅찬 말에도 그게 묻어난다. 6070시대 감격의 하나다.

"우리는 결국 해냈습니다. 당시 우리는 젊었고 국방연구소도 활기에 넘칠 때였습니다."

민주화 트로피, 올림픽 트로피

<u>남북전쟁이 끝난</u> 19세기 말 이후 40여 년, 미국사회는 활력과 에너지로 터져나갈 듯했다. 황금물결의 빅뱅이었다. 그때까지의 농촌사회가 도시화된 산업국가로 탈바꿈했다. 내로라하는 거대기업 창업자들도 모습을 드러냈다. 철강산업을 일으킨 철강회사인 US스틸의 앤드루 카네기, 석유산업의 존 D. 록펠러, 철도산업의 코넬리어스 밴더빌트, 금융업의 J. P. 모건······.

US스틸은 물론 스탠더드 오일, 제너럴 일렉트릭, 뒤퐁, 아메리칸 토바코, 나비스코 등 거대기업이 군웅할거를 시작했다. 미국의 산업혁명이다. 역사학자들은 그걸 미국의 금박시대gilded age, 진보시대progressive age라고 부른다. 금박의 시대란 소설가 마크 트웨인의 신조어인데, 실은 은근히 빈정댄 말이다. 하지만 역사가들은 이 표현을 그 시기를 긍정적으로 규정하는 정식 문패로 삼아서 각종 교과서에까지 끌어 올렸고, 지금은 공식용어로 통용된다.

그렇다면 거의 100년 뒤 6070년대야말로 한국의 금박시대가 분명하다. 경제성장률도 미국의 두 배이고, 상전벽해의 변화를 이끌어낸 강도 역시 저들보다 앞섰기 때문에 무한진보의 시대가 맞다. 바로 뒤이어 꼬리를 물고 등장하는 1980년대도 흥미로운데 '박정희 그 직후'를 살펴봐야 직전의 박정희 시대가 더욱 잘 들여다보인다. 박정희 시대는 밖으로 냉전구조이고 안으로 동원 체제였는데, 이게 빠른 속도로 해체 내지 조정되면서 새 국면을 맞았던 게 1980년대다.

박정희 시대 이후의 가장 큰 변화는 학생, 시민들이 민주화 트로피를 쟁취했다는 점이다. 그게 1980년 서울의 봄, 광주 5·18이고, 뒤이은 1987년 6월 민주화항쟁인데 이로써 한국은 경제적 부와 절차적 민주주의를 갖췄다. 국제무대 데뷔도 이때 이루어졌다. 즉 1988년 서울올림픽이야말로 대한민국의 성인식이자, 자랑스러운 금박시대를 내외에 두루 알렸던 화려한 계기다.

국제무대 데뷔가 왜 중요한가? 우리도 밥술깨나 먹는다는 걸 과시했다는 건 중요하지 않다. 오랜 냉전구조를 능동적으로 깼다는 게 핵심 포인트이다. 북방외교의 고삐를 틀어쥔 채 소련·중국의 닫혔던 문을 우리 힘으로 활짝 열어젖힌 것인데, 이로써 우리는 민주국가의 3종 세트(경제성장, 민주화, 국제적 인정)를 갖추

▶ 1987년 6·26 평화대행진 당시 시위대 앞의 대형 태극기와 질주하는 시민.

었다. 상황은 이렇다.

"(1987년 6·29선언 직전인) 6월 19일 금요일 아침 전두환 대통령은 군을 동원하기로 마음을 굳힌 것처럼 보였다. 오전 10시를 기해 국방장관과 각 군 수뇌부, 안기부장을 소집해 회의를 주재한 그는 다음날 오전 4시까지 주요 대학과 도시에 군 병력 배치를 명령했다."

역사의 수레바퀴는 그렇게 소리 없이 돌고 있었다. 「워싱턴 포스트」 기자 출신의 한반도 전문가인 돈 오버도퍼가 『두 개의 한국』에서 조명한 대로, 6·29 전야는 긴박했다. 군 동원을 위해 한미군사협정에 따라 병력이동 계획을 주한미군사령부에 통보해야 하는데, 그 수순을 밟을 찰나였다. 아찔한 순간이었다. 그렇게 되면 "직선 개헌" "4·13 호헌 철폐"를 외치던 시위 학생들은 즉각 체포된다. 대세는 일단 그쪽인데, 정면 충돌을 막으려는 미국도 발 빠르게 움직였다.

노태우 6·29 선언의 긴박했던 막전막후

"청와대는 주한 미국대사 릴리를 통해 레이건의 친서를 전달하겠다는 미국 측의 끈질긴 요구를 마침내 수락했다. 전두환을 만난 릴리가 청와대를 떠난 지 한 시간 뒤 전 대통령은 보좌관을 통해 군 병력 동원 중지를 지시했다. 뽑으려던 칼을 도로 칼집에 집어넣었던 것이다."

오버도퍼의 설명대로 한국군 내 영관급의 젊은 장교들까지 병력동원을 반대했다. 당시 대통령 후계자 노태우도 반대의견을 제시하면서 시위대가 정당한 명분을 가졌다고 입을 모았다. 헌정사의 기적은 그때 일어났다. 직선제 개헌을 통한 평화적 정권이양, 김대중의 사면복권을 요지로 한 6·29 선언이 노태우 손으로 발표된 것이다. 박정희 서거 9년, 한국사회에 절차적 민주주의의 첫 단추가 채워진 순간이다.

민주화 트로피 쟁취는 그냥 찾아온 기적일까? 권력자가 안겨준 선물일까? 그럴 리 없다. 80년 서울의 봄과 광주 5·18, 박종철 고문치사와 연세대생 이한열의 사망을 딛고 학생, 시민들이 쟁취해낸 결실이다. 당시 정권은 물론 미국에 압박을 가했던 것이 그들 학생이었다. 1980년 12월 광주미문화원 방화사건, 1982년 3월 부산미문화원방화사건, 1985년 서울미문화원 점거농성 사건 등이 그 사례다.

그건 우연만이 아니었다. 당시 서울대 재학생들을 대상으로 여론조사를 한 결과 응답자의 59퍼센트가 미국을 제국주의 국가, 신식민지배자로 규정했으며 80퍼센트가 한미 관계에 불만을 표시했다. 전에 없던 움직임이 분명했다. 그것은 신군부 때문에 좌절됐던 민주화의 봄에 대한 그리움이자, 알고 보면 박정희 18년 '금박시대'의 유산에 대한 비판적 재평가 분위기를 반영한다.

미국 금박의 시대에 비판적이었던 사람인 철학자 윌리엄 제임스는 "성공이라는 돼먹지 않은 여신만 숭배하는 데서 생긴 도덕적 무기력이자, 성공이라는 말을 돈으로만 해석하는 추잡함이야말로 국가적 질병"이라고 불만을 토로했다. 미국은 1871~1913년 한 해 평균 4.3퍼센트씩 성장했지만, 그런 성공의 뒤안길에 깔려 있는 천민자본주의 양상을 비판한 것이다. 한국의 금박시대에 대한 대학생, 시민의 불만은 그보다 강도가 컸다.

그게 전부가 아니다. 6070시대에 대한 불만은 이내 한반도 냉전체제와 사회경제 구조에 대한 비판으로 치달았다. 박정희의 금박시대는 성공의 여신만을 섬기기 때문에 도덕적으로 떳떳치 못하며, 민중의 희생으로 이룩되었기 때문에 반민중적이라고 여긴 것이다. 금박시대가 분단 구조를 강화했다는 운동권 식의 도식도 이때부터 자리 잡았다. 민주화 트로피 안에 분배의 정의가 담기기를 요구하는 또 다른 흐름은 격렬한 노동운동으로 이어지지만, 물론 여기에는 양면성이 있다. 전 시대에 대한 재평가로는 의미 있지만 6070시대에 대한 일방적인 몰이해와 매도는 자칫 내출혈로 연결될 소지가 많았다.

어쨌거나 오늘 우리가 누리는 민주주의는 지구촌 최상위 수준이다. 객관적인 증거가 미국의 인권단체 프리덤하우스가 발표하는 자유지수다. 한국은 현재 정치자유 1등급, 시민자유 2등급으로 종합지수 1.5다. 일본과 같은 수준이다. 1972년만 해도 정치자유 5, 시민자유 6으로 종합지수 5.5(부분자유 국가)였는데 수직상승한 것이다. 꿈틀거림의 시작은 1985년(자유지수 4.5)이고 이후 6월 대항쟁을 치렀던 다음해인 1988년 2.5로 또 한 번 뛰어올랐다. 그러다가 2004년 이후 지금 수준을 유지하고 있다. 북한과 대조하면 우리의 자유가 더욱 분명해진다. 그들은 예나 지금이나 7등급, 지구촌 최하위(무자유 국가)다. 1인당 국민소득 5만 달러를 자랑하는 싱가포르도 부분자유 국가, 즉 한국의 1980년대 수준에서 멈춰 있다. 한국이 지금 누리는 자유란 예사로운 게 아니다.

그게 전부가 아니다. 금박시대는 안에서는 공격을 받았지만 밖에서는 그렇지 않았다. 정반대였다. 그것도 오랜 적성국이자 분단 구조의 주축인 소련, 중국이 한국 재평가와 함께 열렬하게 러브콜을 보내오기 시작했다. 그들이야말로 북한의 큰형님 국가(big-brother state)인데, 그런 역할까지 서둘러 포기한 채 우리와 연결되기를 간절히 원했다. 그 결과로 한국과의 수교에 골인을 했다.

지구촌이 6070시대와 대한민국을 재발견하는 신호탄이 분명했지만, 닫혔던 세계의 문이 열리는 과정은 간단치 않았다. 직접적인 계기는 1988년 서울올림픽. 이를 전후해 한국이 국제사회의 신데렐라로 뜬 것인데, 박정희가 쌓아올렸던 부의 증대 없이는 도저히 불가능했던 '공중부양'이었다. 막간극도 있었다. 김일성이 직접 나섰던 지독한 방해와 협박카드다. 자충수를 마다하지 않았던 그들의 움직임은 거의 처절하기까지 했지만, 생전의 박정희를 괴롭혔던 남북체제 경쟁의 결말은 의외로 싱겁기까지 했다. 그 신호가 1984년 6월 소련 공산당 중앙위원회의 비공개 회의였다.

"남한은 여러 분야에서 성공을 거뒀으며, 국제적으로 존경받는 국가다. 그들을 긍정적으로 받아들이는 것이 소련의 국익에 부합된다."

북한의 수호천사 소련이 서울의 고객으로 대변신을 오래전부터 준비하고 있다는 증거인데, 공교롭게 그 1개월 전에 김일성이 모스크바를 방문했다. 당시 공산당 서기장은 체르넨코. 그를 통해 북한은 미그기 60대를 제공받았고 사정거리 80킬로미터 스커드 미사일도 얻었지만 김일성은 무언가 심상치 않은 징후를 눈치채고 있었다. 서울-모스크바의 접촉이 속속 보고되고 있었기 때문이다.

오죽하면 2년 뒤인 1986년 다시 모스크바를 찾았을까? 김일성이 얼마나 다급했는지는 애용하던 열차여행을 제쳐두고 부랴부랴 비행기에 올라탄 데서도 드러난다. 하지만 그가 몰랐던 것은 몇 개월 전 소련 당 정치국에서 "남한에 대한 경제·정치적 유화책을 쓴다"고 최종 결정했다는 점이다. 게임은 이미 판가름이 난 것이다. 서울을 파트너로 삼겠다는 궤도 수정을 몰랐던 김일성은 체르넨코를 승계한 미하일 고르바초프에게 으름장을 놓았다. 말도 안 되는 헛소리에 고르바초프는 연신 하품을 해야 했다.

소련, 북한의 큰형님에서 서울의 고객으로

"남조선에 사회주의 주창세력이 크게 성장했고 현재 국민전선이 형성되고 있는 중이다. 국회의원 가운데 3분의 1이 북조선을 지지하고 있다. 얼마전까지만

해도 남조선 인민들은 미국을 해방국가로 오인했지만, 이제 대다수가 미군의 주둔에 반대한다."(김일성)

그리고 찾아온 것이 88서울올림픽이다. 소련도 동유럽도 동조하지 않는 고립무원 상황에서 올림픽 방해에 돌입한 북한이 저질렀던 끔찍한 테러가 KAL기 폭파다. 중동 건설현장에서 돌아오는 승객을 포함해 승무원 전원을 사망케 한 것이다. 1987년 11월, 올림픽 개막 10개월 전에 터트린 초대형 테러였다. 그럼에도 북방외교는 첫 꽃망울을 터뜨렸다. 올림픽을 며칠 앞둔 1988년 9월 13일 헝가리가 한국과 대사급 외교사절 교환을 발표했던 것이다.

소련은 사회주의권의 맹주인지라 아무래도 발걸음이 느릴 수밖에 없었다. 헝가리와 수교한 직후 1년 남짓한 사이에 폴란드, 유고슬라비아, 체코슬로바키아, 불가리아, 루마니아 등이 한국행 수교 열차에 올라타는 것을 지켜보았다. 서울올림픽이 야무지게 치러지는 것도 확인했다. 개막식 선수 입장 때 잠실운동장에서 소련 팀이 박수 세례에 파묻히는 것에 감동했고, 자기네 농구팀이 미국을 물리칠 때 서울의 열렬한 응원을 지켜보면서 드디어 대전환을 결심했다. 그게 한국·소련 수교로 나타난 것이다. 실은 개방과 개혁을 준비하던 러시아에게 오래전부터 서울과 대한민국은 미래의 모델로 떠올라 있었다.

"이전 내가 한국에 대해 알고 있었던 것은 모두 낡은 것들이었다. 마치 21세기의 문을 열고 들어가는 느낌이었다."

당시 서울올림픽 취재단장을 맡았던 비탈리 이그나텐코의 말이다. 그는 훗날 고르바초프의 대변인을 역임했는데 그에게 서울과 대한민국의 변화란 충격의 연속이었다. 대통령 노태우와 고르바초프 사이의 1990년 6월 역사적인 한국·소련 정상회담은 이미 결정된 사안을 추인했던 이벤트였는지도 모른다. 정식 국교정상화 수교일은 9월 30일이다.

▶ 1988년 서울 올림픽 개막식. 올림픽은 냉전구조를 우리 손으로 해체했던 계기였다.

▶ 남자 육상 결승전.

▶ 개막식의 하이라이트를 장식한 굴렁쇠 소년.

역사는 돌고 돈다. 한국·소련 수교가 그렇지만, 당시 소련에 제공했던 30억 달러 차관이야말로 역사의 아이러니다. 돈을 꿔주는 채권국 입장으로 올라선 한국, 초강대국임에도 우리 앞에 손을 벌려야 했던 소련……. 하루아침에 관계가 뒤바뀐 채 한국은 무엇을 얼마만큼 제공할지를 계산하는 느긋한 입장이었다.

물론 지금도 논란이 없지 않다. 당시 노태우 정부는 소련에 30억 달러의 차관을 제공하면서도 상환조건을 명시하지 않는 등 정치적 명분에 급급한 외교라는 비판이 일었다. 당시 북방외교를 지휘했던 외교안보 수석 김종휘는 그것 모두가 국가안보의 자산이자 보험이라고 응수했지만, 액수 자체가 컸던 것도 사실이다. 차관 제공을 위해 한국이 외국에서 돈을 빌려와야 했을 정도였으니까.

"설혹 한국 같은 작은 나라가 현금을 주겠다고 해도 그런 것을 소련이 받을까?"

당시 노태우는 잘 믿기지 않는다는 태도로 그렇게 중얼거렸다. 완전히 뒤바뀌어 버린 양국 사이의 처지가 실감나지 않았기 때문이 아닐까? 어쨌거나 이후 돈의 액수와 방식을 놓고 양국 사이에는 밀고 당기는 물밑 협상이 치열했는데 이걸

▶ 제주도 신라호텔에서 열린 한국과 소련의 정상회담. 1991년 4월 20일.

은근히 즐겼던 사람이 한 명 있다면 그는 혹시 지하에 묻힌 박정희가 아니었을까? 그런 가늠은 충분한 이유가 있다.

우선 한국이 그걸 내줄 만큼 여유가 있고 국제사회의 약자에서 강자의 위치로 냉큼 올라섰다면, 이런 통쾌한 역사의 대전환이 없다고 그는 미소부터 머금었으리라. 그의 통치기간 중에는 꿈도 꾸지 못했던 상황변화, 그러나 이런 성과는 6070시대의 열매가 분명하기 때문이다. 무엇보다 그는 일본으로부터 8억 달러 청구금액을 받고 그걸로 국교정상화를 마무리 지었다는 이유로 '굴욕외교' '매국외교'의 당사자라는 최악의 욕설을 들었던 사람이다. 그런 아픔을 가졌던 그인지라 적절한 기회에 다른 방식으로 되갚아줄 수 있다면 얼마든지 쌍수를 들어 환영했으리라.

8억 달러 종자돈을 밑천으로 한국경제를 완전히 일으켰는데, 그렇게 번 돈을 20여 년 뒤 더 멋지게 쓸 수가 있다면 망설이고 말고 할 필요조차 없었다. 하나 더. 잠실종합운동장도 그의 재임 때인 1977년 일찌감치 시공에 들어갔다. 그게 중요한 대목인데, 놀라운 선견지명이 아닐 수 없다.

사실 박정희는 서울올림픽의 실질적인 산파이기도 한데, 국민체육진흥심의위원회가 올림픽 유치를 의결했고 그가 재가했던 것이 1979년 9월 21일이다. 보름쯤 뒤에 대통령이 직접 나서서 대대적인 유치계획 발표 기자회견도 가졌다. 그가 한국의 국제무대 데뷔 기회이자, 전략적 무대의 하나로 서울올림픽을 구상하고 있었음을 보여준다. 서울올림픽은 물론 올림픽 전후의 파생상품인 북방외교의 결실을 누구보다 그가 환영했으리라는 우리의 확신은 그 때문이다.

테마 6070

그런데 장발·미니스커트 단속은 왜 했지?

1970년대는 또 다른 말로 긴급조치 시대다. 유신헌법을 부정·반대하는 행위를 금지시킨 공권력의 힘도 이걸 근거로 했다. 1974년 제1, 2호에 이어 이듬해 9호까지 등장했던 긴급조치의 처벌대상은 조직적인 정치 저항세력만이 아니다. 분명 과잉대응의 사례이지만 소시민이 술자리에서 내뱉은 발언이 빌미가 돼 곤욕을 치렀던 사례도 왕왕 없지 않았다. 일부로부터 '막걸리 긴급조치' '막걸리 반공법'으로 불리곤 했던 것도 그런 사정 때문이다.

재야인사에게 긴급조치란 인신구속과 고문 등 억압을 뜻했지만, 젊은이들에게는 골치 아픈 훈육주임의 모습으로 다가왔다. 특히 헤어스타일과 패션 등 '나만의 영역' 내지 취향을 정부가 공권력의 이름으로 간여하니 짜증스러웠다. 때문에 국가가 내세웠던 민족중흥이나, 국민총화 호소에 다양한 형식의 반발도 흔한 일이었다. 유신 시절 사회통합에 누수 현상이 없지 않았다는 얘기이기도 한데, 장발과 미니스커트 단속은 1970년부터다. 3년 뒤 '개정

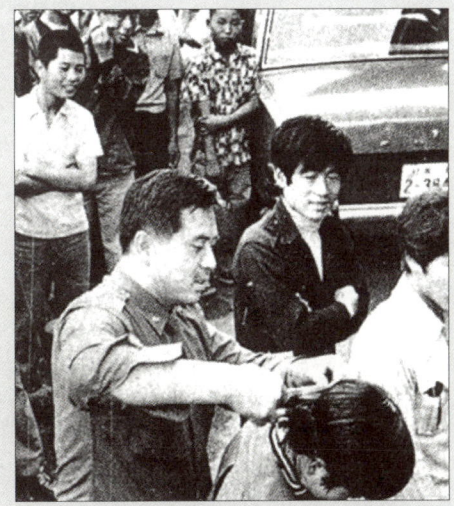

▶ 1970년 길거리에서의 장발 단속.

한반도 모더니즘 혁명 69

경범죄 처벌법'이 만들어지면서 본격화됐다.

　머리가 길다는 이유로 붙잡힌 사람은 1973년 한 해 1만 명이 넘었다. 그전인 1969년 제주시에서는 무릎 위로 30센티미터가 올라간 치마를 입은 여성이 25일 구류 처분을 받았다. 무릎 위 17센티미터, 그게 정부가 제시했던 치마 길이다. 지금 같으면 꿈도 못 꿀 일이다. 한 손에 가위, 다른 손에는 줄자를 쥔 공권력의 모습은 분명 그 시절만의 진풍경이었다. 시민을 가르치려 했던 '훈육국가'의 모습, 국가주의 이념이라며 젊은 층은 질겁하며 튕겨져 나가려했던 것도 이해못할 게 아니다.

　훈육주임 권력의 모습은 외국에 사례가 없지 않다. 외국의 경우 18세기 러시아의 표트르 대제가 연상된다. 낙후된 러시아를 서구 열강 수준으로 끌어올리려 했던 근대화의 화신인 그의 철학도 실사구시였다. 견문을 넓히려 떠났던 오랜 유럽 여행에서 돌아와 그가 실시했던 정책의 하나가 풍속 단속이었다. 봉건주의의 촌티가 분명한 러시아 전통의 긴 여성 치마를 유럽식으로 짧게 하라고(복숭아뼈 위 10센티미터 위로) 지시했고, 긴 수염을 기르는 사람에게는 수염세를 매겨 단속했다.

　박정희의 일상생활 간여는 더 지독했다. 풍기단속을 넘어 먹을거리(혼·분식), 가족의 수(가족계획)와 윤리도덕(충효사상·민족주체성 교육 등)에까지 두루 미쳤다. '국기에 대한 맹세'와, 영화 상영 전 영화관에서 애국가 연주와 관객들의 기립도 그때 시작되었다. 교련 과목 설치에 이은 학도호국단 출범도 1975년이다. 병영국가, 경찰국가라는 소리가 여기저기에서 터져 나오기 시작했다.

　국가주의 노선과 억압적 성격을 띤 동원 체제에 대한 염증이 감지된 것도 이때다. 특히 대학생 등 젊은이들이 못 견뎌하기 시작했다. 국내외 질서에 대한 자세한 정보와 넓은 시야도 없으면서 일단 거부의 몸짓부터 했다. 이런 변화는 이들이 새로운 감수성으로 무장한 탓이지만, 그동안 키운 물리적 덩치도 중요하다. 1960년 10만여 명이던 대학생들은 1975년에는 20여만 명으로 늘었고, 1980년 40여만 명으로 빠르게 몸집을 불렸다. 외양상으로 이들은 '박정희 키드'가 분명했지만 속은 전혀 달랐다.

박정희 정권은 1960년대 보릿고개를 넘어 근대화 혁명으로 가자는 구호 아래 전국의 풍경을 모두 바꿔놓는 데 성공했지만, 신세대들은 고개를 갸우뚱했다. 역설적인 성공의 위기였다. 생활 형편은 눈에 띄게 나아졌지만, 이들이 당장 원하는 것은 자율성과 다원적 가치였다. 이런 상황에서 국가 의제議題에 대한 관심은 냉소 일변도였고 그걸 젊음의 특권이자 자유인양 여겼다. 젊은이들은 영향력을 키워가는 제3의 영역인 대중문화에 친근감을 품고 있었고, 때문에 체제와 엄숙주의 분위기를 멀리하려 했다.

박정희로 대표되는 공권력과의 충돌은 피할 수 없었다. 공권력은 젊은이들이 좋아하는 노래를 금지곡이라는 이유로 묶었다. 1975년 한 해 227개 곡을 금지곡으로 한 데 이어 이장희, 윤형주, 신중현 등 가수 27명을 구속했다. 대통령의 감각이 대중가요 '황성옛터'의 정서에 머문 데 반해, 이들은 한국형 포크송인 '아침이슬'이나 이장희 '그건 너' 등의 캐주얼한 분위기, 미국 대중문화에 급격하게 쏠렸다.

그게 얼마나 빠른 속도로 움직였는지는 1977년에 첫 선을 보였던 MBC대학가요제의 열광을 보면 알 수 있다. 1960년대 「사상계」를 끼고 다니던 선배 세대와도 구분되는 모습이었다. 당초 대학가의 반독재와 냉소주의 분위기 때문에 호응이 없을 줄 알았는데, 전혀 그게 아니었다. 호응은 엄청 났다. 그게 긴급조치 시대 사회 저류에 흘렀던 이질적인 움직임이었다. 이런 움직임이 훗날 1970년대와 1980년대에 어떤 에너지로 커갈지는 당시 어느 누구도 몰랐다.

민주화 세대와 산업화 세대

여기 아버지 한 분이 있다. 국산 라디오 제1호를 설계했던 엔지니어 김해수다. 경남 하동 태생인 그는 1959년 럭키화학공업사가 설립했던 자회사인 금성사에 경력사원으로 입사했다. 당시 사원증에 붙어 있는 사진에 젊은 시절 그의 모습이 보인다. 검정 뿔테 안경 너머로 보이는 눈매, 굳게 다문 입술도 여간 다부지지 않다.

일제시대 그는 보통학교 졸업 뒤 형님을 따라 동경으로 건너갔다. 동경고공 졸업반이던 1943년 봄 느닷없이 인천조병창(소총 제조공장)으로 발령을 받자마자 강원도로 탈출했다가 잡혔다. 그는 엔지니어가 부족하던 당시 광산의 전기 책임자로 일하다가 이내 광복을 맞았다. 입사했던 부산 연지동의 금성사로부터 그가 받았던 임무는 진공관 라디오 설계였다. 설계·제작에 성공한 라디오(A-501)는 멋졌다. 옆으로 길쭉한 플라스틱 샤시에 왕관 모양의 샛별 엠블럼과 'Gold Star' 로고를 라디오 위 아래에 각각 달았고 성능도 당시 수준으로는 꽤나 괜찮았는데, 지독히 안 팔렸다.

"금성 A-501 라디오는 기술수준이 외국제품에 비해 손색이 없고 값도 싸다. 50볼트의 낮은 전압에서도 소리를 들을 수 있도록 설계된 것이 특징이며, 처음부터 국산 부품을 60퍼센트나 사용한 것은 기록될 만한 일이다."

부산에서 발행되던 국제신보에 그런 기사까지 나왔지만, 마이동풍이었다. 시내 라디오가게, 전파상마다 성능

▶ 최초의 국산 라디오 금성사 A-501.

좋고 허우대 멋지다는 밀수품이 득시글거리는데 누가 국산을 쳐다나 볼까? 회사는 문을 닫을 위기였다. 모두가 희망을 잃은 채 낙담하던 무렵 한 사나이가 연지동 공장에 찾아들었다. 선글라스를 낀 키 작은 사나이, 전혀 뜻밖에도 박정희였다. 쿠데타 전 부산 군수기지사령관으로 재임했던 그가 시간을 틈타 잠시 내려왔던 길이었다. 1961년 가을 저물어가는 오후, 김해수는 그날을 환히 기억한다. 그날따라 생산과장인 자기 혼자서 사무실을 지키고 있는데 창문 너머 경비실 수위가 황급히 철문을 여는 게 보였다. 승용차에서 군인 셋이 먼저 내렸다. 다음에 내린 사람이 군인들 호위 아래 사무실로 성큼성큼 들어왔다.

"예고 없이 찾아와 미안합니다. 라디오공장을 좀 보러왔습니다."

가슴이 마구 쿵쾅댔다. "저 양반이 요즘 신문에 자주 나는 박정희 의장?" 싶은 직감 때문이었다. 얼결에 별도 부품가공실, 라디오 조립실과 검사실까지 두루 안내를 했다. 이 모든 시설을 유심히 들러본 박정희는 설계실에 앉아 김해수의 즉석 브리핑까지를 차분히 들었다. '선글라스 장군'의 질문이 쏟아졌다.

"공장의 기계시설은 어느 나라의 것이냐? 부품 국산화율은 어느 정도인가? 설계는 누가 했는가?"

"김 과장은 어느 학교를 나왔느냐?"

"하루에 몇 대나 생산하느냐? 라디오 보급률은 얼마인가?"

"금성사의 자금력은 어떠냐. 기술적으로 자신이 있느냐? 회사 내의 분위기는

어떠하냐?"

따질 것을 죄다 따져보던 박정희가 뭔가 확신이 든 듯 마지막 질문을 던졌다.

"그래 어떻게 하면 금성사가 살아날 수 있겠소? 내가 무얼 도와드리면 좋겠소?"

어려운 사정을 그때 호소했다. 김해수는 "광복동에 즐비한 라디오가게의 진열장부터 확인해보시라"고 귀띔을 했다. 자리를 일어서는 박정희가 무겁게 말문을 열었다. "김 과장, 기운 내시오. 좋은 일이 있을 것이오"라며 등까지 두드려주던 그는 휭 하니 발길을 돌렸다. 그 다음날 회사는 뒤집혔다. 최고 권력자의 깜짝 방문은 엄청난 뉴스였으니까. 박정희와의 일문일답과 견학 당시 분위기를 구인회 사장 등에게 자세히 설명했지만, 또 한 번의 사태는 일주일 뒤에 터졌다. 밀수품 근절에 관한 최고회의 포고령이 발표된 것이다. 공보부 주관으로 농어촌에 라디오

▶ 1970년대 초반 부산 금성사의 금성라디오 조립 광경.

보내기 운동이 이어 전개됐다. 회사 전화통에 불이 났다. 주문 폭주 때문이었다. 직후 생산라인 증설, 라디오부품 추가 발주, 여공 모집 등 난리법석도 당연했다.

박노해의 장인이 박정희를 만난 사연

그 통에 회사가 벌떡 일어섰음은 물론이다. 전국에 30만대이던 라디오 보급대수는 2년 뒤 100만대를 돌파했는데, 대부분은 금성사 제품이었다. 그게 스토리의 끝이 아니다. 김해수–박정희 인연은 7년 뒤 재개됐다. 금성사 동래공장을 세우고 국산 TV 수상기 제1호 'VD-191'을 생산해낼 무렵, 박정희가 이번에는 대통령 자격으로 그곳을 찾았다. 진공관식 19인치 제1호를 뜻하는 그 모델은 인기 폭발이었다. 찍어내기 바빴고, 방송사 공개추첨으로 구입자를 선정해야 했다. 그 사이 생활 형편이 좋아진 탓일까? 예전과 전혀 달라진 상황에서 여유 있게 브리핑봉을 잡은 것은 TV 개발책임자 김해수였다.

"김 과장, 아직도 과장이요?"

용케도 대통령은 첫눈에 그를 알아보고 인간적 친근감부터 표시했다. 그게 둘 사이 인연의 전부였지만 대통령의 후광을 두 번이나 입었던 것은 예사 행운이 아니다. 워낙 성실했던 김해수가 이후 엔지니어로 탄탄대로를 걸었음은 물론인데, 그런 그에게는 고명딸이 있었다. 예쁜데다 공부도 잘 했다. 1955년생 김진주, 이화여대 졸업 뒤 백병원에 근무하던 그는 운명의 남자를 만났다. 나중『노동의 새벽』의 시인이 된 연하남 박노해였다. 부모는 펄펄 뛰었다. 금쪽같은 딸이 왜 고졸 출신, 그것도 노동자에게 시집을 가야 하는가?

"부끄럽지 않은 삶을 살기 위해 노력하겠습니다."

▶ 6070시대 엔지니어 김해수(좌)와 그의 사위인 시인 박노해(우).

인사차 찾아온 박노해를 앞에 둔 김해수는 마음이 편치 않았다. 아니 본인의 고백대로 폭풍 같은 소용돌이에서 헤어날 수 없었다. 부모 마음일 것이다. 물론 청년이 범상치 않다는 것을 알아볼 수 있었다. 조리 있는 말투에 예의바름까지……. 그럼에도 금세 풀 수 없었던 청년과 딸에 대한 서운함은 김해수 본인이 누르고 또 눌렀다. 그렇게 어려운 과정을 거쳐 결혼을 승낙했지만 시대 자체가 워낙 사나웠다. 신혼부부인 딸과 사위는 더 지독하게 대응했다. 노동운동에 헌신한다며 위장취업했던 둘은 1987년 민주화항쟁에 참여해 한몫을 했고 몇 년 뒤 나란히 감옥에 갔다. 1991년 봄에 터진 사노맹 사건 때문이었다.

고려대생 막내아들까지 시위주동자로 잡혀갔으니 설상가상이었다. 억장이 무너진 아버지는 거실에 자랑스럽게 붙여놓았던 대통령 표창장을 떼어냈다. 어지럽고 몹쓸 세상에 대한 환멸이 아니었을까? 더 가슴 아픈 것은 따로 있었다. 그 무렵 딸과 사위가 자기에게 보내던 심상치 않은 눈길이다. 자신을 군사독재와 자본가의 협력자로 바라보는 듯했다. 그건 자격지심만은 아니었고, 실제로 그랬다.

세월이 흘렀다. 박정희와의 만남 뒤 전화기·콘덴서 개발을 포함한 전자공업 분야에서 성공한 삶을 살았던 그도 인생 황혼기에 접어들었다. 2000년대 만년의 생각은 이렇다. 산업화 세대의 일원으로 앞만 보고 달려왔지만, 자녀 세대에게 좀더 든든한 물질적 기반을 만들어주지 못한 것이 안타깝다. 그리고 후손들이 자기 같은 산업화 세대를 향해 박수를 보내줄 것이라는 기대도 조금은 접어뒀다.

그게 1980년대 이후 펼쳐졌던 우리 사회 산업화 세력과 민주화 세력 사이 갈등의 한 모습이다. 김해수와 그의 가족은 가혹했던 현실에 지독하게 노출됐던 케이스이고, 매우 극적인 상황에 엮여 들어간 경우겠지만, 우리 사회 많은 이들이 너나 할 것 없이 산업화와 민주화의 충돌 속에서 적지 않은 몸살을 앓아야 했다. 6070시대의 에너지가 그만큼 컸다는 얘기일까?

어쨌거나 개발시대의 아버지 김해수의 걱정과 달리 그의 전공 영역이었던 가전·전자 부문은 현재 막강하다. 우선 그가 일했던 금성사는 LG전자로 이름을 바꿨는데, 훨씬 이전인 1978년 가전회사로는 처음으로 수출 1억 달러를 달성했다. 그리고 1995년에는 미국사회를 발칵 뒤집어놓았다. 제니스, 순수 미국자본이 운영해온 가전회사의 대명사를 인수한 것이다.

희한하게도 LG전자는 제니스라는 브랜드를 고집하지 않는다. 제니스라는 낡은 이미지 대신 LG라는 브랜드가 현지에서 훨씬 더 먹히기 때문이다. PDP TV, 드럼세탁기 같은 첨단 제품은 모두 LG로 통일하되, 구형 브라운관 TV 같은 저가 브랜드 일부에만 제니스를 사용한다. 김해수가 제작했던 첫 국산 라디오가 나오던 때를 떠올리면 상상하기조차 힘든 대반전이다. 당시 제니스 라디오는 쌀 여러 가마니를 갖다 바쳐야 겨우 구할 수 있었던 명품 브랜드가 아니었던가.

LG전자가 독주할 무렵 삼성도 이 시장에 뛰어들어 선의의 경쟁에 돌입했다. 1969년 초 삼성전자공업주식회사로 출발하며 흑백 TV와 냉장고, 세탁기 등을 양산해내며 LG전자와 함께 가전 투톱 체제를 형성했다.

초창기 국내 시장에서 놀 수밖에 없던 당시 가전의 두 회사는 수입 다변화 정책을 구사하는 정부로부터 충분한 보호를 받았다. 막강 일제로부터 막아준 것이고, 때문에 1975년 수입자유화율은 45퍼센트밖에 되지 않았다. 이후 수입다변화 정책 폐지, 수입 자유화 정책으로 빗장이 풀리며 바짝 긴장을 했으나, 전에 없는 고공비행은 오히려 그때 이후 펼쳐졌다. 1997년 캠코더, 컬러TV, VCR, 전기밥통, 에어컨 등 수십 개 품목이 완전 수입자유화가 됐지만, 우려했던 사태는 없었다. 대신 찾아온 것은 기적 같은 승리였는데, 그 결과 2000년대 현재 전자가전에서 이 기업은 글로벌 최강자다. 삼성전자는 지금 TV 세계시장 점유율 20퍼센트를 넘겼다.

TV는 가전의 왕인데, 4년째 세계 1위를 질주한다. 삼성전자 TV 부문은 생산·판매의 해외 비중이 95퍼센트 이상이고, 2위 소니와의 격차도 갈수록 벌어지고 있다. 북미 지역 판매의 경우 소니 판매고의 두 배이다. 맞수 LG전자는 세계 가전 업계의 전쟁터인 미국시장에서 드럼세탁기 판매 1위를 차지했다. 가정용 에어컨 시장에서는 2000년 이후 지금까지 연속 세계 1위 자리를 놓치지 않고 있다.

전태일 분신으로 막 오른 70년대 노동운동

기막힌 대반전이 아닐 수 없다. 김해수가 라디오 A-501로 뿌렸던 가전, 전자의 첫 씨앗이 지구촌을 덮는 거목으로 자라난 것이다. 거목을 키우는 데 노동자의 피와 땀이 컸음은 물론이다. 박노해의 대표시 '손무덤'에 나오는 것처럼 6070시대 노동자들은 작업 중에 손목 등 신체 일부가 잘려나가는 끔찍한 사고를 당했고, 인간적 삶도 유보당해야 했다. 얼굴 없는 시인으로 알려졌던 그가 1984년 발표한 이 작품은 그 시절 아픔을 증언하는 가슴 아픈 노래다.

"올 어린이날만은/안사람과 아들놈 손목 잡고/어린이 대공원에라도 가야겠다며/은하수를 빨며 웃던 정형의/손목이 날아갔다//작업복을 입었다고/사장님 그라나다 승용차도/공장장님 로얄살롱도/부장님 스텔라도 태워 주지 않아/한참 피를 흘린 후에/타이탄 짐칸에 앉아 병원을 갔다…/…화창한 봄날 오후의 종로 거리엔/세련된 남녀들이 화사한 봄빛으로 흘러가고/영화에서 본 미국상가처럼/외국상표 찍힌 왼갖 좋은 것들이 휘황하여/작업화를 신은 내가/마치 탈출한 죄수처럼 쭐드만/…내 품속의 정형 손은/싸늘히 식어 푸르뎅뎅하고/우리는 손을 소주에 씻어 들고/양지바른 공장 담벼락 밑에 묻는다/노동자의 피땀 위에서/번영의 조국을 향락하는 누런 착취의 손들을/일 안하고 놀고먹는 하얀 손들을/묻는다/프레스로 싹둑싹둑 짓 잘라/원한의 눈물로 묻는다/일하는 손들이/기쁨의 손짓으로 살아날 때까지/묻고 또 묻는다"

이런 조건에 대한 항의가 노동운동으로 펼쳐졌다. 1970년대는 결국 전태일의 분신자살로 시작됐고 YH 여성노동자 김경숙의 죽음으로 마무리됐다고 할 수 있다. 고도성장의 그늘에서 저임금, 장시간 노동에 시달려야 했던 노동자들의 운동은 우선 그들의 규모가 커졌기 때문이다. 1970년 378만여 명이던 노동자는 1979년 648만여 명으로 불어났다.

근로조건 개선은 발걸음이 더뎠다. 1978년 당시는 근로소득세 납부가 제외되는 5만 원 미만의 저임금 노동자가 대부분이었으나, 노동시간은 세계에서 가장 길었다. 전태일 분신 당시 평화시장은 한국 수출의 한 큰 분야인 섬유산업의 메카였는데, 평균 나이 18살의 여공 2만여 명이 하루 15시간을 꼬박 일해야 했다.

외국인 투자기업이 노조의 결성과 쟁의를 불법으로 만들며 노동자 기본권을 유보한 것도 그들을 자극했다. 1970년 "우리는 기계가 아니다"라고 외치며 스스

▶ 전태일(좌)과 그의 동료.

로 불꽃이 된 평화시장 노동자 전태일의 등장은 그 신호탄이었고, 이후 도시산업선교회와 크리스찬 아카데미, 고려대 노동문제연구소 등이 노동자 교육과 조직을 지원하면서 한국사회는 요동을 쳤다. 전태일은 평소 "나에게 대학생 친구가 단 한 명이라도 있었더라면…" 하고 발을 굴렀지만, 최소한 그 꿈은 그의 자살 직후 이뤄졌던 셈이다.

6070시대 산업화는 공짜가 아니라서 빛과 그늘을 함께 만들었고, 한꺼번에 그늘로 내몰린 이들의 아우성을 낳았다. 체제 옹호적이라는 지적을 받았던 한국노총에 대한 맹종을 거부하는 노조가 속속 생겨나기 시작했다. 전태일의 동료들과 어머니 이소선의 손으로 설립된 청계피복노조를 비롯해 동일방직, 원풍모방, YH무역 등이 그런 조합이었다. 1979년 신민당사에서 폐업반대 시위를 하던 YH무역 여성노동자 중 한 명이 희생되는 참사도 벌어졌다.

대한민국 노동운동이 유달리 강성 체질을 가지게 된 것도 이런 맥락인데, 그것은 한참 뒤 투쟁노선을 주도하는 민주노총의 등장으로 이어졌다. 노동운동 진영의 핵분열, '민주 대 반민주'의 이분법, 그로 인한 조합원들의 파업피로증 호소도 그 영향이다.

어쩌면 초심에서 멀리 떠나 있는 상황이 지금인지도 모른다. 1970년대 말 전투적 노동운동의 앞줄에 있던 원풍모방, YH무역 노조의 각종 호소문에는 산업역군이라는 말이 흔하게 쓰였는데, 지금 그렇게 자부심을 섞어 말하는 사람은 별로 없다. 마음이 돌처럼 굳어진 그들은 6070년대 작업시간이 세계 최장이었지만, 동시에 임금 상승률도 세계에서 가장 높았다는 점을 애써 외면하려 한다.

산업역군이란 말에는 박정희가 내세웠던 국가 이데올로기가 묻어나는 것도 사실이지만, 당시 노동자들이 다 함께 잘 살기라는 6070시대의 목표와 함께했다는 증거도 되지 않을까? 박노해가 노래했던 대로 '일하는 손' '시키는 손'이 따로 있는 것이 아니라 두 개를 합쳐 '기쁨의 손짓'으로 바꾸는 것이 지금 우리 시대의 과제가 아닐까? 그런 희망은 불가능한 것만은 아닌 것이, 김해수와 그의 사위 박노해, 딸 김진주의 최근 변화 때문이다. 그들은 산업화 세대와 민주화 세대의 진정한 만남을 보여준다.

이어지는 스토리는 이렇다. 2005년 아버지 김해수는 83세로 타계했다. 그 직전에 딸은 당신의 생애를 글로 남기시라고 권유했고, 아버지는 정성을 기울여 원고를 썼다. 아름다운 화해의 모습인데, 그 열매가 몇 해 전 출간된 유작『아버지의 라디오』다. 아버지가 쓰고 딸이 거들어 나온 단아한 책 앞에는 머리말 '아버지 시대를 잊지 않기 위해서'가 있다.

"나는 민주화운동의 열풍 속에서 한때 아버지를 마음속으로 미워한 적이 있었다. 우리 세대가 보기에 아버지는 비겁한 친일 협력자였고, 군사독재와 자본가의 하수인일 뿐이었다. 20세기 극단의 시대에 고취되었던 이념은 그렇게 아버지와 딸을 갈라놓았다."

지금 그들은 더 이상 그렇지 않다. 남편과 함께 '나눔운동'을 하는 딸의 희망은 지금이야말로 새 시대를 꽃 피우는 꿈에 대한 공감이 필요하다는 쪽이다. 즉 산업화 세대와 민주화 세대가 서로를 끌어안아야 한다는 메시지다.

"감옥에 사는 동안에 나는 아버지의 시대를 다른 관점에서 바라보게 되었다. 일제치하로부터 해방 정국의 우여곡절을 겪으며 체득한 기술의 진보를 통해 아버지가 우리 삶의 지평을 얼마나 밝게 열어줬는가를 이해하게 된 것이다. 뿌리로부터 힘을 길어 올릴 줄 아는 나무처럼 당당하게 새 시대를 꽃 피우는 꿈에 대해서 서로 공감할 수 있었으면 좋겠다."

참고로 희귀 모델 라디오 A-501는 지금 한 대당 수천만 원을 호가하는 귀하신 몸이다. 오리지널은 국내를 통틀어 몇 점이 없다는데, 그 하나가 KBS에 전시되고 있다. 글쎄다. 그게 글로벌 강자인 한국 전자가전의 할아버지 모델다운 늠름한 위용일까? 아니면 너무 바쁘게 사느라고 반세기 뒤에는 산업화 시대를 증언하는 국보, 보물이 될 물건을 너무 몰라보고 홀대해온 결과는 아닐까?

고대인, 산업시대 엔지니어로 진화하다

6070시대 아이돌 스타는 영화배우 신성일이었다. 여배우 쪽이 트로이카 체제를 형성한 윤정희, 문희, 남정임이 인기를 나눠가졌던 데 비해 신성일은 나홀로 지존이었다. 라이벌 최무룡도 잠시 그 빛에 가릴 수밖에 없었는데, 사람들이 기억하는 가장 신성일다운 작품은 명감독 김기덕 연출의 1964년 영화 〈맨발의 청춘〉이다.

깡패 역으로 나온 그가 외교관의 딸 요안나(엄앵란)를 위기에서 구해주는 것을 계기로 신분을 넘어선 사랑을 나누게 된다는 설정인데, 당시 신성일의 대중적 인기는 가히 최고였다. 청바지와 짧은 머리, 반항적인 눈빛의 제임스 딘 같은 분위기도 제대로 먹혔다.

당시 그는 174센티미터의 키에 몸무게 60킬로그램. 감독들이 걸핏하면 그의 상반신을 벗긴 장면을 찍어대는 바람에 새댁 엄앵란의 가슴앓이는 이만저만이 아니었다. 근육질의 미끈한 상반신은 서울 이태원 신혼집 앞마당의 샌드백과 시멘트 역기로 단련됐고, 여성 팬을 잡는 카드가 분명했다. 하지만 그건 못 먹고 못 살던 시대가 연출해냈던 반사적 인기였는지 모른다. 1965년 당시 한국 남자의 평균 키와 몸무게는 왜소한 167센티미터에 59킬로그램, 그런 형편이었기 때문

▶ 영화배우 신성일(위)과 대중가수 비(아래).

에 신성일이 선망의 대상으로 떠올랐던 것은 아니었을까?

40여 년 뒤 대한민국 젊은이들은 대거 신성일 급으로 올라섰다. 기술표준원 통계에 따르면 20대 남성의 평균은 신장 173.2센티미터에 몸무게 69.8킬로그램이니 신성일을 웃돈다. 여자들의 평균 키도 160센티미터로, 4~5센티미터가 커졌으니 윤정희, 문희, 남정임 수준으로 업그레이드가 됐다고 봐야 한다.

그렇다면 요즘 키 184센티미터의 월드스타 가수인 비가 2000년대의 새로운 신성일로 설정된 점도 자연스러운 목표 이동인데, 사실 그동안 우리와 서양인과의 격차도 줄었다. 남자의 경우 이탈리아인과는 1.3센티미터, 미국인과는 5.3센티미터 차이가 날 뿐이다. 여자도 이탈리아, 미국여자와 그 정도 차이다. 그렇다. 개발시대는 대한민국의 모든 것을 뒤바꿔놓았지만 무엇보다 크게 바뀐 것은 대한민국 사람, 그 자체가 아닐까?

체형 변화 못지않게 인종 자체가 바뀌었는데, 최소한 수행하는 전문기술의 측면에서는 전혀 다른 사람으로 변했다. 미국의 작가 헨리 애덤스는 19세기 후반 미국의 금박시대의 삶을 증언하면서 "(금박시대 이전인) 1845년의 미국 소년은 다가올 시대인 1900년보다는 차라리 예수가 태어났던 서기 1년에 가까웠다"고

했다. 그렇다면 6070시대 한국 사람들은 삼국시대를 살다가 어느 날 모던 세계, 현대세계로 순간이동을 한 것이 아닐까?

"생각해보라. 1세기와 별로 다를 바 없는 19세기 초의 폴란드 농촌에서 살다가 불과 몇 년 만에 미시간 호수 옆 대도시 시카고에서 현대건축가 루이스 설리번이 설계한 전위적인 초고층빌딩의 공사장에서 일하고 있는 사람이 느꼈을 변화의 폭과 속도를……."

하지만 미국 작가의 그런 증언은 대한민국의 변화속도에 비해 보면 숫제 호들갑에 불과하다. 그건 광복 이후 이공계 과학기술 인력의 대폭발 현상에서 확인된다. 놀라운 변화다. 삼국시대 농사꾼이 산업시대의 핵심 엔지니어로 전면 교체된 셈이다. 막연한 비유가 아닌 것이 이웃 일본과 비교하면 금세 드러난다.

일본의 경우 1998년 현재 이공계 대학생 수는 67만 1,454명. 우리는 68만 9,051명이었다. 그때 한·일 사이에 첫 역전이 이루어졌는데, 한번 벌어지고 나니 이후 격차는 쭉쭉 벌어졌다. 통계를 확인할 수 있는 2004년에는 우리가 일본보다 무려 27만여 명이 더 많았다. 과학기술처 장관을 지낸 김진현은 『일본친구들에게 정말로 하고 싶은 이야기』에서 이 통계를 소개하면서 "정상적으로 해석할 수 없는 돌출이자 혁명"이라고 혀를 내둘렀다. 우리의 두 배 이상인 일본 인구를 감안해보면 더욱 그렇다.

일본을 가볍게 누른 한국 이공대생 규모

일제는 광복 이전에 한국인 이공계 인력을 철두철미 억제했다. 일제 36년 동안 배출됐던 이공계 대학생은 통틀어서 400명에 불과하다. 그중 박사학위를 취득한 사람은 6명이 전부였다. 놀랍게도 6년에 한 명 꼴로 나온 셈이니 정말 과학기술의 황무지였다. 그중 한 명이 응용화학의 리승기 박사(교토제국대학)다. 그는 훗날 북한을 선택했는데, 미국 뒤퐁사의 나일론에 이어 세계 두 번째의 합성 섬유인 비날론을 석탄에서 뽑아내며 북한 과학의 대부로 활동했다.

한국에서는 씨 없는 수박으로 유명한 우장춘 박사가 있고, 또 한 명의 일본 박사가 물리학자 이태규로 그는 미국에서 활동하다가 대전 한국과학기술원(KAIST)으로 돌아왔다. 다른 박사들은 서울대 총장을 역임한 최규남, 관상대장을 역임했던 이원철, 광운공과대를 설립한 조응천인데, 그게 거기까지다. 당시 일본은 1940년 한 해 이공계 졸업자가 6만 명에 가까워 우리와는 비교 자체가 안 됐다.

당시 한반도에 있던 정식 대학은 경성제대 하나였는데, 이공학부가 만들어진 것도 일제 말인 1941년이고, 해방되던 해까지 34명을 배출한 데 불과하다. 나머지 전문학교 이공계는 경성공업고등학교, 경성광업전문학교, 연희전문 수물과數物科 등 서울 3곳, 대동공업고등학교가 있는 평양 1곳이 전부다.

그러면 개발시대 제조업은 과연 누가 일으켰다는 얘기일까? 과학기술 인재를 길러낸 바 없는데 누가 현장의 엔지니어로 활약했단 말일까? 사람 없고 기술 없던 허허벌판에서 대체 어떤 평지돌출이 일어났던 것일까? 그건 맞기도 하고 틀리기도 한 질문이다. 6070시대는 이공대생만 활약한 게 아니고, 또 다른 역군들이 있었다. 용접·배관·제관·전기·기계조립 기술로 중동현장의 손발 역할을 했던 숱한 기능사들, 기계공업의 정밀가공사 양성을 위한 많은 공고생 등 실업고 출신들, 기능올림픽을 휩쓸었던 직업훈련생을 기억해야 한다.

이들 배출의 첫 출발도 박정희 시대인데, 당시 대통령은 지방순시 때 부산을 들를 참이면 해운대관광호텔을 찾았다. 아침 일찍 일어나 습관처럼 창문에 기대어 한참이나 멀리를 쳐다보곤 했다. 그러곤 만면에 웃음을 머금었다. 부산기계공고 기숙사생 전원이 오전 6시에 일어나 작업장에 불을 켜고 하루를 시작하는 모습을 보고 또 보았다. 그에게는 그것이 세상에서 가장 가슴 벅찬 광경이었다.

1971년 경북 구미의 금오공고 설립자도 그였다. 재직 당시 네 차례나 방문했던 그 학교는 주물, 용접, 열처리, 단조 등의 현장교육을 시켰다. 전원 무료 기숙사 교육 등의 장학 혜택으로 개교 직후부터 명문 소리를 들었을 정도인데, 1976년 400명 모집에 126명이 중학교 수석 졸업자로 채워졌다. 이에 자신감을 얻었던 정부는 그 직후 금오공고 수준의 학교를 11개 증설했다. 이곳에서 배출됐던 젊은이들이야말로 당시 표현으로 조국 근대화의 기수였다. 실제로 학교에서는 기름때 묻은 그들 작업복 왼쪽 가슴에 '조국 근대화의 기수'라는 휘장을 걸어줬고, 틈나는 대로 이들을 방문했던 대통령의 얼굴에는 마치 친자식을 끌어안는 듯한 감동과 흐뭇함 그리고 자랑스러움이 섞여 있었다.

▶ 시민들의 열렬한 환영을 받았던 제17차 국제기능올림픽 선수단 개선식. 1968년 7월 23일.

한반도 모더니즘 혁명

1977년 이후 2003년까지, 1993년 대만에서 열린 대회에서 2위를 한 것을 빼고는 종합우승 14연패라는 위업을 이뤄냈던 국제직업훈련경기대회, 일명 기능올림픽 싹쓸이도 그런 뒷받침 때문이다. 중동 건설현장도 이들의 활약무대였는데, 부족한 것은 따로 보충했다. 1, 2차 오일쇼크 때 국제수지 악화를 방어했던 밑거름 역할을 해낸 것도 다름 아닌 이들 6070시대의 일꾼들이었다.

고무적인 것은 앞으로의 전망이다. 제조업 르네상스를 조심스럽게 점치는 이도 적지 않은데, 그 증거에 선진국 수준의 연구개발(R&D)투자가 있다. 한국의 GDP 대비 R&D투자는 2000년대 벌써 OECD 수준인 2.85퍼센트를 기록했는데, 이는 이스라엘(5퍼센트)·일본(3.1퍼센트)보다는 낮지만 미국, 영국, 독일, 프랑스보다는 높다.

국제 특허 출원의 경우 현재 한국은 6위. 미국, 일본에는 뒤지나 신장세가 좋고, 아직은 뒤떨어지는 과학기술 논문 인용지수도 10년 사이에 선진국 수준으로 뛸 것으로 전망된다. 중동 등지에서 일반 건설은 물론 부가가치가 엄청난 플랜트 수출이 강세를 보일 것이라는 낙관도 이런 이유다.

우리 기술력을 인정받았던

▶ 한국 건설기술의 상징인 말레이시아 페트로나스 트윈타워.

사례가 1993년 삼성물산·극동건설 컨소시엄이 따냈던 말레이시아 페트로나스 트윈타워 건설이다. 세계에서 가장 높은 곳에서 콘크리트 공사를 한 현장, 최단시간 내 88층 공사를 끝낸 현장이 이곳이다. 쌍둥이 빌딩 사이를 연결하는 무게 800톤의 스카이브리지도 화제였는데, 그걸 지상에서 제작한 뒤 새까만 높이에 끌어 올렸던, 남들이 흉내 내기 힘든 기술도 이때 선보였다.

잘 나가는 핸드폰·반도체에 숨겨진 뚝심 DNA

시대가 사람을 만들었지만, 거꾸로 말하는 게 더 정확할 듯싶다. 6070시대란 과학기술 인력의 대폭발 현상, 고대인이 엔지니어로 변신을 하는 '인종 혁명'이 없이는 결코 이루어낼 수 없었던 빅게임이었다고……. 하지만 과학기술만큼 중요한 차원이 또 있다. 어렵게 확보한 원천기술을 상용화하고 양산체제로 옮겨가는 과정은 결코 미리 정해진 코스가 아니다. 그건 또 다른 과제인데, 우리는 이 영역에도 은근히 강하다. '뚝심 DNA'가 우리에게 숨겨져 있다는 것인데, 1990년대 이후 기술종속에서 벗어나 황금알을 낳는 산업으로 키우는 데 성공했던 대표적인 신화인 반도체와 핸드폰이 그 증거다.

걸음마도 못하던 우리가 두 부문에서 지구촌 강자로 등장했던 것은 어렵게 확보한 원천기술을 밀어붙이는 강공 마인드 때문이었다. 누구도 관심을 갖지 않던 코드분할 다중접속(CDMA)이란 원천기술을 채택해 성공을 거둔 핸드폰과 정보통신 신화가 그렇고, 선진 기술을 베끼거나 미국, 일본의 부품 조립으로 출발해 결국은 그들을 잡아먹는 데 성공했던 반도체 신화가 그렇다.

통화가 잘 터지느냐 안 터지느냐, 통화 품질이 좋냐 나쁘냐를 결정하는 원천

▶ 두바이 건설 현장의 노동자. 6070시대를 거치면서 우리나라 사람들은 게으른 고대인에서 엔지니어로 거듭난다.

기술이 CDMA다. 이 방식은 여러 사람의 음성을 각기 다른 디지털 코드로 바꿔준다. 미국의 작은 벤처 기업 퀄컴이 개발했으나 실험실에서 잠자던 기술이었다. 우리는 그걸 진일보한 기술이라고 판단해 사들인 뒤 밀어붙였다. 2년 뒤 상용화에 성공했다. 세계 최초였다. 세상을 놀라게 한 그 한 방으로 세계 통신업계의 변방 한국은 단박에 신데렐라로 떠올랐다.

배우 신성일에서 가수 비에 이르기까지, 아니 삼국시대 농사꾼에서 현대사회의 핵심 과학기술 인력에 이르기까지, 그리고 안방에서만 놀던 게으른 고대인에서 중동 등 해외 건설현장의 일꾼이자 엔지니어로 변신하기까지……. 그게 우리의 6070시대다. 구한말 서양 선교사들이 한결같이 지적하던 게으르고 더럽다던 한국인, 일제시대 저들이 무능하다고 손가락질 하던 한국인은 바로 그때를 기점으로 완전히 바뀌었다. 부지런하고 손기술이 좋은 데다가 과학 마인드로 무장한 독종으로……. 누가 우리를 말릴까?

구한말인 1898년 한반도를 찾았던 영국 여성 이사벨라 버드 비숍(왕립지리학회 회원)은 유명한 보고서『한국과 그 이웃나라들』을 펴낸다. 고종과 명성황후를 만나는 등 황실의 삶에서 최하층 빈민들의 생활까지 눈여겨봤던 그녀는 낙후된 한국의 첫인상에 혐오스럽고 실망스러워했다. 오죽했으면 "야만스럽다 barbaric"고까지 표현했을까? 하지만 곧 한국적 아름다움의 가치와 한국인의 저력을 눈으로 확인하고 난 뒤에는 "진정 약속의 땅 a fair land of promise"이라고 찬사를 보냈다. 그 '약속의 땅'의 절반을 이뤄낸 것이 6070시대임은 두말할 필요도 없다.

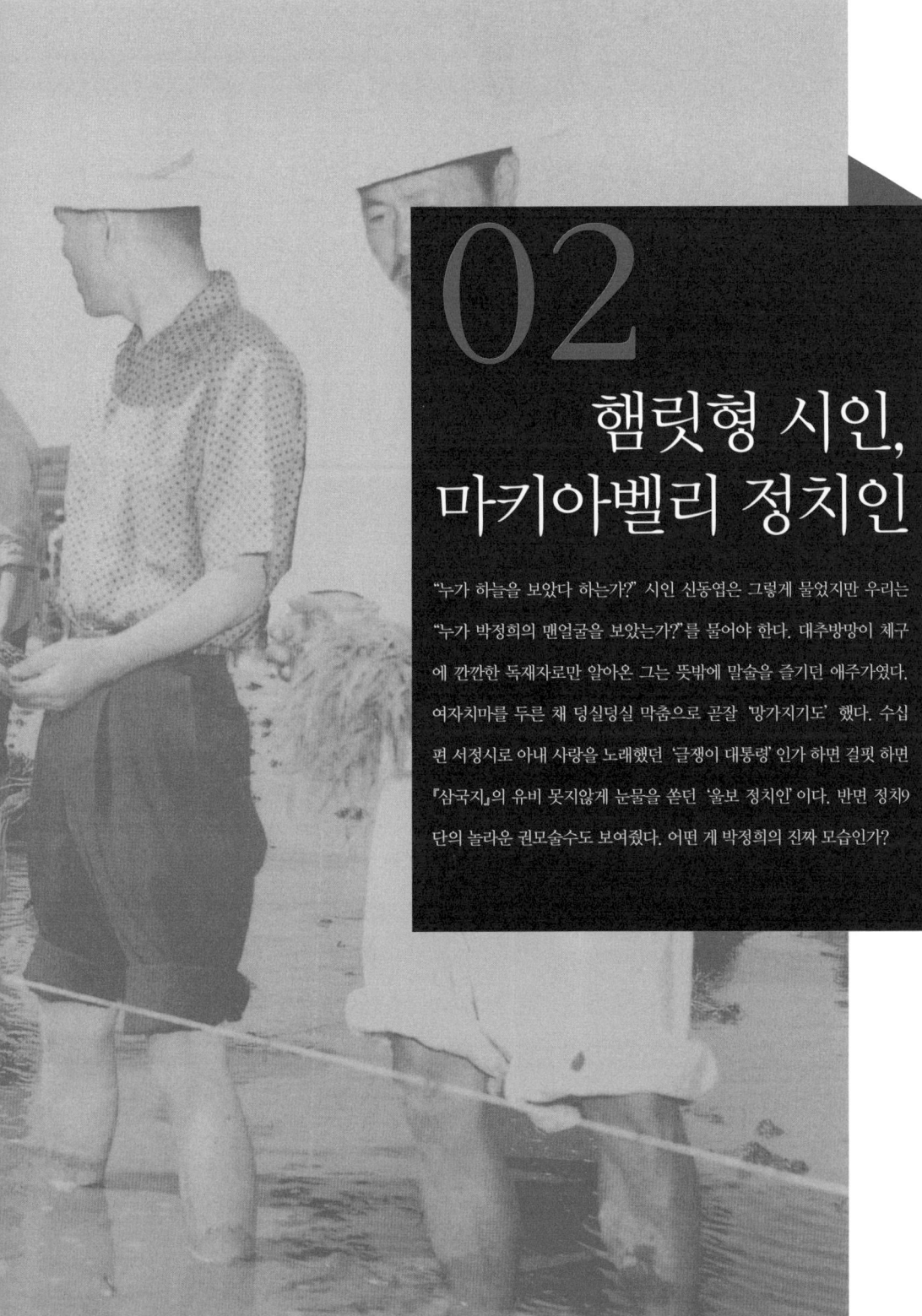

02
햄릿형 시인, 마키아벨리 정치인

"누가 하늘을 보았다 하는가?" 시인 신동엽은 그렇게 물었지만 우리는 "누가 박정희의 맨얼굴을 보았는가?"를 물어야 한다. 대추방망이 체구에 깐깐한 독재자로만 알아온 그는 뜻밖에 말술을 즐기던 애주가였다. 여자치마를 두른 채 덩실덩실 막춤으로 곧잘 '망가지기도' 했다. 수십 편 서정시로 아내 사랑을 노래했던 '글쟁이 대통령'인가 하면 걸핏하면 『삼국지』의 유비 못지않게 눈물을 쏟던 '울보 정치인'이다. 반면 정치9단의 놀라운 권모술수도 보여줬다. 어떤 게 박정희의 진짜 모습인가?

"모든 술은 다 좋다" 천하무적 주당

박정희는 알아주는 애주가다. 술의 종류를 가리지 않았으니 가히 청탁불문의 주당이다. 막걸리, 소주, 정종, 위스키, 코냑, 와인에 이르기까지 알코올이 들어갔다면 무조건 오케이였다. 알코올 도수에 괘념치 않았으며, 잔술이건 바가지술이건 가리지도 않았다. 맥주는 조금 꺼렸는데 이유가 역시 술꾼답다.

"화장실 들락거리기가 귀찮아서……"

만년 이후 알코올에 시달리는 간肝을 생각해 치즈, 고기, 마른안주 등 안주를 챙겨 먹는 조심성을 보였지만, 그건 주치의의 신신당부 때문이다. 1960년대 한때 막걸리에 사이다를 섞는 '막사'가 주당 사이에 유행이었는데, 그것도 마다하지 않았다. 골프 뒤에 시원하게 막사를 들이키곤 했지만, 무엇보다 박정희와 막걸리야말로 썩 잘 어울리는 조합이다. 밀짚모자 차림에 바지춤을 걷어 올린 논두렁 대통령의 이미지까지 더해져 유명해진 막걸리가 세 종류다.

경기도의 고양 막걸리와 대구의 불로 막걸리 그리고 부산의 산성 막걸리. 이를테면 1960년대 중반 골프장에 갔다가 근방의 허름한 밥집 실비집에서 맛본 뒤 배달시켜 마셨던 게 고양 막걸리다. 10·26 당시 궁정동 만찬에서도 고양 막걸리는 출동 대기 중이었다.

논두렁 대통령의 이미지는 다른 정치인과 많이 달랐다. 극과 극이 제2공화국 장면 총리가 아닐까? 온화한 성품에 젠틀했던 장면은 1950년대 선거운동 때 혹시 시골 현지에서 잠을 잘 경우 미리부터 절절 맸다. 이부자리가 깨끗하지 않으면 잠을 못 자는 성격 탓이었다. 어쩔 수 없는 숙식자리이면 차라리 이불을 덮지 않고 잠을 청했던 깔끔쟁이가 그였다. 술도 그랬다.

"손때 묻은 바가지 손잡이에 혹시 기생충이나 세균이 묻어 있을까봐……."

그런 장면은 이부자리는 물론 시골 아낙이 퍼주는 바가지 막걸리를 벌컥벌컥 들이킬 수 없었다. 박정희는 도무지 그런 게 전혀 없었던 수수무탈한 사람이다. 단 주량에 대해서는 사람마다 의견이 다르다. 김종필의 경우 "에이, 그 양반 내 주량에는 반의 반도 안 되지"라고 호기롭게 말하곤 했는데 그것도 절반은 자기 자랑인지라 접어들어야 한다.

어쨌든 주호 급은 못 됐다는 그의 일방적 주장에도 불구하고 박정희와 그는 술로 맺어지고 끈끈해졌으며 그래서 평생을 함께했던 사이다. 김종필이 그와 함께 술을 푸기 시작한 것은 한국전쟁 1년 전인 1949년 5월이다. 육사 8기 동기생 중 성적순으로 위쪽의 15명과 함께 뽑혀서 갓 창설한 육군본부 전투정보과에 배치됐을 때부터였다. 북한 인민군 정보 수집과 분석이 핵심 임무였는데, 까마득한 선임자인 소령 박정희와, 갓 소위 계급장을 단 새내기 그룹은 하루가 멀다고 모여서 술을 퍼마시곤 했다. 서로 젊은 나이, 호흡이 잘 맞고 체력이 좋아서 그랬겠지만, 그게 전부는 아니었다. 이유가 있었다. 당시 박정희는 술로서 모진 세월을 견뎌야 했던 힘든 상황이었다.

바로 2개월여 전인 2월 8일, 박정희는 남로당 전력 때문에 걸려든 숙군(肅軍, 군대 조직 수사와 대정비) 수사 과정에서 사형 구형에 무기징역과 급여몰수형을 선고받았던 요주의 인물이었다. 김종필 등 신참 소위들이 전투정보과에 막 배치됐

▶ 논일을 마치고 주민들과 막걸리를 마시는 박정희.

을 때 박정희는 극적인 구제 과정을 거쳐 초라한 문관 신분으로 근무 중이었다. 군복을 벗은 양복 차림, 게다가 조직사회의 전부인 계급장도 없었기 때문에 엉뚱한 곳에 잘못 끼어있는 사람처럼 엉거주춤해보였다.

"어? 뭐 나한테는 뭐 굳이 신고할 것도 없는데 뭘……."

박정희는 손사래부터 치며 우물쭈물했다. 당시 전투정보과장은 소령 유양수였다. 그가 김종필 일행에게 저쪽의 문관에게도 신고하라고 하자, 그는 연방 쑥스러워했다. 박정희 개인사 최악의 국면에서 그가 자신감마저 잃고 있었는데, 그래도 박정희는 박정희였다. 군문에 막 들어선 수재 새내기 그룹과, 지옥 문턱에서 헤매며 휘청거리던 박정희를 묶어준 화끈한 강력접착제가 알코올이었다.

"민주공화당을 만들기 훨씬 이전 우리는 대한음주당부터 창당했었다."

그게 김종필의 유머인데, 당수는 물론 박정희다. 문관 신분이었지만 발군의 정보 분석 능력으로 전투정보과를 서서히 장악했고, 새내기들은 그를 우러러 보기 시작했으니까. 하지만 당원 자격은 술 실력으로 가렸다. 큰 양푼에 담긴 막걸리를 입도 안 뗀 채 들이켰는데, 분위기도 자못 흐트러졌다. 상하 관계를 따지지 않는 박정희의 술자리 스타일 때문이다. 한참 거나해지면 동양판 박카스(술의 신)가 강림한 듯 시끌벅적했다.

"어이, 너는 남자 해라. 내가 여자 할게!"

옆자리 여성의 겉치마를 벗겨 자기가 걸친 채 덩실덩실 춤을 추곤 했는데, 그때 생애를 통틀어 가장 폭음을 했다. 그때만이 아니다. 훗날 어수선하던 시절에도 그런 모습을 종종 연출했다. 4·19 직후인 1960년 초여름이 그랬다. 박정희는 당시 육군의 넘버원인 참모총장 송요찬에게 군대 내의 부정선거 책임을 지고 스스로 사퇴하라는 내용의 편지를 전달함으로써 군 상층부를 발칵 뒤집어 놓았던 주인공이었다. 군내 모든 시선이 그에게 쏠렸다. 그러나 힘에 밀려 끝내 전남 광주의 제1관구 사령관으로 좌천당했는데, 인사명령을 확인하는 그날도 술로 쓰린 가슴을 달랬다.

미인 태국 왕비 앞에서 발휘된 '말술' 실력

왜 그랬을까? 그는 5·16 전에도 독자적인 쿠데타로 이승만 정부를 뒤엎기 위해 한창 물밑 작업을 하다가 4·19를 만났다. 선수를 빼앗겼다고 생각하자 심히 허탈해 했다. 직후에는 군 내부 정화 요구로 방향을 틀었고 그때 하극상의 돌출 행동을 벌인 것이다. 당황한 군 수뇌부는 그 기회에 박정희의 군복을 벗기려고 했다. 창 대 창, 때문에 집중적인 견제를 피할 수 없었는데, 그런 또 한 번 위기의 세월을 버텨줬던 힘도 술이었다. 한번 세게 한잔을 할라치면 박정희는 끝내 부하의 등에 업힌 채로 술집 대문을 나와야 했다.

1961년 쿠데타 당시 5월 16일 새벽, 한강다리를 건너던 그의 입에서 술 냄새가 살살 풍겼다는 증언도 일부 있다. 한강다리를 건너기 직전, 혁명이 실패하느냐 성공하느냐의 첫 분수령이었던 서울 영등포의 6관구사령부에서도 그랬다. 헌병대 체포조를 코앞에 둔 일촉즉발의 상황에서 그는 단상에 올라 유유히 일장연설을 하는데, 이때 벌써 술 냄새가 조금씩 맡아졌다.

목숨을 걸었던 승부수, 자신은 물론 휘하의 수천 명 거사군의 앞날과 생명까지 책임진 리더가 피할 수 없었던 극도의 긴장을 누가 헤아릴까? 박정희는 그날 새벽 비장한 자세로 신당동 집을 나서기 전 아내가 차려준 저녁식사 자리에서 반주를 곁들였던 것이다. 일생일대의 큰일을 앞두고 웬 술이냐고? 이승의 마지막 술잔일 수도 있었으니 얼마나 쓰고도 달았으랴!

대통령이 된 뒤 음주 습관에는 변화가 있었지만, 한번 주당酒黨은 영원한 주당이다. 그의 술 실력은 종종 외교가에서도 통했다. 1966년 2월 당시 푸미폰(부미볼) 국왕의 초청으로 방문한 태국이 '주당 대통령'의 활극 무대였다. 당시 태국은 필리핀과 함께 동남아 외교의 중심가였는데, 그때 박정희는 드럼통 주량으로 좌중을 압도했다.

당시 유별난 돌출행동은 미모의 여성 탓도 있었다. 미국「라이프」지 표지모델로 나왔던 아름다운 시리킷 왕비가 지켜보던 자리였다. 입술만 살짝 적신 다음에 내려놓는 게 관례인 외교 리셉션장에서 그날따라 박정희는 한 입에 털어 넣는 원샷으로 첫 잔을 장식했다. 그러곤 거푸 들이켰다. 정도가 심해지자 동행했던 육영수까지 눈총을 보냈고, 당황한 태국 외교부장관 코만도 연방 사인을 보냈다.

"……저기 각하가 혹시 실수하시지는 않을까요?"

이윽고 디너 스피치의 박정희 차례. 좌중은 긴장했다. 꽈당 하고 쓰러지는 외교적 결례야 없겠지만, 혀가 꼬여 횡설수설 할라 치면 국제 망신이다. 그가 일어섰다. 이게 웬일? 흐트러짐 없는 자세로 또박또박 단상으로 걸어올라 갔다. '음주 스피치' 징후는 나타나지 않았다. 그렇게 할 말을 다하고 돌아와 테이블에 앉자

▶ 술꾼 대통령 박정희의 실력을 보여줬던 태국 푸미폰 국왕 주최 환영 만찬. 1966년 2월 14일.

마자 또 다시 원샷! 관계자들이 입을 닫을 수밖에 없었다.

그가 술에 지는 경우란 별로 없었다. 호주가다운 능력 때문이라기보다는 군인으로 훈련 받은 꼿꼿한 태도 때문이다. 왜 그렇게 술을 즐겼을까? 좌절한 한량인 부친 박성빈이 남겨준 유일한 유산이 말술 실력이었기 때문일까? 그의 삶에 술이란 과연 무엇인가? 박정희에게 술이란 낮의 코스모스적인 질서를 유지하기 위해 필요한, 잠시 잠깐 허용되는 밤의 흐트러짐이었다. 둘 사이가 헷갈리는 일은 거의 없었다는 게 주변 증언이다.

대통령의 참모들이 떠올리는 박정희의 모습이란 단정한 모습의 원칙주의자다. 유별난 과묵함, 군더더기 없는 소박함도 빠질 수 없다. 어떤 이는 "나는 박대통령을 측근에서 모시면서 그가 자기 영달을 위한 소위 교제나 사교 등은 평생 해본 일이 없는 분이 아닌가 하고 느꼈다"고 털어놓는다. 그건 '낮의 코스모스'의 측면을 주로 보았다는 얘기다.

낮의 질서와 주로 교감했던 청와대 스태프들은 항상 복장 단정에 주의해야 했다. 최고 보스가 저토록 깐깐하고 단정하니 아랫사람도 닮아간 것이다. 그곳 근무자들은 단정하게 머리를 깎을 것, 양복바지 줄을 항상 세우고, 구두는 광택을 유지할 것을 지시받았다. 당시 청와대를 무시로 드나든 외부인이 단 한 명 있다면, 직원 전용 구두닦이였다.

오해하면 안 된다. 박정희에게 술이란 영웅적 기개의 과시가 아니다. 사람 자체가 섬세한 햄릿형이지만, 담력은 컸던 이른바 소심담대小心膽大형의 인간이었기 때문이다. 권력을 쥐기 위해 한강다리를 건넜던 무시무시한 사람이지만 속으로는 더없이 세심했다. 평소(낮, 일상)엔 부끄럼을 타지만, 비상시(밤, 위기상황)에는 담대한 모습을 오가는 독특한 양면성을 가졌다. 어린아이 같은 천진함과 함께 근대적 의미의 현실정치를 완성한 주도면밀한 마키아벨리언이라는 평가도 그 때문이다. 그런 그에게 술이란 부조화스러운 둘, 즉 소심함과 담대함 사이를 연결해주는 최상의 윤활유였다.

"박 대통령은 농촌 출신인데, 부끄럼을 타면서도 머리 회전이 빠르다. 그는 키가 작은 것에 콤플렉스를 갖고 있어 처음 만나면 공식적이고 딱딱하다. 그러나 기분이 편해지면 상대방의 솔직한 태도에 잘 반응한다. 그의 한 가지 취미는 승마다."

1965년 미국 워싱턴에서 열렸던 존슨 대통령과의 정상회담 때 백악관이 올렸던 인간 박정희에 관한 자체 정보는 정확하다. 하지만 빠진 게 하나 있다. "그의 취미는 두 가지인데, 승마와 함께 음주다"라고 지적했어야 100점 만점이었다. 알코올의 힘을 빌려 유연해졌을 때 그는 가슴을 연 고담준론을 즐길 수 있었고, 이런 기질을 통해 주위에 많은 친구들을 모았다. 사회적 금기를 넘나드는 담론도 술의 힘이었다. 부산 군수기지사령관으로 있던 1960년 4·19 전후에 박정희가 자주 어울렸던 사람이 소설가이자 국제신문 주필 이병주, 대구사범 동기이자 부산일보 주필 황용주였는데, 이들 사이의 교유와 담론이 전형이다.

"술자리에 앉기만 하면 나에게 던지는 첫말은 다음과 같았다. '이 주필, 나라가 이래 가지고 되겠소?' 그런데 이것은 묻는 말이 아니고 자기의 자세를 다지는 일종의 제스처라는 것을 알 수 있다. 황용주에 대한 첫 말은 '어때, 부인

▶ 소설가 이병주.

잘 계시나?'였다. 이렇게 한마디 해놓고는 별반 말이 없다. 묵묵하게 잔을 비우고 있는 사이 간투사를 닮은 말이 끼일 뿐이다.

'부정선거를 하느니 차라리 선거를 하지 말지.'

박정희 소장은 대개 묵묵했지만 입을 열었다 하면 나라 걱정이고 민족 걱정이었다. 그는 공기를 호흡하는 것이 아니라 애국애족을 호흡하고 있었다."

술자리에서 가슴 터놓고 펼쳤던 '애국담론'

그게 이병주가 『대통령의 초상』에서 했던 증언인데, 그러다가 그들은 입씨름을 마다하지 않았다. 박정희 입에서는 때론 사회적 금기를 건드리는 말이 튀어나왔다. 일테면 군국주의에 대한, 사회통념을 훌쩍 뛰어넘는 발언이 대표적인데, 그 대목이야말로 박정희의 번뜩이는 정신세계 한자락을 잘 보여준다. 대구사범 친구이자 언론인이던 황용주는 군국주의, 국수주의나 천황제야말로 평화를 해친

다고 비판했지만, 동문수학했던 박정희의 판단은 사뭇 달랐다. 그 안에서 뽑아낼 것이 있다면 뽑아내고, 배울 게 있다면 배우자는 훨씬 유연한 태도다. 명분·이념 따위는 본질이 아니라는 인식이 그만큼 컸다.

"국수주의가 망쳐버린 옛 일본을 자유주의자들이 일으켜 세운 게 오늘의 현대 일본이야."(황용주)

"자유주의? 그것 갖고 뭐가 돼? 국수주의자들의 기백이 오늘의 일본을 만든 것이야. 우리는 그걸 배워야 해."(박정희)

박정희가 박정희인 이유는 그런 관심이 지적 놀음이 아니라, 행동을 위한 밑그림이자 도상연습이었기 때문이다. 훗날 정치하면서 국민들의 평균적 정서를 무릅쓴 채 한일국교정상화 등 역사적 결단을 밀어붙이는 소신으로 표현된 것이 그 일례다. 어쨌거나 그에게 술자리는 사회활동의 훌륭한 기회였다. 술이란 딱딱하고 공식적인 자아를 풀어주는 마스터 키였기 때문에 잠시 부드러울 수 있었다.

서로의 눈빛만 봐도 속마음을 알아챌 수 있는 진정한 친구인 시인 구상도 술로 사귀었다. 장군 출신 대통령과 문인 친구 사이인 둘은 서로가 가진 꿈을 기꺼이 품어줬던 관계라서 프랑스의 샤를르 드골 대통령과, 『인간의 조건』의 작가 앙드레 말로 사이의 우정을 닮았다. 드골-말로는 부모 자식 사이의 신뢰감으로 상대를 받아들였던 특수 관계로 유명하다.

친구 구상은 1960년대의 대표적 지식인. 둘은 세상사의 이해관계에서 완전히 자유로웠다. 외로울 때마다 한갓진 자리를 만들어 막걸리를 함께 했다. 아름다웠다. 개각 소식이 들리는 참이면 구상은 서울을 훌쩍 떠나 시골을 찾아들었다. 대통령 친구가 자기에게 장관 자리 등을 맡길까봐 일부러 피해 부담을 덜어줬던 것이다. 실제로 그가 공직을 맡은 바는 없었다. 드골이 말로에게 문화부장관 자리를 줬던 것과도 비교된다.

그런 박정희와 구상은 상대의 정치적 행동을 자유와 관용으로 감싸 안아줬다. 삼엄했던 유신시절이던 1974년, 이른바 문인간첩단 사건으로 이호철, 임헌영 등이 잡혀들어가자 이들이 무죄라는 소신 증언을 정부 눈치 보지 않고 했던 멋쟁이가 구상이란 위인이다. 당시 구상의 행동은 드레퓌스 사건의 부당함에 맞섰던 프랑스 소설가 에밀 졸라의 담대한 행동에 못지 않다. 그런 구상은 1919년생. 박정희보다

▶ 박정희의 평생 친구였던 시인 구상.

두 살 연하였고 주로 언론계와 대학에 자리 잡았다. 영남일보 주필, 경향신문 논설위원, 서강대·중앙대 교수 등을 거쳤다.

둘이 처음 만난 것은 박정희의 선배 이용문 장군이 만든 술자리에서였다. 한국전쟁이 한창이던 시기인 1951년 초 후방에서다. 본래 구상, 이용문은 절친한 사이. 호남아 타입인 이용문은 친구 구상을 군대 내 참모회의에 참석시키는 파격을 보이기도 했다. 당시 구상은 국방부 기관지 「승리일보」(지금의 「국방일보」 전신)의 편집 책임자였는데, 그만큼 신뢰했다는 얘기다.

"이 사람은 의리의 남아야."

구상이 어느 날 이용문의 사무실로 놀러가니 웬 새까만 사나이가 먼저 와 있었다. 이용문이 둘을 인사시키며 박정희를 가리켜 그렇게 표현했다. 이어지는 술자리, 눈빛만 형형하던 박정희는 유난히 조신했다. 선배 이용문을 의식한 예의였을 뿐 둘은 서로를 바로 알아봤다. 이후 교유를 시작했던 구상이 놀랐던 것은 책을 손에서 놓지 않던 친구 박정희의 모습, 말이 통한다 싶으면 무시로 세상과 국가를 논하던 진지함이었다.

하지만 구상은 단 한 번도 박정희에 관한 기록을 남기지 않았다. 박정희의 모든 걸 알고 평생 교감했지만, 의도적으로 입술을 깨물었다. 너무 많은 것을 알고 있으니 두려웠을까? 들을 귀를 가진 이가 드무니 차라리 입을 다물었던 것일까? 장자莊子는 "사람들이 듣고 크게 웃지 않으면 결코 도道가 아니다"라고 했다는데, 박정희와 구상이 꿈꿨던 세계는 그만큼 통념을 훌쩍 떠난 큰 세계였을까? 사실 그건 아무도 모른다. 2004년 폐질환으로 사망했던 그는 지기知己 박정희를 끝내 무덤에 가지고 간 것인데, 평소 편안한 자리에서 입을 열어 속마음의 한 자락을 넌지시 내비치곤 했다. 그 하나가 이랬다.

"박정희를 품을 만한 그릇이 대한민국에는 없어. 허허!"

테마 6070

토종 와인 마주앙 탄생비화를 아세요?

산업지휘관 박정희의 손길이 닿지 않은 게 한국에 없겠지만, 토종 와인 마주앙 개발도 그랬다. 술꾼 대통령의 지시로 시작한 1974년 국민주 개발 정책이 그것인데, 배경이 조금은 슬프다. 허리띠 졸라맨 채 살았던 그 시대 삶의 흔적이 묻어나기 때문이다. 즉 쌀로 술을 빚어 마시는 풍토를 줄여보자는 취지로 과실주 개발 차원에서 와인 산업을 시작한 것이다. 밥 굶는 이가 있던 그때에도 약주, 명가주 등을 몰래 만들어 귀한 쌀가마니를 축내자 그 대안으로 와인을 생각한 것이다.

알뜰 지도자다운 와인 개발의 첫 구상은 1964년 독일 순방 때였다. 넓은 포도밭을 유심히 살펴봤고, 와인을 만들어 팔면 정부재정에 도움이 된다는 것을 입력해 뒀다. 못 말리는 국산 애호 정신도 작용했다. "외교 만찬 테이블에서 모름지기 우리 술로 건배해야지 않겠느냐? 막걸리도 좋지만 조금 이상하기도 하니까……." 지금 아무리 가난한 나라라도 수입 와인으로 쓰는 스테이트 와인 state wine, 그러니까 외교석상 술도 국산으로 몽땅 갈아치우자는 발상이다.

다목적 카드인 국민주 개발에 따라 와인산업 진출을

▶ 1966년 푸랑크푸르트 공항의 파독 간호사 환영 인파.

자체 준비하던 동양맥주는 계획을 앞당겼고, 해태와 진로도 뛰어들었다. 중년의 남성들에게 낯익은 이름인 노블와인, 마주앙, 샤토몽블르 등도 줄줄이 출시됐다. 이중에서 맛이 빼어난 게 1977년 선보인 마주앙이다. 독일산 포도 품종인 리슬링 묘목을 경북 경산에 심어 만든 와인이다. 화이트·레드 두 종류가 개발됐을 때 애주가 대통령은 잠시 웃음꽃을 피웠는데, 그의 아이디어로 청와대에서 블라인드 테스트를 열었다.

눈을 가린 채 진행하는 시음회인데, 외국인 신부와 수녀 10여 명을 초청했다. 성직자는 믿을 수 있다는 이유다. 하긴 와인 아는 이도 드물던 시절이다. 그때 화이트는 수준급이나, 레드가 좀 떨어진다는 의견이 지배적이었다. 이후 외교행사 테이블에 화이트 마주앙을 올려놓았음은 물론이다. 한식 대접 때는 경주 법주를 내놓았다. 그래서 소문은 조금 났는데 대중적 확산은 만만치 않았다. 수십 년 막걸리, 소주 마시던 입맛이 하루아침에 바뀌던가?

애주가 대통령은 '신비주의 마케팅'을 도입했다. 청와대 장차관 만찬 등에도 마주앙을 올렸다. "선물용으로 그만이라더라"며 공무원 사이에 입소문을 냈다. 군대에도 공세를 폈다. 군부대 면세품을 파는데 가전제품들 사이에 마주앙도 끼워 넣은 것이다. 이게 먹혀들었다. 짧은 기간에 서울 시내 백화점에서는 맥주 몇 병을 함께 사야 와인 한 병을 건네줬을 정도로 인기가 좋아졌다.

이래저래 박정희와 술은 뗄래야 뗄 수 없는 특수 관계다. 근대 국가가 확립됐을 18세기 무렵부터 서구 국가들은 너나 할 것 없이 고율의 주세를 매겼다. 훌륭한 조세 수입원을 놓칠 수 없었던 것이다. 한 푼이라도 아껴 산업자금에 쓰려했던 6070시대도 주세법을 통해 술의 제조와 유통에 관여했다. 높은 알코올 도수인 고도주高度酒는 철두철미 막았다. 위스키 원액을 비싼 달러를 주고 수입할 수 없도록 단단하게 자물쇠를 잠근 것이다.

그래서 나온 것이 이른바 '기타 제재주'다. 이것저것 섞어 만든 술이라는 뜻이 그

용어인데, 약간의 위스키 원액에 국내산 주정을 섞어 만든 유사 위스키 제품이다. 몰트 원액 30퍼센트의 '고급'(당시 기준으로는) 국산 위스키 허가도 한참 뒤의 일이다. 소비를 조장한다는 이유다. 없는 사람들 마음 아프게 한다면서 외국은 오래전 도입했던 컬러 TV도 애써 허용치 않은 것과 같은 맥락이다. 컬러 TV 도입은 우리가 북한보다 늦었는데, 이 모든 게 박정희의 고집이었다.

그게 1970년대 후반까지 계속됐는데 시민들이 즐겼던 합법적인 술은 희석식 소주와 맥주가 전부였다. 물론 자기도 그 술만을 즐겼지만, 위스키가 꼭 필요한 자리에는 시바스 리갈을 선택했다. 당시 사람들은 시바스 리갈을 엄청 고급으로 알았지만, 박정희가 이 위스키를 내놓은 게 그중 값이 쌌기 때문이라는 것은 훗날에야 알려졌다. 어쨌거나 지금도 희석식 소주와 맥주가 '국민술' 자리를 차고앉은 것도 그 6070시대 탓이다. 오늘날 애주가들의 입맛을 만든 주인공이 다름아닌 박정희라는 얘기다.

흥미로운 대목은 자신이 대단한 애주가요 술꾼이었지만 값싼 술, 달러를 지불할 필요가 없는 술만을 유통시켰고 그 자신도 기꺼이 따랐다는 점이다. 이런 유산은 1980년대 중반까지 내내 지속됐다. 당시 정부는 양주, 특히 위스키 선호가 심화될 무렵, 그러니까 서울아시안게임과 서울올림픽에 대비해 비로소 주류 수입을 허가했다. 글쎄다. 박정희가 계속 집권을 했더라면 상황은 다르지 않았을까?

울보 대통령의 맨얼굴

『삼국지』의 영웅들은 뜻밖에 울기도 잘한다. 풍부한 표정을 지녔던 대표적인 인물 조조부터 그렇다. 호기롭게 웃고, 엉엉 우는가 하면 수염을 쥐어뜯으며 파르르 떨기도 한다. 그래서 '얼굴 바꾸기의 달인'이지만 한번 기회를 포착하면 성큼 자기 길을 걷는 과단성도 보여줘 매우 어리둥절한 인물이다. 눈물로 치면 그가 유비를 당할까?

별명도 울보 유비다. '눈물로 촉한의 강산을 얻었다'는 말이 있을 정도인데, 실제로 잦은 낙루落淚의 대명사다. 관우가 죽었을 때는 너무 슬퍼 울다가 실신까지 했지만 별것 아닌데도 줄줄 우는 센티멘털한 장면을 종종 연출한다. 화장실에 가서 자기 허벅지의 두툼한 살집을 보고도 눈물을 흘렸다. "말안장을 떠나본 일이 없는 내가 말에 오르지 않아 벌써 허벅지에 살이 붙고, 공적도 못 세우지 않는가"라는 한탄과 함께……. 유명한 비육지탄髀肉之嘆이란 고사다.

유비는 과연 인자한 울보였을까? 목적을 위해 양아들을 죽이기도 했을 정도로 냉혈한의 얼굴도 가졌다. 그런 측면에서 박정희야말로 울보 유비와 닮은꼴이다. 평상시의 그는 무표정했다. 웃을 때도 그랬다. 환한 표정에 호탕한 웃음보다는 보일락 말락 미소가 전부다. 감정을 드러내지 않도록 교육 받은 탓이다. 성격도 어찌 보면 '바른생활 학생' 같이 고지식했다.

"생활상의 청렴함과 소박한 인간미 그리고 반듯한 언행일치는 이 때문에 스케일이 작고 답답했을 정도였다. 그분의 이런 인간적 단면을 말해주는 것이 가령 막걸리에 풋고추와 된장을 즐긴다든가, 홍수가 쏟아질 때는 (걱정으로) 잠을 못 이룬다든가, 또 옛 친구를 만나면 오붓한 사담을 나누고 싶어 한다든가, 여간한 경우가 아니면 누구에게도 꼬박꼬박 경어를 쓰는 습관도 그분의 인간적 단면을 말해준다. 그분은 과장된 제스처나 껄껄대며 수선 떠는 것과는 담 쌓은 성격이다."

집권 초기의 참모 박상길이 묘사한 박정희와 또 달리 그는 다면체다. 깐깐한 박정희와 그렇지 않은 박정희에 이르기까지, 정치 9단의 정보정치 달인에서 원칙주의자 박정희까지……. 하지만 가장 그다운 모습은 무엇일까? 그는 무엇보다 눈물의 사나이였다. 한마디로 박정희를 정의하자면 눈물 많은 남자, 그게 맞다. 눈물 없이 그를 이해할 수 없다. 대통령직 수행과 삶의 고비에서 눈물을 쏟는 일이 유달리 잦았고, 때문에 뺨을 타고 흘러내리는 눈물에서 울부짖는 통곡까지를 살펴야 진면목이 보인다.

너무나 잘 알려진 에피소드가 1964년 서독의 파독 광부, 간호사와 함께 흘린 눈물이다. 당시 서독을 공식 방문한 다음날 그는 루르 지방의 함보른탄광회사로 향했다. 광부 수백 명이 검은 탄가루를 씻

▶ 1964년 독일 순방에 나선 박정희.

햄릿형 낭만 시인, 마키아벨리 정치인

어내고 몰려나와 태극기를 흔들었고 에센간호학교에 근무하는 파독간호사 수백 명도 한복차림으로 나왔다. 강당에서 브라스 밴드가 애국가를 연주할 때부터 눈물을 훔치기 시작하던 박정희는 연단의 원고를 밀어낸 뒤 즉석연설을 시작했다.

"광부 여러분, 간호사 여러분, 가족이나 고향 생각에 괴로움이 많을 줄 알지만, 비록 우리 생전에는 이룩하지 못하더라도 후손을 위하여 번영의 터전만이라도……"

더 이상의 연설은 불가능했다. 그도 눈물지었고, 서울에서는 넥타이를 매던 엘리트 출신의 신사 광부들도 엉엉 울었기 때문이다. 그들 손에 파고다 담배 500갑을 대통령의 선물이라며 쥐어주고, 그런 처지가 가슴 아파 돌아가는 차에서도 눈물을 지었다. 오죽했으면 뤼브케 대통령이 손수건을 건네줘야 했을까. 그 전날 박정희는 단독회담을 했던 에르하르트 총리에게 차관을 제공해 달라고 호소했다.

10대 여공의 하소연에 울컥했던 대통령

"사실 우리가 서독을 방문한 목적은 라인 강의 기적으로 불리는 경제 발전상을 배우기 위한 것도 있지만, 돈을 빌리기 위해서입니다. 빌려만 주시면 그것을 국가 재건에 힘쓰겠습니다. 우리 한국은 가난한 나라였습니다. 100년 전 우리 조상들은 강하지 못했습니다. 세계를 몰랐고 기회를 놓쳤습니다……"

예정된 회담을 30분 연장해 호소했고 그 결과 차관 1억 4,000만 마르크를 빌리는 데 성공했다. 그날 정상회담에서 박정희가 눈물을 흘리지는 않았지만 실제로는 그에 가까웠다. 통역을 맡았던 백영훈에 따르면, 박정희의 혼신을 다한 발언에 자기는 민망하기조차 했다. 그는 미처 몰랐다. 당시 한국의 처참한 상황을……. 그 전해 경제성적표가 낙제점이고, 외환위기 조짐까지 있었다. 1962년 경제성장률은 2.2퍼센트였고 보유한 외환은 줄어갔다. 서독 방문 전해 기준으로는 채 1억 달러가 안 돼 거의 파산 직전이었다. 집권 직후 그는 "내가 혁명을 잘못 일으켰는지도 모르겠다"는 막막한 심경을 털어놓기도 했다. 서독 땅 눈물은, 유명한 그의 말처럼 '도둑맞은 폐가廢家' 꼴이던 나라의 살림을 책임진 위정자의 자탄이 아니었을까?

보통 때도 그는 눈물바람을 자주했다. 1970년대 초반 그가 경남 마산의 한일합섬 공장을 시찰했다. 기능공 모습을 지켜보는 것은 비교할 수 없는 보람이었다. 그가 유달리 기분 좋을 때는 공장 기공식 참석인데, 한일합섬 참석 때도 그랬다. 대통령을 맞는 나이 어린 여성 기능공들이야 말할 것도 없었다. 그들은 예외 없이 얼굴이 달아오르곤 했지만, 그날 시찰을 하던 박정희는 10대 어린 여공에게 다가가 소원을 물었다.

"저도 영어 공부를 하고 싶습니다. 영어를 잘 모르니까 감독님 말씀을 잘 알아들을 수가 없어서요."

임금을 올려달라든가, 근무 여건을 개선해달라는 요청과 전혀 달랐다. 순간적으로 대통령이 울컥했다. 그게 보였다. 수행했던 관계자들이 그 모습을 선명하게 기억한다. 표정부터 그랬지만 말끝이 갈라지고 흔들리더니 이내 눈에 이슬이 맺혔다. 자신이 자란 환경과 삶을 생각했을 것이고, 아직도 어렵게 살며 충분한 교육도 받지 못하는 이 나라 젊은이들의 처지를 확인했을 것이다. 대통령의 체면에 잠시 고개를 젖히는 등 애서 눈물을 숨기려 했다. 그렇게 마음을 달랜 뒤 대통령이 이윽고 입을 열었다. 옆에 있는 김한수 사장에게 "이들이 공부할 수 있는 길은 없습니까?" 하고 하소연하듯이 물었고, 사장은 "곧 야간학교를 만들겠습니다"라고 화답했다. 김한수 사장은 경남 김해에서 중학교를 세웠던 경력이 있는 이라서 맞춤이었다.

그날 그가 보였던 눈물은 1974년 산업체 부설 야간실업학교 1호인 한일여자실업고 개교로 나타났다. 훗날 '팔도 잔디'로 유명해진 학교다. 방학 겸 휴가철이면 고향으로 흩어졌던 학생 겸 근로자들이 자기네 뒷동산이나 논두렁의 떼장을 떠왔고, 고향의 꿈을 담은 그걸로 조각보를 이어 붙이듯 학교 운동장을 덮었다.

이 학교의 첫 졸업식은 1977년 초였다. 대통령은 참석 못했지만 당시 장면을 담은 사진 슬라이드를 구해오라고 지시했다. 그걸 청와대에서 상영하면서도 눈시울을 적셨다. 그게 끝이 아니다. 이듬해 그는 "나이 어린 여공이자 학생들을 부디 잘 대해주고 잘 먹여 달라"는 각별한 내용의 친서를 학교장에 보냈다. 이후 한일합섬실업고는 지원하는 학생이 줄어들어 2000년 문을 닫을 때까지 5만여 동문을 배출했던 보금자리였다.

누구도 몰랐다. 산업체 부설 야간실업학교에서 한국문단을 대표하는 작가 한 명이 배출될 줄은……. 1979년 16세의 나이로 상경, 구로공단에서 일하던 여성이었다. 공단에 입주한 업체인 동남전기주식회사에서 일하던 '스테레오과 생산부 A라인 1번'으로 불리던 그는 주산·부기·타자 학습 말고 문학적인 글을 쓰고 싶었다.

야간실업학교 졸업 뒤 그에게 꿈의 학교였던 서울예전 문예창작과에 진학했다. 23세 때 「문예중앙」 신인문학상에 중편소설 「겨울 우화」가 당선돼 문단에 자기 이름을 올렸던 그 여자는 1995년 자전적 성장소설 『외딴 방』에서 자기가 여공 출신이며 산업체 부설학교를 나왔다고 밝혔다. 2009년 베스트셀러 소설 『엄마를 부탁해』의 작가인 신경숙이 그녀다.

"나를 일으켜 준 것은 8할이 그분이다."

신경숙은 기회가 날 때마다 부설학교의 국어교사에 고마움을 표했다. 하지만 그녀가 말한 '그분'이란 소녀의 꿈을 챙겨주던 6070시대 우리 사회 전체를 일컫는지도 모른다. 그런 박정희는 비통함에 몸부림치던 모습도 노출했다. 아내 육영수가 돌아간 직후다. 청와대 빈소에서 조문객을 받으며 감정 표현을 절제하던 그였다. 자녀들에게도 흐트러진 모습을 보이지 말자고 다짐했지만 혼자서 울먹이곤 했다. 자정이 넘어 문상객 발길이 끊기면 돌변했다. 영전에서 쓰러진 채 어이어이 목 놓아 통곡했다.

"울음소리가 맹수의 울부짖음을 연상케 했을 정도였다. 저것이 바로 가슴 밑바닥에서 울려 나오는 통곡소리이구나 싶었다."

육영수가 증언하는 현충원에서의 소리없는 눈물

많은 참모들이 짝을 잃은 한 남편의 고통스러운 모습을 입을 모아 증언한다. 그러던 박정희가 아내와 함께 보인 눈물이 있었는데, 그건 소리 없는 눈물이자, 박정희의 진면목을 보여주는 눈물이다. 1964년 1월 1일이었다. 며칠 전인 1963년 12월 17일 제3공화국 대통령으로 취임해 맞았던 새해 첫날, 검은 양복차림의 박정희와 미색 두루마기 차림의 육영수는 대통령 내외의 신분으로 국립묘지 호국영령 앞에 예를 갖췄다. 분향 뒤 묵념을 올렸다.

그렇게 1분여? 육 여사가 살며시 실눈을 뜬 채 남편 쪽을 힐끗 바라봤다. 혹시 너무 빠르거나 너무 늦게 고개를 드는 것은 아닐까 싶어 조심스러웠기 때문인데, 이게 무슨 일일까? 순간적으로 가슴이 멍해왔다. 남편의 양 볼을 타고 눈물이 흘러내리고 있지 않은가.

전혀 예기치 않았던 상황, 청와대·국립묘지 관계자밖에 없어 누굴 의식하거

▶ 국립묘지를 참배하고 있는 박정희 의장 내외와 최고위원 일행. 1963년 1월 1일.

나 연출할 처지도 아니었다. 공식적이고 의례적인 자리, 주어진 역할만 수행하면 되는데 그러지 못했던 게 박정희다. 어깨에 드리워진 무한 사명, 못 먹고 못 사는 나라를 떠맡은 과제와 함께 짙은 외로움이 그를 덮쳤으리라. 그런 느낌이 반려자에게도 바로 전이됐음은 물론이다.

"그 순간 제 어깨에도 천근만근 무게의 짐이 지워지는 그런 느낌이었습니다."

육영수는 그날의 장면과 느낌을 자신의 문학 선생님이자 『청록집』의 시인 박목월에게 털어놓았다. 누천 년 이 땅 가난의 업장을 녹이고 풀겠다는 맹렬한 소명을 품고 있던 그인지라, 주변에서 누가 그걸 진솔하게 환기시켜주면 당장 반응했다. 국립묘지의 눈물은 우연이 아니다. 1971년 초 공사 졸업식장에서 흘린 눈물도 그렇다. 그날은 공군사관학교의 군종장교 김선도 목사가 축도했다.

"역사를 주관하시는 하느님! 사관생도들이 이제 할퀴고 찢긴 이 조국을 지키러 나갑니다. 이들을 보호해주시고 국군 통수권자이신 대통령이 외롭지 않도록 살펴주십시오. 솔로몬의 지혜와 다윗의 용기를 부어주십시오."

축도를 끝내 김선도 목사가 대통령에게 인사를 드리려고 고개를 돌렸더니 그는 벌겋게 충혈된 두 눈을 손수건으로 가리고 있었다. 뜻밖의 상황, 인사를 드릴 수 있는 분위기가 아니어서 조심스레 뒷걸음질을 쳐 자리에 돌아와 앉았다. 졸업식 행사가 무사히 끝난 뒤 대통령은 김 목사 쪽으로 성큼성큼 걸어왔다. 그의 두 손을 꼭 잡더니만 "좋은 기도, 정말 고맙습니다"라는 인사를 전해왔다.

유비가 자기 허벅지 살집을 보고 감상적 눈물을 흘렸다지만, 박정희는 그중 사랑하는 휘하의 장수를 잃었을 때 대성통곡했다. 김학렬 경제부총리가 그이다. 행정고시 제1회 수석합격의 실력에 펄펄 끓는 가슴을 가졌던 김학렬은 박정희의 보배다. "김학렬은 나의 경제 과외선생"이라며 치켜세우는 것도 잊지 않았으니 둘은 언제라도 막걸리를 마시며 아이디어를 짜내고 격정을 쏟던 사이였다.

부총리로 취임할 때 칠판에 '종합제철 건설'이라는 커다란 글씨를 써놓고는 자기가 퇴임할 때까지 지우지 말라고 명령했던 기개, 불철주야 나라 경제만을 생각했고, 그걸 끝내 구현하려했던 독종 마인드야말로 김학렬의 것이다. 6070시대 공직자 상의 전형으로 추앙받는 그는 천하제일의 욕쟁이였다. 틈만 나면 부하들을 족쳤다.

"네놈들 가문의 영광이니 다른 일은 일절 생각할 필요가 없어. 알간? 해가 떠도 종합제철, 달이 떠도 종합제철만 생각하다 일이 안되면 한강에 빠져 죽어!"

대통령 외에는 눈에 보이는 게 없는 기고만장이라서 이후락에게도 "야, 미스터 리!"라고 불렀던

▶ 포항제철 착공식장에서의 박정희와 김학렬 부총리(사진의 오른쪽).

그가 어느 날 갑자기 어깨가 축 쳐졌다. 시름시름 앓았다. 집무실에서 담요를 덮은 채 쉬는 날이 늘어갔다. 암투병 중이었다. 김학렬이 심혈을 기울였던 제2차 경제개발 5개년계획의 종합평가회가 중앙청에서 열리던 무렵 대통령에게 메모 한 장이 전해졌고, 그것을 본 대통령은 이내 고개를 떨궜다.

"김학렬 부총리 별세"

회의를 계속할 것을 조용히 지시해둔 박정희는 조용히 회의장을 빠져나왔다. 화장실을 찾아간 그는 꺼이꺼이 울었다. 부하를 혹사시킨 죄 아닌 죄를 토로하며, 49세 젊은 나이로 일생을 접게 한 자책을 토로하며 애끊는 울음을 멈추지 못했다.

"임자, 미안해! 내가 임자를 죽였어."

다음날 고인의 상가를 찾아가 조의를 표하면서도 여전했다. 미망인의 손을 잡은 대통령은 체통이고 뭐고 없었다. 자기가 너무 혹사시켰고, 술도 많이 먹이는 바람에 몸을 다치게 했다는 고백을 털어놓기에 바빴다. 이듬해인 1973년 7월 꿈의 프로젝트인 포항제철 준공식에서 대통령은 산업시대를 이끌었던 위대한 장수 한 사람의 이름을 떠올렸다.

"1970년 봄 지금은 고인이 된 김학렬 부총리, 박태준 사장과 함께 기공식 버튼을 눌렀는데, 감개무량함을 금할 수 없습니다."

고속도로에 뿌려진 초혼招魂의 '눈물 샴페인'

다행이다. 박정희의 눈물은 스태프를 포함한 주변에 전염도 잘 됐다. 그의 사후 3년, 카터 미 대통령의 자필 회고록이 출간됐을 무렵이다. 국내에서 그 책을 가장 먼저 독파했던 이가 비서실장 김정렴이었다. 그는 궁금했다. 말년의 박정희를 그토록 곤혹스럽게 몰았던 것이 한반도 미군 철수 정책이었다. 한반도 정세를 흔들어놓은 상황 변화에 맞서 고심참담했던 대통령을 떠올리며 그 대목이 대체 어떻게 서술돼 있는가를 체크해봤다.

황당했다. 거짓말처럼 단 한 줄 언급이 없었다! 철군안은 1977년 3월 카터가 "4~5년 내 주한미국 점진 철수"를 발표하며 한반도를 극도로 긴장시켰다. 미 장성 사이에서조차 반대 여론이 비등하자 없던 일로 처리됐지만, 그 일로 집권 말기 박정희는 소모전을 거듭해야 했다. 그의 죽음도 이와 무관치 않은데, 그걸 생각하니 김정렴은 너무 허탈했다.

"그 방대한 회고록 어디에도 한국에 관한 언급은 없었다. 나는 철군 문제에 대비하기 위해 또는 인권문제를 이해시키기 위해 그토록 고생하던 박대통령 모습

▶ 경부고속도로 개통식 후 샴페인을 뿌리는 박정희. 건설 과정에서 희생됐던 사람들의 넋을 위로하고 있다.

햄릿형 낭만 시인, 마키아벨리 정치인

이 눈에 떠오르면서 그가 너무 애절하고 슬퍼 왈칵 눈물이 쏟아지는 것을 억누를 수 없었다."

그러나 박정희의 눈물이 항상 무거웠던 것은 아니다. 그리고 두 볼에 흐르는 눈물만이 눈물의 전부도 아니다. 가장 근사한 퍼포먼스와 함께 마음으로 흘리는 눈물도 있는 법이다. 곡진한 속울음을 대신했던 것은 고속도로 한복판에 골고루 뿌려진 샴페인 한 병이다.

그게 1969년 12월 말, 경부고속도로 완공을 7개월 앞두고 대구~부산 고속도로가 열리는 부분 개통식에 참석했던 박정희는 행사를 마친 뒤 서울에서 준비해 간 샴페인을 건네받았다. 그리고 도로 위에 서서 그 술을 고르게 여기저기 뿌려줬다. 몹시 춥던 그날 검은색 코트 차림의 그는 오른손에 샴페인 한 병을 쥔 채 감격스러운 모습이었다. 그날의 샴페인은 자본도 기술도 경험도 없이 이뤄낸 기적을 시위하는 퍼포먼스이자, 어려움을 이겨낸 감격이었다.

사실 대통령은 마치 전쟁터의 지휘관처럼 고속도로 관계자들을 지휘했고, 틈만 나면 지프를 타고 현장으로 달려가곤 했다. 헬기 타고 현장에 날아가다가 여러 번 추락 위기를 맞기도 했다. 그런 현장이기에 자축할 자격이 충분했다. 그리고 이듬해인 1970년 7월 경부고속도로 전 구간이 완전 개통됐다. 한반도가 들썩였다. 하지만 대통령은 그날만은 애써 눈물샘을 막고 있었다.

하지만 다른 반응을 보였던 이들이 있었다. 대통령으로부터 공로훈장을 받았던 수십 명의 위관급 공병장교들이 그들인데, 이 젊은 엘리트들은 훈장을 받으면서 말뚝을 박은 듯 부동자세였다. 하지만 얼굴엔 만감이 어려 있었고, 감회를 어찌할 수 없었던지 굵은 눈방울을 뚝뚝 떨구고 있었다. 이들의 눈물은 훈장의 감격만이 아니다. 현장에서 목숨을 잃어야 했던 동료들의 이름과 꿈을 기억하는 아픔이기도 했다. 악전고투를 했던 대전~대구 구간의 당재터널(현 옥천터널)을 포함한 마의 구간 등에서 77명의 근로자가 순직했던 것이다. 공병 장교들의 눈물, 그 이전 대통령이 뿌렸던 샴페인이란 위로와 초혼招魂의 눈물이다. 와인을 '신의 물방울'이라고 하지만, 대통령의 손으로 뿌려졌던 샴페인은 '인간의 물방울'이 분명하다.

하지만 잘 해독이 안 되는 눈물도 있다. 역시 그가 정치인은 정치인이기 때문인데, 1975년 5월 신민당 총재 김영삼 앞

▶ 신민당 총재 시절의 김영삼 전 대통령.

에서 흘렸던 눈물은 악어의 눈물일지 모른다. 어려운 때였다. 한 달 전 베트남이 패망했고, 사람들은 으스스한 한기를 느끼던 때였다. 한반도 안보 환경에 엄청난 변화라서 여야 영수회담으로 위기를 넘기자는 뜻으로 자리가 만들어졌다. 선명 야당을 기치로 내건 40대 기수론의 김영삼으로서도 성의 있는 국정 파트너이자 대안이 있는 지도자라는 이미지가 필요했다. 그래서 이루어진 청와대 회담 날 박정희는 예상 밖이었다. 내내 쓸쓸한 표정이었다.

"내자(육영수)가 없으니 꼭 절간에 있는 것 같습니다. 나 이런 절간에서 오래 할 생각 없어요. 영구 집권할 욕심도 없고……. 다만 내 책임을 수행할 뿐인데, 솔직히 정권 인계 태세를 갖추는 데 시간이 필요합니다. 민주주의도 해야지요. 시간을 주시오."

느닷없이 눈물짓기 시작했다. 양복저고리에서 손수건을 꺼내들어 눈가를 닦기도 했다. 아내에 대한 진솔한 그리움일까, 마주한 정적을 무장해제시키기 위한 전술이었을까? 둘은 현안인 유신헌법의 개헌, 동아일보 광고탄압, 긴급조치 구

햄릿형 낭만 시인, 마키아벨리 정치인 119

속자 석방 등도 얘기를 나눴지만, 박정희가 야당 지도자에게 이렇다 할 선물을 건네준 것은 없었다.

공식적으로는 "좋은 분위기 속에서 기탄없이 의견을 교환했다"고만 밝혔다. 바로 뒤 그게 정가의 시비로 발전했다. 김영삼도 입을 다물었기 때문에 궁금증만 증폭되던 차였다. 박정희 정권에 대한 전면 반대에서 체제 내 비판으로 선회하는 조짐이 보이자 금품 수수설을 포함한 온갖 추측이 춤을 췄다.

상황은 박정희에게 유리했다. 이후 한결 편안하게 국정을 끌고 갈 수 있었는데, 이는 악어의 눈물로 이끌어낸 승리다. 눈물의 최종 승리자는 아무도 모른다. 김영삼은 당했다는 인식 때문인지 훗날 투쟁 일변도로 치달았고 끝내 부마사태를 이끌어냈다. 그리고 10·26을 맞았다.

"박대통령을 평하기를 '청탁淸濁을 같이 들이마시는 사람' '작게 치면 작게, 크게 치면 크게 울리는 큰북 같은 사람'이라고 하는 말이 있다. 박대통령은 담대해야 할 때는 무섭게 담대했고, 자상해야 할 때는 자상했으며, 슬플 때는 누구보다 눈물이 많았던 분이었다."

청와대 비서관 김두영은 그렇게 언급했다. 어느 것이 진짜 그의 모습이냐는 것은 어리석은 질문이다. 분명한 것은 순수표 박정희에서 악어의 눈물 박정희에 이르기까지 그의 모습은 여럿이고, 하나하나가 모두 박정희라는 점이다.

스무 편 서정시 남긴 '문학청년'

"**가장 인상적인** 유품이 종이 두루마리 뭉치였다. 스케치 그림이 들어 있는 길이 1미터 50센티미터의 종이 수백 장을 둘둘 쌓아 놓으면 높이만 60센티미터다. 경부고속도로 설계도였다. 서울~부산 사이의 휴게소, 인터체인지 그리고 항공사진을 테이프로 정성껏 붙여놓았다. 모년 모일 어디서 어떻게 한 거라는 메모가 있었다. 정말 섬세하게 그림을 그렸다."

해동검도 사범으로 유명한 탤런트 나한일은 1982년 박정희 유품을 정리하는 기회를 가졌다. 서울 성북동의 한 민가에 방치돼왔던 유품을 지인知人의 연결로 인수해 분류했다. 대통령 유품이라서 대단할 줄 알았는데, 금박 칠이 벗겨진 세이코 손목시계와 담배 파이프, 중절모에서 몇 천 권에 이르는 책이 전부였다.

그중 이채로웠던 게 앞에서 언급한, 1968~1970년 경부고속도로 건설 무렵 박정희가 직접 했던 스케치 종이뭉치다. 실은 그는 틈나는 대로 스케치를 즐겼던 사람이다. 실력으로 치면 주말이면 캔버스를 들고 나가는 아마추어 일요화가 그 이상이다. 연필을 통한 선묘나 가벼운 수채화가 대부분이지만, 선의 흐름과 놀림이 예사롭지 않았다.

승용차로 이동하는 중에도 졸거나 흐트러지는 법이 없던 그는 잠시 짬이 나면 앞자리에 앉은 아들 지만 군의 뒷모습을 몇 가닥 선묘로 포착하는 날렵한 솜씨를 보였다. 박정희는 서예에도 일가견이 있었다. 특히 한글 서예는 독보적인데 작품이 한 점 당 수천만 원을 호가한다. 그래서일까? 역대 대통령의 휘호 중 가장 비싸게 거래된다. 그뿐인가. '새마을 노래'와 '나의 조국'을 피아노 앞에서 앉아 혼자서 작사·작곡한 것만 보아도 음악에도 조예가 있었음을 알 수 있다. 하지만 예술가 박정희의 하이라이트는 따로 있는데, 그게 시 작품이다.

지금까지 알려진 것만도 스무 편이 넘는데, 박정희는 낭만시인으로 분류해야 할지 모른다. 우선 대구사범에 다니던 10대 시절에 남긴 작품으로 지금껏 알려진 것이 '금강산' '대자연' 두 편이고, 나머지 대부분은 아내에게 바쳐진 서정시다. 결혼 초창기인 1950년대 초반에 쓰인 따뜻한 작품들이 절반, 나머지는 아내

▶ 1930년대 소년 박정희가 수학여행 갔던 금강산 만물상.

를 잃은 그리움을 담아 1970년대 중반에 쓰였다. 이중 '금강산'은 일제하 조숙했던 소년의 내면을 보여주는 살아있는 화석이다.

> 금강산 일만 이천 봉, 너는 세계에 명산!
> 아! 네 몸은 아름답고 삼엄함으로 천하에 이름을 떨치는데
> 다 같은 삼천리강산에 사는 우리들은
> 이같이 헐벗었으니 과연 너에 대하여 머리를 들 수 없다
> 금강산아, 우리도 분투하야 너와 함께 천하에 찬란하게!

'온정리에서 정희 씀'이라고 마무돼 있는 이 작품은 지금 학제로 치면 중학생 시절의 글인데 의젓하다. 상투적 시어를 남발하고 있고, 대충 행갈이를 해 시의 꼴을 겨우 갖췄지만 무엇보다 건강한 정서가 살아 있다. 당시에도 그랬고 지금까지 문학 지망생들은 서구 모더니즘 시학의 영향 때문에 너무 섬세하게 시어를 만지는 언어놀이에 빠져 끝내 건강한 힘을 잃고 만다. 파리한 자의식을 감당 못하는 책상물림 글쟁이로 추락하곤 하는데, '금강산'에는 도무지 그런 흔적이 없다.

소리 내어 읽어보라. 소년 박정희에게 금강산은 한민족과 동의어다. 그 점은 삼천리강산도 마찬가지인데, "너에 대해 머리를 들 수 없다"고 하는 진술은 식민지 조국의 상황에 대한 직접적인 암시다. 이 시 한 편만 봐도 사범학교 진학이 기회주의적 처신이라거나 '박정희=식민화된 소년'이라는 주장은 사실과 부합하지 않는다는 것이 확인된다.

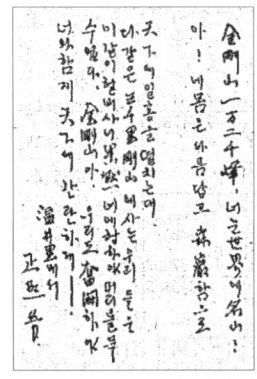

▶ 소년 박정희의 시 「금강산」 육필 원고.

사범학교 시절 서정시 '금강산' '대자연'

반면 2년 뒤의 작품 '대자연'은 담담하면서도 늠름한 기개의 삶을 그리고 있어 또 다르다. 정서로 보자면 '금강산'보다 한 수 위다. 내용은 쉽다. 장미보다 야생화가, 영웅보다는 이름 없는 농부가 귀하고 아름답다는 찬사라서 일견 평범한 듯 보인다. 하지만 균형 잡힌 정서의 당당한 표출이 예사롭지 않으며, 마지막 연의 울림은 영락없는 박정희, 즉 절도 있는 소년의 모습이다.

정원에 피어난
아름다운 장미꽃보다도
황야의 한 구석에 피어 있는
이름 없는 한 송이 들꽃이
보다 기품 있고 아름답다
아름답게 장식한 귀부인보다도
명예의 노예가 된 영웅보다도
태양을 등에 지고 대지를 일구는 농부가
보다 귀하고 아름답다

하루를 지내더라도 저 태양처럼
하룻밤을 살더라도 저 파도처럼
느긋하게, 한가하게
가는 날을 보내고 오는 날을 맞고 싶다. 이상.

박정희 시 작품이 갖는 중요성을 눈여겨본 사람은 정치학자 고 전인권(1957~2005년)이다. 지금까지 나온 책 중에서 가장 중립적인 박정희 평전을 서울대 박사학위 논문으로 썼던 그는 이 논문에서 우리의 통념을 바꿔놓았다. 박정희는 무엇보다 시적詩的인 인간으로 분류해야 한다는 것이다.

왜 그럴까. 상황을 압축해 설명해내는 능력, 때로는 객관적 사태에 대한 관심을 생략하면서도 무엇보다 극적인 설명을 즐기는 글 솜씨야말로 '시적 인간 박정희'의 특징이다. 이런 태도는 산문적 인간과는 다르다. "자신의 시심詩心을 대중 앞에서 보여주는 데 능숙하지 못했지만, 그의 마음은 언제나 시적으로 움직였다"는 전인권의 말은 경청해볼 만하다.

사석에서 했던 육영수의 말도 그걸 뒷받침한다. "박정희 대통령이 군인이 되지 않았더라면 소설을 썼을 것이다"라고 그는 말했다. 19세기 유럽을 뒤흔든 나폴레옹도 만일 군인의 길을 걷지 않았다면 문학을 했을 것이라고 고백했듯이 '시적 인간'과 '정치적 인간' 사이의 거리는 그렇게 멀지 않다. 그가 남긴 시 중에서 아내 사랑이 절절하게 묻어나는 것은 1952년 7월 완성한 작품이다. 당시는 부산정치파동의 소용돌이가 막바지에 달했던 무렵이다. 당시 박정희는 '5·16 선행학습'을 하고 있었다. 군 병력을 움직여 이승만에게 타격을 줄까를 망설이던 초미의 상황, 다른 데 신경을 쓸 여력이 없었다.

그런 와중에 완성한 서정시는 잠든 아내의 모습을 바라보며 행복에 도취한 한 사나이의 마음을 고백하고 있다. 바깥일을 한다는 사내

▶ 1951년 신혼 초의 박정희와 육영수.

란 다른 것에는 등한시하는 법이 아니던가! 그런데 애정고백을 섬세한 시어로 가다듬어 아내에게 바치다니……. 그것도 부부유별이라는 봉건윤리가 지배적이었던 무려 반세기 전의 일이다. 당시는 첫딸 박근혜의 백일잔치 뒤라서 아빠이자, 남편의 뿌듯한 마음을 가늠 못할 것도 아니다. 한밤 잠든 아내를 지켜보는 박정희의 시선이 느껴진다.

> 밤은 깊어만 갈수록 고요해지는군.
> 대리석과도 같이 하이얀 피부
> 복욱한 백합과도 같이 향훈을 뿜는 듯한 그 얼굴
> 숨소리 가늘게, 멀리 행복의 꿈나라를 거니는
> 사랑하는 나의 아내,
> 잠든 얼굴 더욱 예쁘고 평화의 상징! 사랑의 권화!
> 아! 그대의 그 눈, 그 귀, 그 코, 그 입
> 그대는 인仁과 자慈와 선善의
> 세 가닥 실로써 엮은 한 폭의 위대한 예술일진저(중략)
> 행복에 도취한 이 한밤 이 찰나가
> 무한한 그대의 인력으로써 인생 코스가 되어 주오(하략)
>
> — '영수의 잠자는 모습을 보고'

전형적인 낭만파 사랑의 시이다. 아내를 "한 폭의 위대한 예술"이라며 찬양하는 것은 그동안 우리가 알아왔던, 무뚝뚝한 남자 박정희 이미지와 전혀 다르다. 작품에 표현된 정서의 성격도 잘 살펴봐야 할 대목이다. 젊은 커플 사이의 가볍고 달뜬 감정의 표현이 아니다. 즉 '닭살 애정'과 달리 삶의 동반자인 젊은 부부 사이의 신뢰가 우선이다.

자신을 부족하고 미흡하다면서 "인생 코스가 되어줄" 아내 앞에 무한 신뢰를 보낸다. 박정희에게는 남존여비나 부부유별 같은 전통적이고 봉건적인 남녀관의 흔적이 없다는, 또 하나의 명백한 증거이기도 하다. 전시대의 가치관과는 깔끔하게 결별했음을 말해주는데, 그런 아내 사랑은 그 1년여 뒤의 작품 '춘삼월 소묘'에도 나타나 있다. 문학적 완성도만으로는 박정희 시작 중 최고에 속한다.

1. 벚꽃은 지고 갈매기 너울너울
　거울 같은 호수에 나룻배 하나
　경포대 난간에 기대인 나와 영英
2. 노송은 청청 정자는 우뚝
　복숭아꽃 수를 놓아 그림이고야
　여기가 경포대냐 고인도 찾더라니
3. 거기가 동해냐 여기가 경포대냐
　백사장 푸른 솔밭 갈매기 날으도다
　춘삼월 긴긴 날에 때가는 줄 모르나니
4. 바람은 솔솔 호수는 잔잔
　저 건너 봄 사장에 갈매기떼 희롱하네
　우리도 노를 저으며 누벼 볼거나

1951년 4월 25일에 쓴 이 작품은 "경포대 난간에 기대인 나와 영英"이라는 표현에서 신혼 초 박정희와 육영수를 보여준다. 깔끔한 데생 능력에 운율의 구사나

시어의 호흡이 고전적이어서 조선조의 정형시 시조를 연상케 할 정도다. 그가 언어를 만지는 수준이 예사롭지 않다. 실은 이 작품은 추상적 관념 속에서 갈매기와 노송, 백사장 등을 얼기설기 조합해본 게 아니다. 모두 삶의 스케치이다. 9사단 참모장으로 강릉 남쪽의 명주군에 주둔하던 박정희는 그해 4월 대령으로 승진했고, 직후 연락병을 보내 대구 시내의 아내를 데려왔다.

고전적 품격 풍기는 곡진한 아내 사랑

한참 전시 상황에서 군용 앰뷸런스에 태워 아내를 모셔오도록 조치했으니 짜릿한 스릴마저 동반했던 후방 데이트였을 것이다. 결혼식은 4개월 전인 1950년 12월 12일. 따라서 실질적인 신혼여행이었다. 그러니 이 시는 군복 차림을 한 육영수가 남편을 따라 경포대 등을 다녀오는 일주일 허니문의 보고서이다. 너무도 살갑고 호흡이 잘 맞았던 사이인 박정희·육영수 커플은 유례가 드물게 금슬 좋은 부부다. 정치인 부부 사이를 떠나서라도 연구대상이 분명한데, 그러나 인간

▶ 아내 사랑이 남달랐던 박정희와 육영수.

삶은 영속되는 게 아니다. 그렇게 아내를 살뜰히 챙기던 박정희에게 1974년 여름 아내의 돌연한 타계, 그것도 함께 있던 현장에서 괴한의 총탄에 맞았던 충격이란 가늠하기 힘들다. 감정이 북받치는 상황에서 아내 추모는 산문시의 형태를 띨 수밖에 없다.

> 몇 번이나 다짐했건만 문득 떠오르는 당신의 영상 그 우아한 모습 그 다정한 목소리 그 온화한 미소 백목련처럼 청아한 기품 이제는 잊어버리려고 다짐했건만 잊어버리려고 다짐했건만 잊어버리려고 하면 더욱더 잊혀지지 않는 당신의 모습.
> 당신의 그림자 당신의 손때 당신의 체취 당신이 앉았던 의자 당신이 만지던 물건 당신이 입던 의복 당신이 신던 신발 당신이 걸어오는 발자국 소리. "이거 보세요" "어디 계세요" 평생을 두고 나에게 "여보" 한 번 부르지 못하던 결혼하던 그날부터 이십사 년간 하루같이 정숙하고도 상냥한 아내로서 간직하여 온 현모양처의 덕을 어찌 잊으리, 어찌 잊을 수가 있으리.

시 작품으로만 보자면 앞의 두 시와 또 다른 맛이다. 진솔하기 때문에 감정이입은 더욱 잘 된다. 절제된 시어를 구사하지 않고 있지만, 그게 강점이다. 순전히 일상 언어만을 펼치는 데다가, 걸러지지 않은 속마음이 남김없이 투영돼 있다. 당시 박정희는 거의 보름 간격으로 짝 잃은 남편의 속울음을 시로 써낸다. 당시 쏟아냈던 10편 가까운 작품 중 대표작이 1974년 9월에 쓴 앞의 산문시다.

특히 중년과 만년의 시는 구원의 여인 육영수 없이는 나올 수 없었겠지만, 그 못지않게 중요한 점이 따로 있다. 적지 않은 시 작품과 연필 스케치 그리고 노래 작곡 등은 박정희가 생애 내내 가슴이 따뜻했고 살아 움직였음을 보여주는 물증이다.

　권력이나 큰돈 혹은 사회적 지위 등 강력한 에너지에 노출된 사람은 잠깐 사이에 본래의 자기를 잃어버린 채 다른 사람으로 돌변할 수도 있다. 그럴수록 건강한 균형감각은 물론 삶의 속살과 아기자기한 일상 감각을 잃기 십상이다. 박정희? 타고난 시적 인간이었던 그는 그 함정으로부터 자유로웠던 사람이다. 그동안 가려져온 그의 맨얼굴을 들여다보기에 더없이 적절하기도 하다. 이 점은 거의 단정할 수 있는데, 시 작품 외에 다른 증거가 더 이상 필요할까?

테마 6070

'금오산' 등 박정희 작사 대중가요 두 편

"님과 함께 놀던 곳에/나 홀로 찾아오니/우거진 숲 속에서/매미만이 반겨하네/앉은 자리 밟던 자국/체온마저 따스하여라/저도猪島 섬 백사장에/모래마다 밟던 자국/파도 소리 예와 같네/짝을 잃은 저 기러기/나와 함께 놀다 가렴."

1975년 8월 대통령은 육영수가 없는 첫 여름휴가를 보내야 했는데, 앞의 시는 적적한 휴양지에서 쓴 '일수一首'라는 제목의 작품 전문全文이다. 꼭 한 해 전 아내와 함께 이곳에서 휴가를 보냈다. 그날 달빛이 교교했다. 내외는 소풍 나온 초등학생처럼 서로의 손목을 부여잡고 백사장을 거닐었다. 단골 레퍼토리 '황성옛터'가 약속한 듯 두 커플의 입에서 나왔고, '노란 샤쓰 입은 사나이'도 빠질 리 없었다. 그런 기억을 담은 채 휴양지를 찾았던 대통령은 시 한 편으로 적적한 마음을 달래야 했다.

'일수'는 말하자면 외짝 기러기 신세였던 박정희의 아내 회상인데, 2004년 대중가요 작곡가 배준성은 이 서정시에 노래의 옷을 입혔다. 레코딩을 한 가수는 1960년대 '추풍령'을 발표했던 남상규다. 남상규는 이 노래를 발표하면서 대통령 내외의 영정을 모신 서울 구기동 자비정사에서 기념행사를 가졌다. 거의 알려지지 않았지만 박정희 작사 대중가요는 또 하나가 있다.

"황파에 시달리는 삼천만 우리 동포/언제나 구름 개고 태양이 빛나리/ 천추에 한이 되는 조국질서 못 잡으면/ 선혈 받혀 넋이 되어 통곡하리라(1절)" "영남에 솟은 영봉 금오산아 잘 있거라/ 세 번째 못 이룬 성공 이룰 날 있으리라/ 대장부 일편단심 홍국일념 소원성취/ 못 하오면 돌아오지 아니하리라.(2절)"

1964년에 레코딩했던 '금오산아 잘 있거라'이다. 박시춘 작곡의 이 노래는 지금 들으면 '꽃 중의 꽃, 무궁화꽃~' 등 1960년대 노래의 전형적인 바탕 위에 은근한 심지와 박력이 가미돼 있어 새로운 느낌을 준다. 트로트풍이면서도 결기가 금세 확인되는데, 그걸 쓴 것은 1961년 5월 쿠데타를 코앞에 둔 시점이다. 대구의 제2군 부사령관으로 재직하던 그는 금오산 상공을 날아 서울로 올라갈 때의 대장부 기개를 그렇게 담았다. 마침 비행기는 구미 금오산 상공을 날던 차, 쿠데타 지도자에게 비장한 마음 한 자락을 전통적인 시조의 가락으로 남긴 것인데 '박정희 혁명의 노래'인 셈이다.

더구나 자신이 태어난 경북 선산의 생가가 금오산 남향이 아니던가. 하지만 청와대는 이 곡에 판매금지 처분을 내렸다. 아마도 체통에 맞지 않는다고 판단했거나, 5·16 전후 자기 마음이 너무 들여다보이니 불편했을 수도 있다. 어찌됐든 두 대중가요는 널리 알려졌거나 상업적으로 성공하지는 않았지만 최고지도자가 당대 사람들과 교감했던 흔적이 아닐까? 박정희 작사·작곡으로 널리 알려지며 '히트 아닌 히트'를 기록했던 노래는 아무래도 '나의 조국' '새마을 노래'가 아닐까?

"백두산의 푸른 정기 이 땅을 수호하고/한라산의 높은 기상 이 겨레 지켜왔네/……."

모두 3절로 된 이 곡은 행진곡 풍이어서 군가로도 애용됐지만 대통령의 나라 사랑의 체취가 강하게 묻어난다. 이 곡은 제

▶ 박정희가 작사한 〈금오산아 잘 있거라〉에서 묘사된 구미 금오산 풍경.

2의 '새마을 노래'로 만들어졌다. 먼저 만들었던 '새마을 노래'가 전국에 퍼지는 새마을운동에 효과적이라고 판단한 마에스트로 박정희는 제2탄을 마저 쓴 것이다. 하지만 박정희 작사·작곡의 명품은 역시 '새마을 노래'다. "새벽종이 울렸네, 새 아침이 밝았네~"로 시작되는 이 노래는 우리들이 너무 자주 들어 식상한 감도 없지 않다. 하지만 노래 자체로만 들어보면 완성도가 그중 높다. 강건함 일변도의 '나의 조국'에 비해 멜로디에 듣는 이의 기분을 좋게 만드는 국악풍의 흥겨움이 배어 있고, 박정희의 국토 개조의 꿈과 철학도 잘 압축돼 있다. 실은 이 노래가 탄생한 곳은 청와대 샤워실이다.

▶ 70년대 새마을 운동 장려를 목적으로 만들어진 새마을 노래 LP판.

1971년 가을 목욕을 하던 그는 바닥에 가볍게 미끄러졌는데, 그만 갈비뼈 두 개가 금이 갔다. 한 일주일여 꼼짝 없이 정양을 하던 그는 몸이 가려웠나 보다. 그러던 중에 악보 초고를 완성했다. 바로 당시 국립교향악단 지휘자 홍연택을 모셔왔다. 서로 머리를 맞대고 뒷부분을 조금 바꿔 확정한 것이 '새마을 노래'다. 박정희는 홍연택의 의견을 듣고 수정 대목을 피아노 반주로 들어본 뒤 "역시 전문가의 견해가 맞다"며 선선하게 수긍했다. 바로 레코딩 작업에 들어갔는데, 노래를 불렀던 두 남자는 연세대·서울대 성악과 출신의 군악병이었다.

이병철 스타일과 정주영 스타일의 사이

1968년 6월 말, 안양컨트리클럽 개장 직후다. 골프를 좋아하는 박정희가 외무장관 이동원, 대법원장 민복기와 함께 그곳을 찾았다. 삼성그룹 회장 이병철이 그날의 호스트였는데, 한 바퀴 돈 뒤에 식당으로 자리를 옮겼다.

전용식당 디자인의 컨셉은 블랙이었다. 온통 깔끔한 검정색으로 치장된 인테리어는 고급 취향이고 일본 술도 선보였다. 식사는 더 했다. 좋은 음식을 대접하려는 정성이었겠지만 대통령의 소박한 취향을 무시한 결과였다. 그날따라 술을 벌컥벌컥 들이키며 편치 않은 표정을 짓던 대통령은 자리가 파할 무렵 얼굴이 굳어 있었다. "내 차를 함께 타고 가자"고 하며 손목을 잡아당기는 바람에 이동원이 1호차 옆자리에 올라탔다.

"임자도 봤지? 그래봤자 한국 사람인데 안양 CC는 완전히 자기 왕국이구만. 기업인이 좀 절제해야 할 것 아니야. 왜 그렇게들 내 맘을 몰라주는지, 원……."

그게 박정희의 스타일이다. 그 자신부터 근검절약 모드에 충실했기 때문에 재벌들은 청와대의 시선이 무서워 입고 다니던 옷가지, 출입하는 밥집, 요정의 등급까지 신경 썼다. 청와대 만찬만 봐도 냉면, 빈대떡, 막걸리 위주였다. 그로부터 11년 뒤인 1979년 10월, 즉 10·26을 한 일주일 정도 남긴 그날 박정희는 뉴코리아 CC

에서 차지철, 김계원, 이동원 등과 그린을 밟았다. 그날따라 기분이 좋았다.

"정주영 말이야. 생긴 건 막걸리인데 일하는 건 스카치위스키야. 스케일 크고 뚝심 있고. 그에게 청와대 수리를 시켰는데 엊그제 일하는 걸 내가 봤어. 인부들과 같이 망치 들고 일하더라고. 게다가 현대그룹은 맨손으로 일궜잖아."

다시 한 세대 정도가 지난 2005년 영국 케임브리지대 경제학과 교수 장하준이 자기 책에 위스키 시바스 리갈 이야기와 박정희 스타일을 경제학의 측면에서 조명해 다시 화제가 됐다. 국산품 애용정책을 폈던 박정희는 강력하게 외환통제를 했고, 기업의 투자 감독은 물론 금욕주의 소비 가이드라인을 제시했는데, 그게 한국경제의 성공 문법이라는 것이다. 맞는 얘기다. 박정희에게 취향은 곧 삶의 태도이자 경제노선이었다는 게 포인트다.

"박정희는 심지어 자본가들의 소비까지도 규제했습니다. 왜 그 시바스 리갈이라는 술 있잖아요? (예전 국민들은) 박정희가 암살당할 때 마셨다고 해서 유명해진 그 술이 엄청나게 좋은 술인 줄 알았어요. 그런데 제가 유학하기 위해 영국에 가 보니까 가장 싼 술입니다. 도대체 세계 어느 나라에서 독재자가 시바스 리갈을 마십니까? 그런데 박정희는 자신부터 솔선수범해가며 외제와 사치품을 못 쓰도록 한 겁니다. …박정희가 자본가를 통제한 또 다른 측면은 투자를 규제(하고 가이드)한 것입니다. 그게 바로 산업정책이고 경제개발 정책이죠. 그 배짱 좋은 정주영 회장도 못하겠다고 버티는 것을 박정희가 윽박질러 만들게 한 것이 현대조선 아닙니까?"

'생긴 것은 막걸리인' 정주영과 박정희는 20세기 무한도전의 형제이자 핵심 파트너였다. 6070년대 개발의 최전선에 섰던 두 리더는 자기 꿈을 구현하기 위해 서로를 필요로 했고, 그때마다 호흡을 맞췄다. 주요 공사 때마다 상대의 비전과 장인 기질을 알아봤는데, 실제로 성장환경에서 스타일까지 너무도 흡사하다.

"생긴 건 막걸리인데, 일하는 건 위스키"

정주영은 1915년 강원도 통천 태생. 박정희는 1917년 경북 선산 출생. 10대 시절부터 두 사람 마음은 전근대의 상징인 고향 땅을 떠나 있었고, 전혀 다른 세계를 꿈꿨다는 공통점을 갖고 있다. 전 국토에 상경 바람이 일어난 것이 1960~1970년대이지만, 이들은 반세기 이전에 그걸 실행했다. "장남인 너만은 고향을 지키라"고 당부했던 아버지 몰래 세 번이나 고향을 탈출하고 그때마다 잡혀왔던 못 말리는 이단아가 청년 정주영이다.

정주영이 황소 팔아 만든 집안 돈 40원을 훔쳐 서울행 열차에 몸을 실었다면, 박정희는 셋째 형 상희의 취재용 카메라를 훔쳐 여비를 마련한 뒤 만주행 열차를 올라탔다. 소싯적 박정희가 동아일보에 연재되던 춘원 이광수의 장편소설『이순신』이나, 심훈의『상록수』등을 읽었다면, 그건 정주영도 마찬가지였다.

▶ 1964년 9월 단양 시멘트공장 준공식에서 정주영 부부와 박정희.

통천에서 유일하게 신문을 구독하던 이장집의 동아일보를 빌려서 탐독했다. 연재되던 이광수 소설 『흙』이 실제로 매일매일 일어나는 일에 대한 기록이라고 믿고 푹 빠져들었다고 훗날 털어놓았다. 10대 시절 위인전 『나폴레옹』을 반복해 읽었던 경험도 소년 정주영, 소년 박정희가 같다. 정주영은 복흥상회 쌀 배달꾼으로 시작해 자동차 수리업을 거쳐 건설업에 뛰어들었다. 성큼성큼 뜀박질을 한 것인데, 박정희도 그랬다. 교사생활을 박찬 뒤 군인의 길을 걷다가 쿠데타를 일으키는 등 구체제를 뛰어넘는 단절적 청산과 비약의 행로야말로 그의 특징이다.

결정적으로 이들은 봉이 김선달의 후예다. 정주영이 남겼던 아찔한 일화의 으뜸은 영국 런던을 쓰러뜨렸던 '봉이 정선달' 노릇이다. 1971년 조선소를 건설하기 위해 차관 협상을 하려 그곳에 갔는데, 자신 있게 뭘 내세울 게 없었다. 궁하던 왕회장은 돈 5백원짜리 지폐를 뽑아들고 거기에 그려진 거북선 그림을 들이댔다. 울산 현지에 박은 말뚝 몇 개가 전부이던 상황에서…….

"이게 바로 우리 조상이 5백 년 전에 만들었던 철갑선이라고!"

남들이 자동차, 반도체, 제철에 뛰어드는 것은 자살골이라고 해도 왕회장은 달랐다. 입버릇처럼 "당신, 그거 해보기는 했어?"라고 물었고, 길 없는 길을 떠났다. 길 없는 길을 뚫는 것이야말로 박정희의 전매특허다. 세계사의 빅 푸시로 통하는 1970년대 중화학공업을 일궈낸 도박사가 그 아니던가. 대도박의 핵심 파트너가 정주영이다. 때문에 둘은 운명적 관계이지만 은근한 구애작전으로 상대방을 살폈다. 기본적으로 둘은 불가근불가원 할 수밖에 없는 최고 권력자와 기업가 사이였기 때문이다. 그 사례가 1972년 여름이다. 대통령은 여름휴가를 진해에서 보냈다. 그때마다 진해 앞바다의 가까운 섬(저도)에서 쉬다 오곤 하였다.

"저도의 목조 건물을 수리해서 잠을 잘 수 있도록 하면 어떨까?"

그때 수행했던 경호실장 박종규에게 박정희가 이렇게 가볍게 일러뒀는데, 이듬해 가보니 딴판이었다. 옛 건물은 헐렸고 그 자리에 새로 지은 돌집이 떡 하니 서 있지 않던가! 일반주택만 한 2층 건물, 겉모습과 내장재 모두가 소박했다. 대통령이 쓸 집이라고 생각하기 힘들 정도의 수준, 하지만 박정희는 버럭 역정부터 냈다.

"누가 새로 지으라고 했어? 뭘 시키면 꼭 이렇게 엉뚱하게 해? 난 여기에서 못 자! 도로 진해로 나가서 잘 거야!"

난데없는 벼락이 떨어지자 주위에서 진화에 나섰다. 진해 공관은 준비돼 있지 않으니 오늘은 여기서 그냥 자는 게 어떻겠느냐고……. 언짢은 대통령이 표정을 풀지 않은 채 마지못해 돌집에 들어선 뒤에 측근들은 황급히 구수회의를 가졌다. 모처럼 휴가인데 망쳐버린 대통령의 기분을 어떻게라도 돌려봐야 할 것 아닌가. 집을 지은 정주영이 마침 대기 중인데, 대통령과 잘 통하는 그를 모셔오자는 반짝 아이디어가 나왔다. 연락을 받은 정주영이 다음날 아침 쓱 하고 나타난 것은 물론이다. 시원시원하게 털어놓았다.

"실은 제가 새로 짓자고 제안을 했습니다. 각하께서 쓰실 집인데 뭐가 아깝겠습니까. 걱정만큼 돈이 많이 들지도 않았습니다."

"……."

박정희가 어디 쉽게 표정을 풀 사람인가? 하지만 둘은 굳이 말이 없어도 서로를 아는 사이, 이내 경제 이야기와 나라 이야기에 코를 박기 시작했고 그 사이에 슬며시 기분도 풀어졌음은 물론이다. 나중 박정희가 집 신축비용을 현대건설 측에 변상하도록 지시해 공짜 선심은 사양했다는 후문이지만, 어쨌거나 그는 정주영을 체질적으로 좋아했다.

공식적 관계인 대통령-기업인 사이의 거리감도 간혹은 무시해도 좋았다. 저도의 돌집 사건 3년 전인 1969년이 그랬다. 경부고속도로 건설이 한창이던 무렵 업무차 이루어진 대통령과의 독대에서 정주영이 그만 꾸벅꾸벅 조는 사건이 발생했다. 아무리 현장감독 활동으로 잠을 잘 자지 못했다고 해도 엄청난 결례가 분명했다. 대통령이 말씀 중인데 상대방이 5분여를 내처 골아 떨어졌으니 야단이 나도 한참 야단 날 상황이다.

"아마 태어나 엿새 동안 양말을 못 갈아 신은 것이 그때가 처음일 거예요. 그 정도로 현장에서 날밤을 새곤 했는데, 대통령의 호출이 떨어졌던 겁니다. 박 대통령이란 분이 얼마나 무서운 분입니까. 불려가긴 했는데, 막상 그 앞에서 나도 모르게 깜박 한 거지요."

코를 골며 졸다가 번쩍 깼다. 이거 참 큰일 났다 싶었는데, 그 와중에도 어찌나 맛있게 잤던지 그렇게 개운할 수가 없더란다. 둘이 대화를 나눴던 소응접실 탁자는 매우 작았다. 바로 코앞에서 민망하기 짝이 없는 상황이 벌어진 것이다.

"대통령이 기 막혔을 거 아니야? 얘기도 허리가 끊겼을 테고……. 큰 실수했다 싶어서 '각하, 너무 죄송합니다' 라면서 안절부절못했어요. 한데 대통령이 내 손을 꾹 잡으시더니 '정 사장, 이거 내가 피곤한 사람에게 말을 시켜서 원 내가 미안하구만,' 하는 거예요. 정말 감동했지요."

최고 권력자 앞에서 독대하던 중에 코를 골며 잠을 자던 왕배짱의 기업인, 그런 황당한 상황에서도 상대방 실수를 눈 감아주며 다독여주던 대통령……. 그게 6070시대만의 풍경인데, 정주영은 그때 배운 것을 종종 써먹었다. 현장을 순시하다 가끔 직원들이 졸고 있으면 화를 버럭 내던 습관을 바꿔 일부러 다른 곳을 한 바퀴 돌고 왔다. 나름대로 인내심을 발휘하는 것이다. 그런 뒤에도 계속 자고 있으면 툭 건드려 깨우며 한마디를 했단다.

"이거, 원 내가 미안하구만."

체질적으로 소박했던 박정희는 경제성장의 수단으로 재벌을 인정했지만 호화

판 생활이나 사회적 횡포에는 거부감을 품었다. 사회윤리나 도덕 이전에 몸에 밴 성격이다. 부국강병이라는 국가 차원의 프로젝트에서 기업, 정부, 개인은 서로 다른 역할을 부여받았을 뿐 영원한 재벌이나 귀족은 인정할 수 없었다. 그건 자기에게도 해당되는 원칙이다.

대국을 보는 시야 일치했던 이병철과 박정희

"칫, 저네들이 그룹은 무슨 그룹?"

박정희는 입버릇처럼 그렇게 말했다. 대기업·재벌을 보는 그의 시선이 잘 담겨 있는 말이다. 하지만 그의 사람됨이 유달랐던 것이, 사람에 대한 선호는 엇갈렸다고 해도 그것 때문에 상대에게 특혜나 불이익을 주지는 않았다. 공은 공이고, 사는 사였다. 5·16이 터진 7년 뒤인 1968년, 아직도 삼엄하던 그때 이병철이 언론사(중앙일보, 동양방송)를 만들었다는 이유로 삼성에 불이익을 줬다는 증거는 없다.

이병철과 박정희도 기질은 달랐지만, 당시 상황과 민족적 비전에 대한 공감을 바탕에 깔고 있었기 때문에 큰 차원에서의 협력이 가능했던 훌륭한 파트너 사이다. 증거는 많다. 당초 "절망과 기아선상에 허덕이는 민생고를 시급히 해결하고 국가 자주경제 재건에 총력을 경주한다"(혁명공약 넷)고 선언했던 혁명 정부는 아마추어리즘을 벗지 못한 채 허둥댔다.

민족 자주경제(균형 성장)냐, 수출 중심과 공업 위주의 드라이브(불균형 성장)냐를 둘러싸고 혼선도 심했다. 그것은 철학과 이념의 문제였다. 이때에도 이병철은 재계의 대표성을 가지고 있었던 인물. 혁명 직후 발표됐던 부정축재자 11명 기업인의 제1호가 그였는데 그런 이병철은 자기의 경제 비전을 당당하게 피력해 혁명정부에 깊은 인상을 심어줬다. 한국일보에 기고한 칼럼을 통해 논의를 간접적으로 유도하기도 했는데, 박정희의 문제의식과 너무도 닮아 있어 흥미롭다. 박정희의 글인지, 이병철의 글인지가 헷갈릴 정도다.

"우리는 영국 산업혁명 이전으로 돌아가서 경제발전의 고전적 코스를 밟아 내려올 시간이 없다. 과감하게 순서를 바꾸어 공업화를

▶ 박정희와 대국을 보는 시야로 의기투합했던 이병철.

먼저하고 대기업에서부터 출발하여 중소기업으로 내려가는 방식을 취해야 한다. 농촌을 구제하는 것은 과감한 외자도입에 의한 공업화를 통해 가능하다."

박정희와 이병철 사이의 첫 만남은 쿠데타 1개월여 뒤인 1961년 6월. 독대였는데, 누가 서슬 퍼런 쿠데타 지도자인지, 처분을 기다리는 처지인지가 쉬 구분이 안 될 정도로 자유로웠다. "기탄없이 말해 주십시오"라고 말하는 박정희는 너무도 점잖았고, "부정축재자로 지칭되는 기업인에게는 아무 죄도 없다고 생각합니다"라고 거리낌 없이 응수했던 이병철은 너무도 당당했다.

"기업하는 사람의 본분은 많은 사업을 일으켜 많은 사람들에게 일자리를 제공하면서 생계를 보장해주는 한편 세금을 납부하는 것이다. 이른바 부정축재자를 처벌한다면 그 결과는 경제위축으로 나타난다." (이병철)

"부정축재자를 풀어준다면 국민들이 납득할까?" (박정희)

"국가의 대본大本에 필요하다면 국민을 납득시키는 것이 정치가 아니겠는가?" (이병철)

"(미소를 띠면서) 다시 한번 만날 기회를 줄 수 없겠느냐?"(박정희)

당시의 대화 내용을 이병철은 자기의 자서전 『호암자전』에 상세하게 수록했는데, 기질 사이의 충돌보다도 대국을 보는 시야와 의기투합이 먼저 느껴진다. 경남 의령 태생의 이병철은 박정희보다 열 살 위. 일본 와세다대 정경과를 중퇴한 뒤 1936년 마산에서 협동정미소를 세워 사업에 투신했고, 2년 뒤 자본금 3만 원으로 그룹의 모체 삼성상회를 설립했다.

1974년 석유화학, 중공업에 진출한 그가 이후 1982년 반도체 사업에 뛰어들며 제조업으로 성공하게 된 배경에도 산업지휘관 박정희의 지원과 바람막이 역할이 있었음은 물론이다. 사람들은 뒤에서 말하곤 한다. 누구와 누구는 기질이 달랐고, 처해 있는 입장이 서로 달랐다고……. 그건 모두를 녹이는 용광로였던 6070시대의 성격을 몰라서 하는 뒷공론에 불과하다.

숨겨진 폭력정치 기질

"앞으로 중앙정보부장을 맡아줘야겠소!"

"각하, 저는 재목이 못 됩니다. 다른 일이라면 몰라도……."

"알고 시키는 거요. 김형욱처럼 사람을 패지는 않아도 되니 한번 해봐요."

1969년 10월 중순 청와대. 막 불려온 김계원에게 박정희가 새 임무를 주고 있었다. 며칠 전 육군참모총장 자리에서 물러난 직후다. 거칠지 않은 기질을 가진 그를 정보부장으로 앉힌 인사야말로 정치 9단 박정희의 마키아벨리 기질을 보여주는 상징이다. 3선 개헌 고지를 오르기 위해 앞세웠던 대표적인 사람인 김형욱을 단박에 내치려는 심산이다. 멧돼지라는 별명으로 불리던 김형욱을 잘라낸 건 토사구팽에 가까웠다. 3선 개헌안이 10·17 국민투표에서 찬성률 65.1퍼센트로 통과됨으로써 장기집권의 관문을 막 넘어섰는데 투표 단 3일 만에 두 명의 일등 공신을 바로 내친 것이다. 머리 좋았던 이후락은 해임을 가늠했다지만, 김형욱은 설마 했다가 당했던 케이스다.

이게 수수께끼다. 박정희는 자주 눈물바람을 했던 사람이고 섬세한 성정性情의 측면에서 보면 낭만시인의 기질도 가졌다. 도시 정서보다는 시골 취향을 오래 간직하고 있었기 때문에 정주영을 좋아했지만, 일단 정치인이었다는 게 중요하다.

그것도 6070년대 대한민국 개조 프로젝트를 이끄는 산업지휘관으로 유리한 통치 환경을 조성하는 것이야말로 초미의 관심이었다. 그걸 위해서는 눈물과 낭만 정서, 시골정서 외에 '플러스알파'가 필요했다.

놀라운 마키아벨리즘을 자유자재로 구사해 때로는 폭력을 용인 내지 눈감아 주기도 했다. 때로는 뒤에서 연출했다는 혐의를 피할 수 없는 대목도 있다. 여러 가지를 종합해보면 그야말로 마키아벨리즘에 정통했던 한국 근대정치의 완성자라는 생각도 든다. 어쨌거나 김형욱이 토사구팽 당한 것은 분명한데, 그게 화근이었다. 그는 당장 서운함과 분노의 감정을 키웠는데, 그때 벌써 배신의 징후를 슬슬 드러내기 시작했다.

"대통령은 느닷없이 당분간 쉬라고 했다. 6년 반 온갖 악역을 다해 왔는데 해임이라니 갈피를 잡을 수 없었다. 미칠 것만 같았다."

나는 새도 떨어뜨릴 정도의 권세였다. 근·현대정치사상 그리고 그 어떤 나라의 비밀경찰, 정보기관의 장이 행사했던 권력보다 크고 광범위했다. 반세기 가까이 FBI 국장으로 미국을 지배했던 '밤의 사나이' 에드가 후버보다 무지막지했고, 근대 비밀경찰의 원조인 프랑스의 조세프 푸셰(1759~1820)보다 집요했다. 불법·탈법을 가리지 않았던 탓이다. 박정희의 비호 내지 묵인 아래 휘둘렸던 폭력의 크기가 그러했다. 실례가 현역 의원, 그것도 중진 정치인 김용태, 최영두를 고문했던 노골적인 폭력 행사다.

"김용태·최영두의 불충을 다스려라!"

1968년 5월, 3선 개헌으로 가는 길목이었다. 당시 박정희는 '중단 없는 전진'

을 국정 구호로 내세웠는데, 그것도 개헌을 노린 음험한 캐치프레이즈였다고 훗날 사람들이 말했을 정도로 국정 역량이 그쪽으로 쏠렸다. 여당 내부의 작은 사건을 키워서 김종필 계열의 몰락을 이끌어냈던 국민복지회 사건도 그때 일어났다. 지금까지 알려진 바로는 그들에 대한 처리 지침은 박정희가 직접 내렸다.

"불충不忠을 엄히 다스려라"

고문당한 최영두 의원은 심신의 타격 때문인지 내리 3년을 시름시름 앓았다. 이후 그가 타계하자 정구영, 이만섭 의원 등은 고문치사라고 단정하기도 했다. 그렇게 폭력을 휘둘렀던 장본인 김형욱이 해임 뒤 "미칠 것만 같았다"고 털어놓은 데는 행사할 권력이 없어졌다는 금단현상뿐 아니라 피해의식도 작용했다. 자기가 때리고 고문했던 상대방으로부터 해코지를 당할까봐 전전긍긍했던 것이다. 그렇게 폐인처럼 지내던 그는 유신 직후 몰래 서울을 빠져나가더니 1970년대 중후반 미 의회 청문회에서 박정희에 대한 공격에 앞장섰다. 대의명분도 원칙도 없었다. 자기를 버린 보스에 대한 복수의 집념만이 이글거렸다. 유감스럽게도 그게 박정희의 통치 환경에 치명적인 결과를 가져왔다.

눈먼 폭력의 화신인 김형욱을 내쳤던 1969년 당시 박정희는 자칫 돌아올 수도 있을 후환을 계산하지 못했다는 얘기다. 김계원을 임명하며 "김형욱처럼 패지 않아도 돼"라고 말한 것이 그 증거가 아닐까? 사람을 패라는 주문보다 훨씬 으스스하게 들리지만 박정희는 바로 후회를 해야 했다. 야무지지 못한 일처리 때문이다. 폭력을 써서라도 밀어붙여 끝을 보는 '사나운' 김형욱 스타일에 이미 익숙해졌던 탓이 아닐까? 김계원은 임명 1년 뒤 신직수로 교체돼야 했다.

때문에 폭력 기질이란 통치과정에서 피할 수 없던 요소라기보다는 박정희 본질의 하나라는 주장도 나온다. 그걸 암시해주는 에피소드가 경호실장으로 일했던 '피스톨 박' 박종규가 현직 도지사에게 휘둘렀던 웃지 못할 주먹이다. 1971년 초

▶ 박정희 시절 폭력정치를 상징하는 김형욱 중앙정보부장.

박정희가 전북도청을 방문했던 자리다. 공사석에서 자유롭게 담배를 피우던 시절이니 업무보고를 받으면서 그가 막 담배를 꺼내 물었다.

당시 도지사 이춘성이 재빠르게 라이터를 꺼내들어 대통령의 면전에 갖다 올렸는데, 그만 가스 조절이 안 됐다. 순간적으로 불꽃이 20센티미터가량 치솟자 박정희가 흠칫하며 고개를 젖히는 사태가 발생했다. 있을 수 있는 해프닝이었지만, 경호팀은 그렇게 보지 않았다. 이 지사를 으슥한 곳으로 따로 불러내 혼을 내줬다. "왜 각하를 놀라게 했느냐"는 죄목 아닌 죄목으로 몇 대 쥐어박았다. 몇 달 뒤 청와대에 올라올 기회가 있었던 이춘성이 엄중하게 항의했다. 박정희의 대응이 걸작이다.

"임자, 나한테 한 대 맞은 걸로 치세."

박정희 시대 폭력의 하이라이트는 따로 있는데 그게 1971년 공화당 의원을 벌거벗긴 채 구타한 사건이다. 오치성 내무장관 해임안 가결에 일부 여당 의원들이 가세하면서 일어났던 10·2 항명 파동 직후다. 그 사건은 여당 내 실세 그룹과 청와대 사이의 파워게임 때문에 격렬하게 폭발했다. 더구나 유신 길목의 길닦이를 해야 했던 국면. 박정희는 국민복지회 사건을 계기로 김종필 계열을 제거한 뒤 4인 체제를 구축했다. 잘 굴러온 4인 체제가 박정희가 생각하는 새 그림에 걸림돌이 되자 항명 파동을 계기로 다시 무너뜨렸다.

4인 체제 핵심인 공화당 실세 김성곤, 길재호 두 의원도 이때 크게 당해야 했는데, 많이 참혹했다. 콧수염이 멋졌던 김성곤은 그걸 뽑히는 수모까지 당했고,

고문을 당했던 누구는 혼절하면서 생X까지 지려야 했다. 박정희는 "꼭 죽지 않을 만큼만 패라"는 지시를 내렸던 것으로 알려졌다. 오죽했으면 야당 사람인 신민당 의원 김한수가 국회에서 이렇게 밝혔을까.

"김성곤, 길재호 두 선배는 기관의 철권에 의해 (말하자면) 타살됐다. 9명의 국회의원이 보자기에 씌워져 발길에 채이고 몽둥이에 맞는 고문을 당했다. 얼마나 치고 때렸는지 생으로 그 무엇을 쌌다는……."

김대중 납치사건은 명백한 국가폭력?

국가폭력은 국제분쟁을 낳기도 했다. 그 소동이 1973년 김대중 납치 미스터리인데, 세부적인 것은 아직도 논란이 없지 않지만 상황은 이랬다. 그해 8월 일본 땅으로 무대를 옮겨 유신 반대 활동을 벌이던 김대중은 도쿄의 한 호텔에 투숙하던 중 괴한 5명으로부터 습격당했다. "네가 떠들면 한국의 수치다!"라며 또렷한 우리말로 협박한 이들은 마취약을 투여한 뒤 납치했다. 이후 만신창이 몸이 된 그를 서울의 자택 앞에서 풀어줬다. 납치 닷새 뒤의 일이다.

일본은 물론 미국 정계가 뒤집혔다. 한국대사관과 중앙정보부가 개입됐고, 일본 주권이 침해됐다고 항의해왔다. 김대중은 용금호라는 배에 태워져 동해를 통해 부산항에 도착했는데, 이 배는 정보부의 공작선으로 확인됐다. 배에서 김대중을 수장하려 시도했다는 미확인 주장까지 제기됐다. 그게 사실이라면 한 대통령 후보의 해외 활동을 막기 위한 명백한 국가폭력이다.

김대중은 1971년 대선에서 97만 표 차이로 석패했지만, 무서운 정적으로 급부상했던 처지였다. 이듬해 유신이 선포되면서 일본에서 주로 활동했지만 그 직

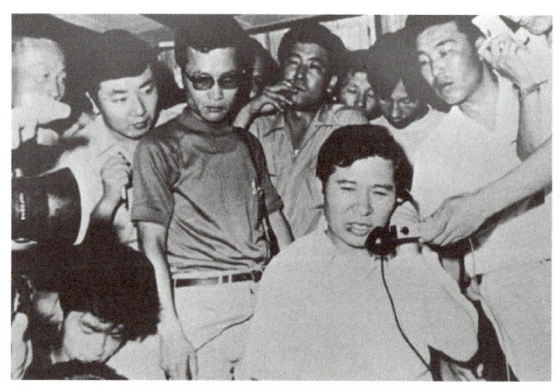
▶ 일본에서 납치되었다가 닷새 만에 풀려나 기자회견을 하고 있는 김대중.

전인 7월 남북공동성명이 발표됐고, 국내외 정세는 비상하게 돌아갔다. 납치 사건은 이 와중에 발생해 1970년대 내내 박정희를 괴롭히게 된다.

꼭 1년 뒤인 이듬해 8월 15일 일본에서 출생·성장한 재일 한국인 문세광의 권총에 의해 육영수 여사가 피격됐다. 김대중 납치 사건으로 일본 내 한국에 대한 정서는 바닥을 기던 와중이었다. 소수민족인 일본 내 교포 2세들의 좌절감은 컸으며 유신체제에 대한 반감은 생각 이상으로 증폭됐다. 조총련계 청년 문세광의 분노와 테러의 씨앗은 이때 뿌려진 것이다.

"육 여사가 돌아가시고 난 뒤의 얘기였다. 장례식을 치르고 난 다음 각하께서 '납치사건이 없었더라면 이런 끔찍한 일은 일어나지 않았을 텐데……' 하고 굉장히 비통해했다."(「신동아」, 1987년 11월호)

훗날 박정희도 1년을 터울로 터진 두 사건 사이의 업보 관계를 인정했다. 하지만 피격 사건이 터진 직후에는 그럴 수 없었다. 저격 사건의 책임을 일본정부가 인정해야 한다며 단교를 거론하던 때였으니까. 김충식의 『남산의 부장들』은 당시 상황을 이렇게 묘사했다.

"일본이 왜 버티는 거야? 뭘 잘했다고……."

박대통령은 굳은 표정으로 물었다.

"각하, 작년의 납치사건이 장애가 되고 있습니다."

(일본과 협상하고 돌아온 공화당 의원) 최영철은 숨을 가다듬고 보고했다.

"왜 난데없이 김대중 얘기가 나와? 그런 얘기는 처음이야."

"납치사건 범인의 지문이 나와도 한국과는 무관하다고 손을 내저으면서 한국인 2세 문세광이 서울에서 저지른 일을 왜 일본이 책임지느냐는 겁니다. 일본 사람들은 납치사건 주모자들을 극형에라도 처해야 할 반국가적 범죄자라고 흥분합니다."

박정희는 이 말에 "짐작은 했지만 그런 소릴 듣기는 처음"이라며 최영철을 부둥켜안고 울었다. 박정희 폭력에 대한 반대 증거도 적지 않다. 라이터 사건 2년 뒤 1973년 말 신임 정보부장 신직수가 보고하는 자리에서 박정희는 "군 수사기관 요원들이 사람을 팬다는데 그런 사람들 쓰지 말라. 할 수 있다면 공채 출신을 쓸 수 없을까?"라고 부탁을 겸해 간곡하게 지시했다.

6070시대 폭력의 책임을 그가 모두 뒤집어쓸 수 없음을 암시하는 대목이다. 또 그는 건국 초기 군대에서 부하에게 반말하지 않고, 기합 주는 것을 몰랐던 매너 좋은 신사 장교로 유명했다. 일체의 구타 행위도 용납하지 않았다. 때문에 6070시대 넘치는 폭력이란 그의 의지만은 아니라는 설득력 있는 의견도 나온다. 비록 그의 의지는 아니었지만, 정권 안보 차원에서 어쩔 수 없는 필요악이었다고 중립적으로 설명하는 이도 있다.

폭력은 필요악이었다고 말하는 이들에 따르면, 권력의 메커니즘을 잘 아는 박정희는 절묘한 용인술을 구사,

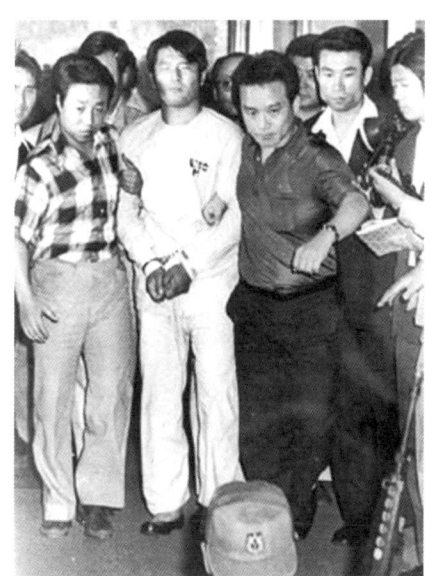

▶ 육영수 여사 피격 사건으로 체포된 문세광.

'정권의 살'과 '정권의 뼈'를 구분했고, 이에 맞춰 사람을 뽑고 기용했다. 정권의 살에 해당하는 게 치밀한 테크노크라트들인 남덕우, 이승윤, 김만제, 화려한 석학인 이용희, 박종홍 등을 쓰면서도 막상 권력안보의 핵심인 정권의 뼈에는 지독한 리틀 마키아벨리언으로 분류되는 김형욱, 이후락, 박종규, 김재규, 차지철, 윤필용을 기용했다.

그렇다면 폭력은 어디에서 비롯된 것일까? 무엇보다 그가 가진 강박관념을 지목할 수 있다. 서구가 거둔 부국강병을 단시일 내 이룩해야 한다는 생각은 때로는 절차적 민주주의도 무시할 수 있다는 정치철학으로 연결됐다. 민족중흥은 그 어떤 것에도 우선하는 궁극의 관심이 분명했지만 혹시 마음이 너무 급했던 것은 아닐까? 특히 급격한 사회 변동을 이끄는 리더십은 자칫 제어 장치가 느슨할 때에는 일그러진 폭력으로 모습을 바꾸곤 했다.

그게 전부가 아니다. 박정희에게 숨겨진 폭력성은 6070년대 정치의 가장 큰 특징인 정보정치·공작정치(제5장 참조)로 발전했다. 공포정치는 언론·지식인 그룹에 대해 으름장을 놓는 효과가 있었지만, 집권 말 박정희 스스로가 공작정치·정보정치의 늪으로 빠져 들어가는 이상 징후도 일부 보였음을 기억해둬야 한다.

테마 6070

그 시절 조연들, 김재규·차지철·전두환

10·26의 두 주인공 차지철, 김재규는 박정희 시대 정보정치의 핵심 인물이다. 기질이 달랐던 둘은 '갈등의 벼랑'에서 함께 떨어진 셈인데, 그 직전의 파워게임은 차지철 우세승이었다. 걸핏하면 박정희 앞에서 "까짓 거 탱크로 왕창 밀어붙여?"라며 치고 나갔던 차지철이 미온적인 김재규를 굴복시킨 것이다. 둘 사이의 기울어진 권력관계는 경호실 앞에 상시 주차하다시피 했던 정보부장의 승용차가 말해준다.

그런 차이는 서로의 처지가 달랐기 때문이다. 비공식의 비선 조직을 움직였던 차지철이 적지 아니 무책임하게 움직였고, 정규 정보라인을 가졌던 김재규는 그럴 수가 없었다. 김재규는 박정희와 동향(경북 선산)이고 동기(육사2기). 그의 출세는 순전히 박정희 덕이라서 대통령을 시해한 그가 잠시 민주투사 흉내를 낸 것도 코디미감이다. 그는 간단하게 파악되는 유형이다. 신임 경쟁에서 밀렸고, 울컥한 김에 끔찍한 일을 저질렀던 위험인물.

연구대상으로 흥미로운 것은 차라리 차지철이다. 누가 봐도 그는 성실한 기독교 신자다. 즉석에서 옆 사람 손목을 잡은 채 "오, 주여!" 하며 기도를 올리곤 했다. 불교국가 미얀마 방문 때는 우상 숭배라며 불상 앞에서 삼배 올리기를 거부했다. 유연하지

▶ 부대 시찰 중인 차지철, 1972년.

햄릿형 낭만 시인, 마키아벨리 정치인

못한 외곬 성격에 복음주의 신앙을 내면화했던 탓이다. 경호실 차장에 이어 국회의원으로 나간 뒤 의정활동도 제법 잘했다는 평가를 받았지만 이후 변해갔다. 유달리 큰 얼굴을 가진 그가 급기야 대권의 꿈을 품었던 것이 사실이다.

"피스톨 박 박종규가 간이 커지기는 했으나 후계를 꿈꾸지는 않았다. 차지철은 엉뚱한 짓을 하며 큰 꿈을 꾸는 게 눈에 보였다"

누구라도 그렇게 보았는데, 1974년 취임한 그는 1978년 이후 점점 더 엉뚱한 짓을 자주 벌였다. 경호실장 전용식당을 마련한 것이 첫째였다. 자신의 위세 과시를 위한 짓이다. 음식은 특급호텔의 요리사가 출장 서비스를 하는 방식인데 처음에 대통령을 모신 데 이어 여야 유력 정치인, 언론인 등을 차례로 불러들였다. 군복 위에 가죽을 대 특별 디자인한 특수 군복을 경호실·수경사에 지급하기도 했다. 군대 내 위화감을 부르기 딱 좋은 일인데, 그는 대통령에 대한 충성을 보여주는 '경호원가'를 만들어 임무교대 때 부르도록 했다.

"이 나라 이 겨레 구원자 되신 / 님의 뜻 받들고자 여기 모였네……."

차지철의 진면목은 그 다음에 더 잘 드러난다. 1975년 당시 퍼스트레이디 역할을 했던 박근혜는 비서관을 통해 "아버님께서 가사가 거북하니 부르지 말라"는 말을 전했다. 차지철은 그 다음날 득달같이 달려와 대통령의 재고를 요청했다. 묻지마 충성의 뚝심에 밀린 박정희도 "꼭 부르겠다면 향토예비군의 노래와 섞어 불러라"라며 타협안을 제시해야 했다. 차지철이 외곬 도깨비가 분명한 것은 돈이나 여자를 밝혀 축재·축첩을 했다는 혐의 따위가 전혀 발견된 바 없기 때문이다.

거들먹거림의 하이라이트는 따로 있다. 1978년부터 시작된 경호실·수경사 합동 국기하강식이 진풍경이다. 차지철은 매주 월요일 아침 경복궁 연병장에서 분열식을 진행했다. 로열박스에 앉은 차지철 주위에는 공화당 중진과 장관들이 앉아 있었지만 그를 떠받쳐준 것은 경호실 별(장성)이다. 경호실은 차장이 투 스타이고 행정차장보,

▶ 박정희 권력을 이루는 '뼈'에 해당하는 주요 인물인 김재규와 전두환.

작전차장보는 원 스타였다. 훗날 대통령에 올랐던 전두환, 노태우 등이 거쳐 갔는데 이들은 분열 때마다 우렁차게 제병 지휘를 해 차지철을 우쭐하게 만들었다.

야전규범에 따르면 장군은 분열 때 도보 지휘가 없다. 지프를 탄 채 승차 지휘를 하도록 한 규정을 경호실이 무시한 것이다. 민간인 신분인 경호실장이 군(수경사) 지휘권을 갖도록 한 것 자체가 어색했다. 당시 무임소장관 김용태는 거북스러운 사열식 참석을 거부하다가 불이익을 받았던 케이스. 그가 대통령을 만나기 위해 면담 신청을 할 때마다 경호실에서는 노골적으로 퇴짜를 놓았다.

그런 차지철의 방약무인의 행동은 실은 콤플렉스 때문이다. 그는 육군 대위 출신. 중령으로 예편했지만 장성에 대한 열패감은 컸다. 육사 12기 시험에서 떨어졌던 사실도 쉬쉬 했고, 그래서 육사 출신을 더욱 싫어했다. 그의 밑에서 경호실 차장을 지냈던 전두환과의 '꼬인 인연'도 흥미롭다. 육사 11기 출신 전두환은 대위 시절 5·16 쿠데타에 참여해 육사생도들의 혁명 지지 시위를 이끌어내는 결정적인 공헌을 했는데, 직후 최고회의 민원비서관으로 일했다.

"전 대위, 국회의원 출마하지 않겠나?"

"제가 어떻게 감히……."

"왜? 하면 하는 거지 뭐."

"아닙니다. 저는 돈도 없고, 또 군대에도 저처럼 충성스런 사람이 몇 명은 있어야 하지 않겠습니까?"

그의 기백을 평가했던 박정희는 민정이양 뒤 전두환을 국회의원으로 내보내려 했다. 차지철과 같은 케이스였다. 하지만 전두환은 두 차례나 거푸 고사했고, 그런 꼿꼿한 군인정신을 대통령은 높이 샀다. 전두환이 대통령 시절 청와대 비서관 김성익에게 했던 공식 구술에 따르면 박정희는 그를 1년에 두 번씩 청와대로 불렀다. 장성 진급 때는 승용차를 하사했다. 반면 거의 후배 격인 차지철은 국회의원의 길을 선택해 빠르게 출세했다. 그런 내막을 잘 아는 전두환의 능수능란한 처신도 눈여겨볼 만하다. 차지철이 국회 내무위원장으로 있을 때 업무차 찾아갔는데, 그때마다 화끈한 군대식 신고를 올려 그를 흡족하게 했다.

"충성! 중령 전두환, 차지철 내무위원장님께 용무 있어 왔습니다."

말뚝을 꽂은 듯한 부동자세의 전두환은 왼쪽 옆구리에 군모軍帽를 거머쥔 채 깍듯했다. 육사 출신에 대한 차지철의 콤플렉스를 잘 아니 기꺼이 고개 숙여줬던 것일까? 그런 전두환은 막상 경호실 차장으로 발령받고는 고민했던 것으로 알려졌다. 그게 대통령의 뜻임을 확인한 뒤 이내 수용했다. 이후락, 김형욱, 김재규, 차지철, 전두환, 노태우 등은 박정희 정권의 뼈에 해당한다. 그 시절 '물건은 물건인' 다양한 조연들의 움직임도 6070시대 정치의 많은 이야깃거리를 제공해준다.

대쪽선비 정구영의 또 다른 길

"**다시는 이 나라에** 본인과 같은 불행한 군인이 없도록 합시다."

박정희가 남긴 말 중 가장 유명한 발언이다. 알 듯 모를 듯한 한마디였다. 민생도탄에 빠진 한국의 불행을 보다 못해 천직인 군인의 길을 접고 피치 못하게 정치에 뛰어들었으니 자기 또한 불행하다는 뜻이리라. 그 말을 했던 자리가 1963년 8월 전역식인데, 식장을 빠져나온 박정희는 바로 공화당사를 찾았다. 입당 절차 때문이다. 당시 신원보증인은 정구영. 스물셋 연상이라서 박정희가 "선생님"이라고 깍듯하게 호칭했던 그는 창당 발기인이자, 당원 제1호다.

전당대회에서 대통령 후보 지명을 위한 절차였지만, 이때 정구영은 박정희의 정계 등장을 위해 레드카펫을 깔아주는 세례 요한의 역할을 기꺼이 맡았다. 훗날 초대 총재와 당의장을 지냈던 그는 이후 6년 뒤에는 고전하고 있었다. 당으로부터 심한 푸대접을 받고 있었다. 그를 겨냥한 박정희의 압력이 거셌다.

"3선 개헌안에 찬성하든지, 아니면 공화당을 탈당하시라. 그게 아니라면 탈당 권고가 불가피하다."

외통수였다. 1969년 8월 5일 최후통첩을 받던 그날 정구영은 겸사겸사 충북 옥천의 집에 잠시 내려가 있었다. 하지만 편치 못했다. 당시 일흔다섯 살 노쇠한

▶ 정구영 전 의원. 대쪽같은 성품으로 공화당의 양심이라 불렸다.

그는 대통령의 친서를 들고 시골까지 찾아 내려온 당시 공화당 의원 차지철, 보안사령관 김재규로부터 양자택일을 강요받았다. 당시 최대 현안인 3선 개헌을 당론으로 이미 확정했으니 동조하지 않는 것은 당 원로로 있을 수 없다는 으름장이었다. 개헌안 찬성도, 탈당도 못하겠다고 버티자 차지철은 "각하에게 전할 답변을 듣기 전에는 꼼짝할 수 없다"며 몇 시간째 버텼다. 그보다는 차라리 김재규가 말하기에 편했다.

"민주화를 위해 가장 필요한 것이 평화적 정권교체야. 건국 20년이 지났지만 그걸 한 번도 실현 못했거든. 장기집권은 부정부패를 수반해. 나도 대통령의 영도력에는 신뢰를 하지. 그러나 권력이 1인 체제로 장기화되면……. 장기집권을 금하고 있는 헌법 정신과 부패청산 때문에 3선 개헌은 안 돼."

대꼬챙이 영감 정구영을 사람들은 공화당의 양심이라고 말한다. 당의 정신적 지주라고도 한다. 물론 실세라고 할 수는 없었다. 도덕적 권위를 가진 원로이자 헌법 수호와 민주화를 위한 당내 투쟁을 상징하는 인물이기 때문이다.

사실 그는 박정희 18년 통치 환경에 결정적인 비중을 가진 인물은 아니다. 쿠데타에 참여하고 6070년대 현실정치의 비중만으로는 김종필을 당할 수 없다. 내로라하는 파워맨이었던 이후락, 김형욱, 김재규, 차지철, 박종규, 윤필용 등의 물리적 힘에도 한참 모자란다. 강력한 정적이었던 윤보선, 김대중, 김영삼에도 밀린다. 하지만 정구영은 정구영이다. 당내 민주화 투쟁에서 박정희와는 다른 제3의 길을 상징하기 때문이다. 3선 개헌 저지에 실패한 뒤 사실상 정계를 물러난 그를 사람들이 아쉬워하는 것도 그 때문이다. 말하자면 정구영은 민주화를 향한

국민들의 소망과 안타까움을 상징한다.

"그는 민주화의 비원과 절차적 민주화에 헌신한 인물인데, 그런 그가 박정희 식의 무한질주에 좀더 브레이크를 잡아줬더라면……."

"오래 당내에 머물며 박정희 말년 균형감각의 상실을 보완해줬어야 하는데……."

"정구영은 도덕적이고 영국 신사 풍이다. 유신 전후의 박정희가 보였던 탈법을 생각한다면 그야말로 한국 현실정치에 진정한 모델이 아닐까?"

'나 아니면 안 된다' 는 일인 지상주의

타계 9년 만에 나온 『정구영 회고록』을 집필했던 정치평론가 이영석도 정구영을 "고독했지만 높은 긍지를 간직했던" 인물로 평가했다. 바짝 마른 체구에 "마주하면 선생님이라는 호칭이 '우러나는" 인품을 가졌던 그는 일제시대인 1930년 경성조선인변호사협회장 등을 지냈다. 대한변호사협회장(1959년)을 역임했던 그가 1963년 공화당에 합류하자 세상은 놀랐다.

일부는 훼절이라고 했지만 그건 그 시절 지식인이라면 누구나 품고 있었던 새 정치에 대한 목마름이었다. 박정희를 통해 새 나라 건설의 이상을 구현하려던 노력이었다. 하지만 이내 당내 일인 지상주의의 벽에 부딪쳐 허덕여야 했다는 게 그의 주장이다. 공화당이 안정기에 접어든 1966년 벌써 일인 지상주의 분위기가 형성됐다. 1967년 대선에 박정희가 출마해 무난하게 재선에 성공하리라는 관측이 나돌던 무렵부터 정구영은 '그 이후', 즉 3선 개헌과 장기독재 가능성부터 경계했다. 1966년 11월 28일이었다.

"내년 선거 재출마해야지 않겠습니까?"

"하면 될까요?"

"무난할 걸로 봅니다. 하지만 2기 대통령 취임 이후 이 나라 정치를 어떻게 할까에 대한 깊은 결의를 가지고 나가야 합니다."

"무슨 말씀입니까?"

"1기 대통령 당시보다 더 민주주의로 나가셔야 합니다."

빙긋 웃기만 하던 대통령과의 독대에서 그는 소신 발언을 계속했다. 이 나라 헌법은 대통령은 재선만을 하도록 되어 있으니 명심하라는 충언이었다. 3선 개헌을 할 경우 평화적 정권 교체가 안 되고 그 경우 5·16 이전의 혼란이 온다고 못 박았다.

"각하가 2기 대통령으로 취임해 1년 남짓이면 3선 개헌론이 반드시 나옵니다."

"3선 개헌이요?"

"나오고 말고요. 각하 그늘에서 권력을 누린 사람들이 3선 개헌을 하라고 감언이설합니다. 이걸 뿌리칠 각오를 가지고 출마해야지 그렇지 않고서는 역사의 오명을 뒤집어쓰게 됩니다. 이승만 대통령의 전철을 밟는 일이 됩니다."

박정희는 "재미있는 말씀을 들었습니다"라고 말을 받았다. 잘 계산된 우회적인 어법의 대꾸였다. 일어서는 정구영을 향해 문을 열어준 뒤 청와대 현관까지 나와 다시 악수를 청했다. 충언하는 당 원로에 대한 예우였을까? 듣기 거북한 말을 하는 '선생님'이 조금 어려웠다는 얘기일까? 그렇게 헤어진 몇 달 뒤였다. 이듬해 2월 2일, 이번에는 전과 또 달랐다. 둘은 속마음을 숨긴 채 성의없는 '더듬수 대화'로 시종했다. 본래부터 서로의 생각이 달랐다는 증거가 아닐까 싶다.

"선생님, 작년 겨울 저한데 하신 말씀이 있지 않습니까."

"어떤 말을 말씀하시는 건지요……"

정구영은 오히려 말을 더듬었다. 장기집권을 경계하라는 말은 대통령의 가슴에 넣고 새기라는 조언인데, 대통령이 그렇게 빨리 대답을 할 줄은 몰랐던 것이다. 그리고 좀 미덥지 못한 발언으로…….

"71년 선거 후임자를 물색하라는 그 말씀……."

"아, 그 말 말씀입니까? 저는 깜빡 잊고 있었습니다."

"선생님 말씀대로 저는 71년 선거에 안 나가기로 했습니다."

최고 권력의 비위를 거스르는 역린逆鱗을 각오했던 진언과 달리 대통령은 너무 가볍게 발언을 했다는 게 훗날 정구영의 아쉬움 섞인 회고다. "3선 개헌 문제가 나오더라도 나는 거부할 결심을 굳히고 있습니다"라고 못 박아도 시원치 않을 판에 "안 나가기로 했습니다"라고 한 것은 박정희가 벌써 헌법을 가볍게 보고 있었다는 증거라는 게 그의 주장이다.

원칙주의자 정구영의 삶이 보여줬던 민주정치에 대한 소망은 그 자체로 소중하다. 변칙과 불법을 피할 수 없었던 정치사에서 그의 존재는 평가해 마땅하다. 사람을 취하게 만드는 권력의 속성을 감안한다면 그의 균형감각과 꼿꼿함은 돋보였다. 원칙과 명분을 강조한 정구영 식 정치는 현실정치의 흙탕물을 정화시켜줄 요인이고, 박정희의 불도저 정치와 잘 융합됐을 경우 훗날의 비극은 피할 수 있었다. 그런 정치가 잘만 가동됐을 경우 합리적인 '지속가능한 정치'가 펼쳐졌을 것이라는 기대도 할 수 있다.

하지만 또 다른 평가도 가능하다. 헤게모니 싸움과 노선투쟁 그리고 목표에 대한 공유를 둘러싸고 벌어지는 현실정치 무대에서 정구영 식의 '샌님 정치' '백면서생 정치'는 한계가 있다. 그걸 보여준 것이 정구영이 월남 파병을 반대할 때 보였던 경직된 태도다. 처음부터 그는 파병이 탐탁지 않았다. 공화당 내 반발도 만만치 않아 저러다가 당이 두 조각 나지 않나 우려하는 목소리까지 나왔다. 반발의 리더는 당 의장 정구영이었다.

'박정희 목장'의 날고 기는 준마들

"월남 파병으로 우리 경제를 일으킬 수도 있을지 모르지요. 그러나 나는 호지명의 월맹과 총칼을 맞대야 하는 더러운 전쟁에 나가 피를 팔아가며 돈을 벌기보다는 차라리 궁핍하지만 깨끗하게 사는 게 좋다는 생각이요."

그게 정구영이다. 타협의 여지조차 없었다. 그렇다고 딱히 제3의 대안을 내놓지도 못했고 당과 겉돌 수밖에 없었다. 결정적으로 부족한 것은 전략적 마인드였다. 국가 의제를 설정하고, 그 고지를 점령하기 위한 돌파력은 더더욱 기대할 수 없다. 정구영은 분류컨대 참모형이다. 그것도 난세 말고 평화시에 어울리는 인물이다. 반면 박정희는 한 시대를 창출해내는 데 성공했고, 누구도 가본 일이 없던 길을 걸었다.

그를 두고 한 세대가 넘도록 논란이 거듭 증폭되고 있는 것도 놀라운 성취에 따르는 빛과 그늘의 양면성 때문이다. 그런 성공은 '마키아벨리즘의 달인' 다운 국정운용과 특유의 용인술에서 가능했다. 잔혹함과 함께 화끈한 당근이 함께 있기 때문에 구사할 수 있는 것이 마키아벨리즘인데, 박정희라고 하는 현실정치인의 커다란 목장 안에서 다양한 기질과 재주를 가진 걸출한 참모들이 뛰어놀았다.

참모들은 스스로의 무한욕망과 상대방 견제의 음모 속에 박정희 통치 18년의 독특한 풍경을 연출해냈다. 당시 박정희 주변은 『수호지』에 나오듯 거대한 인물 집합소인 양산박이어서 '착한 놈' '나쁜 놈' '비열한 놈'이 무리지어 존재했다. 최고 권력이 굴러가기 위해서 때로는 그런 윤활유가 필요했는지도 모른다. 현실

▶ 김대중 사건 후 일본 전 총리 다나카 카쿠에이와 악수하는 김종필. 그는 '박정희 목장'의 준마였다.

정치에 윤리와 도덕이라는 잣대를 들이대는 우리의 오랜 습관을 잠시 버리면 새로운 판단이 가능하다.

이를테면 김종필이야말로 불운의 2인자였는데, 그는 스스로 가진 높은 상징성과 정치적 무게 때문에 넘버원에 대한 무책임한 처신이 더욱 어려웠던 사람이다. 3선 개헌과 유신 등의 굵직한 고비에서 반항하듯 하면서도 끝내 뒤따라가야 했던 것도 그런 까닭인데 사실 그가 없는 박정희라는 존재는 다소 허전할 정도다.

간웅奸雄 이후락은 또 달랐다. 그야말로 박정희 목장의 날랜 준마였음은 세상이 다 아는데, 넘버원이라는 태양의 주위를 떠나면 바로 빛을 잃는 케이스라서 김종필과는 많이 달랐다. 반면 충성심만은 천하제일이어서 현대정치사의 연구대상이다. 대통령 비서실장에서 밀려나 주일대사를 지낼 때 넘버원의 입맛에 맞을 만한 생선초밥을 골라 사람에게 들린 채 부랴부랴 비행기 편으로 공수하던 충성심만은 사람들의 탄성을 자아냈다.

"그 정도 마음 씀씀이란 아부가 아니다. 탄복스러운 정성이다."

이 점은 김재규, 차지철, 박종규 모두 마찬가지였다. 각자의 개성과 스타일은 달라도 제몫을 해줬고 무엇보다 보스에 대한 충성만은 일치했는데, 박정희 정치의 뛰어난 조연배우들인 이들의 존재는 쉽게 한마디로 재단하기 힘들다. 권력을 따라가는 기회주의적 무리들이라며 매도하는 것은 근대 정치의 속성을 모르는 지적일 뿐이다. 이를테면 전혀 다른 스타일의 '꼿꼿 참모' 정구영이 최고 지도자일 경우 이런 기라성 같은 간웅들을 너끈히 품에 안은 채 거느릴 수 있었을까? 혹시 아프리카의 야생초원 세렝게티 한가운데 뚝 떨어져 있는 초식동물처럼 엉거주춤하지는 않았을까?

박정희에 대한 아쉬움이 섞인 비판은 흔히 이승만에 대한 비판과도 닮았다. 좀더 민주적인 대통령, 좀더 헌정에 충실한 지도자에 대한 목마름 때문에 나오는 비판은 일단 이해 못할 게 아니다. 그러나 그들은 하나는 알고 둘은 잊기 쉽다. 그런 착시현상을 지적하는 전 서울대 교수 권태준이 자기 책『한국의 세기 뛰어넘기』에서 했던 말은 곰곰이 새겨볼 만하다. 다음 글에 등장하는 이승만이란 이름을 박정희로 바꿔 읽어보라.

"이승만은 국가 만들기의 첫 정권으로 국민적 생존시대의 산물이다. 이승만 아닌 다른 사람이 대통령이 되었더라면 이런 불법, 부정한 방법에 의한 장기집권은 감히 하지 않았을지 모른다. 정권교체의 제도화, 즉 절차적 민주정치가 앞당겨 실현될 수도 있다. 하지만 그런 민주화가 확립됐다 해서 민생과 국가안보가 좀더 효율적이리란 주장은 다분히 기대 섞인 소망일 뿐이다."

이런 지적은 한두 사람이 한 게 아니다. 서울대 교수를 역임한 정치학자 구범모의 말도 그렇다. 그는『박정희 시대와 한국현대사』라는 책에서 소박한 어투로 이렇게 밝혔다. 우리가 알고 있는 정치 상식의 허허실실을 정확하게 겨냥하는 말인데, '민주주의에 숨겨진 불편한 진실'을 제대로 봐야 한다는 발언은 한번쯤은 경청해볼 만하다.

"가난에서 벗어나려는 몸부림이 추진력이 돼서 오늘의 한국 경제가 있는 것이지 (민주정치의) 형식만 쫓았더라면 그전의 이승만, 장면 정권의 형편과 마찬가지였을 것입니다. 말로는 민주주의를 한다고 하고 실제로는 부정부패를 일삼는 정권의 연속이 되었을 것입니다."

03

그 남자 출생의 비밀

박정희가 태어난 경북 선산의 상모리의 생가는 어떤 공간이었을까? 흙벽돌의 초가집에 대한 증언은 1948년 그곳을 찾았던 동거녀 이현란으로부터 나왔다. 그곳은 기어 들어가고 기어 나와야 하는 곳일 만큼 초라했다. 상모리는 옛 시절 조선의 남루한 삶을 상징한다. 박정희는 그 가난이 싫었다. 때문에 대구사범 시절 내내 울적했고, 이때 탈출구로 만주를 떠올렸다. 현대사의 고비와 얽혀 돌아가는 이후 삶은 일제시대 만주군 군인으로, 해방 3년 공간에서는 남로당 가입으로 나타난다. 박정희 식의 무한모색이자, 시대와의 불화였다. 그러던 중 여순사건 뒤 군사재판에서 사형 구형을 받는데……

상모리는 왜 고향이되 고향이 아닌가

만 스무 살의 박정희가 3년 근무를 막 시작했던 문경공립보통학교는 시내를 한눈에 내려다보는 자리에 있었다. 1937년 봄부터 1940년 봄까지 교사 생활을 했던 이곳에서 그는 학생과 학부모에게 어떤 인상을 남겼을까? 무섭고 엄격한 교사의 이미지일까? 뜻밖에도 "알라(아이)들과 잘 놀아주는 알라 같은 선생님"이었다. 그가 좋아했던 것은 체육 시간인데, 한번은 겨울에 눈이 펑펑 내렸다.

"눈송이를 손바닥에 잡아오너라. 집에 먼저 보내줄게."

젊은 선생님의 뜻밖의 제안에 추위로 웅크리던 학생들이 신이 났다. 맨손으로 눈을 잡았다 싶어 선생님을 향해 달려가 손을 벌리면 어느새 물로 변해 있었다. 추위를 잊은 아이들은 볼을 빨갛게 물들이며 뛰어다닐 정도로 좋아했다. 그를 따라다닌 것은 여학생들이었다. 여학생들이 총각 선생님(당시 그는 자기가 결혼했다는 사실을 비밀에 붙였는데, 이유는 곧 밝혀진다)으로 통했던 그의 숙직실로 놀러 가면, 넌지시 과자 접시를 내놓는 자상함도 발휘했다.

그런 모습은 훗날까지 이어졌던 박정희 기질의 하나이지만, 그게 전부는 아니었다. 교사생활 이전인 대구사범, 즉 사춘기와 10대 후반을 보냈던 그곳에서는 또 다른 측면이 두드러졌다. 동기생들에게 박정희는 입 다물고 골똘한 생각에 빠

▶ 교사 시절 박정희가 학생들과 함께 찍은 사진. 1938년으로 추정된다.

져 있던 과묵한 아이로만 기억된다. 그런 증언은 거의 예외가 없다.

"말이 없고 항상 성난 사람처럼 웃음을 모르고 사색하는 듯한 태도가 인상 깊었다."(동기생 석광수) "하도 표정 없고 침묵을 지켜서 그의 사람됨을 파악한 친구가 희소했을 정도였다."(동기생 조증출) 학교 입학생 전원(100명)이 기숙사 생활을 하며 함께 뒹굴었으니 이들의 증언은 정확한 것이다.

초등학교 시절에도 마찬가지였다. 독한 성격에 키가 작다는 이유로 내내 '대추방망이' '악바리'라는 별명으로 통했다. 심지어 꼬마 박정희는 어린아이답지 않은 분위기였다. "늘 냉엄한 표정이어서 가까이 하기 어려웠던 친구"(동기생 박승용)라는 회고도 있을 정도다. 말 없는 아이 박정희가 또래 친구와 달랐음은 분명하다. 공유하기 힘든 외로움을 품고 있었다는 얘기일까? 그런 모습은 친구는 물론 조카에게도 마찬가지였다. 박정희가 6학년이던 때 초등학교 1학년이던 조카 박재석은 등·하굣길에서도 한결같이 묵묵히 생각에 잠겨 혼자 걷던 아제(아저씨)의 모습을 회고했다.

"나이 어린 우리들은 앞서거니 뒤서거니 하며 걸어갔어요. 그분은 언제나 말이 없었습니다. 학교에서 돌아오면 방에 박혀서 공부만 하고 학교를 오갈 때는 생각에 잠겨 묵묵히 걸어가던 모습이 눈에 선합니다."

과묵함, 오기는 10대 이전부터 드러나 이후 평생 유지된 기질인데, 그는 두 가

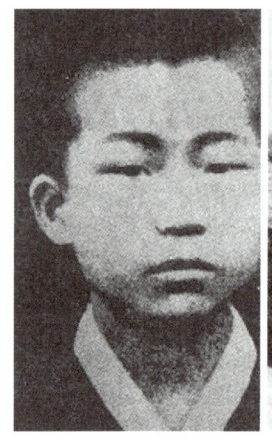

▶ 박정희의 어릴 때 모습.　　▶ 박정희가 어린 시절 지낸 초가집. 생가 복원 전의 모습이다.

지 측면을 함께 가졌다. 상대적으로 안정된 교사 시절에 잠시 드러났던 부드러움·천진난만함이 하나이고, 외부로 드러났던 또 다른 기질은 강한 자아를 포장하고 있는 과묵함이다. 사회활동 중 박정희에게는 뒤쪽이 먼저였고, 다른 이에게도 그 모습이 우선 보였다.

때문에 성장 과정의 박정희를 설명해주는 키워드이자 블랙박스는 세 가지다. 이를 섬세하게 들여다봐야 말 없고 강한 에고를 가진 소년 박정희의 출생과 성장 과정이 파악된다. 그를 둘러싼 억측과 오해도 두루 풀리는데, 키워드 세 개 중 첫째가 '고향이되 고향은 아니었고' '전통이되 받아들일 수 없는 전통인' 고향 상모리다. 집안 환경을 면밀히 고려할 경우 상모리는 따듯한 유년기 삶의 자궁이라기보다는 심한 상처를 안겨줬던 몹쓸 공간이었음이 드러난다.

소년 박정희에게 상모리는 그래서 역설의 공간인데, 그를 설명하는 두 번째 키워드는 강렬한 근대체험을 안겨준 초등학교와 교회 공간이다. 황량했던 상모리 체험을 상쇄해주는 요인이 이 두 개다. 고향에 절망하던 그를 붙잡아줬고, 새로운 비전을 제공해준 것은 학교, 교회라는 신문물이었다. 그곳은 1920년대 말

1930년대 초의 시골 소년에게 강렬하고도 의미심장했던 근대체험의 공간이 분명했다.

이 새로운 체험의 결과 소년 박정희는 눈에 번쩍 뜨이는 목표 하나를 붙잡았는데, 그게 세 번째 키워드인 만주체험이다. 10대 후반 그의 시야를 사로잡았던 만주는 '큰 붓을 들어 새 그림을 그려볼 수 있는' 무한한 캔버스이자 뛰어놀 만한 대지였다. 그가 상대적으로 안정됐고 밝은 성격을 보이던 교사생활을 의무연한 3년을 끝으로 박차버렸던 결정도, 군문軍門에 들어가 상처받은 10대 시절을 달래려 한 것도 자연스럽게 이해된다. 때문에 만주체험이 없는 박정희란 상상할 수 없고, 만일 그랬을 경우 식민지 보통 지식인에서 성장이 딱 멈췄을 것이다.

블랙박스 세 개 '상모리, 학교, 만주체험'

피할 수 없던 식민지 상황의 답답한 공간 상모리, 활짝 열린 근대체험의 학교, 교회 두 사이를 오가던 박정희가 입학했던 영남의 명문 대구사범은 그러면 최후의 피난처이자 신천지였을까? 아니다. 단지 청년기의 중간 기착지였을 뿐이다. 그걸 징검다리로 해서 사범학교 말기 '동북아의 웨스턴'으로 떠올랐던 만주의 꿈이 다시 자라났다. 이후 당시 아시아 근대의 심장부인 일본 도쿄를 경험하면서 그의 역사인식은 보다 명료해질 수 있었다.

즉 20대 초반 청년기에 이르면 만주와, 이어지는 도쿄체험을 통해 새로운 비전, 새로운 모더니티를 발견한다. "이 나라 백성들은 언제나 한번 제대로 잘 살아볼 수 있는 것입니까?"라고 6070시대 내내 박정희가 물었던 것도 청년시절의 강렬했던 근대체험을 바탕에 깔고 있다. 5천년 넘게 유지돼온 가난에 대한 인식,

이를 내쫓으려는 부국강병에 대한 소망은 이런 성장과정에서 싹을 틔웠다.

때문에 그의 꿈을 키워주었던 자궁이란 분명 거대한 역설의 세계였는데, 구체적인 집안 환경은 아버지로부터 시작한다. 부친 박성빈, 그는 소년 박정희의 삶에서 비중이 크지 않다. 아니 비중이 거의 없다. 이유는 그의 삶이란 게 '경북 선산 상모리에서 처가살이하던 한량 산지기,' 그것으로 요약되기 때문이다.

'겉보리 서 말만 있어도 하지 않는다'는 게 처가살이인데, 한 술 더 떠서 그는 산지기 신분이었다. 아내(백남의)의 수원 백씨네 선영을 지키고, 시제時祭를 치다꺼리하고 챙겨주는 대가로 얼마 안 되는 논을 한시적으로 넘겨받아 경작하며 살아야 했다. 평균 수준을 밑도는 가난도 가난이었지만, 집안 전체가 마을로부터 소외당했다는 얘기다.

어릴 적 내내 '산지기네 집안' 소리를 들었던 상모리 소년 박정희에게는 가난과 소외가 동시에 찾아왔다. 역사적 인물을 그리는 전기, 평전 등은 적지 않은 경

▶ 감회어린 시선으로 생가를 둘러보고 있는 박정희. 1969년 10월 8일.

▶ 박정희가 유년 시절을 보낸 구미시 상모리의 생가. 복원 이후의 모습이다.

▶ 생가에 보존된 부엌의 허름하고 누추한 모습.

▶ 소년 박정희가 사용하던 앉은뱅이 책상과 책꽂이.

우 주인공이 태생도 아름다우며, 무언가가가 특별한 것으로 묘사하곤 한다. 그게 성聖가정 콤플렉스의 소산이다. 위인이란 태어날 때부터 뭔가 달랐고, 특별했던 가정을 무대로 성장한다는 식의 신화적 묘사도 그런 이유 때문인데, 상모리의 집안은 그런 것과 거리가 멀었다. 그것도 한참 멀었으니, 박정희의 탄생은 불운했고 상처받았던 우리의 파행적 근대를 정확하게 상징한다.

그런 집안을 책임졌던 가장 박성빈이 텃세를 각오한 채 상모리에 들어간 것이 1916년, 박정희가 태어나기 딱 1년 전이다. 전통적인 자연부락 상모리는 가구 수가 100호가 채 안 됐는데, 선산 김씨가 압도적으로 많았던 이 마을에 기름처럼 떠 있던 외톨이 집안이 고령 박씨 박성빈네였다. 더구나 5남 2녀 형제 중에 상모리에서 태어난 사람은 막내 박정희가 유일했다. 그 위의 형제들은 본래 고향인 이웃동네 경북 성주군 칠곡군 약목면에서 태어났다. 약목면은 그래도 오붓한 분위기의 박씨 집성촌이다. 할아버지도 괜찮은 살림살이를 유지했다. 약목면이 아버지와 형제 집안이 함께 있어서 상대적으로 안정적이었다면, 상모리는 찬바람만 씽씽 불었다.

지울 수 없는 상처였던 집안 내력은 청와대 시절 그가 약간 밝힌 바 있다. 1962년 이낙선 당시 최고회의 의장 공보비서가 박정희의 구술을 근거로 한 비망록과, 공보관 김종신이 받아쓴 『나의 소년시절』에 어렴풋하게 실려 있다. 박정희가 성장했던 집은 구체적으로 어땠을까? 사랑채와 안채로 나뉘었다지만 흙벽돌에 남루하기 짝이 없었다는 그 공간은 대체 어떤 모양새였을까? 정확한 증언은 1948년 그곳을 찾았던 이화여대생 이현란으로부터 나왔다. 당시 그녀는 박정희의 동거녀이자 약혼녀였다.

이현란은 박정희의 생가를 "기어 들어가고 기어 나오는 곳"이라고 기억하며 떠올리기도 힘들다는 식으로 손사래를 쳤다. 그녀의 생전 증언에 따르면, 박정희 일가가 나서서 대학생 제수씨가 온다고, 서울 멋쟁이라고 야단이었다. 그들은 광목에 물들여 옷을 해 입고 나와서는 떡 해준다고 방아도 찧고 했지만 이현란은 딱 하룻밤만 잔 다음 혼자서 부랴부랴 서울로 올라와야 했다. 없이 살던 그 시절에도 상모리 집은 잠시 머물기도 힘든, 궁벽스럽기 짝이 없는 곳이었다. 이현란은 이북에서 내려온 혈혈단신 처녀였는데, 그런 여성의 눈에도 상모리는 말할 수 없이 참담했다.

남 보여주기에 부끄러웠던 상모리는 조선의 남루한 삶의 생생한 실체인데, 예민한 성격의 소년 박정희는 그게 본능적으로 싫었다. 그 안에서 이루어지는 풍속·생활 패턴까지도 받아들일 수 없었다. 일테면 투전(노름)이 그랬다. 1920년대 말 상모리의 긴긴 겨울철 방안에 틀어박힌 채 남자들끼리 모여서 하는 투전을 그가 얼마나 싫어했는지는 『나의 소년시절』에서 털어놓은 적이 있다.

집안에서 버림받았던 '산지기 아버지' 박성빈

"겨울이 오면 마을 사람들은 이 집 저 집에 몰려서 돈을 걸고 투전을 하고 있었습니다. 투전판에서는 가끔 싸움이 벌어졌습니다. '왜 저녁에 노름들을 할까? 봄이면 양식이 떨어지고 무서운 가난이 돌아올 텐데 그것을 막고 이길 생각은 하지 않고서……'"

이렇게 뼛속에 사무쳤던 상모리 원체험이 훗날 새마을운동으로 연결됐다. 새마을운동에는 고도의 정치적 복선(체제유지와 정치적 동원)이 깔려 있다고 지적하는 이도 왕왕 있지만, 그런 시각은 절반의 이해에 불과하다. 새마을운동은 1970년대 초 당시 상대적으로 뒤처지고 침체됐던 농촌을 끌어올려 국가경제에 통합하자는 절절한 문제의식 속에서 나왔다. 이 운동에 박정희가 유독 집요했던 것도 당연한 일이다.

집권 직후인 1963년에 전개됐던 국민재건운동이야말로 새마을운동의 첫 출발. 그게 유야무야된 뒤 제2경제운동(1968년)이란 구호 아래 불씨를 살리려 했다가 실패한 뒤 이윽고 세 번째 성공을 거뒀던 것이 1970년대 초 이후 펼쳐진 새마을운동이었다. 못 살고 게으른 농촌에 대한 절절한 안타까움, 그리고 소년시절 뼈저렸던 아픔이 농촌개혁이라는 꽃으로 피어난 것이다.

어쨌거나 소년 박정희에게 낯설고 이상한 동네 상모리의 아버지인 박성빈은 어떤 존재였을까? 버팀목이라기보다는 차라리 부재不在에 가까웠다. 훗날 박정희는 상모리를 단 한 번도 낭만적인 추억으로 회고하거나, 아버지와 관련된 구체적인 기억을 더듬어 본 일이 없다. 그점에서 어머니와는 비중이 달랐다. 동서양 모두 아버지란 보통 지켜야 할 권위와 전통을 상징하지만 박정희에게 그런 흔적은 없다. 미래의 혁명가에게는 좋은 조건이자 토양이라고 할 수도 있겠지만, 소년 박정희에게는 '닫힌 공간'이 끔찍했으리라.

박성빈이 장남이면서도 재산을 물려받지 못했던 것은 이유가 있다. 3형제의 장남이었던 그는 경북 칠곡 땅에서 제법 산다는 소리를 들었던 아버지(박영규)에게 여러 가지 이유로 밉보였다. 동학군에 가담해 쏘다니고, 벼슬을 한다며 논밭을 팔아 서울을 오가는 등 그의 아버지에게 비친 아들의 모습은 전혀 믿음직스럽지 않았다.

결단을 내렸다. 제법 많던 재산을 막내 동생(박일빈)에게 몰아준 것이다. 그게 1914년의 일이다. 아버지와 아들 사이의 갈등은 최고조에 이르렀을 것이다. 벌써 6남매를 줄줄이 거느리고 있던 가장 박성빈은 최악의 상황 전개에 충격 받았다. 상모리로의 이사는 그 때문이다. 감정도 상하고 장남으로서의 위신도 떨어졌

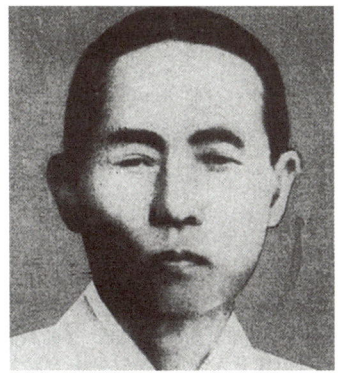

▶ 박정희의 부(父) 박성빈과 모(母) 백남의. 박정희의 두상과 얼굴 윤곽이 모친을 많이 닮았다.

다. 한 마을에서 함께 산다는 것 자체가 거의 수모에 가까웠던 것이다.

1916년 이사 직후 상황이 나아진 것은 없었다. 경작했던 농지도 부실했다. 처가 문중 여덟 마지기 논에, 별도로 소작하는 장승원(정치인 장택상의 부친) 가문의 다섯 마지기 논이 전부였다. 평균 농경지에 못 미쳤다. 이런 상황에서 "두루마리 차림에 지팡이를 짚은 채 저녁 무렵 술에 취해 갈지자로 흔들거리는 모습"(박정희의 조카 박재석의 증언)을 보여줬을 뿐인 아버지란 영락없이 좌절한 시골 한량의 모습이다.

집안의 중심은 어머니 백남의였다. 그녀는 자존심이 대단하면서도 남편에게는 자상했는데 막내 박정희에게 깊은 영향을 주었다. 무능한 아버지의 공백을 채워줬던 힘이기도 했다. 하지만 백남의에게 박정희는 태어나서는 안 될 핏덩이였다. 가장 좋지 않은 상황에서 원치 않았던 임신의 결과였다.

백남의는 당시 마흔다섯에 막내아들을 임신했고, 식구 하나가 더 느는 것에 부담을 느껴 뱃속의 아기를 지우려 무진 애를 썼다. 시골사람들이 흔히 쓰는 민간요법대로 간장 한 사발을 훌훌 마셔버렸는가 하면, 밀기울을 끓여서 마셨다가 이내 까무러치기도 했던 것도 잘 알려진 일화다. 그래도 뱃속의 아이는 떨어지지 않았다. "뱃속의 모진 목숨이 태어나면 솜이불에 돌돌 싸서 아궁이에 던져버리리라"고 작심하고 대책없이 해산했던 것은 1917년 11월 14일(음력 9월 30일) 오전 11시.

태어나면 안 될 운명을 거스르고 태어난 아픔 탓일까? 아니면 그런 자신을 굳이 챙기지 않으려는 마음 때문일까? 나중 대통령이 된 박정희는 자신의 생일을 무심히 넘기곤 했다. 각종 서류에 생일이 9월 30일이라고 썼다. 그게 음력인지를 잘 몰랐던 장관, 도지사 등은 그날에 맞춰 선물을 보내곤 했는데, 대통령은 그게 맞다 틀리다 설명하지 않고 대충 넘어가곤 했다. 9월 30일이면 어떻고, 11월 14일이면 또 어떠냐는 태도에 그 남자 출생의 아픈 비밀이 숨겨져 있는지도 모른다.

박재희(박정희의 누님)에 따르면 어머니는 젖꼭지가 말라붙어서 모유 대용으로 밥물에 곶감을 넣어 끓인 암죽을 핏덩이에게 떠 먹였다. 유난히 키 작고 발육부진에 시달렸던 것도 그 때문이다. 그럼에도 아들을 8킬로미터 떨어진 읍내의 구미보통학교에 입학시킨 것은 어머니의 자존심을 보여준다. 없는 살림에 쉽지 않은 결정이었다. 재학 내내 고독하고 말없는 소년, 그러나 좋은 성적으로 성장했던 소년 박정희에게 구미보통학교는 무척 중요하다. 상모리로 상징되는 봉건적 전통과 가난으로부터 벗어나 근대를 체험하는 첫 공간이라는 점에서 일단 축복의 체험이었음이 분명했다. 이곳에서 무난하게 적응했던 박정희는 또 한 번의 도약에 성공했다.

그곳이 바로 대구사범인데, 이곳은 개교 이래 구미보통학교가 단 한 명도 합격시키지 못했던 명문이었다. 박정희는 입학 정원 100명 중 51등으로 입학하면서 또 다른 세계를 향해 첫발을 내딛었다. 대구사범은 일제시대 조선의 엘리트 계층에게 열려 있는 몇 안 되는 코스였다. 그를 붙잡아줬던 요인이 학교 말고 전혀 없었던 것은 아니다.

그는 초등학교 재학 6년 내내 마을의 상모교회에 다녔다. 당시 개신교는 지금과 또 다르게 개혁과 진보적 세계관을 심어주던 사회세력이었다.(테마 6070 (p.179) 참조) 남다른 학교 체험과, 기독교라는 정서적·지적 세례의 요인이 없이 훗날 박정희의 내면을 이해하기란 불가능한데, 상모교회에서 그는 과연 무엇을 배웠을까? 1901년 선교사 언더우드의 제자가 세웠던 이 교회는 당시 선산군에서 두 번째로 세워졌는데, 일상적인 성경 읽기와 찬송, 크리스마스 연극 등의 활동에 참여한 것 자체가 소년 박정희에게는 지적·정서적 충격의 체험이었을 것이다. 당시 조선민중들은 기독교의 진보적 평등주의에 강렬한 공감을 했는데, 꼬마 박정희는 그런 분위기도 감지했다.

장유유서, 남존여비 등의 낡고 낡은 유교식 윤리관에서 자유로운 교회 분위기는 그 자체가 한 가닥 희망으로 다가왔다. 옛날 시골 소년들이 부모나 형제로부터 들었을 얘기란 소 꼴 먹이기, 막걸리 심부름 등이 전부였을 텐데 교회에서는 모두가 평등한 형제자매로 통했다. 어린이를 함부로 대하지 않는 태도, 안온한 상호존중의 분위기도 소년 박정희에게 지적·정서적 세례였다.

그가 그토록 강렬하게 봉건적 질서와 결별할 수 있었던 것, 그 끝에 근대화 혁명을 일으켰던 것도 '멋진 신세계'인 학교·기독교 체험의 영향이라고 봐야 한다. 그때까지 경험했던 수직적 세계와는 달랐던 수평적 세계 체험은 그토록 근본적이었다. 그런 요소에 대한 부분적 이해를 담고 있는 것이 적지 않은 연구가들이 말하는 박정희 특유의 고아의식이다.

그의 심층에 자리 잡고 있는 고아의식은 더 이상 잃을 게 없다는 독한 배수진 심리와 함께 미래 지향의 결단으로 나타난다는 설명이다. 그래저래 박정희의 고독은 깊어만 갔다. 그것이 천고天孤다. 타고난 외로움이라는 의미에서 천고이고, 주변과 쉽게 공유할 수 없다는 의미에서 천고다. 또 다른 말로 바꾸자면 '시대와

그 남자 출생의 비밀

의 불화'인데, 거기에 내내 갇혀 있으면 병이 되지만 깨뜨리고 나가면 사회개혁을 낳게 된다. 한 청와대 참모는 그걸 예민하게 포착한 뒤 이렇게 표현했다.

"인간 박정희는 다정다감한 사람이었다. 시심이 있었고 인간미가 넘치는 훌륭한 남편이었다.…〔반면〕 그는 고독의 그림자에서 벗어나지 못했다. 인간 박정희에게 고독은 일체치하에서 조선 사람으로 살아남기 위한 진실의 추구, 바로 그 결과였다. 때문에 인간미와 낭만적 시심조차도 그 고독의 그늘에 가려 외부에 잘 알려지지 않았다."

테마 6070

소년 박정희의 '근대로 열린 창', 교회

　소년 박정희가 구미보통학교에 입학한 것은 1925년. 당시 상모리는 100여 호가 채 안되었는데, 그의 입학 전 이 마을의 학생은 그의 셋째 형 상희가 유일했다. 박정희 입학 때는 그를 포함해 딱 세 명이었다. 당시 학교는 식민지의 소년들에게는 신식 문물을 체험하는 공간이자, 경이로운 근대로 열려 있는 창이었다. 지금과는 분위기가 달랐던 그때 소년 박정희가 누추한 고향 상모리와 새로운 세계 학교 사이의 20리를 오가며 느꼈을 충격은 생각 그 이상이었을 것이다.

　그때 집에서 200미터 떨어진 곳에는 상모교회가 있었는데, 소년 박정희는 초등학교 내내 주말이면 이곳을 다녔다. 당시 조선 인구의 1퍼센트 내외만이 신자였을 시절이라 초창기 교회에 속하는 곳이었다. 박정희 집안에서는 그가 유일한 신자였다. 개명한 여성인 그의 모친이 허락을 했기 때문이다. 그런 허락의 배경에는 마을에서 소외되던 처지에 신문물 교회에 대한 거부감 같은 게 없었기 때문이다.

　당시 주일학교에는 박정희 또래의 20여 명이 함께 다녔는데, 한복 차림의 그들이 배운 것은 성경을 읽고 찬송하는 것이었다. 박정희는 부활절 행사와 크리스마스 예배도 잘 챙겼고 상모리를 도는 성가대 행렬에 끼어 '기쁘다 구주 오셨네~' 등 캐럴송도 불렀다. 열심히 다니던 박정희는 초등학교 졸업 이후 교회에 발걸음을 뚝 끊었다. 이후 교회에 다녔다는 기록도 없다.

　그가 작성한 공무원 인사기록 카드의 종교란은 빈칸으로 남아 있다. 그렇다고 그가 무신론자였던 것은 아니다. 기회가 나면 유신론자라고 밝히곤 했는데, 그것도 상모교회의 영향이다. "하늘은 열심히 일하는 사람들에게는 복을 주시고 그렇지 않은 이에게는 그렇지 않다"는 식의 말도 자주 했고, 그의 일기에 보면 "오, 신이시여!"라는 표현도 자주 구사했다. 그가 소박한 형태의 종교관, 어릴적 상모교회의 흔적을 가지고 있었음을 가늠케 해주는 대목이다.

실제로 그는 신라 호국불교와도 닮은 호국기독교를 희망했다. 재임 내내 자기와 생각이 비슷한 개신교 지도자인 한경직, 김장환 목사 등을 가까이 했던 배경도 그 때문인데, 그게 전부가 아니다. 훗날 지도자 박정희가 꿈꿨던 대한민국 개조 프로젝트는 기성질서를 전면적으로 해체한 뒤 세우는 새 질서이다. 그 비전을 심어줬던 요인이 어릴 적 체험한 기독교 신문물이었고 그 때문에 기독교는 성인 시절의 그에게 거부감이 없었다.

"등 뒤에 예수를 들쳐 업은 채 교회 문을 박차고 나왔다."

기독교 신앙을 받아들일까 말까 고민했던 현대 중국의 석학 후스〔胡適〕는 그런 말을 남겼지만, 박정희도 그런 경우다. 평생을 교회에 나갔느냐, 아니냐는 중요한 잣대가 아니다. 성인이 됐을 때까지 지속적으로 교회에 나갔다면, 오히려 교회 패러다임에

▶ 일제 초기 세워진 여주소망감리교회. 그 이전에 세워졌던 상모교회의 모습을 추정할 수 있다.

갇혔을 텐데, 그는 그 대신에 초기 기독교의 개혁 성향만을 받아들였고, 그걸 끝내 유지했다. 1970년대 이후 양적 팽창에 매달리던 교회와 달리 초창기 한국 기독교는 사회개혁의 꿈이 살아있었던 것이다.

"나라가 없어진 것은 슬프지만 왕·양반·상투가 없어진 것은 시원하다."

왕정 폐지론자 이승만이 미 유학에서 돌아온 1910년 토해냈던 발언도 그걸 뒷받침한다. 그건 종교적 독단이라기보다는 봉건잔재 청산을 위해서라도 기독교 개혁세력이 필요하다는 생각이 아니었을까? 실제로 당시 개신교·가톨릭은 새 나라 건설을 향한 민중의 염원을 반영하고 있었고, 그 때문에 1910년 벌써 조선의 신자는 22만여 명으로, 이웃의 인구 많은 중국(20만여 명), 일본(8만여 명)을 각각 눌렀을 정도다.

박정희의 종교관에 대해서는 실은 특정 종교라기보다는 '기천불 신자'라고 하는 게 좋을 듯싶다. 기독교, 천주교, 불교 등에 두루 친연성을 가지고 있었다는 것인데, 다른 종교에 두루 너그러운 태도야말로 전형적인 한국인의 심성이기도 하다. 독특한 기천불 신앙은 박정희 집안 가족 구성원들의 다양한 신앙 분포에도 반영돼 있다. 부인 육영수의 경우 독실한 불교 신도였고, 그런 까닭인지 전국의 사찰에 박정희 내외의 영정을 함께 모신 곳도 드물지 않다.

하지만 종교적인 이유로 남편과 충돌한 흔적은 전혀 없으니 이것도 한국적 특징이다. 반면 큰딸 근혜는 친 불교 성향을 가지고 있으나 젊었을 때 천주교에 입문, 율리아나라는 세례명을 받았던 적이 있다. 지금은 성당에 나가지 않는 것으로 알려졌다. 둘째 근영도 세례를 받았다. 이와 달리 아들 지만은 소망교회에 다니는 개신교 신도다. 그는 결혼식도 곽선희 목사의 주례로 올렸다.

대구사범 때 그는 행복한 청년이었나

박정희는 깔끔한 정리정돈이 몸에 밴 사람이다. 허리띠의 버클은 언제라도 배꼽 바로 위 정중앙에 오차 없이 딱 자리해야 했다. 허리띠가 길어 왼쪽 옆구리로 비쭉 나오는 일도 없었다. 조금은 짧은 듯 딱 맞아서 항상 깔끔한 모습을 연출했다. 회의 때도 그랬다. 대통령이 앉은 탁자 위에는 보통 메모지, 재떨이, 필기도구가 가지런히 놓이는데, 좌정한 뒤에는 습관처럼 가벼운 정리정돈을 해야 했다. 조금씩 움직여 좌우를 딱 맞춘 다음 "이제 됐다"는 표정으로 살짝 고개를 들어 좌중을 넌지시 응시했다. "자, 회의 합시다" 하는 신호인데, 그때도 두 손을 무릎에 올려놓아 단정했다.

그런 박정희는 의자에 앉을 때도 팔걸이에 몸을 비스듬히 기대는 일 없이 항상 꼿꼿했다. 양복바지의 기장도 그랬다. 요즘 패션처럼 너무 길어서 구두 윗부분을 덮을 정도로 내려와 후줄근 하게 보이는 일이 없었다. 다른 이와 달리 약간 짧을 듯 복숭아뼈 부근을 유지했다.

그의 내면을 반영한 이런 태도와 스타일은 사범학교와 만주군관학교, 일본 육사, 조선경비사관학교(한국 육사)에서 길러졌다. 만 열다섯 나이의 소년 박정희가 1932년 4월 입학해 5년을 보낸 대구사범은 그 첫 관문이다. 전원이 기숙사 생활을 하는 그곳은 아침 여섯 시면 벌떡 일어나야 했다. 조례를 거쳐 아침식사를 한 다음 교실로 이동했다. 그때가 정확히 8시 5분, 수업 시작 뒤 오후 6시까지 계속한 뒤 저녁식사 후 밤 10시에 소등하는 일과다. 여름방학 때는 대구에 주둔하고 있는 일본군 80연대에 입소훈련을 받았다. 보름간이었다. 학생 사이에 "대구사범은 81연대"라는 말이 유행했다. 모두 시대 탓이다.

박정희가 입학하기 한 해 전인 1931년 만주사변이 일어났다. 그렇게 시작된 대륙침략정책이 훗날 중일전쟁으로 이어졌는데, 황민화 교육의 첨병이 이 학교였다. 이 학교만이 아니라 그 시대 한반도의 고등교육은 모두가 그랬다. 대구사범과 함께 경성사범, 평양사범은 설립이 제일 빨랐고 명문으로 꼽혔는데, 일제는 이들 사범학교에 좋은 시설과 우수인력을 투자했다. 예나 지금이나 교사는 안정되고 존경받는 직업이었기 때문에 인재가 몰렸다. 박정희의 11살 위 형으로 천재 소리를 들었던 상희도 대구사범을 지망했다가 낙방했을 정도다.

박정희의 이곳 입학은 가난한 시골 소년이 안정적으로 공부할 수 있는 최선의 선택이었다. 그러면 대구사범은 준 사관학교라서 학생들은 생산라인의 통조림처럼 식민화된 인간으로 길러졌을까? 많은 이들이 그렇게 단정하고 있지만, 그건 식민시대가 갖는 양면성을 잘 모르고 하는 소리다. 일제시대 조선 사람들은 낯설지만 새로운 신세계 문물을 나름대로 즐겼으면서도, 그게 비틀린 질서라는 점을 알기 때문에 고통스러워했다. 역사학자인 서울대 교수 박지향의 말대로 "한편으로는 일본을 선망하면서 다른 한편으로는 차별에 분노했던" 것이다. 대구사범 분위기가 딱 그랬다.

황민화 교육의 첨병은 절반의 진실이며, 그렇게만 바라볼 경우 이 학교의 전체 모습을 놓치고 만다. 학교는 역시 학교였다. 당시로선 엘리트 코스였고, 내부도 풋풋함과 청춘의 자유가 존재했다. 배움의 장소가 갖는 특징을 외면상 고르게 갖추고 있었다. 10대 소년 박정희는 이런 공기를 난생 처음 호흡했는데, 그게 다이쇼大正데모크라시의 흔적이다.

군국주의 분위기 한켠에 자유주의와 사회주의 사상이 스며 있었고, 일부 학생은 이런 금기의 영역에 들어가 지적 호기심 충족과 함께 해방감을 동시에 맛보기도 했다. 리버럴한 다이쇼 데모크라시란 만주사변 직전까지 유지되던 일본 사회 전반의 자유 분위기다. 국가보다는 자유가, 통제보다는 자율이 중요했다. 일본 내 명문대에서는 대학 자치를 외쳤고 신문 등 출판물이 비약적으로 발전했다.

박정희는 군국주의의 영향권에 들어 있었지만, 일본 내부의 문화변동과 새로운 지적 흐름을 부분으로나마 감지하던 청년이었다. 그 실례가 학교 내 사회주의 성향의 독서회 사건. 한 해에 한두 번씩 터진 대형사건인 독서회 파문은 그때마다 학교 당국을 긴장시켰는데, 그 대목이야말로 사범학교 출신을 '식민화된 청년'이라고 규정하는 게 얼마나 위험천만한지를 새삼 보여준다.

리버럴한 분위기의 '다이쇼 데모크라시' 첫 경험하다

대구사범 1기 한국인은 86명인데 이들 중 졸업한 사람은 55명에 불과했다. 탈락자 31명은 대부분 독서회 사건 때문이다. 우연은 아니었다. 이들을 지도했던 교사가 젊은 민족주의자이자 사회주의 성향을 함께 가진 현준혁이다. 그가 대구사범 교사로 부임한 것은 1929년인데 경성제대 철학과를 졸업한 직후였다. 현준혁이 주도한 독서회에 가입하였다가 퇴학당했던 1기생 옥치상, 박준호는 『대구사범심상과지』에 실었던 회상록에서 "3년간 그로부터 공사석에서 계급투쟁에 대한 이야기는 한 번도 들어본 적이 없다"고 말했다. 교사 현준혁은 "우리는 다

같이 압박받고 있는 조선 사람이니 서로 아끼고 사랑해야 한다"고 가르쳤다.

그 영향이 대구사범의 전통으로 굳어졌다. 박정희가 기숙사에 들어갔을 때 당시 4학년이던 최고참도 후배에게 깍듯한 존댓말을 했다. 구타와 기합이 예사이던 그때 인격존중과 개인주의의 풍토란 문화적 충격이었을 텐데, 박정희는 그때 익혔던 습관을 평생 유지했다. 상모교회에서의 근대체험도 한몫했음은 말할 것도 없다. 훗날 청와대 보일러공에게도 말을 높였고, 군대 시절에도 그랬다.

▶ 대구사범학교 재학 시절의 박정희.

영어교사 현준혁은 기회를 틈타 조선역사를 가르치는 등 다양한 방식으로 청년들에게 민족적 각성을 유도했던 이상주의자였다. 그런 탓인지 박정희가 3학년으로 진학한 학기 초인 1934년 4월 또 다른 독서회 사건이 터졌다. 90명이던 동기생(100명 중 일본인이 10명임)은 졸업 때는 62명으로 줄어들었다. 3분의 1이 탈락한 셈인데, 무사히 졸업한 학생에게도 대구사범 생활은 정신적 압박을 동반했을 것이다. 조선인으로서의 정체성과, 일제라는 존재 사이에 끼어 있는 젊은 예비 엘리트로서······.

이 와중에 10대 중후반 박정희의 모습은 어떠했을까? 다른 친구들과는 달랐다. 쉽게 방향을 잡거나 자신을 드러내 열정을 발산하는 스타일과는 거리가 멀었다. 그런 성향은 집안 환경과 과묵한 성격, 그리고 '늦되는' 스타일까지 겹쳤기 때문이다. 마음만이 아니라 몸도 그래서 작은 키의 그는 10대 후반에 부쩍 컸

그 남자 출생의 비밀 185

던 늦깍이였다.

어찌됐던 열정을 품고 있었던 것만은 분명하다. 정황적 증거도 많다. 훗날 문경에서 교사로 근무할 때 의도적으로 조선어를 자주 썼고 학생들에게 조선역사를 가르쳐줬다. 그 대목은 정순옥 등 그의 여제자들이 한결같이 증언하는데, 또 다른 증거가 앞 장에서 소개했던 시 '금강산'이다. 시에 표현한 대로 "천하에 이름을 떨치는 세계에 명산"인데, "삼천리강산에 사는 우리들은 / 이같이 헐벗었으니 과연 너에 대하여 머리를 들 수 없다"는 고백은 부끄러움과 슬픔 그리고 민족적 울분이 뒤섞인 10대 소년 박정희의 만만치 않은 내면세계를 보여준다. 사범학교 3학년 시절, 지금 학생들과는 비교되지 않을 정도로 정치적 각성과 조숙성을 유지했다는 얘기다.

그렇다고 학생 신분을 벗어나 훌쩍 뛰쳐나가는 돌출행동으로 이어지지는 않았다. 숙성과 혼돈 속의 모색을 지속했을 뿐이다. 30대 초반 당시까지도 그는 모색의 인간이었지, 뛰쳐나가는 타입은 아니었다. 30대 이후 견고한 정치철학을 바탕으로 한 행동하는 박정희의 모습과 또 달랐던 청년 박정희의 특징이다.

그가 바로 반응하고 움직이는 스타일이었을 경우 독서회 사건 등에 연루돼 중도 탈락했을 것이고, 훗날의 군인 박정희, 정치인 박정희는 등장할 수 없었으리라. 상모리의 말없는 소년에서 벗어나 만주를 선택한 이후 삶의 궤적이 보여주듯 젊을 적 박정희는 '단절적 비약'이 특징인데, 박정희 전기 연구자들이 주목하는 이런 특징도 20대 이후에야 서서히 모습을 드러난다.

박정희가 받았던 교육도 살펴봐야 한다. 커리큘럼의 밀도와 질에서 무시하지 못할 수준인 것만은 분명하다. 과목은 30개에 가까워 올라운드 플레이어 인간을 요구했다. 일본어, 조선어, 영어, 지리, 역사, 한문, 물리, 수학, 상업, 공업, 음악, 체조, 수신(도덕), 교육원리, 도화(미술), 심리, 수공(공작) 등 외에 공작실에서 대

패질을 하고 논밭 일을 해야 했다. 바이올린과 풍금도 함께 배웠으니, 르네상스적 인간이 아니고는 배겨내기 힘들었다.

눈여겨볼 점은 당시 사범학교생 박정희가 그리고 있던 매우 독특한 사이클이다. 분명 하강 곡선이었다. 그것도 크게 눈에 띄는 슬럼프다. 사범학교 이전과 이후 여러 학교에서 수학했고 그때마다 특출했던 성적을 유지했지만, 한참 예민할 10대 후반은 정반대였다. 외양상으로 안정된 교육을 받고 있었지만, 격심한 방황의 흔적도 보인다.

그 증거가 매우 낮은 성적이다. 매 학년 성적표의 품행평가를 보면 '활발치 않음' '불성실' '빈곤한 듯'으로 돼 있다. 성적도 거의 바닥이다. 1학년 때 전체 97명 중 60등, 2학년 때 83명 중의 47등으로 중하위권을 유지하더니 이내 74명 중의 67등(3학년), 73명 중의 73등(4학년), 70명 중의 69등(5학년)으로 추락했다.

이토록 낮은 성적은 무엇 때문일까? 그가 이수했던 초등학교, 만주군관학교,

▶ 담쟁이덩굴로 덮혀 있는 붉은색 벽돌의 구 대구사범학교 본관. 청년 박정희가 공부했던 곳이다.

일본 육사, 한국 육사(조선경비사관학교) 등 모든 교육기관에서 유지했던 최상위권 성적과 너무 대조적이지 않은가? 함께 눈에 뜨이는 점은 장기 결석이다. 2~5학년 때 매년마다 무려 40~50일을 학교에 나오지 않았다. 재학 내내 그가 불안정한 상태에 놓여 있었음을 보여준다. 일차 원인은 집안 사정이다. 박정희 연구가 조갑제는 "기숙사비 마련을 위해 고향에 찾아간 뒤 아예 눌러앉았기 때문"이라고 밝히고 있다.

집안에 드리워진 그늘에서 온전히 벗어날 수 없기도 했겠지만, 그 이상의 다른 강력한 요인이 있다고 봐야 한다. 그렇다면 그게 과연 무엇일까? 당시 사범학교에는 성적 우수자 10명에게 장학금을 주는 제도가 있었다. 장학금을 받는 학생은 관비생이라고 불렀다. 한 달 20~25원 주는 장학금을 관비官費라고 했기 때문인데, 이 돈이면 기숙사비, 학비, 용돈까지 해결됐고 열차 여행 때 급행열차도 탈 수 있는 혜택이 주어졌다.

가정형편이 좋지 않았던 박정희가 이걸 노려볼 수 있었으나 그런 흔적이 거의 없다는 것은 당시 그가 낙백落魄한 심경 속에 갇힌 채로 출구를 찾지 못하고 있었다는 증거다. 4학년 때 김호남과의 억지 결혼도 부담이었지만, 그게 3~5학년 내내 슬럼프를 가져온 요인의 전부라고 보기는 힘들다. 지금까지 박정희 연구는 대구사범 당시 최악의 성적과 자폐에 가까운 생활을 시원하게 해명을 못하고 있지만, 이는 전체를 보는 시야가 부족하기 때문이다. 즉 10대 후반의 박정희는 심한 성장통에 시달리고 있었고, 그 후유증이 그만큼 크고 포괄적이었다는 구조적 원인 탓이다.

늦은 사춘기가 찾아왔고, 1930년대 후반이라는 혼미한 시대 상황까지 가세해 청년 박정희는 삶에 대한 총체적 의문에 사로잡혀 있었다. 그게 바로 박정희를 둘러싼 환경이자, 지독한 슬럼프의 배경이다. 출구가 보이지 않았다. 잠깐 풍미했던 리버럴한 다이쇼 데모크라시는 매력적이었으나 머나 먼 꿈이었다. 상당수 동료들이 덥석 받아들였던 사회주의 이념의 세례 역시 선뜻 안길 수 없었다. 민족주의 충동도 발산할 출구가 막혀 있었다. 예정된 길인 교사도 자기에게 썩 잘 맞는 옷은 아니었다.

이 모든 것이야말로 그가 그렸던 하강 곡선의 복합적이고 구조적 이유다. 확실한 목표가 떠오르기 전의 박정희는 더 많은 고민과 숙성기간이 필요했다. 때로는 그게 약이다. 앓을 때는 앓아줘야 하는 법인데, 그렇게 대책 없이 내출혈과 나락으로 떨어졌던 이 시기는 박정희 개인사의 제1차 슬럼프다. 10여 년 뒤, 즉 해방 이후 남로당 군책 활동으로 인한 지옥의 문턱 경험 즉 제2차 슬럼프에 앞서 겪어야 했던 생애 첫 몸살이다. 바꿔 말해 긴 아픔을 경험한 뒤 다시 튀어 오르는 상승 사이클을 반복하는 단절적 비약을 예비하던 기간, 고통을 동반한 더딘 숙성의 국면이라고 해야 한다.

10대의 몸살 끝에 붙잡은 군인의 길

이점은 동기생에 비춰 매우 두드러진 측면인데, 그럼 이런 슬럼프는 그의 삶에 약이었을까, 독으로 작용했을까? 쉽게 대답할 수는 없다. 분명한 점은 그게 장기적으로 봐서 나쁜 것만은 아니라는 점이다. 비상한 시대에 놓여 있던 동기생들이 학교 환경이나 커리큘럼에 빠르게 적응해 모범생으로 성장하거나, 아니면 독서회 활동으로 학교 밖으로 튕겨져 나갔다. 이 두 개의 길 모두 박정희의 선택은 아니었다.

상모리 시절 본능적으로 감지했던 '고향과의 불일치'에서 오는 타고난 외로

움은 더욱 깊어졌고 이렇다 할 색깔을 드러내기보다는 새로운 환경 변화와 탈출구 등장을 기다리던 정중동의 형국이었다.

이런 선택은 박정희만 그런 게 아니다. 대구사범 교사진에는 현준혁만이 아니라 히라야마 마사시도 있었다. 박정희가 3학년 때까지 초대 교장으로 근무하며 수신(도덕) 과목을 가르쳤던 사람인데, 그는 일본인이지만 온건한 계몽주의자로 학생들에게 많은 영향을 줬다. "사회운동에 참여해 희생당하는 것은 인재의 낭비다"는 생각을 은연중 전했다. 구속된 현준혁을 면회하는 등 인간적 면모를 보이기도 했다.

동경제대 출신으로 경성 제2고보(경복고의 전신) 교장으로 8년을 근무했던 그는 민족차별을 하지 않았다. 내리누를수록 튀어나가려는 조선 학생들의 반발심리를 알기 때문이다. 그의 훈육 철학은 먹혀들었다. 그걸 보여주는 게 대구사범 1기생 송남헌(전 통일원 고문)의 회상인데, 그는 "실력을 쌓아야 훗날 제대로 된 활동을 할 수 있다는 말로 새겨들었다"고 말했다. 하지만 영원한 지옥의 터널은 없다. 고통이 길면, 찾아오는 반전도 극적인 법이다.

바로 이때 그를 사로잡는 목표가 모습을 서서히 드러내고 있었다. 군인의 길이었다. 본래 소년 박정희를 사로잡았던 대상이 나폴레옹이었지만, 긴 칼 찬 군인에 대한 동경은 이때 더욱 깊어졌다. 졸업반 무렵에는 확신으로 등장했다. 이 신념은 교사생활 때에도 이어져 숙직실에 그의 사진을 걸어뒀을 정도인데, 이제 삶의 지표가 확연하게 등장했다. 그게 바로 군문軍門 투신이었다.

사실 그는 바닥을 기는 성적에도 유독 교련과 각개전투 훈련에서 두각을 나타냈다. 그때면 활력 있는 학생으로 변신했다. 달리기와 기계체조도 잘 했다. 이미 다부진 몸매를 만든 뒤다. 초등학교 시절 병약한 이미지 대신에 그 시절 그는 만능 스포츠맨이었다. 여전히 작은 체구이지만, 10대 중후반에는 친구들과 어깨가 어슷비슷해졌다. 지적·정서적 세례로 다가왔던 만주대륙 구경도 이 무렵이다. 1935년 대구사범 4학년 수학여행 때였다. 그가 어떤 충격을 받았는지는 함께 수학여행을 했던 친구 이성렬(전 김해여중 교장)의 말에서 엿보인다.

"만주를 우리 영토로 착각할 정도였다. 여권도 필요 없고 검문검색도 없었다. 가도 가도 끝이 없는 대평원, 그것은 황량한 신천지였다. 신경의 관동군사령부도 견학할 수 있었다. 일본 세력이 광활한 대지 곳곳에 미치고 있음을 실감했다. 우리 기를 꺾어놓겠다는 것이 수학여행의 목적인지도 몰랐다."

박정희는 일본군 전략가이자 청년 장교인 이시하라 간지 등을 떠올리면서 자기 꿈을 견줘보았다. 보다 극적인 계기도 있었다. 만주 수학여행 1년 뒤에 터진

▶ 2·26 사건. 1936년 2월 26일, 일본 황도파 청년 장교들이 국가의 전면적 개조와 군사정부 수립을 요구하며, 군사 쿠데타를 일으켰다.

일 때문이다. 5학년 졸업반 박정희는 동경 한복판에서 터진 사건에 아연 촉각을 곤두세웠다. 일본 육군 청년장교들이 병력 1,400명을 동원해 반란을 일으킨 것이다. 이 2·26사건에 일본이 발칵 뒤집혔다. 이들은 정부 요인을 습격해 내무상 사이토 마코토 등을 살해했다.

계엄령이 선포된 상황에서 청년장교들이 믿었던 천황이 그들의 기대를 배신하면서 바로 몰락했지만, 메이지 유신 이후의 최대 사건을 지켜보면서 박정희는 가슴이 뛰었다. 군인의 길을 걷자는 결심과, 이를 통해 정치개혁과 사회개조의 꿈도 품게 됐다. 그게 청년기의 길고긴 방황의 마침표였는데, 실제로 그를 포함한 동기생들은 거의 실시간으로 2·26사건의 진행추이를 추적하고 있었다. 동기생 이정찬의 일기가 그것인데, 마치 박정희의 예민한 시선을 보여주는 듯하다.

"동경에서는 무엇인가 시끄러운 게 있는 것 같은데 호외도 없음으로 무엇인지 모른다."(2월 27일) "'코노에 후미마로에게 대명大命이 내림'이라는 호외가 있었다. 그러면 어떻게 되는 것일까. 육군과의 관계는? 육군이 대단히 활발하게 움직이게 된 것처럼 보인다."(2월 28일)

이제 군인의 길은 요지부동이었다. 낮은 성적에 상관없이 그가 지적·정서적으로 커다란 성장을 거두고 있었던 것도 사실이다. 담쟁이덩굴로 장식된 붉은 벽돌의 본관을 오가던 대구사범생 박정희는 더 이상 상모리 소년이 아니라 식민지 현실을 바라보는 넓은 시야도 확보해가고 있었다.

제3의 탈출구 만주 발견

20대 시절의 박정희는 안정된 교사직을 버리고 만주로 떠났다. 그것도 사범학교 졸업 뒤 의무연한 3년을 채우자마자 기다려왔다는 듯 결행했다. 그게 1940년 초의 일인데, 교사 기득권을 포기한 채 다시 학생 신분의 사관생도를 자청했던 것이다. 일제 당시 사범학교의 졸업생에게는 병역 혜택이 주어졌다.

교사생활에 열중하면 됐을 그가 만주를 선택했고, 그게 하필 만주군관학교였는데, 흔치않은 행로가 분명하다. 젊은 박정희의 주변에 그런 코스를 선택하는 이도 거의 없었다. 그의 삶의 디테일이 한결같이 보여주듯 식민지 청년에게 제3의 출구 만주는 단순한 선택, 그 이상이었다. '상모리의 상처'로 대표되는 울울적적한 삶, 봉건적이고 전근대적인 삶의 패러다임을 전면적으로 해체하고 싶었던 청년은 새로운 가능성을 찾는데, 늦게 다가온 만큼 강렬했다.

그걸 통해 주어진 삶의 조건을 바꾸는 것은 물론, 사회적 이상까지 구현해보자는 강렬한 끌림이었다. 그런 충동을 느껴보지 못한 이들에게는 그게 미스터리로 비춰질지 몰라도, 젊은 시절 크게 목말라봤던 이들에게 박정희의 선택은 시공을 뛰어 넘어 어렵지 않게 공감된다. 하지만 현실은 만만치 않았다. 아버지와 셋째 형에게 그런 뜻을 피력했으나 미친 짓이라며 야단만 쳤다.

"누나, 나 죽어도 선생질 못해 먹겠어!"

네 살 위의 박재희에게 그렇게 털어놓은 며칠 뒤 주변 정리를 모두 마치고 만주행 열차에 몸을 실었다. 일본인 교장과 크게 싸운 뒤 도망치듯 떠났다는 식의 이야기가 간혹 떠돌지만 정설은 아니다. 만주행을 미스터리라고 바라보니 근거 없는 추측만 하는 것이다.

만주행 4년 전 2·26 사건부터 그를 흔들어 놓았지만, 군국주의 시절의 일본 군대란 지금과 또 달랐다. 특별한 상황에 놓여 있던 특수 조직이었다. 정치개혁과 사회개조를 밀어붙일 수 있는 현실적인 힘을 갖고 있었다. 그 생생한 실험의 현장이 만주였고 1930년대 중·후반 일본 군대는 절정으로 치닫고 있었다.

교사생활 당시 상대적으로 시간적 여유를 갖고 있었던 박정희는 역동적으로 변

▶ 만주로 떠나기 전 박정희(뒷줄 동그라미 안). 1940년 2월 7일.

화하는 만주국이라는 존재, 이 변화의 중심축이던 군대인 관동군에 관심을 가졌다. 사실 2·26을 일으켰던 주인공 이시하라 간지는 만주 공간을 중화학공업 기지로 삼는다는 구상과, 이를 통해 강력한 군사제국을 구축하려는 프로젝트를 꿈꿨다. 관동군 작전참모로 활동하며 만주국을 구상하던 핵심 인물이었는데 그런 만주에 관한 풍문은 당시 조선 땅에도 속속 들려왔다.

당시 국내 일간지는 물론이고 「삼천리」「동광」「별건곤」 등 지식인 잡지에 만주 이야기 특집 기사는 산더미였다. 거대한 대륙 만주는 일본 당국이 애써 선전하던 모습이기도 했다. 마적이 출몰하던 황폐한 땅의 이미지는 만주사변을 계기로 사라졌다. 이제는 풍요의 땅이었다. 개발을 기다리는 광대한 처녀지, 벌판을 달리는 유랑마차의 이미지는 대중의 꿈을 자극하고 있었다.

"만주를 포함한 대제국의 비전은 일본의 수많은 우익 장교들, 개혁관료, 좌익 및 우익 혁명가들의 상상력에 불을 당기고 이 과거의 원수들을 한 침대에 끌어들였다. 지식인들은 만주국을 통해 새로운 유토피아를 꿈꿨고, 농촌 개혁가들은 그들대로 농본주의적 파라다이스를 꿈꿨다. 그런가 하면 일부 사업가들은 비틀거리는 자본주의 경제의 회복제로 만주를 생각했고 급진 장교들은 자본주의 자체를 무너뜨리는 수단으로 만주를 꿈꿨다. 만주는 거대한 합작 프로젝트였고, 모든 계층이 참여하는 대산업이었다."

문학평론가 김철(연세대 교수)의 말이 그렇다. 일제시대 소설가 이태준이 당시 발표했던 소설 『농군』에 대한 분석을 통해 사회상을 재구성한 결과인데, 그 소설은 1939년에 발표됐다. 『농군』은 척박한 환경을 개척해가는 스토리였는데, 그게 발표된 게 박정희가 교사 3년 의무 재직기간을 마치기 전 해였다. 이태준은 이 소설에서 만주를 "안개 속에서 떠오르던 땅, 신세계"라고 표현하고 있는데, 그게 당시 조선사람들에게 다가온 만주의 모습이었다.

'유토피아 만주' 조선 젊은이 마음을 홀리다

"그것(만주)은 무진장한 자원의 신천지였다. 무한한 개척 여지와 야성적인 풍광, 대륙성 기후, 뚜렷하게 중국적인 것만도 아닌 혼합민족적 요소는 묘한 매력이었다. ……일본이 삼켜버리기에는 너무 광활했다. 국가의 행정·법·질서가 미치지 못하는 공지는 사람들을 활달하게 만들었다. 텍사스적인 열기, 짙은 투전판의 분위기, 겨울밤 눈보라와 눈썰매, 독한 고량주, 일본어·러시아어·조선어의 혼합, 우글거리는 강도·비적·마적단의 횡행 등 남성적 약동성이 살아 있었다."

그렇게 기록한 만주군관학교 동기생 이한림의 증언(『세기의 격랑』)처럼 박정희도 같은 걸 느꼈으리라. 박정희는 1939년 10월 만주 목단강성에 있는 만군 관구사령부 내 장교구락부에서 만주군관학교 제2기생 시험을 치렀다. 시험과목은 수학, 일본어, 작문, 신체검사였다. 다음해 1월 4일자 만주국 공보에 박정희는 240명 합격자(조선인이 11명 포함된 만주계) 가운데 15등으로 발표됐다.

합격 소식에 미련 없이 교사직을 접었다. 정들어 울며 매달리는 학생들에게 그는 "조선 사람은 조선 사람으로 할 일이 있다"고 타일렀다. 고향에 들렀다가 3월 하순 구미역 플랫폼에서 어머니와 헤어졌다. 칠순의 어머니는 "늙은 어미를 두고 왜 그 먼 곳에……"라고 울먹였지만 그걸 뒤로 하고 기차에 올랐다. 박정희 삶의 최대 분기점이었다. 혼란스러웠던 10대 시절과 목 말랐던 교사 생활 3년을 포함한 젊은 시절의 분수령은 그렇게 하나의 매듭을 짓고 있었다. 그가 탄 열차는 전혀 새로운 미래를 예비하려는 식민지 청년의 몸짓이었다.

입교일은 1940년 4월이었다. 그때는 만주계 생도 2백40명, 일본계 생도 2백40명으로 구성되었다. 조선인 11명은 만주계에 포함됐다. 동기생은 이한림(1군 사령관, 건설부장관 역임), 김묵(육군소장 예편), 이재기(작고, 육군대령 예편), 이섭준

(작고), 이병주(군내 남로당 수사 때 연루되어 숙청됨), 이상진(숙청), 안영길(숙청), 강창선(숙청), 김재풍(재북) 등이었다

이곳에서 박정희는 비로소 활기를 찾을 수 있었다. 과묵한 성격은 변함없었다지만 자폐적 분위기에서 조금 벗어날 수 있었다. 성적도 빼어났기 때문에 생도들 사이에서 대표성을 가졌던 것도 자연스러운 일이다. 한번은 홍사익 중장이 학교를 방문한 적이 있었는데, 조선인 생도를 위한 자리를 만들었다. 홍사익은 구한말 1909년 영친왕과 함께 일본 유학을 간 조선인으로 가장 높은 계급에 도달했지만 제2차 세계대전 뒤 벌어진 전범 재판에서 교수형을 당했던 비극적 인물이다. 공식적인 자리는 아니었지만 홍사익의 짧은 연설이 있었는데, 비상한 시기 젊은이의 역할을 강조했다. 이때 박정희가 대표로 즉석 답사를 했는데, 과묵하던 그가 강도 높은 열변을 토해내 생도들이 움찔했다. 군인 기질이 표면화되면서 다른 모습의 박정희가 성장하고 있었다는 증거다.

성적도 우수했다. 입학 때 15등이었으나 졸업은 수석이었다. 예과 2년을 끝낸 뒤 성적 우수자 70명이 일본 육사로 위탁교육을 겸한 유학을 떠났을 때 그가 포함된 것도 당연하다. 대구사범 시절의 성적 부진을 만회했다는 차원을 떠나 삶의 목표를 찾으면서 활기를 얻고 있었음을 보여준다.

만주군관학교 커리큘럼이 본래 일본 육사와 흡사했기 때문에 적응에 별 어

▶ 만주 군관학교 시절 박정희.

려움은 없었다. 일본어, 중국어, 수학, 물리, 역사, 지리, 사격, 측도법, 승마, 유도, 전사학, 보병전술 등은 공통이었다. 일본 육사에서 함께 위탁교육을 받았던 조선인 생도는 박정희, 이한림, 이섭준, 김재풍인데 그곳의 일본 육사 57기생들과 같은 교육을 받았지만, '유학생대' 라는 이름으로 따로 편제를 짰다.

당시 일본 육사는 동경제대 못지않은 수준의 엘리트 대학이자 군사학교. 박정희는 작전계획의 수립, 전술 등 군사학을 익혔고, 한문교육도 많이 받았다. 학교는 중국 고전을 읽게 하고 서예와 무사도를 익히게 했다. 일본 육군은 메이지유신 직후 프랑스 육군의 제도를 많이 본 땄지만 장교 양성에는 동양 교양을 강조한 것이다. 여기서 정신교육을 중시했다.

"군인은 충절을 본분으로 삼는다. 군인은 예의를 숭상한다. 군인은 무용을 숭배한다. 군인은 신의를 지킨다. 군인은 검소함을 지킨다."

아침 6시 2킬로미터 구보로 하루를 시작하는 일과에서 그는 군인 칙유勅諭를 달달 외워야 했다. 군인 칙유에 따르면 일본 군대는 천황의 군대다. 대원수인 그가 직접 병력을 통수하는 것으로 규정돼 있고 상관의 명령도 곧 천황의 명령을 받는 것처럼 돼 있었다. 눈여겨볼 대목은 일본군대는 스스로를 신성시했다는 점이다. 이상적인 집단이라서 사회 계도의 의무가 있다고 가르쳤다. 군대는 단순한 엘리트주의를 넘어 독립적 성격을 갖는 독자 조직이라고 자부했다. 청일전쟁, 러일전쟁의 잇단 승리로 위신이 높아져 있었기 때문에 가능했던 일이다. 장교 역할은 두말할 것도 없었다. 국가 개조를 위한 조직으로서의 군대, 청년 박정희는 이것을 일단 신념화했다.

효율 최우선주의로 움직이던 관동군 조직

군대 이념만이 그런 게 아니라 만주국은 그런 시스템을 실험하는 거대한 쇼윈도였다. 만주국 자체를 일본 관동군이 만들었기 때문에 만주라는 그림을 그리는 결정권이 자기들 수중에 있었던 독특한 시스템이었다. 당시에는 그걸 '내면(內面)지도'라고 불렀다. 외양상으로 군대가 개입하지 않지만 국정의 전반에 사실상 개입하는 효율 최우선의 시스템이자, 독립된 국가 운영 방식이다.

물론 전시 상황이라서 가능했던 방식이다. 현지 중국인의 정치활동은 전혀 허용되지 않았으며, 다만 정부에 대한 시정협조 차원의 관제 조직(협화회)이 있었을 뿐이다. 이들은 반 소비에트 선전활동과 청소년 군사훈련이라는 제한된 역할만을 맡았다.

박정희는 이곳에서 만주군관학교 조선인 동기생들과 친분과 결속을 다졌다. 이곳 출신들의 결속력은 알아주는 것인데, 훗날 5·16에서 더욱 극적으로 나타났다. 일본 본토까지 가서 생사고락을 함께했다는 게 동질감을 강화한 요인이다. 하지만 키 작은 박정희의 속마음은 누구도 몰랐다. 여전히 말수가 없고, 쉽게 곁을 주지 않는 학생이라서 범접하기 힘들었고 겉으로는 모범생인 양 활동했기 때문이다. 간혹 친구들에게 박정희는 "이럴 때일수록 우리가 배울 것은 군사학뿐이다"라고 말했지만, 동기생들은 많은 속뜻이 담긴 그 말을 건성으로 들었을 것이다. 그가 절친하게 지냈던 것은 도리어 일본인 사가키 중대장이었다.

"일본은 이제 틀렸다. 졌다. 졌어."

사가키는 전시 상황에서도 그런 말을 했다. 생도 앞에서 아무렇지도 않게 발언을 하곤 했는데, 엘리트 장교의 자부심과 독선이자 조선과 일본을 크게 구분하지 않는 대범한 자세였다. 그가 일본 육사에서 생활하던 1942~1943년에는 이미

▶ 일본 관동군이 세운 다롄대광장. 광장의 중앙은 초대 관동도독 오시마 요시마사(大島義昌) 장군의 동상이고, 정면의 건물은 요코하마 정금(正金)은행. 1930년대 말.

▶ 만주국 수도 신경(현 장춘시)의 광장 모습. 1930년대 말.

전세가 많이 기울었다. 겁에 질린 생도들이 "그러면 우리는 어떻게 처신해야 합니까?"라며 은근히 물어보면 사가키는 말했다.

"몸 하나는 잘 건사해야 한다. 끝까지 살아남으라."

생도 박정희에게 만주군관학교 2년과 일본 육사 2년은 결정적인 영향을 끼쳤지만, 군이 영향력의 강도를 견주자면 만주군관학교가 더 컸다고 해도 된다. 군사학 플러스알파를 익혔기 때문이다. 그가 눈여겨본 것의 하나가 당시 일본 관동군 조직이다. 관동군의 머리 역할을 했던 참모부는 일본 육사 출신의 엘리트 장교로 구성됐는데 대본영, 즉 일본 본토의 참모부도 쉽사리 통제할 수 없을 정도였던 무소불위의 집단이었다. 그걸 상징하는 것이 당시 만주국의 수도 신경(현 장춘)의 스케일과 다롄대광장의 규모이다.

이들과 한 몸인 기업집단도 이채로웠다. 만주 개척을 위해 미츠이, 미츠비시, 스미토모, 오오쿠라 등의 대표적인 일본 재벌들이 철도, 통신석유, 제분, 화학, 항공 등의 산업을 현지에서 일으켰다. 이른바 군산軍産복합체의 모델이다. 청년 박정희에게 만주국과 그걸 움직이는 시스템은 이상적 모델로 입력됐다.

실제로 만주군관학교에는 2·26 사건에 가담했다가 만주군으로 밀려난 장교들이 여럿 있었는데, 그 한 명인 소좌(제2차 세계대전 때까지 일본에서 소령을 이르던 말) 간노 히로시 중대장이 조선인 생도에게 관심을 표명했다. 그뿐만이 아니다. 5·16 뒤인 1961년 말 일본을 방문했던 박정희가 만나고 싶어 했으나, 불발로 그쳤던 인물인 사가키도 2·26 출신이다.

결국 박정희의 삶에서 만주체험은 결정적이었다. 개인사로는 군문에 들어서서 삶의 목표를 비로소 잡았다는 점, 이를 통해 10대 시절의 방황과 고독을 씻어냈다는 게 중요하다. 훗날 정치인 생애에서도 만주체험은 핵심 위상을 차지한다. 5·16 쿠데타 이후 경제개발계획과 중화학공업 프로젝트란 만주체험 없이는 설명이 안 될 정도다. 효율 최우선을 메커니즘으로 움직였던 관동군 조직의 영향도 마찬가지다. 유신 체제에는 관동군의 흔적이 없지 않다. 결정적으로 국가 개조를 위한 엘리트 집단으로서의 군대에 대한 신념도 그렇다. 요즘 학계도 박정희 삶에서 만주체험이 차지하는 비중을 새롭게 조명하고 있다.

행정학자 김용서(전 이화여대 교수)가 그런 사례인데, 그에 따르면 통치세력의 심장부에서 받은 일본 육사 교육은 그의 시야와 국제적 안목을 넓혀주었으면 넓혀줬지 나쁘게 작용하지 않았다. 만주체험을 통해 박정희가 전문성(군사학+국가경영) 면에서도 큰 그릇으로 성장했다. 김용서는 "비록 피식민지의 고통스러운 체험이었지만 유익했다"는 쪽에 기꺼이 손을 들어준다.

이 점은 나폴레옹의 생애와도 닮은 대목이다. 본래 그는 프랑스의 식민지 코르시카 출신이었지만, 본토 프랑스의 육사 교육을 받았고 포병장교로 성장했다. 이때 루소, 볼테르 등의 책을 접하면서 선진 계몽주의 사상도 기꺼이 받아들였다. 당시로서는 급진 좌파였던 쟈코뱅 클럽에 가입해 정치 개혁을 요구하는 정치적 격문檄文도 팜플렛과 잡지에 발표했고, 이렇게 '시대의 공기'를 마셨기 때문에 프랑스 혁명 이후 펼쳐진 시대사를 너끈히 이끌 수 있었다. 젊은 나폴레옹이 프랑스 본토의 교육을 외면한 채 만일 코르시카 섬에 갇혀 지내는 성장과정을 굳이 거쳤다면, 훗날의 거물 탄생 대신에 또 한 명의 섬 출신 시골 엘리트 정도로 남았을 것이다.

누구 말대로 젖소도 독사도 같은 물을 마신다. 그걸 섭취해서 젖을 만들어내느냐, 독을 뽑아내느냐는 전혀 다른 문제인데, 그건 한 사람의 성장 스토리에서도 마찬가지가 아닐까? 박정희가 1930년대와 1940년대 초반 일본이라는 동북아의 선진 모델의 심장부에 들어가 그 시스템을 흡수한 것은 그 자체로는 선도 아니고 악도 아니다.

그걸 토대로 무엇을 뽑아내고 활용했느냐가 중요한데, 결과적으로 한국 현대사의 모더니즘 구현에는 큰 도움이 됐다. 그걸 애써 부인하는 사람이 있다면, 둘 중의 하나다. 민족주의 마인드에 너무 충실한 나머지 넓은 시야가 가려 있거나, 아니면 지금도 일제 콤플렉스를 갖고 있으면서 박정희의 성장 스토리를 부정적으로 보려 하는 외곬의 태도다. 해방 전후 저항적 민족주의가 형성된 한국사회에서 응당 보일 수 있는 반응이다. 하지만 두 태도는 모두 사람 박정희의 전체 모습을 입체적으로 보는 작업에 불리하며, 스스로 자기 눈을 가리는 결과를 낳는다.

테마 6070

박정희는 과연 식민화된 군인 맞나?

박정희가 송요찬 3군단장 휘하의 9사단장 참모장으로 있던 무렵이다. 중령 계급장을 달고 있던 1950년대 말이었다. 절친한 친구인 시인 구상이 이 지역을 방문해 잠시 걸판진 술자리가 만들어졌다. 좌중에는 박정희를 포함해 4명의 장성, 영관급 장교들이 있었다. 분위기가 무르익자 박정희가 일본 한시漢詩 몇 개를 읊었다. 이때 성격 까칠한 한 장교가 엇박자를 놓았다. "왜 하필 일본 한시인가?" 하는 핀잔이었다.

"구상 형. 저런 속물들하고는 함께 술을 못 마시겠네."

박정희는 상대방에게 그렇게 쏘아버린 채 자리를 박차고 일어났다. 왜색을 드러내 사회 금기를 건드렸다는 힐난이란 통념상 응당 못할 것이 아니었다. 올바른 지적이 맞다. 하지만 최소한 그에게는 납득할 수 없는 잔소리에 불과하다. 그런 좁은 의미의 정치윤리나 통념으로부터 훌쩍 떠나 있는 사람이 박정희다. 민족주의란 한국인의 정체성이 분명하지만, 너무 좁게 받아들일 경우 '이념의 덫'으로 작용해 자기 발목을 잡고만다는 생각이 강했다. 집권 뒤의 박정희가 자신있게 한일 국교정상화를 밀어붙였던 것도 그런 맥락이고, 나이 스물두 살 청년 박정희의 만주 선택도 그다운 결정이다. 분명 예사롭지 않은 멘탈리티라서 누구라도 태클을 걸 수 있을 것이고, 개인적 흠집이라고 비판할 수도 있다. 하지만 박정희는 때로는 평균적 인식을 뛰어넘는다. 쉽게 말해 양질의 교육을 받을 수 있는 기회를 외면하는 게 지사적 선택이라는 식의 '닫혀있는 주장'은 박정희 스타일이 아니다. 박정희 이해의 결정적 열쇠가 바로 그점이다.

"2·26사건 때 일본의 젊은 우익들이 나라를 바로 잡기 위해 궐기했던 것처럼 우리도 일어나 확 뒤집어야 할 것이 아닌가?"

20여 년 뒤에 박정희는 그걸 강조했는데, 그만큼 생각이 탄력적이고 젊을 적의 만주체험이 강렬했다. 5·16 직전 쿠데타의 필요성을 역설하고 다닐 무렵 박정희는 그렇게 기염을 토했다. 그런 발언 당시 박정희의 머리에서는 좁은 민족주의의 잣대란 없었다. 그런 잣대란 역사교실에서나 이루어지는 중고생용 교육일 뿐이다. 하지만 사람들은 그런 박정희를 오해했다. 일제의 잔재라고 꺼려했고, 친일파라며 근거 없는 비판을 해왔다. 하지만, 박정희는 시대의 공기를 빨아들여 자기 것으로 소화하는 능력이 남달랐을 뿐이다. 그 때문에 박정희를 '식민화된 군인'으로 보는 것은 억측이다.

"만주에는 왜 가셨습니까?"

신문기자 출신의 청와대 공보관 김종신이 어느 날 그렇게 물어봤다. 민정 이양 전후인 1963년 무렵이다. 그런 대화는 누가 어떻게 물어보느냐에 따라서 천차만별의 대꾸가 나오는 법인데, 그날따라 어깨에 힘을 뺀 말이 박정희 입에서 튀어나왔다. 식민지 시절 만주군 장교라는 경력은 대한민국 최고지도자로서 썩 자랑스러운 것만은 못 되는데 이때만은 심플하게 대답했다.

"긴 칼 차고 싶어서 갔지!"

만주군관학교 입학은 기회주의적 선택이었음을 스스로 암시한 것일까? 박정희를 비판하는 일부 인사들은 그렇게 단정한다. 하지만 긴 칼이란 말은 함축적이다. 제한된 공간에 갇힌 교사생활보다 적극적인 운신의 기회였음을 뜻한다. 군인의 길이란 뒷날이 불투명하다는 점에서 리스크가 큰 결심이기도 했다. 하지만 그 개인으로는 도움을 크게 받았다. 5·16 쿠데타 때 만주 인맥 활용이 우선 용이했다. 1년 선배 이주일, 김동하, 윤태일, 박임항, 방원철 등의 도움이 결정적이었고 정일권의 도움도 그랬다. 관료 출신 최규하도 실은 범 만주 인맥이다. 그는 만주국의 고위관료 양성기관인 대동학원 출신이다.

반면 만주체험은 한국적 사회상황과 현실정치 속에서 부담도 컸다. 1964년 한일 국교정상화 추진에 대한 반작용부터 그랬다. 박정희는 "떳떳치 못한 만주 군인 출신이라서" 급기야 그가 추진하는 정책마저도 거부하는 사태로 발전한 것이다. 이해 못할 게 아니다. 식민지 시절의 아픔을 '무균질'의 정치 지도자를 통해 씻고 싶었던 게 대중들의 마음이니까. 그 점에서 박정희는 분명 정치적 결함을 가지고 있다. 유혈투쟁 속에서 정통성을 확보한 지도자 형은 아니기 때문이다.

하지만 그게 역사의 아이러니인데, 박정희는 전설·신화 속의 잔 다르크가 아니다. 태어날 때부터 민족을 구할 운명적 점지를 갖고 태어난 아동용 책 속의 선지자 유형은 아니라는 얘기다. 박정희는 성장과정을 한 신문과의 인터뷰에서 솔직하게 털어놓았는데, 그게 설득력이 크다. 누구처럼 어렸을 적부터 대통령 꿈을 향해 달려간 게 아니라 성장과정에서 자연스럽게 실력을 키워가며 조금씩 비전을 구체화했다. 그런데 여기에서 한번 물어보자. 대부분의 사람들이란 바로 그렇게 하나씩 하나씩 성장하는 게 아닐까?

"〔10대 시절〕나의 꿈은 위대한 군인이 되는 것이었기에 나는 군인이 됐다. 장군이 되자 내 꿈은 위대한 장군이 되는 것이었다. 군사혁명 후에 나의 소망은 나의 조국을 더욱 번영되게 하는 것이었다. 나는 인간의 꿈과 희망은 〔나이와〕 위치에 따라 변화한다고 생각한다. 따라서 내가 무엇을 하려고 했으며 내 생애에 무엇이 되려고 했는지를 언제 의식했었노라고 얘기하기란 대단히 어렵다."(「코리아 헤럴드」, 1978년 10월 27일)

함석헌·장준하의 길, 박정희의 선택

6070시대 대표적인 재야지도자 함석헌, 장준하의 이미지와 정치인 박정희의 이미지는 전혀 다르다. 함석헌, 장준하는 박정희 개발독재에 브레이크를 걸었던 재야세력의 간판 지식인이며, 지적으로나 도덕적으로 한 수 위라고 사람들은 보통 생각한다. 이에 비해 박정희는 현실정치의 진흙탕에 발을 담갔고 친일파 전력에 독재자로 흠집도 많다는 식이다.

"함석헌 선생의 영화는 진정코 솔로몬의 영화보다 훨씬 드높다."

시인 고은은 그렇게 말했다. 『뜻으로 본 한국역사』로 유명한 함석헌과, 그의 동지이자 「사상계」 발행인 장준하야말로 "우리 시대의 거룩한 명품"이라는 평가였다. 어쨌거나 박정희와 함석헌, 장준하는 역사의 라이벌이다. 현실정치의 라이벌로 윤보선, 김대중, 김영삼 등이 있겠지만, 그와 또 다른 유형의 라이벌로 분류된다. 집권을 둘러싼 헤게모니 다툼보다 뿌리가 깊고 근본적인 관계다.

이런 라이벌 관계는 1960년대 이후 독재냐 반독재냐의 구도에서 더욱 강력해졌다. 박정희 시대가 깊어질수록 둘은 재야지도자로서 권력에 저항했다. 그 결과 놓친 열차가 아름답다는 심리가 사람들 사이에 은연중 자리 잡았다. 아쉬움이 크기 때문에 현실정치의 건너편에서 비판의 담론을 개진했던 주인공에게 일단 후

한 점수를 주고 보는 것이다. 이런 태도는 비유컨대 관전평을 쓰는 아마추어 바둑해설가를 실전 바둑을 두는 프로기사보다 더 높이 평가하는 태도다.

함석헌, 장준하 둘은 일단 현대사에 흔치 않은 동지관계다. 1950년대 중·후반부터 「사상계」가 함석헌에게 지면을 줬던 것이 서로 맺어진 계기다. 이 과정에서 함석헌은 당대의 독설가이자 사상가로 명함을 내밀었다. 유신 이후 두 사람이 '민주회복을 위한 개헌청원 100만인 서명운동' 등을 주도하며 반독재, 반 박정희의 앞줄에 섰다.

"이 지구상에는 수백억의 인간이 살다 갔습니다. 그중에 가장家長이 되었던 사람들은 누구나 '내가 죽으면 내 집이 어찌 되겠는가'라는 걱정을 안고 갔을 것입니다. 그러나 인간사회는 발전했습니다. 우리도 예외일 수 없습니다."

장준하는 1975년 공개서한에서 그렇게 우회적으로 대통령을 비판했다. 국가를 책임진 가장으로서의 역할을 인정할 수 없으니 냉큼 내려오라는 촉구다. 훨씬 전인 1967년 대선에서는 더했다. 윤보선 지지연설을 하면서 장준하가 생각하는 박정희의 아픈 곳을 정조준했다. 매우 자극적이었다.

"박정희는 일본 천황에게 충성을 맹세하고 일본군 장교가 되어 우리의 독립 광복군에 총부리를 겨눴다. 지금은 우리나라 청년을 베트남에 팔아먹고 피를 판 돈으로 정권을 유지하고 있다."

그러나 강도 높은 박정희 비판은 언제나 함석헌 쪽이었다. 장준하가 마이크를 쥐기 훨씬 전인 1963년 7월, 함석헌은 당시 대한민국을 흔들었던 칼럼을 조선일보에 발표한다. 공식 매체에 발표된 최강도의 박정희 비판이다. 칼럼 제목이 그 유명한 '삼천만 앞에 울음으로 부르짖는다'였다.

"박정희님. 내가 당신을 국가재건최고회의 의장이라고, 육군대장이라고도 부르지 않는 것을 용서하십시오.……나는 당신과 군사혁명 주체 여러분의 애국심을 인정합니다. 그러나 여러분은 여러 가지 잘못을 범했습니다. 첫째 군사 쿠데타를 한 것이 잘못입니다. 또 여러분은 아무 혁명이론이 없었습니다. 단지 손에 든 칼만 믿고 나섰습니다."

유감스러운 점은 박정희와 함석헌, 장준하가 서로에게 자극을 주고 건강한 긴장관계를 유지하지 못했다는 점이다. 그게 한국사회의 고질병이자 불행이다. 외국과 너무 다르다. 프랑스의 경우 철학자 사르트르는 드골 대통령 반대의 총대를 멘 지식인으로 유명하다. 20세기 칼과 펜의 대립을 상징하는 이름이 드골과 사르트르 사이의 천적 관계다. "드골은 꼭 히틀러를 닮았다"고 비판했던 사르트르는 드골을 혐오했고, 드골은 사르트르를 세상을 모르는 철부지이자 사기꾼 철학자라고 여기며 거들떠 보지도 않았다. 서로는 매번 으르렁댔다.

하지만 후세 사람들은 둘 사이를 갈라놓고 보지 않는다. "사르트르는 또 한 명의 드골이고, 드골은 실제로 역사를 창조했던 또 한 명의 사르트르다"라는 게 2000년대의 대표적인 프랑스 지식인 베르나르 앙리 레비의 균형잡힌 발언이다. 레비의 멋진 발언을 우리 식으로 변용시키면 이렇게 된다. "함석헌·장준하는 또 한 명의 박정희이고, 박정희는 실제로 역사를 창조했던 또 한 명의 함석헌·장준하이다."

지금이라도 옛 상처를 아물게 하고, 갈라진 둘을 하나로 모아주는 게 우리에게 주어진 몫인데, 걸림돌이 하나 있다. 장준하의 석연치 않은 죽음이 그것이다. 1975년 8월 포천군의 약사봉에서 장준하가 추락사한 것인데, 유신 시절의 대표적 의문사로 꼽힌다. 이런 상황에서 대통령 직속 의문사진상규명위원회는 2007년 다소 애매한 결론을 내려 혼란을 부추겼다.

민족사 부활이라는 같은 꿈, 다른 방법

즉 장준하 추락사는 등반하던 중 발을 헛디디며 일어났던 단순 추락은 일단 아니라고 밝힌 것이다. 제3자에 의한 타살의 가능성이 없지 않지만, 그게 꼭 공권력에 의한 것인지는 명백하지 않다는 소견도 곁들였다. 그래서 잠정결론은 '진상 규명 불가'다. 하지만 사람들은 흥분한다. 그 사건은 실족사로 위장됐으나 정권에 의한 명백한 타살이라는 주장이다. 이미 내부 결론을 내린 그들에게는 논란 자체가 어불성설이다.

둘 사이 갈등의 뿌리는 무엇일까? 근본적으로 박정희, 장준하 두 사람의 경력이 달랐다. 박정희는 사람들이 생각하는 친일 경력에 더해서 비합법적인 쿠데타로 권력을 쥐었다. 반면 장준하는 상해 임정의 김구를 모시고 돌아온 광복군이었으나 해방 이후 빛을 보지 못했다고 사람들은 생각한다. 칼로 두부모를 자르는 이분법인데, 때문에 장준하는 독재에 항거를 했던 행동하는 양심이자, 한국 민주주의의 슬픈 상징으로 추앙받는다.

그런 시각이 100퍼센트 맞는 것일까? 장준하-박정희, 함석헌-박정희는 겉보기와 달리 공유 지점이 있었던 것이 아닐까? 단지 일제시대와 해방 이후 처해 있

▶ 왼쪽부터 박정희, 함석헌, 장준하. 20세기 한국의 펜과 칼의 대립을 상징한다.

는 지점이 달랐고, 대응방식에서도 차이가 있으나 결국은 한 시대의 배를 탄 사이는 아닐까? '적대적 파트너' 관계라서 주어진 역할이 달랐을 뿐, 같은 목표를 향해 움직였다고 해석할 수 없는 것일까?

그게 큰 시야로 세상을 보는 방법인데 병자호란 때 조정 대신들의 분열이 그렇다. 당시 명분에 집착했던 척화파가 항복문서를 찢자 "나라에는 이를 찢는 사람도 있어야 하고, 찢은 것을 주워 모으는 사람도 있어야 한다"라고 말했던 이가 있었다. 그게 뼈대 있는 외교의 명수 최명길인데, '2000년대의 최명길'의 역할이야말로 우리의 모델이다.

잘 알려진 것처럼 한일회담, 3선 개헌을 거치면서 장준하는 박정희 정권과 대립각을 세우게 되고, 반공민주주의에서 통일지상주의로 급격하게 변모한다. 박정희의 친일 전력을 새삼스럽게 문제 삼은 것도 그때인데, 5·16 쿠데타 초창기의 협조적 태도와 많이 달라진 모습이다. 쿠데타가 터진 다음 달 발행됐던 「사상계」의 권두언 '5·16혁명과 민족의 진로'를 되읽어보라.

"4·19혁명이 입헌정치와 자유를 쟁취하기 위한 민주주의 혁명이었다면, 5·16혁명은 부패와 무능과 무질서와 공산주의의 책동을 타파하고 국가의 진로를 바로잡으려는 민족주의적 군사혁명이다. 따라서 5·16혁명은 우리들이 육성하고 개화開花시켜야 할 민주주의의 이념에 비추어볼 때는 불행한 일이요, 안타까운 일이 아닐 수 없으나, 위급한 민족적 현실에서 볼 때는 불가피한 일이다."

5·16 초기의 장준하는 박정희와 생각이 다르지 않았다는 증거다. 실제로 1950년대에 발행됐던 「사상계」는 5·16 거사에 참여한 군인들에게 많은 정보를 줬다. 나세르(이집트), 아유브 칸(파키스탄), 네윈(버마. 현재의 미얀마)의 군사혁명을 잡지에 열심히 소개했던 탓이다. 이때 장준하, 박정희를 포함한 지식인과 고위장교들은 "우리는 언제 근대화 혁명에 들어갈까?"를 부러운 태도로 묻곤 했다.

장준하와 박정희는 한 살 차이. 장준하가 한 살 아래다. 평안북도 의주 태생으로 도쿄신학교에 다니다가 학도병으로 징집(1944년 1월)돼 중국으로 끌려갔다. 징집 6개월 만에 탈출한 것이 운동가로 운명을 바꾼 계기다. 탈출 뒤 1945년 1월 광복군 대위로 활동하다가 그해 말 김구의 비서로 고국 땅을 밟았다. 그는 기개도 대단했다.

"싸악, 내 살이 찢어지는 소리가 조국이 베어지는 소리처럼 들렸다. 웬일인지 엄지손가락에서는 고름은커녕 새빨간 피만 스며 나왔다. 의무관은 내 시선을 피하며 태연한 척 애를 썼다. 피가 뚝뚝 떨어지는 엄지손가락의 다른 쪽을 칼로 쨌다. 역시 고름은 안 나왔다. 그렇게 엄지를 뺑뺑 돌아가며 다섯 번이나 칼질을 했지만 나는 끄떡도 하지 않았다. 내 손은 이미 내 것이 아니고 일본 의무관을 당황하게 한 한국민족의 것이다. 이런 생각이 나를 지켜주지 않았다면 나는 그 자리에서 비명을 지르며 까무러쳤을 것이다."

중국으로 끌려가기 전 일본군부대에서 장준하는 엄지손가락이 동상에 걸린다. 고름을 뺀다며 마취제 없이 들이댄 돌팔이 군의관의 메스를 참아내는 장면은 조선 청년의 기개로 유감없다. 그런 수모를 딛고 탈출한 뒤 합류한 광복군은 초라했다. 흙바닥에 가마니를 깐 내무반에서 등잔불을 켜놓고 환영회가 치러졌다. 뚝배기 고량주를 한 모금씩 마신 뒤 독립군 노래를 합창했다.

요동만주 넓은 들을 쳐서 파하고
청천강수 수병 백만을 몰살하옵신
동명왕과 을지공의 용진법대로
우리들도 그와 같이 원수 쳐보세
삼천만 번 죽더라도 나아갑시다.

▶ 해방 직후 서대문형무소 앞의 축하시위. 당시 박정희와 장준하는 중국에서 귀환을 서두르고 있었다.

역사의 아이러니이지만, 그런 장준하와 박정희는 중국 현지에서 얼핏 스쳐서 만났을 가능성이 높다. 김구가 1945년 11월 23일 서울에 돌아오기 전 광복군은 상하이, 난징 등에 모여 귀국 준비차 대기 중이었다. 이곳의 핵심인력인 장준하와, 무장해제당한 뒤 이곳에 합류했던 만주군 출신 장교 박정희가 인사를 나눴다면 그야말로 절묘한 이국땅의 만남이었으리라. 만남의 가능성이 높은 게 둘의 소속 부대는 광복군 제3지대였기 때문인데, 현재 그걸 확인해주는 기록은 없다.

그 이전 박정희의 무장해제는 8월 17일이다. 손때 묻은 권총과 군도軍刀 그리고 쌍안경을 만주군 앞에 내놓았다. 조국의 광복이 더없이 기뻤겠지만, 동시에 심한 개인 차원의 충격을 경험했던 게 사실이다. 긴가민가하면서도 의존하지 않을 수 없던 제국주의 일본이라는 세계가 순식간에 붕괴해버린 것이다. 직후 정체성의 위기를 겪었던 것도 피할 수 없었다.

이후 9월 21일 베이징에 도착한 박정희는 광복군에 합류했다. 여기서 물어야 한다. 만주군 출신 박정희와 학도병 탈출자 장준하, 둘의 차이란 무엇일까? 한 사람은 일신의 영달만을 꿈꿨던 기회주의자이고, 다른 한 사람은 민족적 열정으로 만들어진 무균질의 인재일까? 그런 이분법이 가능하기는 할까? 모든 역사 인물은 그렇게 간단하게 인수분해될 수만은 없는 법이 아닐까? 그렇다면 이런 장면을 떠올려보자.

함석헌 "한국 역사는 '수난의 여왕'"

박정희가 일본 육사 위탁교육을 끝으로 만주군관학교를 졸업한 것은 1944년 4월. 그 직전인 3월은 일본 천황의 생일이었다. 전황이 불리했지만 동경 하늘을 수백 대의 축하 비행기 편대가 새까맣게 뒤덮었다. 수백 대 전차가 굉음을 내며 거리 퍼레이드도 벌였다. 심리전을 염두에 둔 무력과시였는데, 그날 박정희와 친구 이한림은 서로 귓속말을 주고받는다.

"이거 큰일 났는데. 오늘 보니 우리 독립은 틀린 것 같아."

"글쎄 암담해. 일본이 망하지 않을 것 같아."

둘은 일본 열도에 고립된 채 유학 중인 생도 신분이었다. 압도하는 식민지 종주국의 무력시위 앞에 좌절감을 전혀 품지 않았다면, 놀라운 애국청년이거나 아니면 주변 정세에 둔감한 사람이었으리라. 박정희는 둘 모두가 아니었다. 며칠 뒤 미군 비행기가 일본 본토를 공습하는 것을 보면서 "일본 패망의 희망이 보인다"는 생각으로 가슴이 쿵쾅댔다. 그게 조선 젊은이의 평균적 모습이었다. 징집을 당했건 일본 육사 교육을 받았건 간에 결국은 식민지 조국에 초점이 모아졌다. 이 점 장준하도 다르지 않다.

"나는 못난 조상이 또다시 되지 말아야 한다는 말을 광막한 중원대륙의 수수밭 속에서 누워 마른 입으로 몇 번이나 되씹었고, 또 이 말을 파촉령에서 눈덩어리 베개를 베고 얼어 죽지 않기 위해 밤을 지새우면서 부르짖었다. 나라를 빼앗긴 우리의 못난 조상에 대한 한탄이며 다시는 후손에게 욕된 유산을 물려주지 않겠다는 단호한 결의였다."

일본 군대를 탈출해 대륙을 헤매던 장준하의 유명한 외침은 식민지 치하 젊은 이들의 비원이었다. 결국 그 비원을 우리는 6070시대 질풍노도의 방식으로 근대화를 이루어냈다. 전 시대의 아픔을 씻어내는 과정이었고, 근대화 프로젝트를 이끈 지도자는 다름 아닌 박정희였다. 그건 6070시대의 반대자 함석헌에게도 해당된다. 즉 반대하는 방식으로 그 시대의 꿈에 동참한 것이다. 박정희보다 16세 위인 평안북도 용천 출신의 함석헌이 그렇지 않았다면 그게 더욱 괴이쩍은 일이다.

"이 민족이야말로 큰길가에 앉은 거지 처녀다. 수난의 여왕이다. 선물의 꽃바구니는 다 빼앗겨버리고, 분수없는 왕후를 꿈꾼다고 비웃음을 당하고……."

본래 일제 상황에서 씌어졌던 『뜻으로 본 한국역사』에서 함석헌은 한국을 '거지 처녀'라고 불렀고, 한국사를 '수난의 역사'라고 했다. 근대 전후 중국과 일본이 먹었다가 미국, 러시아도 침 흘리는 과정에서 급기야 '세계의 공동묘지'로 추락했다. 38선과 6·25도 이 민족이 하는 꼴을 보려고 하나님이 낸 시험문제라서, 급제하면 살고 낙제하면 끝장이다. 어찌 이 수난사를 벗을까? 함석헌 식 표현대로 문둥이 처녀가 어찌하면 임금 신랑을 맞을까?

그런 생각을 달고 다녔던 함석헌은 기본적으로 보수주의자다. 엄격하게 말해 비판적 자유주의자로 규정된다. 신의주 학생의거 이후 남쪽을 선택한 것도 그 때문이다. 『뜻으로 본 한국역사』에 담긴 역사인식은 박정희와 너무도 일치한다. 차이가 있다면 박정희 쪽이 더욱더 지독했다는 점이다. 함석헌이 관념이라면, 박정희는 현실의 울분이자, 구체적인 사회 개조의 프로젝트였다. 퇴영과 조잡과 침체의 한국사를 "다시는 가난하지 아니하고 다시는 약하지 아니한" 조국으로 만들고 싶었다. 그리고 성공을 거뒀다. 함석헌이 우리 역사를 '거지 처녀' '거렁뱅이 처녀'로 비유한 것과 다를 게 없지만, 끝내 '낙제' 대신 한국 모더니즘을 구현하면서 극적인 '급제'를 한 것도 박정희의 힘이 분명하다.

어쨌거나 박정희와, 지금 장준하, 함석헌의 후예들인 진보적 인사들 사이의 이념적 지향은 생각만큼 멀지 않다. 양자는 방법이 달랐을 뿐이었고, 현실정치의 키를 쥐고 있었느냐, 밖에서 담론 투쟁을 벌였느냐의 차이였다. 그렇다면 둘 사이 역사의 화해란 바로 지금 우리 손으로 이뤄야 하지 않을까?

지옥의 문턱 '남로당' 체험

　대한민국 건국은 1948년 8월 15일, 하지만 정치 불안은 엄청났다. 이승만이 주도하는 건국이란 곧 단독정부 수립이며, 결국 분단을 고착시킨다고 규정한 좌익세력이 갓 출범한 정부를 쥐고 흔들었다. 그런 정치투쟁의 하나가 헌법 공포 직전인 4월 초 제주도에서 발생했던 소요사태이고, 이어 10월에 발생한 여수·순천 지역에서의 군부대 반란사건이었다.

　당시 갓 소령 계급장을 달았던 박정희는 이 사건 직후 벌어진 숙군肅軍수사에서 생애 최대의 위기를 만나야 했다. 비록 1년여 동안에 불과했지만, 그는 잠시 군복을 벗어야 했다. 군인으로서 명예 추락은 물론 생명과도 같았던 군인 신분을 박탈당하는 최악의 수모였다. 더 아찔했던 것은 군사재판에서 사형을 구형받으며 삶과 죽음의 칼날 위에 서야 했다는 점이다. 여순사건 이후 벌어졌던 생애 최대의 위기, 지옥의 문턱을 오르내렸던 살 떨리는 체험이었다.

　그가 남로당에 가입했고, 수사과정에서 거물급으로 분류됐기 때문인데, 확실히 박정희는 현대사의 흐름을 피하거나 우회하는 법이 없는 문제적 인간이 틀림없다. 특히 역사의 중요한 국면을 만나서는 그 한복판에 뛰어들거나, 최소한 어떤 형태로도 한 자락을 깔고 들어간다.

▶ 여순사건 당시 여수서초등학교에 모인 청장년들. 진압군이 부역혐의자들을 골라내고 있다.

▶ 불타고 있는 여수의 한 마을 주변으로 진압군이 경계를 서고 있다.

친일파 시비를 낳은 만주군 장교 활동도 그러하지만, 현대사의 최대 분기점이 었던 해방 공간 3년 대목에서는 남로당 가입이라는 형태로 다시 엮이들었다. 그 만큼 그의 생애는 끊임없이 흔들리며 진퇴를 거듭하는 특이한 사이클을 그린다. 한국전쟁을 거쳐 군대에 자리를 잡기 이전까지가 특히 격렬하게 요동을 쳤다. 육영수와의 결혼(1950년 12월)으로 안정을 되찾기 전까지는 방황의 박정희였다면 30대 후반 이후는 중심을 잡고 마이 웨이를 착실하게 달리던 새로운 박정희였다. 때문에 남로당 전력이야말로 생애 마지막 홍역이며, 직후 달라진 모습으로 역사의 전면에 등장하는 극적인 변화를 또 한 번 연출했다.

상황은 이랬다. 1948년 10월 19일 밤 여순 지역 14연대 군인들이 반란 사건을 일으켰다. 본래 이 부대는 이웃 광주 지역의 4연대에서 가지를 쳐나가는 방식으로 창설됐는데, 당시 제주도 소요사태 진압군으로 결정돼 승선 준비가 한창이던 작전 상황이었다. 이런 핵심부대의 반란이란 연대 차원의 하극상 문제가 아니었다. 국가를 보위해야 할 무력이 정부에 도전했고, 이런 사태가 전군으로 번지지 말라는 법도 없었다.

반란 직후 진압군이 투입돼 교전이 이뤄지는 과정에서 여수 시내가 불타오르고 수천 명이 사상되는 등 유난히 격렬했다. 당시 상황에 대한 정확한 증언은 여순사건 바로 6개월 전 광주 4연대장에 부임했던 이한림이 했다. 갓 창설한 부대 내부에는 적지 않은 남로당 세력이 악성종양처럼 자라고 있었다는 보고가 리얼하다.

"부임하자마자 험한 분위기에 놀랐다. 사회전반에 걸친 격동과 불안은 군 내부에까지 침투되어 악성종양으로 커가고 있었다. 군대 내에 이미 조직적인 적색분자가 침투했고 누가 누구인지 번연히 알면서도 손을 쓸 수 없었다. 당국의 모호한 태도도 원인이었다. 4연대에서 가장 적극적인 좌익분자는 제1대대 부관 홍

순석과 제1대대 정보관 김지회였다. 나에게 주어진 여건 속에서 취했던 기본방침은 최소한 현상유지였다. 섣불리 잘못 건드려 역효과를 낼 염려가 컸기 때문이다."

부대 지휘관이 압도적 숫자의 좌익 부하들 앞에서 전전긍긍해야 했던 그 시절 전국의 학교들은 이른바 동맹휴학으로 시끄러웠다. 좌익들이 주도하는 조직적인 연쇄 파업도 사회불안을 재촉했는데, 이 와중에 터져 나온 이 사건은 어떤 점에서는 군 내부의 남로당 조직이 윤곽을 드러낸 계기였다.

중형 선고 군인 중 유일하게 구명된 케이스

급기야 군 내부의 숙군, 즉 인적 청산 문제가 대두됐고, 이승만 대통령까지 나서야 했다. 경찰의 내사 자료를 넘겨받고 충격을 받았던 그가 강력한 정비작업을 지시한 것이다. 훗날 한국전쟁의 영웅으로 등장했던 백선엽은 회고록 『군과 나』에서 만일 여순사건 뒤 숙군 작업이 없었더라면 불과 1년여 뒤에 발생했던 6·25 상황에서 국군이 집단 투항하는 등 자멸했을 가능성도 높았다고 냉정하게 밝혔다. 그만큼 숙군 작업은 속병으로 죽어가는 국군을 살리는 극약 처방이었다.

"경찰 자료는 상당히 신빙성이 있었다. 확실히 좌익 활동이 드러난 장병만 해도 수백 명이었다. 이들을 모두 처벌한다는 것은 상상할 수도 없었다. 주동자에 대해서는 군법회의를 통해 사형에서 유기징역을 내리고 나머지는 불명예제대를 시키는 선에서 매듭지었다. 그런 결정이 사상적으로 혼미에 빠졌던 국군을, 자기 살을 도려내는 고통을 거쳐 소생시켰다는 점은 누구도 부인 못한다. 그 뚜렷한 증거로 1년 뒤 전쟁이 터졌을 때 비록 병사가 개별적으로 투항한 사례가 있었을

지 모르지만 집단 투항한 사례는 없었다."

당시 국군은 8만 명이던 시절. 이중 10퍼센트 이상이 이 사건에 휘말려 불명예제대했고, 처형된 장교만도 수십 명이었다. 병력의 10분의 1을 잘라내는 무시무시한 규모의 숙군 과정에서 중형이 선고된 사람 중 유일하게 구명됐던 케이스가 소령 박정희이다.

대체 무슨 일이 어떻게 진행됐던 것일까? 당시 박정희는 반군토벌사령부에 참여해 여순 현지에서 활동했다. 정보장교로 보고서 작성 등을 주로 했는데 거기까지는 확실한 국군 장교다. 당시 그가 여순반란을 은근히 지원했다는 미확인 주장도 일부 떠돌지만, 그건 전혀 근거 없다. 박정희가 숙군 수사에 엮여 들어가는 상황은 사건 진압 후 서울에 올라온 뒤였고, 여순사건 이전에 했던 남로당 가입 행위 자체가 문제였다. 정신없이 휘몰아쳤다. 마음 졸이며 상황을 주시하던 박정희는 11월 11일 전격 수감됐다. 지금 신라호텔 자리에 있던 헌병대 영창에 들어갔다. 김창룡 소령이 이끄는 육군특무대 수사망에 걸린 것이다.

이승만이 건네받았던 내사 자료에 박정희 이름이 이미 노출돼 있었으니 피할 수 없는 노릇이었다. 체포 당시 거칠게 다뤄졌던 그는 이내 서대문형무소로 옮겨졌다. 전군에서 체포된 1,000명 피의자와 함께였다. 그런 그가 과연 어떻게 살아났을까? 세간에서는 남로당 조직을 밀고한 대가라고 쉽게 말하지만, 상황은 그렇게 간단치 않았다. 동료 이름을 노출했다고 살려주고 말고 하는 차원의 수사가 전혀 아니었다.

"이런 때가 올 줄 알았다."

박정희는 김창룡 앞에서 첫 마디를 던지고는 자술서를 줄줄 써내려갔던 것으로 알려졌다. 그가 정치적 신념에 기초를 둔 공산주의자가 아니었다는 얘기인데, 욱하는 마음에 가입했던 남로당 문제가 후환을 낳을 수 있다는 예감을 품고 있었

▶ 박정희 구명운동에 앞장섰던 백선엽.

음을 보여준다. 이때 남로당에 연루된 사람의 이름을 밝힌 것도 '아차, 이건 큰 실수다'는 깨침과 함께 본래의 자기로 돌아오기 위한 궤도 수정으로 보인다.

그가 구제되는 결정적 계기는 숙군수사 총책임자인 백선엽 정보국장과의 면담이었다. 둘은 빨치산토벌사령부의 작전에 참여했던 사이였는데, 수감됐던 박정희가 면담을 요청해 자리가 성사됐다. 백선엽은 일단 응했다. 수사 받던 장병들이 그렇게 엄청난 규모였지만, 자신에게 면담을 요청해온 케이스도 박정희가 유일했기 때문에 얘기나 들어보자고 판단했다.

정보국장실로 수갑을 찬 박정희가 막 들어왔다. 처연했다. 원래 살집 없는 박정희는 거친 수사에 시달려 거의 망가진 모습이었는데 더없이 초췌했다. 그러나 뭔가 달랐다. 담담했다. 자포자기하지도 않았고 생에 대한 집착이 커 보이지도 않았기 때문에 오히려 강한 인상을 받았다는 것이 백선엽의 증언이다. 입을 연 박정희가 거두절미한 채 딱 한마디를 했다.

"저를 도와주십시오."

누가 믿을까? 그게 전부였다. 자기는 무죄이고 억울하다는 식의 변명과는 달랐다. 인정할 것은 인정하겠으나 선처해달라는 인간적 호소, 그것이었다. 묘하게도 그 말이 백선엽의 마음에 와 닿아 조용한 파문을 일으켰다. 한 사람의 삶과 죽음을 오가는 비상한 상황, 군대의 위계질서 때문에라도 뭐라고 단언할 수 있는 분위기가 아니었는데도 무심코 입에서 대답이 튀어나왔다.

"네, 도와드리지요."

상식으로는 있을 수 없는 대화다. 사람과 사람 사이에는 뭐라 설명할 수 없는 기운이 흐르는 법인데, 삶과 죽음을 갈랐던 그날의 면담은 그렇게 흘러갔다. 상대방에 대한 신뢰를 깔고 있었기 때문에 가능했을 것이다. 하지만 그걸로 모두 설명되지 않는다. 무엇이 박정희의 극적 구제를 만들어냈을까?

사실 박정희에게는 자산이 적지 않았다. 일단 군대 내 평판이 좋았다. 당시 군 수뇌부에 만주군관학교 수석 졸업에 일본육사 위탁교육의 정규 코스를 받은 엘리트 장교는 별로 없었다. 그를 둘러싸고는 "역시 그릇은 그릇이다"는 평가가 지배적이었다. 나이와 연륜도 많았다. 핵심 보직을 차지했던 육군참모차장 정일권, 정보국장 백선엽이 모두 대령인 데 비해 박정희는 비록 소령이지만 그들과 동갑(정일권)이거나 백선엽보다 세 살 위였다.

때문에 아까운 인물인 박정희를 일단 구제하고 보자는 분위기가 지배적이었다. 백선엽, 정일권이 그랬고, 일본 육사 출신인 김정렬 당시 항공사관학교장도

▶ 1951년 7월 16일 휴전회담장에서 휴식을 취하는 UN 대표단(왼쪽부터 크레이기 소장, 백선엽 소장, 조이 제독, 호디스 소장, 버크 제독).

그 남자 출생의 비밀 223

나섰다. 채병덕 국방부 참모총장 역시 호의적이었다. 이런 상황에서 면담을 마친 백선엽이 결심하자 구명운동은 서서히 탄력을 받았다.

백선엽 밑에서 숙군수사를 했던 육본 정보국 특무과장 김안일도 동조했다. 김창룡 역시 구명을 위한 신원보증서에 3자 연대 서명을 함으로써 박정희는 12월 10일 풀려날 수 있었다. 체포 한 달여 만에 이루어진 초고속 결정이다. 또 당시 군 수뇌부 거의 전체가 동원되다시피 했던 구명운동은 그만큼 이례적이었고, 박정희만의 특수성을 보여준다.

항간의 잘못된 소문처럼 남로당 세포 명단을 밀고했다고 풀려나는 차원과는 달랐음은 여기서도 재확인되지만, 문제는 군 관계자들이 합의한 뒤 바로 풀려날 상황도 아니었다. 그 윗선, 즉 군 통수권자인 대통령을 포함한 권력 최상층부의 의사결정도 그만큼 호의적이었고 또한 신속했다.

대통령 이승만은 숙군 수사 상황을 일일 보고하도록 조치했다. 보고자의 하나가 당시 미군 고문 짐 하우스만이었다. 그는 수시로 신성모 국방장관, 윌리엄 로버트 고문단장과도 함께 이승만을 만났는데, 박정희에 대한 형 집행면제를 기꺼이 건의했다. 그게 결정적이었다. 이제 박정희는 죽음의 문턱에서 살아난 것이다.

"사나이가 마음 한 번 고쳐먹은 거지 뭐"

이후 그가 받았던 특례는 거듭됐다. 출감한 박정희는 일주일 뒤 육본 정보국 전투정보과장으로 발령받아 근무를 시작했다. 체포에서 형 집행면제, 그리고 10여 일 동안 정양을 한 뒤 복귀하는 데 걸린 시간은 2개월여에 불과했다. 복귀 몇 개월 뒤 그에게 무기징역형을 언도한 1949년 2월 군사재판도 불구속 상태에서 이루어졌던 요식 절차로 보인다. 군 통수권자와 군 수뇌부를 포함한 놀라운 규모의 구명운동 동조자들의 존재, 중형 선고자 중 유일한 구명 케이스, 파격적인 초고속 복귀, 이 모두가 너무도 이례적인 일이다.

또 있다. 박정희에 대한 군 상층부의 확신은 이후 보직에서 확인된다. 전투정보과장이란 가상적 북한군 정보를 수집하는 핵심 자리로, 그가 한국전쟁 발발 이후까지 유지했던 자리다. 남로당 전력이 실체가 분명하다면 결코 앉을 수 없는 자리가 분명하다. 단 집행면제를 받았지만 절차는 절차였다. 육본 명령에 따라 파면 통보를 받았고, 문관 신분으로 1년여를 근무(1949년 4월~1950년 6월)했다. 백의종군보다 훨씬 심한 처지라서 군복을 아예 벗은 채 민간인 근무를 해야 했다.

생명을 잃을 수도 있던 그 최악의 상황, 상식대로라면 남로당 세포 박정희가 맞닥뜨려야 했던 죽음의 길을 복기해보자. 1949년 2월 고등군법회의에서 함께 선고받았던 사람 69명 중에는 만주군관학교 출신으로 박정희와 친했던 연대장 최남근이 포함됐는데, 그에 대한 사형 집행은 5월 말이었다. 총살형 지휘는 옛 동료였던 헌병장교 문용채가 했는데, 담담한 표정의 최남근은 형장에 들어가면서 "문형, 먼저 가요"라며 하직 인사를 했다. 동생에게 유서도 남겼다.

"큰형은 좌익 손에 맞아죽고 나는 우익에게 죽는다. 이럴 때 어떻게 살아가야 할지 잘 생각해서 처신하고……."

박정희는 전투정보과 근무 중 최남근에 대한 사형집행 소식을 누구보다도 민감하게 전해 들었을 것이다. 그런 일이 밥 먹듯 일어나던 시절, 박정희가 최남근과 함께 형장에 들어갔을 수 있었다. 가능성은 그쪽이 훨씬 높았다. 그런데 한 사람은 비명에 갔고 다른 한 사람은 천우신조로 육본 심장 부서에서 근무 중이다!

삶과 죽음을 가르는 운명적인 갈림길, 이는 쉽사리 해석할 수 없는 대목이다. 신화학자 조지프 캠벨의 신화적 해석 방식이 차라리 설득력이 높다. 캠벨에 따르면 한낱 범부의 삶도 그러하지만 고대의 지도자를 포함한 큰 인물은 네 가지 코스를 거쳐 드라마틱한 성장을 하는 법이다. 첫째가 고향 등 이미 익숙해진 공간에서 일단 길떠남leaving home을 한다. 이때 죽을 고비를 포함한 어려움을 겪는 것도 피할 수 없는 과정이다. 그게 두 번째 코스인 문턱과정threshold인데, 삶과 죽음을 오르내리는 최악의 단련 과정에서 극적인 외부 도움과 은혜ultimate boon라는 세 번째 코스를 치치면서 주인공은 몸과 마음이 훌쩍 큰다. 물론 외부 행운은 로또가 아니라 전에 치렀던 고통에 비례해 다가온다. 전과 다른 인간으로 훌쩍 거듭나는 부활체험을 이때 거친다. 이후 큰 인물은 전과 다른 정신 상태로 고향으로 돌아오는 귀환return을 감행한다.

어쩌면 그렇게 박정희에게 딱 떨어지는 네 가지 코스일까? 고향 상모리를 떠나 대구사범과 만주군관학교, 일본 육사를 거치는 교육과정 그리고 최후의 고통이었던 남로당 전력은 박정희가 만났던 한 단계 성장을 예비하던 길떠남과 문턱 과정이다. 이승만, 백선엽, 정일권을 포함한 대한민국 군 수뇌부의 구명 결정은 극적인 외부 행운을 상징한다. 이후 변화된 모습으로 군문에 귀환했던 것도 신화의 틀에 맞아떨어진다.

모든 것이 비상했던 시기, 그리고 건국과 건군이라는 역사의 소용돌이에서 이념의 선택에 따라 적과 동지로 사이가 엇갈렸다. 살아난 박정희는 이때 독자적인 생사관을 재확인했다. 삶과 죽음은 그렇게 가까운 곳에 있다는 것, 한 번 죽고 되살아난 자기 삶은 과연 무엇인가에 대한 만감이 교차하는 자기 정리, 그리고 대한민국을 보위하는 군인에 대한 자리매김도 해봤을 것이다. 모든 게 불분명했던 1946년 7월 조선경비사관학교 입학 직후 남로당에 가입했었지만, 이제 사상과 이념을 분명히 했다. 죽었다가 다시 살아난 마당에 예전과 같을 수야 없는 노릇이 아닐까? 여기서 물어봐야 한다. 건국 이전의 혼란 국면이었지만 왜 그는 남로당에 가입했을까? 손을 씻었다는 것은 어느 정도인가? 이 과정이 사실이라면 남로당 체험이 개인사와 현대사에 남긴 것은 무엇일까?

그가 남로당에 가입했다는 것은 논란의 여지가 없다. 그런 결정의 배경에는 셋째 형 상희의 죽음에서 받았던 충격이 자리 잡고 있다. 11살 위인 상희는 그에게 사실상의 아버지였다. 선산 지역의 청년 엘리트이기도 했던 좌익 성향의 그는 1946년 10·1 대구 폭동 당시 우익의 총에 비명횡사했다. 당시 박정희는 백수 생활을 정리한 채 조선경비사관학교에 막 입교했던 무렵이었다.

박정희는 현대사의 최대 '문제적 인간'

충격은 컸다. 대구 현지에서 장례식을 치르던 그에게 남로당 조직이 접근해왔고, 마음이 흔들렸다. 사회 분위기도 무시 못했다. 건국 직전의 혼란 속에서 강한 호소력을 가지고 움직였던 것이 좌익이었다. 사회학자 조희연은 "당시 전반적인 좌익 분위기에는 민족주의, 진보주의의 요소가 강력했고, 박정희 역시 그때는 진보적 지향을 가졌다"고 봤다. 있을 수 있는 결정이라는 판단이다.

그게 전부가 아니다. 남로당 가입은 시한부 좌익 체험으로 의미가 없지 않다. 그가 해방 이후의 사회 분위기를 호흡할 수 있던 역설적인 계기였다. 이를테면 정부 수립 1년 전인 1947년 미군정은 일반인을 대상으로 정치의식을 묻는 여론조사를 했다. '사회주의를 원한다' 70퍼센트, '자본주의를 원한다' 13퍼센트, '공산주의를 원한다' 10퍼센트가 나왔다. 이 수치를 놓고 좌파 이념에 대한 선호가 그만큼 컸다고 단정할 수 있을까? 혹시 그것은 일제시대 금기시해왔던 이념에 대한 호기심이 반영된 수치는 아닐까? 즉 '함께 새 나라의 주인이 되어 살아

보자'는 소박한 욕구가 반영된 것인데, 박정희의 남로당 가입도 그 맥락이다.

장기적으로 보아도 남로당 전력은 독자적인 정치의식에 확신을 심어줘 쿠데타 집권한 뒤 비타협적 반 김일성, 반북 노선을 유지하는 계기가 됐다. "결정적으로 그의 남로당 체험이란 당대를 풍미했던 사회주의 사상의 백신 예방주사(왁찐)를 맞았을 뿐 사회주의 병에는 감염되지 않았던 절묘한 체험이기 때문이다. 또 박정희 식 '통제된 자본주의'인 유교 자본주의에도 많은 영향을 줬다. 싱가포르의 리콴유가 젊었을 적에는 사회주의 성향이 강했고, 대만 국민당의 삼민주의에도 마르크시즘 영향이 배어있는데 이는 박정희와 함께 동아시아 자본주의의 성공으로 이어졌다. 유교의 유토피아 사회이념인 대동大同사상의 현대적 창조물로 해석될 수도 있는 대목이어서 앞으로 더욱 연구되어야 할 대목이다." 이런 논란이 새삼 보여주는 것은 박정희, 참 문제적 인간이라는 점이다. 독이건 약이건 자기 시대를 모두 들여 마시고 소화해야 하는 운명적 인간이었다. 어쨌거나 그의 남로당 전력을 가장 명쾌하게 이해했던 이는 이용문이다. 훗날 진급 등을 둘러싸고 뒷말이 나오면 이렇게 말했다.

"아, 사나이 대장부가 마음 바꿔 고쳐먹었으면 그만이지 뭐."

그는 이종찬과 함께 박정희가 존경했던 군대 선배. 이승만 정부를 보는 비판적 시선이나 사회개조의 꿈도 같았다. 1952년 부산정치파동 당시에도 한 몸처럼 움직였고, 그만큼 인간적·정치적 신뢰를 쌓았다. 그런 이용문이라서 명쾌한 말이 나왔지만 괜한 색안경을 끼지 않는다면 박정희의 사상적 방황은 있을 수 있는 과정, 현대사의 아픔과 함께하는 과정이었다.

그의 베아트리체 육영수의 등장

"**이 난리판에** 군인에게 시집간다는 게 될 법한 소리야?"

처녀 육영수의 부친 육종관은 도저히 참을 수가 없었다. 딸은 결혼을 끝내 강행할 태세였지만, 자기는 뭐 하나 만족스럽지 않으니 미칠 노릇이었다. 우선 전쟁통이 아닌가. 결혼 말이 오가던 것은 1950년 8월 하순. 당시 한국전쟁이 발발한 지 2개월이고, 전후방은 위기일발의 상황에 놓여 있었다.

밀려 있던 낙동강 전선에서 국군이 승리한다는 것은 어쩌면 요행에 가까운 일인지도 몰랐다. 게다가 사윗감 상대는 전쟁터 일선의 군인이다. 딸이 전쟁 미망인이 될 가능성도 있지만, 키 작은 영관 장교는 미덥지도 못했다. 집안도 잘 몰랐기 때문이다. 출발부터 육종관의 의지와 무관하게 진행했다. 박정희-육영수 결혼의 앞뒤 상황은 이랬다.

"제발 단념하고 장가나 드십시오."

당시 육본을 따라 대구와 부산을 왔다 갔다 하며 근무하고 있던 짝 없는, 나이 서른셋 박정희를 보고 군 후배들은 예전의 동거녀이자 약혼자 이현란을 잊으라고 성화를 했다. 그때 휘하 장교의 하나가 대구사범 1기 후배인 송재천이다. 옥천 출신이던 그가 퍼뜩 떠올린 것은 자기 동네 큰 부자인 육종관의 딸이었다. 마침 그 영감이 아내와 딸을 거느리고 부산 영도로 피난차 내려와 있다는 소식을 알고 있었다.

그렇게 일본식 2층 집에서 세 들어 사는 와중에 육영수와 박정희는 짬을 내 만났다. 정식 맞선은 아니었으나 나이 스물여섯의 '목이 길고 고상하게 생긴 처녀'에게 박정희는 대번 호감을 느꼈다. 곧바로 영도의 피난집을 찾아 육종관, 이경령 부부에게 인사를 드리는 절차를 밟았는데, 그건 박정희가 대단한 호감을 가졌음을 보여준다. 될 일이라서 그랬을까? 피난지 생활에서 이런 절차를 기꺼이 허락했던 여성 육영수도 남자가 마음에 꽉 찼다.

하지만 육종관은 여간 괘씸한 게 아니었다. 평소 고분한 성격의 아내 이경령까지 나서서 결혼을 주장하고 나섰다. 드잡이를 하던 육종관이 "너네들 마음대로 해!" 하고 쏘아붙이는 것을 기회로 일단 자기 손을 뗐는데, 애초에 그건 안 될 일이라는 판단을 깔고 있었다. 하지만 박정희, 육영수의 약혼과 결혼식은 롤러코스터를 탄 듯 일사천리로 진행됐다.

▶ 전쟁 중 대구에서 올린 박정희와 육영수의 결혼식. 전날 밤 위경련으로 신부 얼굴이 부어 있지만, 운명적 만남이 분명했다.

결혼식은 그해 12월 12일. 만남 4개월이 안 되던 시점이다. 결국 혼사는 아내와 딸이 남편과 아버지에 대해 벌인 반란인데, 그것도 예사롭지 않다. 옥천 교동의 육종관의 대저택은 솟을대문에 가로 100미터 세로 50미터의 담장으로 둘러싸인 그만의 왕국이었다. 본부인 이경령 외에 소실 다섯을 두고 떵떵거리던 그로서는 금지옥엽으로 키워온 딸을 완전히 빼앗기다시피 하는 상황이 아니던가!

약혼식부터 그랬다. 막강한 영향력을 휘두르던 육종관은 불참한 채 이경령, 육영수 모녀가 대구 동성로의 한 일식집에서 밥 한 끼 먹는 것으로 간소하게 치러졌다. 당시 연애 중이던 사이인 대위 김종필과 박정희의 조카인 박영옥도 참석했다. 곧바로 결혼식은 대구 계산동 천주교 성당에서 열렸다. 박정희가 전쟁 중에 결혼을 추진할 수 있었던 것은 전투에 직접 노출되지 않는 정보장교였기 때문이지만, 그래도 전쟁통에 평범한 일은 아니다. 그런 의미에서 현실적 이해를 따지지 않는 운명적·낭만적 사랑이 결혼으로 골인했던 경우다.

콩깍지가 씌워졌던 둘 사이, 그것도 양가 부모들의 동의가 애매했던 둘 사이의 결합은 불안정한 신혼으로 연결될 소지가 많았다. 하지만 결과는 정반대로 나타났다. 축복받지 못한 커플의 교제 과정을 유심히 지켜본 사람이 육영수의 조카 홍소자였다. 육인순의 둘째 딸로 나중에 청와대에서 육영수를 보필했던 그는 둘 사이의 신혼살림 분위기를 이렇게 밝히고 있다.

"(고모 육영수는) 부끄럽다거나 내숭 있는 표정이 아니라 맑고 투명한 표정으로 박정희 씨를 맞이했습니다. 두 사람은 그 전시의 들뜨고 불안하고 뒤죽박죽이던 시절에도 안정되고 자신감 있는 표정이었습니다. 두 사람의 연애시절은 젊은 청춘남녀의 불타는 사랑도 아니고 그렇다고 노인네들의 로맨스도 아니고, 참 신기했어요. 성숙된 인격의 만남이었기 때문이 아닌가 하고 훗날 와서 생각합니다."

육인순은 두 사람이 어쩌면 저렇게 충만하게 보일까 생각했다지만, 박정희 개인사로 보자면 구원의 여인이 출현한 것이다. 오랜 아픔과 상처를 씻어줄 득의의 카드였다. 박정희 삶에 영향을 줬던 여자는 김호남, 이현란, 육영수 셋이지만 깊은 정서적 안정감을 안겨준 것은 육영수가 유일했다.

육영수 만나기 5년 전 상황을 잠시 떠올려 보라. 해방 정국에서 박정희는 계급장 떼인 만주군 중위였다. 백수로 급전직하한 뒤 조선경비사령부 입학과 국방군 장교로 임관한 전후에도 연신 흔들리며 남로당 가입 등으로 헤매고 있었던 참이다. 1948년 숙군 사태 때, 즉 결혼 2년 전까지도 사형 구형에 무기징역 형을 선고 받으며 인생 최악의 터널에 빠졌는데, 좌절의 3년을 빠져나오던 국면과 육영수의 등장은 완벽하게 일치한다.

지옥 문턱의 남자에게 손을 내민 수호천사

결과적으로 육영수는 축복이었다. 신화에서 말하는 궁극의 은혜요, 거대한 축복이었다. 말 그대로 박정희를 위한 준비된 베아트리체였다. 박정희의 부활 체험을 완성시켜준 사회 배경은 한국전쟁이라는 대사건인데, 그럼에도 불안정했던 그의 심리는 구원의 여인을 만나며 온전히 치유될 수 있었다. 박정희 스스로가 그걸 잘 알고 있었다. 결혼 4년 뒤에 쓴 일기에 자기 아내를 "내 마음의 어머니"로 서술하는데, 조금도 과장이 아니다.

"나의 어진 아내 영수, 그대는 내 마음의 어머니다. 셋방살이, 없는 살림, 좁은 울안에 우물 하나 없이 구차한 집안이나 그곳은 나의 유일한 낙원이요, 태평양보다 더 넓은 마음의 안식처다."

일상생활에서 남편은 아내를 그렇게 살뜰하게 대했지만, 육영수도 그건 마찬가지였다. 키 작고 얼굴 새까만 남자에게 마음을 빼앗긴 것은 처음 만남 때의 일시적 감정이 아니었다. 그 과묵한 남자는 육영수의 존재 이유로 등장했다. 그 어려운 1950년대 살림에도 맑은 성격의 육영수는 재봉틀을 돌리며 남편 사랑을 노래 불렀다. 집안사람은 하도 많이 들어 줄줄 따라 외웠을 정도였다.

▶ 박정희는 그의 베아트리체인 육영수를 통해 안정을 찾게 된다.

    검푸른 숲 속에서 맺은 꿈은

    어여쁜 꽃밭에서 맺은 꿈은

    이 가슴 설레어라

    첫사랑의 노래랍니다

    그대가 있었기에 그대가 있었기에

    나는 그대의 것이 되었답니다

    그대는 나의 것이 되었답니다

흔치 않은 연분이다. 육영수와의 축복 받은 인연은 박정희의 삶에 긍정적 요소로 작용했는데, 우선 강퍅했던 이미지를 씻어줬다. 그녀 없는 박정희란 상상할 수 없을 정도인데, 이런 관계는 1936년 부모가 맺어준 첫 아내 김호남과 너무도 달랐다. 이 점도 실은 의문이다. 두 여인 사이에서 박정희는 왜 그런 극과 극의 반응을 보였을까? 첫 결혼 당시 박정희 나이 열아홉이고, 김호남은 세 살 연하의 선산 처녀였다.

키 크고 잘생긴 여성이고, 2년제 간이학교 출신이었으니 당시 기준으로 그렇게 빠지는 축도 아니다. 문제는 조건이나 자질이 문제가 아니었다. 김호남은 등장부터 퇴장까지 박정희에게는 거의 없는 여자나 마찬가지였다. 상식으로는 이해하기 힘든데, 그게 박정희만의 유별난 반응이다. 자기 뜻에 어긋나는 인습적이고 봉건적인 관습에는 망설임 없이 "노!"를 했다. 10대 시절에는 거의 불이었다.

김호남이라는 여성이 싫은 게 아니라, 조혼이라는 봉건적 관습, 선산 상모리로 상징되는 전근대에 대한 전면적 거부가 그렇게 독하게 표출된 것이다. 대구사범을 다니던 때 그의 봄방학을 기회로 서둘러 잡은 결혼식을 놓고 막내아들이 하도 펄펄 뛰는 바람에 집안 어른들은 박정희가 과연 내려오기는 할까를 걱정해야 했을 정도였다.

결혼식을 앞두고 박정희는 머리를 감싸 안고 전전긍긍했던 것으로 알려졌다. 엎질러진 물, 돌이킬 수 없는 결혼이라서 일단 하기는 했다. 하지만 내용상으로는 하나마나 했다. 정상적인 부부생활에서 멀어도 한참 멀었다. 문경에서 교사생활을 할 때도 자기가 결혼해 딸(박재옥)까지 뒀다는 것을 굳이 알리지 않았다. 부끄러워 입을 닫았다는 게 아니다. 첫 결혼은 지워버리고 싶은 기억, 떠올리는 것 자체가 고통이었다. 이후도 마찬가지다.

"임마, 니는 뭐하는 놈이고? 모처럼 와서는 제수씨와 한 방에서도 안 자?"

셋째 형 상희는 방학 때 내려온 동생을 방 문고리를 잠가놓고 몽둥이찜질했다. 소 닭 보듯 하는 결혼생활에 대한 응징이었으나 백약이 무효였다. 김호남은 문 밖에 서서 두들겨 맞는 남편을 안타까워했지만, 뛰어들 수도 말릴 수도 없는 입장이었다. 어머니 백남의도 유순한 며느리를 아꼈던 것으로 알려졌지만 소용없는 일이었다.

때문에 첫 결혼은 데면데면했고 겉돌기만 했다. 결과적으로 김호남이란 여인에게는 평생의 한이었지만, 박정희로 볼 때 업보를 푸는 것은 칼 같은 외면밖에 길이 없었다. 14년 세월이 흘러 법적인 정리를 하는 마당에서도 마찬가지였다. 즉 육영수와의 결혼을 앞두고 박정희는 마음이 바빴다. 김호남이 이혼에 도장을 찍어줘야 자기가 자유로워지기 때문이었다. 결혼 한 달여 전에 극적인 협의이혼에 성공할 수 있었으니 불행 중 다행이었을까?

박정희에게 김호남은 호불호나 연민, 그런 차원이 아니었다. 설명하기 어려운 이 대목이야말로 박정희다운 멘털리티를 보여준다. 그건 그만큼 10대 시절의 그가 의식·무의식적으로 혁명적 비전을 갖고 있었다는 증거다. 증거가 있다. 완벽하게 닮은꼴의 사례가 중국 마오쩌둥이기 때문이다. 극렬한 조혼早婚 반대론자로 유명했던 그는 나이가 열넷이던 1908년에 뤄씨 성을 가진 열여덟 살 신부와의 조혼을 했는데, 이때 크게 데고 말았다.

"나는 그녀를 내 아내라고 생각하지 않아요. 사실 함께 산 적도 없다고요."

마오는 격앙된 표정으로 『중국의 붉은 별』의 미국 기자 에드가 스노에게 말했다. 중국의 혁명아 역시 조혼을 강요했던 주변 환경에 극단적으로 반감을 표했던 것이다. 마오가 혁명적 비전을 품은 채 전근대와 봉건의 중국 풍토에 적의를 드러내고 있었다는 증거인데, 실제로 그는 조혼·중매결혼을 간접 살인이자 강간이라고 규정했다. 그에게 '봉건 중국'은 관념이 아니라 삶을 구속하는 끔찍한 실체였다.

마찬가지였다. 박정희에게 첫 결혼은 봉건 조선의 끔찍한 악몽에 다름 아니었다. 그러나 그는 행운아였다. 육영수란 평생 반려의 등장 이후 오랜 상처를 다스려주는 훌륭한 치료제를 찾았기 때문이다. 전근대적 구속과 질곡으로부터 완전히 벗어나는 계기였다. 그게 정확한 얘기다. 한국사회에 드리워진 전근대적 구질서라는 질곡을 깨기 위해 나섰던 몸짓이 1961년 쿠데타라면, 개인사에 드리웠던 먹장구름은 11년 전 육영수와의 결합을 통해 완벽하게 자연 치유가 됐다.

한국인 마음을 적셔줬던 '육영수 매직'의 힘

둘의 만남이 갖는 의미는 박정희 개인사 차원을 훌쩍 뛰어넘는다. 한국사회는 육영수를 영원한 여인상으로 간직하고 있기 때문이다. 훗날 청와대의 안주인이 된 그녀는 깔끔한 내조로 현대 한국 여인의 원형으로 자리 잡았다. 지금도 사람들에게는 으뜸가는 퍼스트레이디로 남아 있지 않은가!

▶ 1971년 경기도 시흥의 성 나자로 마을을 방문한 육영수.

"육영수 여사는 자기 역할에 대한 정리가 돼 있는 분이다. 대통령에게 '밝은 귀'가 돼 드려야겠다는 생각과, 국민 마음을 아프게 하지 않아야겠다는 다짐이다. 권력을 즐기는 행세 등으로 원망을 사서는 안 된다는 조심성 때문에 늘 긴장된 생활의 연속이었다. 나는 육여사를 수행하면서 한 번도 그분이 차에서나 행사장에서 의자에 등을 기대는 모습을 본 적이 없다. 오만하게 보이지 않을까 신경을 썼다."

청와대 2부속실 비서관 김두영의 증언은 국민 마음을 빼앗은 '육영수 매직'을 보여주는데, 핵심은 섬세함과 사려 깊음이다. 항간에서는 대통령이 육영수에게 재떨이를 던지며 부부싸움

▶ 군부대 사병휴게소를 방문한 육영수. 1969년 1월 28일.

을 했다느니 하는 미확인 소문이 떠돌기도 했는데, 그런 때마다 육영수 식의 조용한 해법이 돋보였다. 일부러 사람들을 접견해 텔레비전 화면에 얼굴이 내비치도록 했다. 자연스럽게 소문이 가라앉도록 배려한 것인데, 사려 깊은 처신은 자주 있는 일이었다. 1973년 가을 박지만의 얼굴이 퉁퉁 부어 있었다. 청와대 관계자가 자초지종을 물었더니 상급생에게 얻어맞은 것이었다. 저녁 무렵 육영수가 그 관계자에게 전화했다.

"아까 지만이한테 왜 맞았느냐고 물으셨다면서요?"

"예. 그랬습니다. 제가 무슨 잘못이라도?"

"그런 건 왜 물으세요. 그냥 모른 체하고 넘어가시면 어떨까요? 제가 가슴이 얼마나 아픈데……."

학교에서는 뒤늦게 대통령 아들이 맞았다는 사실이 알려져 발칵 뒤집혔지만 육영수 여사는 "모른 척해달라"고 다시 신신당부를 했다. 그의 진면목이다. 그런 섬세함은 1970년대 초 김두영에게 털어놓았던 조심스러운 말에서도 엿보인다.

"청와대에서 나오는 기사를 보면 '박종규 경호실장과 김정렴 비서실장이 대

▶ 박정희와 육영수 사이의 자녀들(왼쪽부터 지만, 근영, 근혜). 청와대 뒤뜰에서 즐거운 한때를 보내고 있다. 1969년 1월 31일.

통령을 수행했다'는 내용이 대통령 관련 기사에 항상 붙어 다니는데 국민들이 읽으면 식상할 것 같아요. 대통령이 움직이면 의례히 수행하는데 그 사실을 꼭 기사에 담아야 하나요? 그러지 않아도 대통령 측근들을 좋아하지 않는 사람들이 있을 텐데……."

김두영은 청와대 대변인을 통해 언론기관에 협조를 의뢰했다. 낡은 기사의 패턴이 바로 사라진 것은 물론이다. 객관적이고 비판적인 시각을 유지하려고 애썼던 자세, 사안이 발생할 때는 극도로 섬세하게 처리하는 현명함은 육영수의 사람됨에서 나왔다. 국민들의 감동은 자연스러운 일이었다.

1974년 8월 15일 서울 장충동 국립극장에서 조총련 문세광의 총탄을 맞고 비명에 간 다음에도 그건 마찬가지였다. 그녀의 비극적 죽음은 길지 않은 49년 삶, 퍼스트레이디로서의 13년 활동을 국민들에게 더욱 아름답게 기억되도록 만들었다. 젊은 아내 육영수는 박정희 통치행위에도 플러스 요인이었다. 눈에 안 보이는 형태로 조력을 한 탓이다. 많은 직간접적인 도움을 받았던 고 김수환 추기경이 육영수를 가리켜 "국모라고 불러도 손색없다"고 자서전 『추기경 김수환 이야기』에서 털어놓았던 것도 우연이 아니다.

실은 그 이상이었다. 육영수는 현실정치의 변수였다. 청와대로 들어오는 많은 민원 진정서를 처리하면서 통치의 한 축을 맡았다고 볼 수 있다. 수는 많지 않지만 청와대 제2부속실의 스태프를 거느리며 민원 접수 등 고유 업무를 챙겼으며, 일부 고위직을 견제하는 등 눈에 안 보이는 역할을 수행했다.

1970년대 초반 대통령의 민의수렴과 정보 수집 채널은 정보부, 보안사, 육영수 세 갈래로 나눌 수 있었다고 털어놓은 증언이 있을 정도다. 청와대 내 권력의 한 요소라서 비서실장, 중앙정보부장 등 권력 요직에 오르내리던 이후락, 김형욱 등의 인사에도 간접적인 입김을 발휘했다. 특히 그는 이후락, 김형욱 등 권력형 인사들의 천적이었으며, 실제로 그들에게 노골적인 비호감 의사를 드러냈다.

육영수가 가졌던 '작은' 힘의 위력은 있을 때보다 없을 때 더욱 잘 드러난다. 1974년 8월 그가 비극적으로 타계한 뒤 유신체제는 지나치게 살벌하고 경화되는 쪽으로 흘러갔던 것도 사실이다. 육영수의 매직의 힘은 그게 사라지고 난 다음에 더욱 절실하게 다가왔던 것이다.

04

박정희 18년의 A to Z

"친애하는 애국 동포 여러분! 은인자중하던 군부는 드디어 금조미명을 기해……." 5·16 군사혁명 포고문은 그렇게 시작한다. 그날 새벽 동원된 병력은 3,500명이 전부였다. 군사학의 측면에서 실패할 확률이 높았는데 어떻게 권력을 끝내 틀어쥐었을까? 5·16은 골방의 음모가 아니다. 사회가 새로운 기운을 요청하고 있었는데, 쿠데타는 그 목마름을 채워준 계기였다. 손바닥이 마주쳐 소리가 난 것이다. 그렇게 열린 박정희 18년 성취의 실체는 무엇일까? 부국강병의 꿈은 이뤄졌는가? 권력 나누기 식의 중남미 쿠데타와는 뭐가 다른가?

쿠데타, 총 아닌 마음으로 했다

1961년 5월 16일 새벽 0시 15분, 쿠데타 지휘자인 박정희 일행이 서울 영등포에 있는 6관구사령부(지금의 수도군단사령부)에 치고 들어갔다. 당초 모의 때 혁명지휘소로 찍어뒀던 곳이다. D데이, H아워는 5월 16일 새벽 3시. 그 시간을 앞두고 비상훈련을 가장한 혁명군 병력들이 각지에서 움직이는 것으로 계획을 짜뒀는데, 드디어 쿠데타 지도자가 역사적인 루비콘 강을 건너려는 것이다.

이미 시작된 쿠데타, 계획대로라면 트럭에 분승한 해병대 병력이 김포가도를 통해 서울을 향해 내달리고, 6군단 포병대 및 공수특전단도 의정부 쪽을 통해 도심으로 진주했어야 했다. 5·16의 시동이다. 하지만 상황은 좋지 않았다. 전날 밤 거사 계획이 일부 누설됐다는 보고가 속속 들어왔다. 서울 신당동 박정희의 집에는 민간인으로 변장한 헌병대 감시조가 따라붙었고, 박정희가 치고 들어간 6관구사령부도 실은 호랑이 굴이었다. 육군참모총장이 그곳에 비상을 걸어놓은 상황이었다.

벌집 쑤신 듯한 그곳에는 이광선 헌병차감이 이끄는 체포조 병력이 진을 친 채 쿠데타군의 진입만을 노리고 있었다. 불과 두시간 전인 15일 밤 오후 10시경 쿠데타 발생 첫 보고를 받은 장도영이 내렸던 비상 명령 때문이었다. 그는 병력 출동이 예정됐던 30사단과 33사단 그리고 공수단에 출동금지 명령을 내린 데 이어 서울지구방첩대에 박정희 미행을 지시했다. 비상을 걸어둔 6관구사령부에 헌병 체포조를 보낸 것도 그였다. 길목에서 낚아채 사전예방에 최선을 다하라는 명령이었다.

"각하, 폭로가 된 것 같습니다."

"그래? 그럼 어떻게 할래?"

"이래도 죽고 저래도 죽는데 빨리 6관구로 나오시죠. 제가 먼저 나가 장악하고 있겠습니다."

사령부 정문을 막 통과하던 시각, 박정희의 마음은 복잡했다. 부대 안에는 김재춘(6관구 참모장)이 먼저 들어가 있었는데, 부대 진입 직전에 그와 다급한 통화를 한 차례 했다. 잔뜩 걱정이 깔린 김재춘의 목소리가 귓전에 윙윙 울렸다. 가담키로 했던 병력 상당수가 출동 못하는 상황이고, 6관구사령부에는 혁명군과 진압군이 뒤섞여 있어 유혈사태가 벌어질 수도 있지 않은가. 한강다리를 건너가기 전에 쿠데타가 좌초되면 어쩌나 하는 불길한 생각도 스쳤다. 박정희의 결심은 일단 호랑이굴로 들어가는 쪽이었다. 얼마나 기다렸던 D데인가? 삶과 죽음을 건 일대 승부수인데 여기에서 물러설 수야 없지 않은가? 이를 악문 그가 모든 상황을 가정한 채 사령부 참모장실에 척 들어서자마자 이광선이 이끄는 수십 명의 병력부터 눈에 들어왔다. 그들 손에 쥐어진 조서용지, 수갑, 포승도 보였다.

"여러분, 우리는 4·19 혁명 후 나라가 바로잡혀지기를 기다렸습니다. 그런데 이게 무슨 나라꼴입니까? 국무총리를 포함해 장관들이 호텔방을 잡고 돈보따리가 오고가는 이권운동에 여념이 없습니다. 자유당 정권을 능가하는 부패와 무능으로 나라를 멸망의 구렁텅이로 밀어 넣고 있는 이 정권을 보다 못해 우리는 목숨을 걸고 궐기한 것입니다. 그러나 우리의 혁명은 피를 흘려서는 절대로 안 됩

▶ 쿠데타 뒤 처음으로 모습을 드러낸 서울 시청 앞의 '선글라스 장군' 박정희(가운데)와 박종규 소령(좌), 차지철 대위(우). 1961년 5월 17일.

니다."

뜻밖이었다. 총격전이 벌어질 수도 있는 분위기에서 박정희가 선택한 것은 즉석연설이었는데, 그게 5·16 명장면의 하나다. 내용도 담대했다. 자기가 혁명군 지휘자인데, 진압군 측도 기꺼이 참여하라는 권유. 그 극한상황에서 난데없는 진압군이 쿠데타 지휘자인 자기를 체포하려 한다면 옆구리에 찬 권총부터 뽑으려 드는 게 군인의 본능인데, 일장연설은 그걸 뛰어넘는 대담함이었다.

박정희는 "동지들도 이제부터 구국 혁명의 대열에 서서 각자 맡은 임무에 전력을 다해주기 바랍니다"라는 당부까지 했는데, 연설을 마친 박정희는 이광선에게 다가가 악수를 청하며 "혁명을 도와달라"고 재삼 당부했다. 미스터리의 연속이다. 박정희야 이판사판 배수진을 쳤다지만, 진압군은 왜 그리 무력했을까? 수갑을 채우기는커녕 쿠데타 주모자에게 연설을 허용한데다가 거꾸로 설득을 당하던 상황이 이해되지 않는다. 박정희의 당당함이 압도적이었다지만 그게 모든 걸 설명해주지 않는다. 무엇 때문일까? 5·16은 절반은 공개적으로 벌어졌던 혁명이자 '총구 아닌 마음으로' 했음을 여실히 보여주는 생생한 장면이 아닐까? 그게 5·16의 진실이다.

공개됐던 쿠데타, 세상이 눈감아줬다?

즉 주모자나 헌병 측이나 모두 쿠데타를 예견하고 있었다. 때문에 헌병 측은 눈앞에 막 등장한 쿠데타 세력 앞에 심리적으로 승복하고 있었다. 그들은 진압대상이 아니었다. 추상같은 육군참모총장 명령도 먹혀들 리 없었다. 실제로 그들은 연설에 감동했는데, 그중 한 명이 방첩대 간부다. 6관구 방첩대장인 정명환 중령인데, 그는 박정희의 당부에 "예, 돕겠습니다"라며 부동자세로 복창을 했다. 쿠데타의 첫 갈림길인 6관구사령부의 진풍경이 바로 그랬다.

상황 장악에 성공했다고 판단한 박정희는 실병력이 출동한 공수단과 해병대의 출동을 지켜보겠다며 6관구 정문을 빠져나왔다. 쿠데타가 성공하느냐 마느냐가 걸려 있는 또 한 번의 관건인 한강다리로 나선 것이다. 김종필은 훗날 거사 성공의 3대 요인으로 거사정보가 누설된 것을 알고도 박정희가 진압군 헌병대가 대기 중인 6관구사령부로 향했던 것, 이어 실병력이 출동하는 공수단과 해병대 쪽으로 찾아갔던 것, 한강다리를 건널 때의 놀라운 용기와 결단을 꼽았지만, 이 모든 상황은 그날 새벽 0시~3시에 번개처럼 진행되었다.

혁명을 전국에 알린 것은 당시 남산에 있던 KBS 방송국이었다. 한강다리를 건너 서울시내 진입에 성공한 해병대 1,500명 병력의 일부가 치안국과 시청으로, 해병 1개 수색소대는 중앙전신국으로 달려갔지만, 공수단 1개 소대는 KBS를 점령했다. 5시경 중앙방송국에서 쿠데타 제1성 즉 군사혁명 공약이 터져 나왔다. 본래 계획했던 H아워를 딱 맞출 수 있었으니 절반의 성공을 거둔 셈이다.

"친애하는 애국 동포 여러분! 은인자중하던 군부는 드디어 금조 미명을 기해서 일제히 행동을 개시하여 국가의 행정, 입법, 사법의 3권을 완전히 장악하고 이어 군사혁명위원회를 조직하였습니다. 군부가 궐기한 것은……."

박정희는 신당동 집에서 나오면서 아내에게 라디오 주파수를 KBS에 고정하고 새벽 5시 방송을 지켜보라고 일러뒀는데 기어코 성공한 것이다. 근혜·근영 두 딸과 막내아들 지만을 재운 뒤 혼자서 밤을 새우던 육영수도 혁명 성공에 환호성을 올렸을까? 남편이 아직 살아 있구나 하는 안도감에 가슴부터 쓸었으리라. 실은 박정희는 쿠데타에 모든 병력을 참여시키면서도 딱 한 사람만은 남겨뒀다. 자기가 죽으면 가족을 돌봐줄 사람을 '열외' 시켜둔 것이다. 그게 훗날 포항제철의 영웅으로 등장하는 심복 박태준이다.

실은 방송국 점령을 앞두고 또 한 차례의 위기가 있었다. 한강다리 돌파 작전이다. 박정희가 이끄는 쿠데타군이 한강 방어선을 뚫는 데 성공했던 시각이 새벽 4시 15분이다. 해병여단의 선두인 제2중대 병력이었다. 쉽게 건널 줄 알았던 이들이 한강 인도교에서 딱 마주쳤던 것은 트럭 8대로 시옷(ㅅ)자 형태로 바리케이트 친 헌병 50명의 소총 세례였다.

이때 쿠데타군과 헌병을 포함해 부상자 9명이 발생했다. 하지만 사망자는 없었다. 한강 교전 직전인 새벽 3시30분, 포병사령관 문재준 대령의 6군단 포병단 병력 1,300여 명이 육군본부 진주에 성공했다는 보고를 해왔다. 의정부~미아리를 거쳐 목표지점에 도착한 것이다.

그 또한 놀라운 일이다. 박정희가 실제로 동원에 성공했던 병력은 해병대와 포병단 병력을 포함해 3,500명이 전부였다는 것인

▶ 1961년 5월 17일 아침 경향신문 게시판에서 '군부 무혈 혁명' 제목의 특보를 시민들이 읽고 있다.

데, 너무도 적은 병력이 아닐 수 없다. 어떻게 그 정도의 인원으로 쿠데타가 성공했단 말인가? 군사학의 측면에서 실패할 확률이 훨씬 높았는데 어떻게 권력을 틀어쥐는 데 성공했을까?

비밀은 의외로 간단하다. 많은 사람들이 착각하듯 5·16은 골방에서 몇몇 사람이 추진했던 억지 음모가 아니었다. 작은 규모의 병력을 효율적으로 움직였고 믿기 어려운 담력으로 고비를 몇 차례 넘겼다지만, 그보다 중요한 요인은 따로 있다. 군부대를 포함한 사회가 새로운 혁명적 기운을 요청하고 있었다. 그게 포인트다. 쿠데타는 그런 목마름을 채워준 계기였다. 손바닥도 마주쳐야 소리가 나는 법인데, 서로 맞아떨어진 게 5·16이다.

당시 박정희는 거의 반공개적으로 정지작업을 진행하고 있어서 군 수뇌부에서 눈치 채지 못했던 것도 아니었는데, 이후 벌어졌던 상황도 그랬다. 대통령 윤보선의 유명한 말대로 "올 것이 왔구나!" 하는 분위기가 지배적인 사회정서였다.

그건 쿠데타 군을 막는 위치에 있던 장도영 육군참모총장을 포함해 누구나 그랬다. 장도영부터 엉거주춤했다. 적극적으로 막는 것도 아니었고, 차라리 방조에 가까웠다. 방첩대 등 군 정보부대도 박정희 소장의 눈에 띄는 움직임을 속속 포착

했으나 '알면서도 넘어가주는' 식이었다. 심지어 장도영의 면전에서 박정희가 당당하게 쿠데타의 당위성과 개요를 요약 설명했던 일도 있었다. 쿠데타 한 달여 전인 4월 10일이다. D데이를 노출하지 않았지만 결국은 "우리는 한다"는 메시지였다. "당신은 알고 있으라"는 으름장이자, 은근한 동참 권유의 양수겸장 카드였다. 그게 너끈히 통했던 게 1961년 5월의 상황이었다.

1952·1960년 '쿠데타 예행연습' 두 번 있었다

쿠데타 당일 6관구사령부에서도 그랬지만, 그 이전부터 반공개적으로 쿠데타를 추진해왔다. 박정희 입장에서 보자면 "내가 일을 벌여도 국민적 지지를 얻어낼 수 있을 것"이라는 판단을 굳혔기 때문에 가능했던 '만용'이었다.

"나 쿠데타 할 거요. 그럴 경우 미국이 어떻게 나올 것 같소?"

5·16이 터지기 꼭 한 달 전, 그러니까 장도영에게 쿠데타 개요를 설명한 직후 박정희는 서울 시내 식당 등에서 거침없이 자기 소신을 털어놓았다. 그날 상대는 처음 만나는 사람이고 더구나 민간인 신분이었다. 나중 외무장관직에 올랐던 옥스퍼드대 출신의 정치학 박사 이동원이 대화 상대다.

발언을 들었던 이동원은 "마치 쇠망치로 머리를 얻어맞는 느낌"이었다고 한다. 자리는 김동하 소장(해병 제1상륙 사단장)의 소개로 만들어졌다. 김동하는 박정희가 군사쿠데타를 두 번째로 모의한 1960년 1월 모임부터 줄곧 참여해온 인물. 처음 만나는 박정희는 스프링코트에 넥타이 차림이었는데 맥주잔에 정종을 절반쯤 채워 대여섯 잔을 비울 때까지 도통 말이 없었다. "물어볼 게 있다"는 첫마디에 이어 바로 튀어나온 것이 "나 쿠데타할 거요"였다.

"가까스로 정신을 수습한 나는 자세히 그를 살펴보았다. 여전히 태연했다. 진짜 쿠데타를 하려면 이렇게 함부로 발설해도 되는가 하는 생각에 그를 살펴보았지만 분명 농담은 아니었다. 어느 새 빈틈없는 그의 눈에서는 불이 나오고 있었다."

그 직전에도 그랬다. 1961년에 막 접어들면서 박정희는 여기저기에서 쿠데타를 역설하고 다녔다. 그해 1월 제2군 부사령관이었던 그는 이회영 2군 방첩대장에게도 누군가는 쿠데타를 해야 할 것 아니냐는 식의 발언을 던졌다. 말도 안 되는 상황이다. 박정희 자신을 포함한 제2군 병력 전체를 관할하는 방첩대장에게 그런 말을 한 것은 완전 자살골인데, 박정희는 그만큼 겁이 없었거나, 자신감으로 충만했다. 이회영은 훗날 이렇게 털어놓았을 정도다.

"방첩대장인 내게 이런 이야기를 할 정도라면 장도영 2군 사령관하고도 이야기가 다 된 것이 아닌가 하는 생각도 했다. 기회를 봐서 장 사령관에게 그걸 물어봐야겠다고 생각하는 사이 그가 육군 참모총장이 되어 서울로 올라갔다."

배짱의 박정희는 쿠데타를 기정사실화하면서 "보안·정보 업무를 총괄하는 당

▶ 혁명내각 구성 후 국가재건최고위원회. 앞줄 가운데 장도영 왼편에 박정희가 보인다. 1961년 5월 21일.

신도 알기는 알아라"는 식의 통보를 했던 셈이다. 더 놀라운 것은 이회영은 상부(박창록 방첩대장)로부터 박정희 엄중 감시와 동태 보고를 지시받았던 상황이었다. 지시한 것은 육본 수뇌부였다. 수뇌부는 박정희의 움직임이 심상치 않아 강제 전역, 한직 좌천을 포함한 강력 대응을 준비하고 있었다.

"흥, 너희들이 내 옷을 벗겨?"

박정희는 한술 더 떠 과감하게 나갔다. 당시 장성과 영관급 장교들은 자기들끼리 모임을 가지면서 "야, 박정희 장군이 쿠데타를 한대나 봐" 하는 식의 대화를 나눴다. 절묘한 점은 누구나 다 아는 그런 상황이 방파제 역할을 해주었다는 사실이다. 결정적인 정보가 누설된다고 해도 적극적으로 신고하려는 이들이 없었다. 세상이 아는데 왜 굳이 자기가 나서야 할까 하는 심리가 조성된 것이다.

결과적으로 5·16 성공은 기적이었다. 3,500명의 소규모 병력만이 동원됐고 그것도 거사 계획이 일부 누설됐던 불리한 상황에서도 끝내 성공했다. 때문에 5·16은 성공할 수밖에 없는 게임이었다. 군사적으로 극히 불리했으나 사회정서라는 강력한 우군이 측면 지원을 해줬기 때문이다. 그러나 그게 전부가 아니다. 5·16은 결코 간단치 않았다. 우발적으로 일어난 일회용 쿠데타가 아니었고, 언젠가는 터질 수밖에 없었던 시한폭탄이었다.

무엇보다 세 번의 시도 끝에 끝내 성공했던 쿠데타라는 성격을 감안해야 하기 때문이다. 박정희는 이전 두 차례에 걸친 '예행연습'을 거쳤다. 1952년 부산정치파동 당시 한 차례, 1960년 4·19 직전 또 한 차례가 그것이다. 부산정치파동의 경우, 부산에서 국회와 파워게임을 하고 있던 이승만이 3~4개 대대 병력을 부산 현지에 보내라고 육본에 다급한 요청을 하면서 박정희와 막바로 연결됐다.

당시 그의 보직은 육본 작전국의 제2인자인 작전참모부장. 정치파동이 터지기 5개월 전에 작전국장 이용문 준장이 그를 끌어줬던 것이다. 1952년 봄 부산

정치파동은 놀라운 권모술수를 발휘한 이승만이 결국 직선제 개헌을 관철시킨 괴이쩍은 사건이다. 경찰은 물론 백골단, 땃벌떼 등 깡패를 동원하여 공포 분위기를 조성해 국회를 찍어 누르려는 상황에서 병력 파견 지시를 받은 육본은 거부 의사를 밝혔다. 명백한 항명이다. 그것도 군통수권자에 대한 '노!'의 목소리였다. 그걸 분명히 했던 것이 전 장병들에게 보낸 훈령 '육군장병에게 고함'(훈령 217호)인데, 문장 초안을 만든 주인공이 박정희다.

"군은 국가민족의 수호를 유일한 사명으로 하고 있으므로 어느 기관이나 개인에 예속된 것이 아닐 뿐 아니라 변천무쌍한 정사에 좌우될 수 없는, 국가와 더불어 영구불멸히 존재하여야 할 신성한 국가의 공기이므로 군인된 자, 수하를 막론하고 국가방위와 민족수호라는 본분을 떠나서는 일거수일투족이라도 절대로 허용되지 아니함은 재론할 여지가 없는 것이다. ……충용한 육군장병제군, 거듭 제군의 각성과 자중을 촉구하니 여하한 사태에서라도 각자 소임에 일심불란 헌신하여 주기를 바란다. 육군참모총장 이종찬."

그때 부산엔 전투 병력이 없었다. 헌병사령관 원용덕이 지휘하는 소수의 헌병이 있을 뿐이었다. 당시 박정희의 계급은 대령. 하지만 이미 현실정치 권력의 핵심에 들어가 있었고, 쿠데타란 의외로 간단할 수도 있고 코앞의 것을 움켜쥐면 된다는 것을 확인했다. 오해 마시라. 훈령에서는 정치 불개입 원칙을 내세우지만, 한 꺼풀 뒤집으면 정치 개입 의지로 읽힌다. 확실히 부산정치파동은 박정희에게는 제1의 5·16이었다. 그러던 박정희에게 제2의 5·16이 등장하는데 8년 뒤인 4·19 전후다.

"이러다가 학생들에게 선수를 빼앗기는 것은 아닐까?"

박정희는 4·19를 부산에서 맞았다. 군수기지사령관 보직에 계급은 소장이었는데 상황은 급박했다. 3·15 부정선거 뒤 시위에 나왔던 김주열 군이 눈에 최루

탄 파편이 박힌 시체로 마산 앞바다에 뜨면서 전국은 펄펄 끓어 넘쳤지만, 박정희는 박정희대로 독자적인 쿠데타를 모의 중이라 바빴다. 그 예가 1960년 1월 김동하 포항 주둔 제1해병상륙 사단장과 D데이(5월 8일)를 잡고 병력 동원 계획까지 세운 점이다.

하지만 4·19가 터지면서 '종이 위의 구상'으로 그쳤다. 막상 4·19가 터지면서 낙심했던 것도 사실이지만 이제 그는 예전과는 달랐다. 이미 풍운아의 풍모요, 시위를 떠난 화살이었다. 당시 박정희는 참모총장 송요찬을 대상으로 군 수뇌부 퇴진을 정면에서 요구했던 것도 그 맥락이다. 3·15 부정선거 때 군이 노골적으로 협조했다면 누군가가 책임져야 하고 그게 바로 당신이라는 지적이다.

"각하께서는 부정(선거)의 책임감이 희박해지며 국민이 보내는 갈채만을 기억하시겠습니다. 하지만 사실(부정선서 협조)은 불일내에(머지않아) 밝혀질 것입니다. 차라리 국민이 아쉬워할 이 시기를 놓치지 마시고 처신을 배려하심이……."

그게 5월 2일이었다. 정말 담대했다. 작심하고 쓴 편지는 인편을 통해 직접 참모총장에게 전달됐다. 송요찬은 분노로 부들부들 몸을 떨며 박정희 죽이기를 작심했지만, 정작 낙마했던 것은 그 자신이었다. 며칠 뒤 김종필 등 육사 8기생들이 연판장을 돌려 군 수뇌부 불신을 노골화했고, 이 확인사살에 밀려 상처를 입고 부득불 퇴진할 수밖에 없었다. 단순한 파워게임이 아니라 분명 도덕적 우위를 가지고 있던 박정희 일행의 자연스러운 승리였다. 비상한 상황에서 비상한 일들이 연속 발생한 것인데, 그 여파로 박정희는 떴다.

뚝심 있고 깨끗한 군부 지도자로 급부상한 것이다. 꼭 1년 뒤 그가 은밀하면서도 반공개적인 쿠데타 모의를 착착 진행했던 것도 그런 배경이었고, '삼척동자도 아는' 쿠데타 앞에 심리적 저항이 거의 없었던 것도 우연이 아니었다. 박정희가 선두에 섰다면 응당 있을 수 있는 일이라고 사람들은 받아들였다.

그런 그에게 5·16은 반드시 필요했다. 비상상황이 일어나지 않는다면, 자기가 직접 치고 들어가야 했다. 그런 가운데 이승만 정부의 실정 끝에 발생했던 것이 4·19였다. 한발 늦은 것이다. 하지만 발을 완전히 빼지 않은 채 재기를 노렸고, 급기야 삼세번 끝에 5·16에 성공했다.

사람들을 흔히 말한다. "쿠데타는 헌정사의 훼손이다"라고……. 그런 평면적인 정치학 교과서 논리에 집착하면 박정희란 위인은 보이지 않는다. 그 시대를 입체적으로 바라보는 것도 불가능하다. 그는 쿠데타야말로 국가개조의 수단이라고 봤다. 그렇다면 총체적 사회 개조를 꿈꿨던 그에게 5·16에 앞선 두 번의 예행연습이란 무엇을 말해줄까. 적어도 박정희에게 쿠데타란 거의 운명이었다는 것은 아닐까?

테마 6070

너무도 달랐던 5·16과 김옥균의 갑신정변

"우리의 혁명은 절대로 피를 흘려서는 안 됩니다."

5·16 새벽, 서울 영등포 6관구사령부에서 연설했던 박정희가 무혈혁명을 강조하며 빠져나왔지만 상황은 간단치 않았다. 새벽 2시 칠흑 같은 어둠의 사령부를 떠난 그는 또 하나의 관건인 해병대 병력 출동 현장을 확인하기 위해 김포로 쏜살같이 내달렸다. 일행은 지프 두 대에 분승했는데, 앞차에는 박정희와 한웅진이 탔다. 한웅진은 한국 육사(조선경비사관학교) 2기 동기. 그러나 나이가 훨씬 위인 박정희를 깍듯하게 형님이라고 불렀다.

"형님, 실패하면 산에 들어가서 협상이라도 벌여야 하는 것 아닙니까?"

쿠데타군의 다급한 형편을 보여주는 대목이다. 박정희는 "어디 병력이 출동해야 협상이라도 하지"라고 신음하듯 말을 받았다. 실은 만일의 상황을 가정해 제2안을 만들어놨다. 출동병력으로 일정 지역을 점거한 다음 정부와 담판을 벌인다는 것이다. 때문에 병력 출동이 안 되면 담판은커녕, 방송도 못해보고 주저앉는 상황이 발생할 수 있었다. 여전히 불투명한 상황, 예측할 수 없는 육군참모총장 장도영의 대응도 신경이 쓰였다. 그와 박정희는 6관구사령부를 떠나기 전의 전화통화에서 옥신각신 입씨름을 벌이지 않았던가.

이런 와중에 트럭 60대에 분승한 해병대 병력을 염천교에서 만났다. 김윤근 준장이 이끄는 해병여단 1,500여 명이었다. 천군만마를 얻은 새벽 3시, 숨죽인 환호성이 그제서야 박정희의 입에서 터져 나왔다. 이제 '한강교 돌파 → 방송국 점령'은 대수가 아니었다. 새벽 3시 30분, 한강다리에서 진압군 측과 첫 총격전이 벌어졌다. 저항을 생각 못했기 때문에 김윤근은 꽤나 당황스러웠다. 피아간 약간의 부상자까지 발생했다. 이런 상황에서 박정희가 인상적인 행동으로 혁명군의 사기를 올렸다.

지프에서 성큼 내린 그가 카빈총을 쏘아대던 진압군을 향해 허리를 꼿꼿이 한 채 성큼성큼 한강다리 중간까지 걸어간 것이다. 이석제가 옆을 지켰지만 거의 혈혈단신의 용기였다. 쌩쌩거리며 총알이 스쳐 지나가는 소리가 들려왔다. 이때 당황한 표정의 김윤근이 "헌병 저지선이 만만치 않다"고 심각한 표정으로 보고했다. 박정희가 다시 명령했다. "그대로 밀어버리시오!" 그렇게 사기를 올린 뒤 해병대의 후속 작전을 지켜보던 박정희는 막상 초조했는지, 아니면 마음이 놓였는지 다리 난간에 기대 담배 한 개피를 뽑아 들었다.

"한강물을 물끄러미 쳐다보니 가족들 생각이 나두만."

훗날 박정희의 술회가 그랬지만, 실제로 그는 담담했다. 몇 시간 전 일촉즉발 상황의 6관구사령부에서 했던 일장연설, 해병대 병력 출동 확인 전까지 견뎌야 했던 최대의 긴장 상황 그리고 핑핑 날아오는 총알 앞에서 의연했던 대응은 무얼 의미할까? 그의 침착한 대응에 용기를 얻었다는 증언도 적지 않지만 그날 새벽의 리더십은 어떻게 가능했을까? 맞비교는 어렵겠지만 나이 33세의 김옥균이 서재필 등 100명을 동원해 벌였던 구한말의 1884년 갑신정변과 훗날의 5·16은 여러모로 대조적이다.

같은 정변政變이다. 77년 시차에도 무력을 동원해 사회 개조를 하려 했다는 점에서 같다. 김옥균은 근대적 의미의 첫 혁명아인데, 그는 "일본이 동방의 영국 노릇을 하니 우리는 프랑스가 돼야 한다"고 믿었던 급진개화파였다. 이들 삼일천하 정변의 주역들은 하나같이 새파란 젊은이들이었다. 김옥균을 빼고는 대부분 20대였고 10대도 있었다. 29살 동갑내기인 홍영식, 서광범, 박영효 23세, 서재필 20세에 이어 윤치호

▶ 임오군란 이후 맺어진 1882년 조일수호조규속약 기념 연회도. 그림 건 너편 중앙이 김옥균, 왼쪽 모퉁이가 홍영식.

는 불과 19세였다.

지금 남북한 역사학계는 갑신정변을 근대적 혁명으로 인정한다. 김일성도 부르주아 혁명으로 인정하지만, 그 이전부터 박정희는 공·사석에서 갑신정변을 놓고 호의적 평가를 했다. 혁명아끼리는 서로 통하는 게 있을까? 그러나 급진개화파들의 갑신정변에 대한 역사학계의 부정적인 평가가 적지 않다. 너무 무모했다는 점이 지적대상이다. 충분한 실력 없이 일본군이라는 외세에 의지했던 점도 한계이지만, 무엇보다 소아병적 조급주의를 노출했고, 때문에 무고한 사람들을 닥치는 대로 죽이려들었던 인명경시 마인드도 심각한 약점이다.

"이조연(외교관)이 목소리를 높여 '주상을 뵙고자 하니 나를 들여보내주시오' 했다. 서재필이 칼을 들어 막으면서 '들어갈 수 없소'라고 외쳤다. 이조연이 하는 수 없이 후문으로 갔다. 문밖에서 황용택 등이 그를 죽였다. 서재필 등이 환관 유재현을 묶은 뒤 칼날을 번득이는 가운데 찔러 죽였다."

김옥균이 쓴 『갑신일록』 기록은 고종이 있는 궁(경우궁)을 서재필 등이 감시하던 무렵의 상황을 마치 활동사진처럼 보여준다. 하지만 왜 아무런 장애물이 아니었고, 유능하다는 소리를 들었던 외교관과 함께 환관을 찔러 죽였을까? 그런 게 용기이고 담력일까? 그건 아니다. 잠시 얻어지는 공포 효과에 의지해야 했을 정도로 그들이 치졸했고 경험 부족에 허덕였음을 보여주는 증거인데, 프랑스혁명 시기 공포정치를 했던 로베스피에르, 당통, 마라 등의 젊은 혁명가들의 공통된 멘털리티이기도 하다. 끼고 돌아야 했던 군주 고종까지도 벌벌 떨게 만든 것은 결코 잘하는 짓이 못 된다.

실은 그들은 처음부터 그랬다. 갑신정변의 출발인 우정국 침입 자체가 사대당 요인들을 표적 암살하기 위한 습격작전이었다. 김옥균 일파에게는 사대당 요인들도 타도 대상이었다. 세상을 바꾸려는 큰 꿈을 품은 이들이 회유와 설득 병행 대신에, 그리고 확실한 권력 장악과 개혁 프로그램 제시 대신에 유혈 참극이라는 헛된 용기에 몰두하고 있었다는 증거다. 내면에 숨기고 있던 공포감과 자신감 부족이 그렇게 용렬하게 드러난 것뿐이다.

▶ 갑신정변 주역인 33세의 김옥균.

보스 김옥균도 치밀하지 못했다. 그의 거사 결심은 일본의 약속을 액면 그대로 믿었기 때문인데, 청나라 공격 앞에 일본군이 철수하자 모든 게 공수표로 나타났다. 몇 명 되지 않는 청나라 군의 움직임에 갑신정변은 마치 바람 빠진 풍선처럼 허물어지고 말았다. 그만큼 77년 시차의 갑신정변과 5·16은 구조는 같지만 내용과 과정은 천양지차다. 그 사이에 일제시대, 해방의 변화도 있었고, 그만큼 사회역량을 포함한 분위기가 달라진 것일까?

무엇보다 달랐던 것은 무혈혁명을 강조하는 은인자중과, 턱없이 무모했던 조급주의의 차이로 요약된다. 박정희의 침착함은 삼일천하 주인공들의 천둥벌거숭이 식 유혈극 놀음과 비교되는 대목임이 분명하다. 이후에도 달랐다. 갑신정변은 무모한 광풍으로 반발을 일으키는 바람에 외려 역사의 물줄기를 뒤로 돌려놓고 개화파 몰락과 반동의 시대를 연출했다. 반면 5·16은 거사에 성공해 18년을 통치했고, 근대 이후 모든 것을 바꾸는 사회개혁에 성공했다. 그래서 역사는 진보하는가?

18년 정치, 탄탄대로인가 살얼음판인가

쿠데타 이튿날인 1961년 5월 17일은 대혼돈의 날이었다. 그날 오전 9시 장도영 육군 총참모총장 명의로 된 계엄포고령과 포고문 1호가 성공적으로 방송됐고, 직후 박정희 일행이 윤보선과 첫 면담을 했다. 쿠데타군을 맞았던 윤보선의 유명한 첫 마디가 "올 것이 왔구나!"였던 바로 그 자리다. 청와대 면담을 마치고 나오는 길에 키 작은 선글라스 장군이 서울 시청 앞에 첫 등장했다.

양쪽에 소령 박종규, 대위 차지철을 낀 채 대중 앞에 모습을 드러냈는데, 청와대 면담이 최악의 결과는 아니었다지만 아무도 몰랐다. 권력 장악에 성공하느냐, 반 쿠데타군의 역공으로 무너지느냐는 머리털 하나 차이였다. 이미 박정희는 서울 외곽에 방어진지 구축을 명령하며 만반의 사태를 준비했다. 상황이 그만큼 급박했음을 보여준다.

박정희가 떠난 직후 윤보선을 만나러 청와

▶ 혁명 직후 시청 앞의 박정희와 차지철.

대에 들어갔던 사람은 미8군 사령관 맥그루더였는데, 그는 연신 붉으락푸르락했다. 쿠데타에 참여한 병력은 3,500여 명에 불과하니까 10배 규모인 3만~4만 병력을 동원해 서울을 차단하자는 작전계획을 건의했다. 퇴로를 열어둔 채 삐라를 살포해 투항을 유도하면 유혈사태 없이 쿠데타군을 진압할 수 있다고 호언했다.

걱정스러운 표정의 윤보선은 시가전부터 걱정했다. 그건 기우라는 둥 아니라는 둥 하면서 옥신각신했다. 면담 직후 윤보선은 드디어 결심했다. 사실상의 진압작전 포기를 제1군 사령관 이한림에게 지시했는데, 쿠데타가 또 한 번의 위기 상황을 아슬아슬하게 비껴나가던 순간이었다. 작전지휘권을 쥔 미8군 사령관이 매파라면, 윤보선은 비둘기파였다. 서울 포위와 유혈 참사 가능성이 일단 사라졌다고는 하나 5·16의 하늘은 여전히 맑지 못했다. 또 다른 변수로 남아 있는 총리 장면의 행방 때문이다.

서울 혜화동 수녀원에 은신하던 그는 오리무중이었다. 박정희를 위한 수호천

▶ 1961년 5월 18일 육사생도의 혁명 지지 시가행진 장면. 5·16 성공을 알리는 신호탄이었다.

사는 따로 있었다. 화려한 예복 차림의 육사 생도들이 서울 시내에 등장했던 것이다. 그들은 18일 오전 청량리에서 시청으로 시가행진하면서 시민들의 열렬한 박수를 받았다. 그 상징적인 사건으로 5·16의 하늘이 비로소 개기 시작했는데, 장면의 사임 결심 소식이 이날 들려오면서 상황이 극적으로 호전됐다. 그게 전부가 아니다.

"한국의 정변은 반미 정권의 등장을 의미하지 않는다. 미국은 신정권을 승인할 것이다."

사태를 관망하던 미 국무부는 이날 성명을 발표했는데, 사실상의 대미였다. 쿠데타 발생 72시간이 채 안 되던 상황, 권력 장악은 드디어 성공했다. 박정희가 한숨을 쉴 수 있었던 계기였다. 이후 빠르게 움직였다. 군사혁명위원회가 국가재건최고회의로 명칭을 바꾸고 태평로 옛 국회에 자리를 잡으면서 잇단 개혁 조치를 발표하기 시작한 것도 그때다. 5월 20일 쿠데타 세력은 양곡 매점매석을 이유로 압수했던 쌀 600가마를 영세민에게 무료로 나눠줬다. 대낮에 춤을 춘 남녀를 잡아들여 징역형을 선고했다. 21일에는 또 한 번의 볼거리가 벌어졌다.

"나는 깡패입니다. 국민의 심판을 받겠습니다."

그렇게 씌어진 대형 플래카드를 뒤로한 채 정치깡패 이정재 등이 고개를 숙인 채 서울 시내를 걸었다. 손에는 수갑을 채웠고 가슴팍에는 흰색 바탕의 헝겊에 '이정재'라고 이름을 써 붙였다. 이정재 앞뒤와 양옆으로는 군인들이 삼엄하게 깔려 있었다. "유치하다" "무슨 효과가 있겠느냐"는 일부 견해와 달리 시민 반응은 "통쾌하다"는 쪽이었다. 기대 이상의 즉각적 호응이었다. 며칠 뒤인 28일, 군사정부는 재벌 10명을 구속한 뒤 부정축재를 캐기 시작했다.

혁명 초기에 취해졌던 일련의 조치는 새 권력의 비전 제시나 체계적인 사회 개혁 프로그램과는 다소 거리가 있었다. 다분히 목가적인, 의적 로빈 후드 식의

▶ 정치깡패 이정재의 서울 시내 행렬. 사회정화 차원에서 내려진 깡패검거령으로 그해 6월 말까지 1만여 명이 검거되어 감옥이나 국토건설 현장으로 보내졌다. 1961년 5월 21일.

일회용 이벤트라는 비판을 받을 만했다. 가난한 백성들의 박수를 받는 암행어사 박문수 이야기와도 닮았다. 물론 민심 잡기를 겨냥한 고전적 카드였지만, 쿠데타 세력들이 그만큼 아마추어였음을 암시해준다. 포괄적인 개혁을 위한 국정 능력은 그때는 물론 이후로도 상당 기간 미지수였다. 경제운용 능력도 알쏭달쏭했다. "박정희는 5·16 쿠데타의 주도자였지만 집권 초기 경제에 관해서는 구체적인 지식을 가지지 못했다"고 잘라 말한 학자가 있다. 일본 동경대 교수 기미야 다다시인데, 그가 제대로 봤다.

초보 정권이 피할 수 없던 시행착오

하지만 사람들은 착각한다. 박정희 체제는 본래부터 특출한 효율성으로 뭉쳤고 장기적인 개혁의 마스터플랜을 가졌기 때문에 18년 철권통치가 어렵지 않았다고……. 당시 한국은 높은 자율성과 높은 수행능력을 가졌던 강한 국가라는 고정관념인데, 이것이야말로 결과론일 뿐이고, 처음부터 그랬던 것은 아니다.

국내 정치만 해도 입법, 사법, 행정의 전권을 틀어쥔 올마이티 권력이라서 단단한 사회통합을 밑천으로 밀어붙일 수 있었다는 단정 역시 지금의 입장에서 바라본 관측이다. 결과만 보고 말하는 사람들은 1960~1970년대 국제질서가 냉전시대였기 때문에 지금처럼 복잡하지 않았고, 이런 여건에서 미국의 지원 아래 발전할 수 있었다며 6070시대의 성취를 당연한 걸로 여기거나, 아니면 깎아내린다.

이런 설명이 잘 보지 못하는 것은 1960년대 초반 한국의 국가 브랜드가 바닥이었고, 자신감도 부족했으며 실제로 동원할 수 있는 카드가 제한돼 있었던 원천적 한계다. 초보 정권이 뚫고 나가야 했던 대내외적 조건도 험난했다. 이에 비한다면 쿠데타 세력이 새벽에 한강다리를 건너는 군사작전은 차라리 쉬웠다. 무엇보다 가망 없는 한국사회의 여건이 골치였는데, 그걸 지적한 게 5·16 직후 일본 정부가 만든 자료 '한국경제에 대해서'이다.

결론은 "7개의 함정 때문에 대한민국은 결국은 안 된다"는 것이었다. 인구과잉, 자원부족, 공업 미발달, 군비 압박, 졸렬한 정치, 약체 민족자본, 행정력의 결여가 그것이다. 누가 봐도 쉽게 메워지지 않을 구조적인 구멍을 메우겠다고 덤벼든 군부 세력은 뭔가 가시적 성과에도 목 말라했다. 하지만 마음만 급했고 우왕좌왕했다.

이를테면 수출 주도형 발전 전략은 박정희 정부가 처음부터 채택한 게 아니라

시행착오 끝에 얻어낸 궤도 수정의 결과다. 물론 권력 내부는 초창기에는 혁명과 반혁명의 엇갈리는 움직임 속에서 어수선했고, 안정기에 들어선 뒤에도 잇단 내홍을 피할 수 없었다. 밖으로는 수차례의 외환위기와 오일 쇼크 등의 악재도 만나야 했다. 그때마다 돌파구를 뚫어야 했지만, 미국도 항상 우군이었던 것은 아니었다. 1960년대 '갬'에 이어 1970년대는 '비 또는 악천후'의 상황이었다. 군부에게는 낯설었던 국내정치 연습도 만만치가 않았다. 민정이양 선언 뒤 치러졌던 1963년 첫 대선도 15만 표 차이로 어렵게 이기면서 집권세력에게 선거 공포증을 안겨줬다. 그 직전 민정이양을 하느냐 마느냐, 거기에 참여하느냐를 둘러싸고 박정희가 극도의 소모전에 진을 다 빼야 했다.

와글와글 논란을 불러일으켰던 2·27 민정불참 선언 뒤 오죽 심사가 복잡했으면 한 군부대를 찾아 잠적해야 했을까? 마음에 잘 맞고 술도 좋아하는 사이인 당시 1군 사령관 민기식을 찾아간 것이다. 당시 박정희는 자신이 겪었던 정치에 대한 환멸, 혁명그룹 내부의 분란에 대한 불편한 심경을 민기식에게 이렇게 털어놓았다.

"괜히 혁명을 해가지고, 정치에 발을 잘못 들여가지고……" "그자들을 믿었는데 죽일 놈들이야. 죽음을 맹세하기로 했던 동지들이 말이야. 괜히 혁명했어, 괜히."

그날이 3월 6일 저녁이다. 둘은 말술을 퍼먹었는데 아침에 박정희가 유독 늦잠을 잤다. 순간적으로 민기식은 불길한 생각을 떠올려야 했다. 박정희가 낙담한 나머지 혹시 자살을 해버린 것은 아니었을까? 물론 기우였다. 그만큼 박정희가 힘들어했음을 보여주는 일화로 기억해둬야 한다. 세상의 생각과 달리 18년 통치는 아슬아슬했던 악전고투와 그걸 넘어서는 승부수의 연속이었다. 국가개조의 철학이 분명했던 정부가 국정방향을 잘 잡았기 때문에 6070시대의 성공이 가능했다지만, 큰 줄기가 그럴 뿐 하나하나의 디테일은 완전히 살얼음판이었다.

박정희 18년 역사라는 영화의 필름을 되감아서 재상영한다고 가정해보자. 그 경우 해피엔딩으로 마무리된다는 보장은 거의 없다. 6070시대가 지나간 시대의 박제화된 영웅담이 아닌 오늘 우리의 이야기, 앞날을 위한 참고도서인 것도 그런 까닭인데, 박정희 정부가 경험했던 시행착오의 첫 경험이 화폐개혁이다.

1962년 6월 10일, 그때까지 圜(환)으로 표시됐던 화폐를 한글로만 표기되는 '원'으로 바꾸면서 10 대 1의 교환비율로 바꿔준다고 깜짝 선언을 했다. 왜 그걸 시행했을까? 폭등하는 물가를 잡는 것도 과제였지만, 무엇보다 경제개발 자금을 자체 조달하자는 생각이었다. 탁상공론이었다. 부작용만 잔뜩 불거지면서 혼쭐 났다. 우선 시중에 돈이 말랐다. 기업이 마구 쓰러지기 시작했고 소비가 얼어붙자 놀란 최고회의는 예금을 죄다 풀어야 했다. 아마추어 정권에 대한 미국의 노파심을 키웠던 대형 사고였지만, 탁상공론은 이렇게 시작됐다.

"경제개발을 하는 데 외자 동원도 어렵지만 내자가 더 어렵다. 우리나라에 화교들이 장롱 안에 숨겨놓은 돈이 1,000억 환은 된다는데 그 돈을 끌어낼 수만 있다면……"

당시 통화량은 2,830억 환. 화교들이 아무리 현금이 많다고 해도 그 정도는 아니었다. 예측부터 어설펐다는 얘기다. 그렇다면 돈이 '원'으로 정착한 것을 빼고는 남는 것이 없는 결과였다. 혁명정부는 쿠데타 첫해 10월에 발표한 제1차 경제개발계획에서 성장률을 욕심껏 7.1퍼센트로 올려 잡았지만 사람들은 웃었다.

"7.1퍼센트 성장률을 목표로 정한 것은 선진국에도 예가 없다. 제철, 정유, 조선, 비료, 시멘트 공장을 세운다는데 이것이 한국에 필요하다는 것은 납득하겠지만, 한꺼번에 어떻게 하겠다는 것인가? 적어도 20억 달러 이상의 외자가 필요한데 누가 한국에 그 많은 돈을 빌려주겠는가?"

미국 국무부의 해외개발처(AID)의 입장부터 그랬다. 고압적인 비판이었다. 이듬해 2월 비료, 제철, 정유 등 연관 산업을 위한 울산공업지구 기공식에서 박정희는 "5,000년 빈곤의 역사를 씻자"고 강조했지만 뒤가 허전했다. 우왕좌왕하는 사이 경제성적표가 초라했던 것도 당연할까? 1962년 경제성장률은 2.2퍼센트, 기대 이하였다.

외환위기 조짐 60, 70년대 여러 번 있었다

이것이 한·미 긴장관계를 낳았고, 끝내 경제철학 수정으로 나타났다. 민족자본을 동원해 자립적 경제 모델을 만든다는 구상을 포기하면서 수출지향형 모델을 이때 채택한 것이다. 미국으로서는 한 건 올렸던 성과다. 미 CIA는 군사정부가 민족주의적이고 대미 자립적이라며 의구심을 품고 있었는데, 군사원조나 경제원조를 지렛대로 군사정부의 경제철학을 바꾼 것이다. 그 말을 거꾸로 하면 초기 군사정부는 뚜렷한 비전 없이 오락가락했다는 얘기다.

당시 외환위기 조짐까지 있었다. 1997년도 외환위기 훨씬 이전에 발생했던 1960년대 제1차 외환위기가 그때 조짐을 보였는데, 집권 당시 외환(2억 520만 6,000달러)은 이듬해 말에는 1억 6,679만 달러로 곤두박질쳤다. 국가부도는 시간문제였다. 따라서 정부 지불법을 제정했는데, 그걸 만들어놓기만 하면 막혔던 외자도입이 술술 풀려갈 줄로 알았다. 즉 외자를 쓴 민간업체가 빚을 갚지 못하면 정부가 나서 처리해주겠다는 결단이었지만 예상했던 소득은 없었다. 어떤 나라가 가망 없는 나라 한국을 위해 돈을 빌려 주겠다며 나설 것인가? 쓰라린 현실을 새삼 확인했던 군사정부는 백일몽에서 깨어나기 시작했다.

이런 최악의 막다른 골목에서 공공차관을 동냥하듯 얻으려 찾았던 곳이 1964년 서독이지만, 또 다른 승부수가 베트남 파병과 한일국교 정상화였다. 하지만 명분도 살리고 달러도 챙기자는 한일국교 정상화 카드는 새로운 게 아니었다. 이승만은 물론 장면 내각에서도 배상금을 받아 경제개발에 쓰려고 생각했다. 그들은 실패했고 박정희는 끝내 성사시켰다는 차이가 중요하지만, 상처는 깊고 컸다.

제2의 이완용이자 매국노 소리가 튀어나왔던 대학생 시위는 1964년 6·3사태로 나타났다. 18년 통치 내내 그를 괴롭혔던 반 박정희 진영의 철옹성이 벌써 모습을 드러낸 것이다. 야당 정치인과 신세대 학생층이 박정희를 포위하는 구도다. 박정희는 하나는 얻었지만 나머지는 잃었던 셈이다.

박정희 18년의 점검에서 따져볼 것은 유신 직전에 취해진 또 다른 모험인 1972년 8·3 사채 동결조치다. 결과적으로 성공했지만 부작용도 만만치 않았고, 민주국가의 기본인 사유재산권을 부정한 폭거라는 비판에 시달렸다.

상황은 이랬다. 잘 나가던 경제는 1970년 이후 전반에 걸쳐 불황의 조짐이 나타났다. 재무구조가 취약하니 기업 부도도 속출했다. 1960년대 중반 부쩍 도입했던 상업차관의 원리금 상환 압박도 컸으며 수출증가율도 뚝 떨어졌다. 전경련에서도 비명을 지르기 시작했다. 7월 중순 김용환 회장과 면담 직후 박정희는 한숨을 토해냈는데, 천하의 산업지휘관 목소리에도 당혹감이 묻어난다.

"무슨 수를 쓰지 않고 차일피일하다가는 우리나라 경제가 결딴나는 것은 아닐까?"

우리 기업의 성장통이었으나 상황은 간단치 않았다. 사상 유례없고, 공산당보다 더한 사유재산 침해라는 사채동결 결정은 그래서 나왔다. 문제는 언론이다. 숲을 보는 시야가 없이 작은 뉴스에 연연했던 신문, 방송은 영세 대금주들이 망한다는 지엽말단 보도에 여념 없었다. 성공이냐 실패냐를 주시하던 청와대는 머

▶ 전국적인 규모로 벌어진 1964년 한일회담 반대 시위.

리를 싸매야 했다. 결과가 좋아서 다행이었다. 사채 신고 일주일 만에 신고액수는 3,456억원. 당시 통화량의 80퍼센트라는 천문학적 금액이었고, 기업들이 아우성을 치는 이유도 알 만했다. 그해 하반기 수출이 좋아지고 제조업이 성장하는 등 고도성장의 궤도에 들어선 것도 '혁명이자 폭거' 8·3조치의 효과다. 이 조치는 OPEC 산유국들이 기름값을 4배 올린 제1, 2차 오일쇼크를 극복하는 밑천이기도 했다.

자세히 보면 제1차 오일쇼크가 터졌을 때도 외환위기의 징후가 보였다. 1974년 경상수지 적자는 20억여 달러인데, 그건 당시 외환보유액(10억여 달러)의 두 배에 가까웠다. 다음해 총 외채는 눈덩이처럼 불어난 84억여 달러. 하지만 이때 대한민국을 구원해준 카드는 중동건설 붐이었으니, 박정희 정부는 운도 따라줬던 셈일까?

오일머니가 쏟아져 들어온 중동 각국들은 앞다퉈 도로와 항만 건설을 추진했다. 첫 수주의 주인공은 1973년 12월 칼올라-카이바 고속도로 건설공사를 따낸 삼환기업인데, 간밤에 횃불을 훤히 밝힌 채 야간작업을 강행했다. 여기에서 용기백배한 정부가 중동진출 촉진법안을 마련했고, 근로자 양성에 백방으로 지원해 인력을 키우다시피 했으며, 현지 진출 기업에는 신용보증에 법인세 마련으로 도움을 주면서 중동 붐은 날개를 달았다. 도로, 항만, 신도시 건설, 빌딩 공사를 휩쓴 결과 1981년의 경우 해외건설 수주액이 그해 외환보유고의 두 배에 달했다.

훌륭했다. 하지만 이때 벌어들인 달러를 효과적으로 관리했는지는 사람마다 견해가 다르다. 일부는 당시 정부가 그것을 기업 체질개선의 기회로 삼았어야 했다고 지적한다. 하지만 정부 생각은 달랐다. 수비 대신 공격을 선택했고, 또 한 번의 대도박을 결정했다. 악성 외채를 갚고 차관 의존 구조를 고치는 문단속 대신에 무지막지한 공격 경영으로 치고나간 것이다.

당연히 실패할 수도 있었다. 가능성은 그게 훨씬 높았다. 리스크가 엄청난 프로젝트, 그러나 돌아오는 것은 더없이 매력적인 빅게임이었다. 그게 당시에 윤곽을 잡아가던 중화학공업 투자다. 박정희 18년 통치의 최대 도박이자 오늘날 한국의 얼굴을 만든 초대형 승부수다. 지금은 결과를 알고 있으니까 누구나 그렇게 속 편하게 말하지만, 1970년대 당시 상황에서 보자면 거의 정신 나간 짓이었다.

집권 이후 박정희 경제정책의 완결편인 이 정책의 배경에는 자주국방에 대한 요청이 컸다. 미국의 보호막이 걷힐지도 모른다는 두려움은 자주국방의 일환으로 중화학공업화를 추진하게 했다. 방위산업과 중공업은 동전의 양면 관계다. 결과적으로 이를 기점으로 산업고도화에 성공했고, 지금의 반도체, 자동차, 철강, 유화, 조선, 기계의 나라가 됐다. 바로 이런 '묻지마 드라마'가 박정희 18년 통치의 실제 모습이다. 탄탄대로이기는커녕 무한도전에 따르는 위험을 안고서 과감하게 대시한 것이다. 『한국전쟁의 기원』의 저자인 브루스 커밍스는 그의 다른 책『한국현대사』에서 이렇게 밝힌다.

▶ 브루스 커밍스.

"아이러니 중의 아이러니는 86퍼센트의 해외의존도를 지닌 남한이 세계 경제의 아가리에서 산업적 자립을 쟁취해냈다는 것이다.……〔1970년대〕 중공업 추진정책은 멋진 성공인 동시에 한국의 독립선언이었다. 그때부터 한국인들은 어깨를 바로 펴고 자신 있게 걷기 시작했다."

한때 국내 좌파학자들이 멋모르고 꽁무니를 따라다녔던 그의 책 원저 제목도 'Korea's Place in the Sun(태양의 나라 한국)'임을 기억해둘 일이다. 찬란한 '태양의 나라'라는 찬사는 1960년대 초 미 CIA의 '남한 장기전망'이라는 특별보고서의 내용과 너무 다른 평가다. 박정희의 쿠데타 직후 '앞으로 한국은 어떻게 될 것인가'를 장기적으로 예측한 특별보고서는 국무부, 국방부와 육군의 정보부대까지 가세해 1970년대 한국의 정치정세를 내다봤는데, 결론은 명백했다. 아무리 봐도 "한국은 안 된다"는 쪽이다. 1970년대 내내 '비 오거나 흐림'이다.

"한국의 정치정세는 군부, 민간 부분이 격렬한 갈등과 분파주의에 휩쓸릴 것이다. 쿠데타에 의한 정권교체 가능성도 있다. 경제전망은 심각하지만 희망이 없지는 않다. 미국 원조를 잘 사용하면 경제성장률을 다소 높일 수는 있겠지만 그 성과는 잘해봐야 지지부진할 것이다."

어떠신지. 일본 정부가 만들었던 보고서와 너무도 닮았다. 하지만 이후 18년 이 땅에 쿠데타 세력이 반혁명군에 밀려 교체되는 일은 단 한 번도 발생하지 않았다. 정보력 빵빵한 미국의 예측이 완전히 틀린 것이다. 모든 정보를 쥐고 있는 그들이 자신 있게 내다본 대로 엎치락뒤치락하는 회전문 쿠데타도 일어나지 않았다. 박정희 체제는 무려 18년이나 안정적으로 유지됐다. 결정적인 것은 따로 있다. "잘해봐야 지지부진할 것"이라는 경제는 반대로 우뚝 솟았다. 미국은 한국이 다른 제3세계 나라들처럼 휘청거릴 것으로 전망했지만, 정반대로 커밍스의 표현을 빌리자면 태양의 나라로 뜬 것이다.

진정 통쾌한 역사의 대반전이 아닐 수 없다. 6070시대의 성취는 모든 정상적인 예측을 뛰어넘은 '비정상적인 쾌거'라는 얘기일까? 실은 고공비행의 하이라이트가 1970년대 후반 중화학공업화 정책인데, 그것을 촘촘히 살펴봐야 박정희 시대의 진짜 모습이 한눈에 들어온다.

마지막 비상구 중공업과 유신체제

1973년 연두기자회견이 막 끝나고 며칠 뒤 긴급 브리핑이 열린다는 통지가 국무위원 전원에게 갔다. D데이는 1월 31일, 장소는 청와대 지하의 국산 병기진열실로 잡혀 있고, 소요 시간은 장장 4시간이었다. 시간도 유독 길었지만 좀처럼 회의가 열리는 일이 없던 공간이라는 게 이례적이었다.

참석자는 대통령 이하 총리 김종필 등 전 각료와 특보, 수석 비서관 이상 청와대 스태프다. 국방과학연구소장의 모습도 보였다. 사실상의 확대국무회의를 기다란 의자 세 개를 놓고 나머지는 간이의자에 앉는 식으로 진행했다. 엉성한 공간에서 벌어졌던 매우 비상한 회의, 그날을 분기점으로 박정희 시대는 이전과 이후로 뚜렷하게 갈라진다. 이날 발제는 '중화학공업 발전안과 방위산업 육성안'. 경제2수석 오원철이 브리핑 봉을 잡았다.

"중화학공업이나 방위산업은 똑같은 사업입니다. 중화학공장은 평화시에는 산업기계를 만드는 곳이고 비상시에는 병기가 나오는 곳입니다. 계획만 잘 짜면 병기나 민수품이 동일한 공장에서 생산됩니다. 공단이 완성되면 대구경포에서 탱크, 장갑차까지 생산되고, 항공기용 제트 엔진에서부터 군함에 쓸 대형 엔진까지 생산됩니다."

한마디로 중화학공업과 방위산업을 결합시켜 수출 100억 달러를 이룩하자는 제안이었다. 일본의 경우 제2차 세계대전 뒤 경공업 위주의 수출산업에 치중했지만, 수출액이 20억 달러에 이르자 중화학공업으로 궤도 수정을 했다. 1957년도의 일이다. 이후 기계제품과 철강제품이 수출을 주도하면서 10년 만에 100억 달러 수출에 성공했듯이 우리도 하자는 얘기일까? 못할 게 없지만, 과연 어떻게 할 것인가가 문제다. 참석자들의 궁금증 속에 브리핑은 계속됐다.

"전자병기는 구미공업기지에서 생산하게 됩니다. 기존 공장도 (구미)공업기지에 이전시키며, 신설되는 전자병기 공장은 (구미)공업기지 외에는 건설 못하도록 하겠습니다. 끝으로 기계공업 쪽입니다. 방위산업의 근간은 기계공업입니다. 이 나라의 기계공업은 아직은 유치원 단계인데, 기회에 국제적 기계공업으로 키워 정밀기계부터 초대형 제품까지 못 만드는 것이 없도록 하겠습니다."

그에 따르면 중화학공업과 방위산업은 동전의 앞뒷면이다. 화약을 생산하는 원료는 질산인데, 이번 중화학공업 계획을 추진하면서 질산을 위시한 무기無機 화공약품을 대량 공급, 평상시에는 비료생산을, 비상시에는 화약 제조용으로 오가게 한다는 것이다. 조선소도 그렇다. 평상시에는 민간용 배를 만들지만 군함도 건조할 수 있다. 이번 중화학공업 계획에서는 모든 종류의 군함은 물론 항공모함도 건조할 수 있는 대형 조선소를 건설하겠다는 복안이다.

"감사합니다." 브리핑 내용이 담긴 마지막 차트에 그렇게 씌어져 있었다. 장장 4시간, 중간에 한 번 휴식을 거쳤을 뿐인 장내는 숨소리조차 들리지 않았다. 산업구조의 근간에 손을 대는 대형 프로젝트라는 판단이 참석자들을 엄습했기 때문일까? 소요비용은 또 얼마인지 가늠도 안 됐다. 방위산업과 중화학공업을 결합한다고 하지만, 2년여 전 시동을 걸었던 방위산업 육성은 사실 지지부진한 상태가 아니던가.

하지만 그런 회의적 시선의 한켠에 무언가 확 달라지는 분위기를 참석자들은 공유했다. 오원철의 브리핑도 탁상공론 이상의 무게로 다가왔다. 바로 몇 개월 전인 1972년 말 10월 유신이 선포되어 체제가 바뀐 마당에 6070시대가 또 한번의 용틀임을 한다는 판단이었지만, 불안감은 피할 수 없었다. 이윽고 대통령 차례다.

"오 수석, 돈은 얼마나 들지?"

"내·외자 합쳐 약 100억 달러입니다."

회의장 분위기가 잠시 출렁이다가 이내 납덩이처럼 가라앉았다. 입이 쩍 벌어질 정도의 천문학적인 금액 앞에 압도된 탓이다. 대통령도 마찬가지였을 것이다. 그러나 그의 표정과 말 하나에는 전과 또 다른 결연함이 묻어났다. 잠시 고개를 한번 끄덕이더니 먼 산을 보듯 시선을 위로 옮겼다. 그러고는 바로 "남덕우 재무장관! 돈을 낼 수 있소?" 하고 물었다. 뒷줄의 그를 돌아보지도 않은 채였다. 놀란 남덕우는 "액수가 너무 커서……"라며 말을 잇지 못했다. 반응을 예상했다는 듯 약간 뜸을 들인 대통령이 입을 열었다. 혼잣말처럼 높지 않은 톤, 그러나 무게가 실려 있었다.

"내가 뭐 전쟁을 하자는 것도 아니지 않느냐? 일본은 국가의 운명을 걸고 전쟁을 일으켰는데도 국민들이 기꺼이 따라줬다. 저네들은 태평양전쟁 때 패전해서 국민들에게 엄청난 피해를 주었지만……. 이 정도의 사업에 협조를 안 해주어서야 되나."

박정희 국가개조의 꿈, 국민들의 시야보다 몇 걸음 앞서 가던 태도가 선명하게 드러나는 의미심장한 발언이다. 국민 협조를 기대하겠지만, 설사 따라주지 않더라도 자기 의지로 밀어붙이겠다는 선언인지도 몰랐다. 최고 지도자의 짙은 외로움도 배어 있는 발언인데, 듣기에 따라서는 따라오라는 명령이다. 아니 자기 통치의 꿈과 비전에 대해 잘 몰라주는 국민들에 대한 서운함이 짙다. 어쨌거나 당시 아무도 몰랐던 점은 그게 오늘의 한국 제조업의 기틀을 만든, 진정 역사적인 자리였다는 점이다. 단군 이래 최대의 투자, 대한민국의 오늘을 만든 결단을 했던 박정희의 이 모습을 오원철은 훗날 『박정희는 어떻게 경제강국을 만들었나』에서 매우 물기 어린 톤으로 꼼꼼하게 스케치했다.

산술적 박정희, 기하급수적 박정희로 도약

"박 대통령의 눈빛이 빛나기 시작했다. 최후의 결단을 내린 것 같다. 이때의 그는 몹시 고독해 보였다. 쓸쓸해 보였다. 바로 눈앞에서 지켜본 나는 눈시울이 뜨거워졌다. 큰 역사적 현장에는, 격한 감정이 굉음을 내면서 서로 부딪치는 것이 예사다. 그런데 이날의 역사적 현장에는 적막이 감돌고, 그 가운데 고독한 박정희 대통령이 홀로 앉아 있었다."

그날 회의로 중화학공업화 구상은 확정됐다. 박정희는 예산 조달 지시에 이어 총리를 위원장으로 하는 중화학공업추진위 구성을 즉석에서 지시했다. 한국을 바꿔놓은 1·31회의는 중지를 모으고 의견을 합치자는 자리가 아니었다. 그 이전에 대통령의 자기 확신이 선명했다. 이미 3개월 전 문단속을 해두지 않았던가. 그게 유신이다. 박정희 삶의 특징인 단절적 청산과 비약이 또 한 번 시작됐다. 불과 2~3년 전과는 사뭇 달라진 분위기다.

사실 수출 무드가 최고조에 올랐던 1970년, 수출 총사령관 대통령의 목소리에는 이만하면 다행이고 훌륭하다는 자기만족의 분위기가 없지 않았다. 그해 수출의 날 기념식에서 향후 5년 뒤인 1970년대 중반에는 수출 30억 달러, 1980년

▶ 부평 새나라 공장에서 자동차 생산 현장을 둘러보는 박정희.

53억 달러의 목표를 다짐했다. 그것만 해도 벅찼지만 한 번쯤 도전해볼 가치가 있다고 사람들은 여겼다. 그러던 박정희가 느닷없이 목표를 2~3배 높여 잡은 100억 달러 수출을 말하기 시작했다는 것은 무엇을 말하는가? 그 짧은 사이 대통령이 전혀 새로운 포부, 전혀 새로운 단절적 비약의 꿈을 품기 시작했다는 증거다.

변화의 내용은 무엇일까? 쉽게 말해 중화학공업 이전과 이후의 박정희는 서로 다른 박정희다. 이전은 '경공업의 박정희'였다. 수출품목의 내용과 상관없이 밀어내기 식 수출 드라이브를 통해 액수 늘리는 게 중요했다. 그렇게 조심스런 발걸음을 하면서 자신감을 쌓던 그는 중화학공업 선언 이후 성큼성큼 뛰는 모습의 '기하급수적 박정희'로 변모했다.

우선 꿈이 커졌다. 잠깐 새 수출 목표 액수가 두 배 이상으로 커졌다는 게 그 증거이고, 이때부터 부국강병의 오랜 꿈은 보다 명료해지기 시작했다. 물론 이런

'비현실적인 꿈'이란 중공업이라는 지렛대 때문에 구체화될 수 있었는데 이를 '우리 식대로' 밀어붙인다는 변화도 주목거리다. 국산무기를 중화학공업 발전과 함께 개발한다는 전략부터 그렇다. 그 이전 박정희가 그런 꿈을 품고 있었다는 증거는 전혀 없다. 1969년 이후 시작된 개인화기 M16 생산도 한미합작 방식으로 했다. 하지만 소총 하나 만드는 데 양국 국방장관회의까지 거치는 과정도 복잡했고 시간도 질질 끌었다. 로열티를 1정당 생산가격의 6퍼센트씩 갖다 바치는 것도 피할 수 없었다.

그러나 1·31회의를 전후로 모든 게 바뀌었다. 비전은 커졌고 순 한국식의 추진방식을 고집했다. 그 실례가 우리만의 힘으로 무기를 생산해내지만, 전용공장인 군 공창工廠을 따로 두지 않는다는 원칙이다. 대만, 일본도 무기는 전용 공장에서만 찍어냈지만, 우리는 '평시에는 중공업, 전시에는 무기라는' 전혀 새로운 공식을 도입했다.

결정적으로 중공업은 선진으로 가는 마지막 비상구라는 판단을 그때 굳혔다. 당시 벌써 샌드위치 상황의 한국이 할 수 있는 거의 유일한 선택이었다. 즉 경공업 위주의 수출은 앞날이 밝지 않았다. 뒤에서 개도국들이 따라왔고, 앞서가는 선진국에서는 중화학공업에 대한 투자를 기피하고 있었다. 그 틈새를 쪼개고 들어간 것이 중화학공업이다. 선진국에서 공해와

▶ 박정희의 중화학공업 정책의 예비 작업으로 1964년에 세워진 울산 정유 공장.

고노임 등으로 난관에 봉착했다는 기미가 보이자, 1970년대 초 한반도 안보 환경이 요동치는 위기 상황에서 선택한 거꾸로 가는 '배짱 정책'이 그렇게 나타난 것이다. 1971년 정초, 살벌한 내용의 신년사에 따르면 당시 우리는 명백한 국가 위기였다. 꼭 1년 전 자기만족의 낙관은 완전히 사라졌다. 그 전후에 무슨 일이 생긴 것일까? 미국은 미군 7사단만이 아니라 나머지 지상군도 철수하겠다는 입장이었다. 7사단은 DMZ에서 북한군을 막아주던 병력이었기 때문에 심리적 타격은 엄청났다.

그 못지않은 초대형 사건으로 한반도는 요동쳤다. 그해 7월 저우언라이 중국 총리와 키신저 미국 특사 사이의 비밀회담 때문이다. 여기에서 물꼬를 튼 데탕트는 냉전체제를 뒤흔든 사건이었다. 그 꼬리에 남북대화도 진행되었는데, 박정희로서는 첩첩산중이었다. 절체절명의 이 상황에서 방위산업과 중화학공업이라는 두 마리 토끼를 잡아 100억 달러 수출도 하겠다는 '무모한 꿈'을 꾼 것이다.

1·31회의는 1940년대 초반 만주체험 이후 꿈꿔왔던 산업구조 심화와 함께 국가안보 문제를 한꺼번에 해결하자는 빅 카드였다. 이 대목을 유심히 살펴봐야 10월 유신이 세간의 의혹대로 과연 정권 연장의 음모인가, 그 이상의 무엇이 있는 예언자적 드라이브인지가 판가름된다.

1972년 10월 17일 박정희는 국회 해산과 함께 비상계엄령을 선포했다. 누구나 말한다. 유신은 장기집권 음모였다고……. 국민의 기본권 침해는 물론 대통령의 무한권력을 제도화한 나쁜 헌법이자, 국민이 소외된 '체육관 대통령'을 뽑았던 헌법이라는 것이다. 박정희 18년은 유신 이후 특히 급작스레 피폐해져갔다고 단언하는 이도 많다. 이런 상황에서 새로운 견해를 제공했던 학자가 국립오스트레일리아대학 정치학과 교수 김형아다.

"유신이 곧 중공업이고, 중공업이 곧 유신"

김형아는 유신 체제란 고도성장을 위해 치러야 했던 어쩔 수 없던 비용이자 환경정비라고 규정한다. 이를 뒷받침하는 증언으로 오원철과의 인터뷰를 자기 책에 소개했다. 핵심은 중화학공업화가 곧 유신이고, 유신이 곧 중화학공업화라는 것이다. 하나 없이 다른 하나는 존재할 수 없었다고 단언하는 오원철 발언은 다음과 같다.

"요사이 많은 사람들이 박 대통령은 경제에는 성공했지만, 민주주의에서는 실패했다고들 말한다. 심지어는 박 대통령 아래서 장관을 지냈던 이들조차 공개적으로 중화학공업과 유신개혁을 별개의 문제인 것처럼 이야기를 한다. 나는 이렇게 말한다. 중화학공업화가 유신이고, 유신이 곧 중화학공업화라는 것이 쓰라린 진실이라고……. 하나 없이는 다른 하나는 존재할 수 없었다. 이런 사실을 무시하는 것은 비양심적이다."

김형아는 "중화학 공업화를 추진하기 위해 유신은 반드시 필요한 것이었는가?"라고 물음을 던진 뒤 "그렇다"라고 자문자답했다. 경제개발을 위해 잠시 민주주의를 저당 잡혀야 했다는 것이다. 이 과정에서 오원철의 역할이 중요하다. 자기 신념을 대통령에게 정확하게 피력한 것이다. 중화학공업화가 흐지부지되지 않기 위해서는 강력한 정

▶ 1972년 12월 27일 정부중앙청사에서 열린 유신헌법 공포식.

치적 의지로 그걸 보증해야 한다고 조언했다. 최소 10년은 꿈쩍 않도록 보증해야 한다고 강조했다.

오원철은 김형아와의 인터뷰에서 "경제 발전을 뒷받침하려는 정치적 의지가 변질되거나 중단되는 일이 벌어졌다면 한국은 망하고 말았을 것이다"라고 단정하기도 했다. 경제수석이었던 그가 최고 권력자에게 꼭 그런 식으로 진언하지는 않았을 것이다. 그는 엄연히 테크노크라트이기 때문이다. 하지만 둘 사이 대화와 교감의 강도는 생각 이상으로 컸던 것도 사실이다. 때문에 중공업-유신의 둘 사이를 과일에 비유한다면, 중화학공업화가 씨앗이고 유신체제는 그걸 보호하고 감싸고 있는 과육果肉이라고 해야 옳다. 그동안 사람들은 달리 생각해왔다. 장기 집권이 씨앗이고, 유신은 그걸 감싸는 과육이라고…….

유신 선포 당시 지식인들의 반응도 그랬다. 당시 12년째 통치, 장기 집권 염증이 커져갔다. 권력 피로도 현상은 이승만 시절보다도 뚜렷했다. 국민들은 예전보다 잘살게 됐다는 것을 피부로 느끼면서도 그런 부를 축적해준 권력에 대해 짜증을 냈다. 당시 중견 언론인 김진현의 사례가 그걸 말해준다. 하버드대 연수 중이었던 그가 오전 강의를 들은 뒤 「뉴욕타임스」를 펴면서 고국의 유신 선포라는 메가톤급 소식을 접했다.

"나는 눈물이 왈칵 쏟아졌다. 이제 유신이라는 이름으로 펼쳐질 자유와 민주화세력에 대한 탄압과 한·미 간의 마찰 그리고 무엇보다 탄압을 받을 동아일보의 운명이 나를 비감하게 만들었다. 쏟아지는 눈물도 추스를 겸, 공기를 쐬려고 문을 열고 나갔으나 발에 힘이 빠져 계단에 풀썩 주저앉아 버렸다."

직후 그는 라이샤워 하버드대 교수를 찾아갔다. 라이샤워는 유신 선포 직후 유신 독재를 비판하며 박정희에게 경고를 하기 위해서라도 미국은 주한미군 철수를 고려하라고 주장했던 인사다. 둘 사이에는 뜨거운 시국대화가 전개됐는데,

그만큼 유신은 국내는 물론 해외에서도 충격이었다.

간단하지 않은 문제다. 이후 30여 년, 사회 원로 김진현은 6070년대의 정치·경제 성취를 근대화혁명이라고 보는 대표적 지식인이다. 유신 선포 앞에 눈물을 쏟았던 그가 역사와 화해를 한 셈일까? 하지만 젊었던 그들을 분노하게 했고 당혹감을 안겨줬던 유신 선언이란 그만큼 이례적인 체제가 분명했다. 때문에 그 전체 모습을 볼 수 있는 것은 그때가 아니라 지금이다. 박정희가 그만큼 잰걸음으로 우리를 앞질러 갔었기 때문이다.

중남미 회전문 쿠데타와는 너무나 달랐다

탱고의 발상지이자 축구의 나라 아르헨티나는 잦은 국가부도 사태로도 유명하다. 지금 사는 형편으로 봐서는 1920년대 한때 그들이 세계 7위의 부자나라였다는 게 잘 믿어지지 않는다. 쇠고기와 밀 생산 등이 호황을 누린 덕인데, 당시 그들은 스위스·독일 국민보다 실질 소득이 높았고, 때문에 '전설의 시대'로 불린다.

수도 부에노스아이레스의 풍요는 프랑스 파리에 못지않았다지만, 잠깐이었다. 세 번이나 권좌에 올랐던 육군 대령 출신의 도밍고 페론 이후 급작스레 망가지기 시작했다. 민심 얻기용 포퓰리즘으로 국고는 바닥나고, 결국 그는 국외 추방의 운명을 맞았다. 'Don't Cry for Me Argentina'로 유명한 페론의 부인 에바, 그녀는 자선사업에 국고를 물 쓰듯 했던 '반짝 예언자' '거짓 예언자'로 그쳤다. 지금도 이 나라 지식인들은 소태 씹는 표정으로 지도자 타령을 한다.

"그때 국민이 원하면 길도 금으로 깔아주겠다며 엉뚱한 걸로 큰소리치는 사람도 있었다. 그게 아르헨티나의 황금기였나 싶지만, 먼 곳을 내다보고 국가 발전에 재투자하는 지도자를 못 만났던 게 한스럽다."

고풍스런 건물들과 호화로운 가로등이 화려한 옛 시절을 말해주면 뭘 할까.

페론의 오만한 리더십은 또 한 차례의 쿠데타를 불러일으켰다. 신군부세력은 대대적인 인권 탄압을 했다. 묻지마 구속에 수만 명의 시민들이 국가전복 혐의를 뒤집어쓴 채 처형됐다. 어어, 하는 사이에 야만으로의 퇴행이 전개됐다.

경제는 여축없이 곤두박질쳤다. 1999년 1인당 국민소득이 8,500달러였으나 3년여 뒤 3분의 1토막인 2,800달러로 추락했다. 지금은 인구의 절반 이상이 빈곤층이다. 자기들을 아예 카르토네로cartonero라고 부른다. '쓰레기 뒤지는 극빈층'이라는 뜻이다. 이 나라의 수출품목은 파탄 경제를 여실히 보여준다. 콩류, 석유, 옥수수, 밀을 주로 수출하고 기계류와 자동차, 석유 및 가스, 유기화학제품들을 수입한다.

하지만 브라질은 또 다르다. 남미의 거인이라며 어깨를 으쓱이는데, 경제형편도 아르헨티나보다 나아서 2억 인구 이 나라의 1인당 국민소득이 9,500달러(2007년 기준)에 이르지만, 사회통합부터 급선무다. 남반구 최대의 다인종국가인데, 인종통합은 1960년대 미국 수준에 불과하다.

브라질도 군부 쿠데타를 경험했다. 1964년 이후 20년을 집권한 군부는 한때 연 10퍼센트 성장을 10여 년간 유지하는 실적을 거뒀으나 소득 불평등은 세계 최고를 기록했다. 민간정부가 들어선 1990년대 채무불이행을 선언하는 아픔도 겪어야 했다. 결정적으로 주요 수출품이 운송기기, 철광석, 콩, 커피, 신발인 것을 보면 산업화 고도화에 한참이나 모자란다.

이들의 이웃 칠레는 아르헨티나, 브라질보다는 형편이 낫다. 우리나라와 자유무역협정(FTA)을 맺은 뒤 와인, 홍어, 거봉포도 등을 값싸게 공급해주는 이 나라는 2007년 기준 1인당 국민소득이 1만 4,300달러. 이곳도 예외없이 쿠데타를 경험했다. 좌파 정부 살바도르 아옌데를 거꾸러뜨리는 군사 쿠데타로 피노체트 장군이 권좌에 앉았다.

무려 26년의 장기집권(1974~2000년) 동안 대규모 인권탄압이 난무했다. 피노체트는 빛과 그늘이 공존하는 정권이다. 일부에서나마 민주주의 길을 닦은 지도자로 평가되기도 한다. 1990년 국민투표에서 이긴 중도좌파 정권과의 연정이 그런대로 성공적이고 연 5퍼센트 성장도 기록했다.

경제 성적표는 그렇게 나쁘지 않기 때문에 군부 측은 칠레 근대화에 초석을 깔았다고 큰소리치는데, 사실 칠레는 빈곤 인구가

▶ 2000년까지 26년을 집권했던 피노체트.

15퍼센트 이하다. 낮은 부정부패, 단단한 연금제도의 덕에 사회도 안정된 게 사실이다. 라틴아메리카의 앞날로 칭송받는 칠레의 수출품은 과일, 수산물, 종이와 펄프 위주다. 라틴아메리카 지역에서는 앞섰는지 모르지만 고도산업화에는 한참 부족하기 때문에 실은 아르헨티나, 브라질과는 오십보백보다.

1960년은 세계적으로 쿠데타 지진의 해

아르헨티나, 칠레, 브라질 등은 우리와 공통점이 있다. 비슷한 시기에 군사정권이 들어섰고, 이들이 한결같이 경제부흥을 기치로 내걸었다는 점이다. 라틴아메리카만 그런 게 아니고 동남아시아의 인도네시아나 파키스탄을 비롯해 제3세계에서도 5·16을 전후해 특히 군사 쿠데타가 빈발했다. 1956년 나세르에 의해 이집트 군사정변이 발생했고, 1966년 군 최고사령관 수하르토에 의한 인도네시

아 쿠데타, 1970년대 후반 파키스탄에서 일어난 지아 울 하크의 쿠데타가 그렇다. 파키스탄에서는 훨씬 이전인 1958년에도 아유브 칸 장군이 나섰고 같은 해 미얀마에서 네윈 장군이 일어났다.

한국의 5·16이 일어나기 한 해 전인 1960년은 가히 '쿠데타 지진의 해'였다. 터키 군부의 5월 반란에 이어 7월 콩고, 8월 라오스, 10월 엘살바도르, 에티오피아로 이어졌다. 하지만 그들과 우리는 달랐다. 달라도 너무 다르다. 무수한 군부 쿠데타 지진 속에서 경제적 성과로 이어진 특출한 사례는 5·16이 거의 유일하다. 왜 그럴까? 저들의 쿠데타는 권력층 사이의 바통 체인지다. 새 군부 지도자들은 기존 정치세력이 약해진 틈을 타 자리를 메우는데, 그래보니 그들은 서로가 한통속이다. 성장과정과 정치의식에 이르기까지 '가재는 게 편'이라서 새 세력이 혁명적 비전을 가질 리 없고 그래서 회전문 쿠데타로 시종한다.

보자. 칠레, 브라질, 아르헨티나 쿠데타를 일으킨 군인들은 그 사회의 중산층 내지는 상류층인데, 5·16을 일으킨 주체세력이 농촌의 빈농출신으로 구성됐던 것과 일단 다르다. 사회학자 조희연에 따르면 당시 5·16 주도세력의 71퍼센트가 지역적으로는 농어촌 출신이고, 소득으로는 중하층이었다. 제3공화국 야당인사의 41퍼센트가 지주 출신인데 비해 쿠데타 세력의 26퍼센트만이 지주 출신이라는 점이 많은 것을 암시한다.

1963년 선거에서 박정희가 "나는 빈농의 자식이지만, 윤보선은 귀족이다"라고 한 것도 말이 된다. 당시 그가 "5·16은 이념면에서 동학혁명과 일맥상통한다"고 했던 것도 충분히 음미해볼 만하다. 외양 면에서는 위로부터의 혁명이지만, 내용으로는 기층서민을 위한 아래로부터의 혁명이라는 얘기일까? 반면 라틴아메리카 쿠데타의 주역들은 그와는 무척 달랐다.

"당신들보다는 내가 더 잘할 수 있다."

그게 전부다. 권력 욕심이 먼저이고, 조금 한다고 해보니 한층 효율적인 정부를 만들겠다는 정도의 구상이 전부다. 다분히 자리 빼앗기의 게임이다. 그들과 우리가 결정적으로 갈라지는 것은 따로 있다. 조금은 가지고 있었던 저들에 비해 우리는 정말 아무것도 없었다는 점이다.

5·16은 '역사의 로또'가 맞다?

사실 이들 나라의 일부는 한때 잘 살았던 과거를 가졌다. 라틴아메리카 나라들이 그러한데 빠르면 1930년대, 늦어도 1950년대에 초기 공업화 토대를 구축했다. 그 덕에 소비재 등 경공업을 갖춘 채 출발했는데, 칠레의 경우도 피노체트 혼자서 근대화의 초석을 깐 게 아니다. 좌파 정권 아옌데가 집권할 당시 많은 국유화 정책과 함께 눈에 띄는 경제성장을 했다.

아르헨티나야말로 포퓰리즘으로 망가지기 전인 1930년대에 초기 공업화를 경험했다. 소비재는 물론 상당 정도의 사치품을 생산할 수 있었고, 단지 모자랐던 것은 심도 있는 산업화 단계였을 뿐이다. 7, 8부 능선까지는 올라갔었지만 자본재, 중간재 생산 단계에는 끝내 이르지 못한 채 다시 미끄러지고 만 케이스다.

저들과 달리 우리는 '완전 맨땅'이었다. 아르헨티나와 맞비교를 하자면 제로 베이스에서 출발했다. 5·16 직전인 1960년대 초는 다른 나라와 어슷비슷한 수준의 산업자본이라도 형성할 가능성은 제로였다. 1인당 국민소득은 세계 최빈국인 70~80달러 수준이었고 저축률은 3.7퍼센트밖에 안 됐다. 세계개발은행(IBRD)의 통계로는 1961년도 한국의 1인당 국민소득은 82달러였다. 당시 세계의 독립 국가는 125개국이었는데 한국은 101번째인 바닥 그룹에 속해 있었다.

우간다, 방글라데시, 에티오피아, 토고, 파키스탄 등이 당시 우리와 같은 처지였다. 참고로 북한은 그해 1인당 국민소득이 320달러로, 포르투갈, 브라질의 바로 위인 50위였다.

"차라리 일제시대 그때가 좋았어."

나이 든 사람들은 그런 말을 무시로 했을 만큼 1950년대 한국의 상황은 좋지 않았다. 나올 수밖에 없는 한탄이다. 초기 공업화는커녕 1차 산업이 흔들리면서 국민들은 기아선상을 오르내렸다. 쌀 생산량은 일제 말 1단보당 1,312석이었는데 광복 직후 오히려 뒷걸음질치면서 쌀값이 마구 폭등했다. 무지막지했다. 1946년 한 해에 무려 5배나 뛰었고, 이듬해 다시 2배가 뛰었으니까 국민들은 아우성이었다. 초근목피라는 말은 그런 배경에서 나왔다. 또 광복 이후 1961년까지 제공된 미국원조는 31억 달러였는데 이 중 상당 액수가 식량원조로 채워져야 했다. 이 통에 물가는 하늘 높은 줄을 몰랐다. 아니 살인적이었다. 도매물가의 경우 1947년을 100으로 할 경우 전쟁이 끝난 1953년에는 무려 59배나 뛴 5,900이나 기록했다.

왜 그랬을까? 엉성하지만 그럭저럭 돌아갔던 일제하 식민 경제체제의 갑작스런 와해 탓이다. 국토의 분단으로 산업구조는 반신불수가 됐고, 해외 또는 북한으로부터 온 월남민 등으로 급격히 늘어난 인구에 비해 국내 공급능력은 훨씬 줄었다.

그러던 대한민국은 '역사의 로또'를 만나기 전에는 계속 그렇게 살 가능성이 높았다. 냉정하게 말해 그게 진실이다. 아주 잘 해본다고 해도 중남미보다 나아질 가능성도 없었다는 게 정확한 평가다. 함석헌이 말했던 대로 '거렁뱅이 처녀의 역사'에서 맴맴돌이 하는 것이 우리에게 주어진 객관적 조건이었으리라. 누가 가늠이나 했을까? 어느 날 갑자기 바뀌었던 것이 한국의 금박시대인 6070시대

▶ 1950년 11월 1일, 폐허로 변한 서울 중앙청 앞 거리. 부녀자들이 건물 잔해 속에서 쓸 만한 물건을 찾고 있다.

▶ 기차역 하역장 옆의 집 잃은 형제. 모닥불을 피우고 캔에 담긴 음식물로 허기를 때우고 있다. 1950년 11월 17일.

다. 박정희 집권 10여 년, 모든 게 바뀌는 조짐이 보였다. 꿈틀한 것이다. 1960년대가 경제발전과 사회통합의 베이스캠프 만들기라면, 1970년대 이후에는 정상정복을 한다며 기염을 토했다.

불과 18년 새 일어난 변화에, 기대수명의 경우 1960년 55.3세에서 1978년 65.9세로 뛰었다. 거의 인종이 바뀐 것에 버금가는 수준의 큰 변화다. 40퍼센트나 됐던 절대빈곤층은 1976년에는 15퍼센트로 줄었다. 1인당 국민소득은 1963년 100달러에서 1979년 1,597달러로 16배나 뛰었다. 믿거나 말거나 수출액은 550배 뛰었다. 액수가 중요한 것이 아니라 철광석, 생사, 무연탄, 오징어를 수출하다가 섬유, 철강, 전자, 선박 등 공산품으로 완전히 탈바꿈시켰다. 하지만 당시는 물론 이후에도 사람들은 박정희의 개발독재가 거둔 성취를 액면 그대로 받아들이려 하지 않았다.

브라질, 아르헨티나, 칠레 등과 함께 도매금으로 처리했다. "종속의 구조 때문에 경제개발에 성공할 수도 없겠지만 곧 쓰러질 수도 있는 위험한 모래성"이라고들 말했다. 그런 눈먼 비판의 절정이 마르크시즘과 종속이론의 영향 아래에 있던 1980년대 대학가였다.

마침 외채가 눈덩이처럼 커졌던 게 1984년 무렵이다. 당시 외채가 403억 달러로 아르헨티나, 브라질, 멕시코, 한국 순으로 랭킹이 매겨졌다. 공교롭게도 한국을 제외한 3개국에서 금융 위기가 터졌고, '혁명적 열기'에 사로잡혔던 운동권과 대학가 그리고 경제학자 박현채 등 이른바 민족경제를 말하는 지식인들은 "이 다음은 한국의 차례"라고 예고했다.

사람들은 한국이 독점자본인 동시에 외세에 종속돼 있다고 보았다. 칼 같은 사회과학적 칼질과 함께 재벌이 강해질수록 종속이 심해지고 빈부격차가 심화되면서 중소기업이 몰락한다는 가짜 공식에 맞추어 세상을 보았다. 쉬운 얘기다.

반짝하는 한국경제는 결국은 주저앉고 만다는 우중충한 시나리오였는데, 대체 이게 무슨 일일까? 1989년 외채가 엄청 줄었다. 3저 호황으로 돈을 벌어들여 거의 모두를 갚아버린 것이다. 자기 위선에 빠졌던 학문이 '엄숙한 거짓말'을 해왔거나, 아니면 무시무시했던 한반도 모더니즘의 물결이 가짜 예언자 노릇을 해온 학문을 가차없이 추월해버린 결과다.

요즘 종속이론을 말하는 바보는 없다. 하지만 여전히 민중을 말하는 이들은 깔끔한 현실 인정과 승복 대신에 비판의 목소리를 지치지 않고 낸다. 1980년대 대학가의 분위기가 사회에 확산된 탓인데, 6070시대의 성취가 거둔 거대한 진보에 아직도 반신반의를 한다. 1960~1970년대 군사 쿠데타가 일어났던 다른 나라들 대부분이 우리와 정반대로 살고 있는 상황인데도…….

테마 6070

필리핀과 한국의 뒤바뀐 나라 운명

누가 믿을까? 필리핀은 1960년대 아시아에서 가장 잘나가던 나라였다. 당시에 필리핀은 일본과 비슷한 수준의 선진국으로 쳐줬다. 당시 필리핀(254달러)의 1인당 국민소득은 우리(82달러)의 세 배였다. 그런 형편이라서 서울 장충체육관은 1963년 그들이 지어줬다. 우리는 당시 돔형 건물 시공능력이 없었다. 서울 세종로의 문화체육관광부, 미국대사관 건물도 미국 회사가 건축했지만, 시공과 감리는 그들이 맡았다.

그곳은 서울의 도심이면서도 공터로 놀리기만 했는데, 겨울이면 한국일보 장기영 사주가 물을 쏟아 붓고 스케이트장 개장 공고를 신문 1면에 박스기사로 내보냈던 어수룩하던 시절이다. 한 수 위의 국력을 자랑하던 필리핀이지만 정치 상황은 우리와 어슷비슷해 보였다. 필리핀도 1965년 마르코스가 집권한 뒤 내리 21년 독재를 했다. 하지만 경제 성적표는 너무도 초라했다.

▶ 1960년대 아시아의 선진국인 필리핀이 지어준 장충체육관.

우리가 1977년 국민소득 1,000달러 시대를 먼저 열었다. 5,000달러(1989년), 1만 달러(1995년) 벽을 잇따라 넘어섰을 때 필리핀은 하염없이 하향곡선을 긋고만 있었다. 국민소득은 10년 뒤에 1,920달러로 뒷걸음질 치더니 지금 2,000달러에서 자맥질

한다. 박정희는 집권 초·중반 마르코스에게 잠시 라이벌 의식을 품었을 정도인데, 두 나라의 앞날은 이토록 엇갈렸다. 가정부 수출국이라는 오명을 갖고 있는 필리핀은 산업구조 면에서도 전형적인 농업국가에 머물고 있다. 쉽게 말해 '메이드 인 필리핀'으로 된 가전제품, 공작기계, 자동차, 석유화학 제품을 우리는 본 적이 없다. 바나나, 참치 등 농수산품 일부가 한국에 들어올 뿐이다.

왜 이렇게 차이가 날까? 쉽게 말해 지도자 탓이다. 어떤 지도자를 맞느냐는 생각 이상으로 중차대한 사안이다. 특정인에 대한 호오를 떠나서 오늘과 내일을 위한 국가의제를 만들어내고, 이를 둘러싼 국민적 합의를 구해가는 결정적인 사회화 과정이기 때문이다. 그 점에서 극과 극의 사이클을 그렸던 6070시대 한국과 필리핀은 연구 대상으로 손색없다. 또 하나 필리핀에는 한국에는 사라진 지 오래인 전근대적 정치 풍토가 큰 걸림돌이었음을 기억해야 한다.

필리핀은 50여 개의 명문 가문들이 국가의 부와 권력을 소유하고 있는 구조다. 1986년 시민혁명으로 축출된 마르코스는 루손섬 북부의 명문가 출신이며 그의 부인 이멜다 역시 명문 출신이다. 시민혁명으로 집권해 우리에게는 이미지가 썩 괜찮은 코라손 아키노 전 대통령도 대지주 가문이지만 경제에는 무능했다. 라모스 대통령도 빈민 문제에는 손도 못 댔다. 학교를 중도 포기한 배우 출신 에스트라다가 대통령에 당선된 것도 이런 족벌정치에 대한 시민들의 반감 탓이다.

필리핀의 기득권층은 만만치 않다. 그들은 에스트라다를 국가의 재앙이라고 본다.

▶ 마르코스와 그의 부인 이멜다.

빈부격차와 고질적인 회전문 정치가 특징인 필리핀의 상황, 그 이전 보여줬던 아르헨티나의 상황은 예외적인 게 아니다. 그게 제3세계의 보편적인 현실이라고 봐야 한다. 그 사례가 인도다. 지난 수십 년 아시아에서 가장 민주적이라고 평가됐지만 사회경제 발전은 정체됐다. 카스트 제도가 온존하고, 네루 집안의 권력 독점이 수십 년 유지되고 있는 상황이다. 흥미로운 것은 절차적 민주주의의 핵심으로 평가받는 선거제도는 훌륭하다는 점이다. 역설적으로 들리겠지만, 이게 활발하게 작동되고 있다는 것이 되레 문제다.

인도 구체제의 붕괴를 막아주고, 봉건주의를 연장시키는 주범이 그것이기 때문이다. 선거 민주주의가 정착됐다는 것은 면피에 불과하며, 그것이 활발하다고 민주주의가 자리 잡는 것은 아니라는 분명한 증거다. 자유선거에 의해 정치세력을 정기적으로 교체하는 많은 국가가 실제는 상층부의 정치세력만을 교체하지, 국민의 전면적인 선택권을 가능하게 하는 것은 아니다. 그걸 냉소적으로 표현하는 말이 정치학자들이 만들어낸 용어인 권력 나누기 power sharing다.

이런 나라의 특징은 정치세력이 하는 일은 거의 없지만 선거만은 아주 모범적으로 착실하게 진행한다. 이를 정치발전이라고 하는 것은 거대한 기만이자, 숫제 말장난이다. 때문에 요즘 정치학의 추세는 절차적 민주주의에 큰 비중을 두지 않는다. 물론 서구적 민주주의 모델의 힘이 그만큼 약해진 탓인데, 절차적 민주주의란 지배를 합리화시켜주는 메커니즘이라고 본다. '지배세력, 그들만의 리그'라고 보기 때문이다.

부국강병 꿈의 완성

상식이지만 자본주의란 서구 부국강병의 역사 속에서 탄생했다. 박정희는 자본주의의 고전적인 발전 코스를 생략한 채 압축 성장 방식으로 따라잡으려 했다. '부국강병 역사 만들기' '근대 만들기 프로젝트'는 비유하자면 중고교를 건너뛴 채 막바로 대학에 들어가는 역사의 월반越班과도 같다.

그 점에서 박정희는 18세기 러시아의 표트르대제와 꼭 닮았다. 한 지도자가 사회의 총체적 개혁을 목표로 시스템, 사회 제도에서 시민의식과 관습에 이르기까지 자기 나라의 모든 것을 바꾸려 했고, 또 재임 시 성공을 일궈낸 대표적인 케이스이기 때문이다. 18세기 러시아, 20세기 한국이라는 시기와 상황만 서로 달랐을 뿐 부국강병을 향한 사회개조라는 꿈은 표트르대제와 박정희, 둘이 완벽하게 공유하고 있었다.

사실 250년 가까이 몽골의 지배 아래 있었던 러시아는 비잔틴제국을 계승했기 때문에 동방적 요소가 많았다. 국가 방향을 서구화로 바꿨던 표트르대제 치세 이후에야 비로소 유럽 열강에 근접할 수 있었던 것도 사실이다. 러시아는 근대 초기 유럽의 관점에서 보자면 명백한 변방의 후진국이었다. 이런 낙후한 러시아를 끌어올리기 위해 전방위 개혁을 펼쳤던 그가 먼저 손을 댄 것이 낡은 귀족 지배체제를 관료제로 바꾼 결단이다. 국가개조에 필요한 손발부터 확보하자는 것이다. 직후 근대적 외교를 시작했고, 나라를 보위하기 위해 군사교육을 혁신하고 해군을 창설했다. 2미터 가까운 거구에 두주불사의 술 실력 등, 황제와 잘 어울리지 않는 야인 기질을 가졌던 그가 얼마나 근대화에 목말라했었는지는 많은 일화가 보여준다.

그중 유명한 에피소드가 황제의 신분을 감춘 채 네덜란드의 한 조선소를 찾아 손수 해머를 잡고 일했다는 일화다. 1697년 서방 기술을 배우기 위해 사절단을 서유럽에 파견할 때 그 판에 끼었던 것이다. 그가 본 것은 공장, 미술관, 병원, 양육원, 천문대 등이었는데, 이듬해는 영국으로 건너가 신식 군함을 살필 기회도 얻었다. 종이와 펜을 들고 그걸 일일이 기록했던 것도 유명한 일화다. 치마 길이와 턱수염 등 일상생활의 영역에도 감 내놔라 배 내놔라를 했다. 하나에서 열까지 러시아의 전부를 바꾸려는 무시무시한 대원력을 바탕에 깐 노력이다. 그러나 그의 덕에 과연 러시아 국민들은 배를 두드리며 잘 살 수 있었던가?

그건 별개의 문제다. 표트르대제의 서구화 정책은 유럽 문물 수용이 핵심인데, 시인 푸슈킨을 배출하는 등 문화도 이때 발달했지만 제도와 관습이 하루아침에 바뀔 수는 없었다. 서구화의 열매는 특수층에게만 돌아갔고 서민생활은 여전히 궁핍했다. 근대적 산업체제 구축이라는 꿈은 여전히 멀었다. 그가 했던 것은 근대 러시아의 초석을 놓는 선에서 '일단 멈춤'을 할 수밖에 없었다.

표트르대제라고 하는 계몽군주가 홀딱 빠졌고 따라잡기에 올인했을 정도로 서구 부국강병은 실로 위력적이었다. 유럽 열강들이 무한경쟁에 돌입했던 부국강병 게임이야말로 절대왕권의 통치 아래 부를 창출했고 지금의 자본주의와 민주주의를 낳았던 원동력이다. 이 힘으로 인도, 중국 등 아시아와 아프리카 등을 접수했던 것이 19세기 제국주의다.

18세기 서구 역사의 실체적 진실이란?

부국강병 전후 서구에서는 어떤 무시무시한 변화가 일어났던 것일까? 이 경쟁에 뒤처졌던 주변 나라들은 왜 선발국가 따라잡기에 전전긍긍했을까? 상식이지만 박정희 18년을 제대로 알기 위해 절대왕권 등장 전후 서구 역사를 훑는 것이 필수다. 지금의 역사에 시야를 국한한 채 독재냐 아니냐, 민주냐 아니냐를 따지는 것은 때로는 표피적인 접근에 불과하다.

이런 얘기다. 18세기 이전의 서구사회를 지배했던 눈에 보이지 않는 구심점은 신성로마제국이었고, 로마 교황으로 상징되는 기독교였다. 그 큰 우산의 중심부 아래 옹기종기 왕국들이 자리를 잡았다. 그런 중심부-주변부의 관계는 동아시아와도 닮았다. 말하자면 천하질서를 내세운 중국이라는 강력한 우산 아래 조선, 일본, 월남 등의 주변국들이 존재했던 '느슨한 수직적인' 구조다.

그런 구조가 먼저 깨진 서유럽에서는 프로이센 등 강력한 절대왕권이 등장하면서 민족국가의 각개약진이 시작되었다. 그들 사이의 힘 키우기 다툼이 부국강병이다. 방식은 두 가지다. 중앙정부 금고를 채우는 활동(중상주의)이다. 중농주의에서 벗어나는 것이 우선이다. 그 이전까지는 중앙정부라는 개념이 없었고, 크고 작은 지방경제를 단순히 합쳐놓은 '느슨한 중심축'에 불과했는데 이것이 전면적으로 바뀐 것이다.

절대왕권을 선언한 국가들의 또 하나의 무기는 전쟁이었다. 강력한 국가 상비군을 처음으로 만들어 이웃 나라에 싸움을 걸어 이긴 뒤 막대한 전쟁배상금을 챙겼다. 전쟁이 곧 산업으로 등장한 시절이다. 이를 위해 국가 상비군 유지는 필수였다. 프랑스의 태양왕 루이 14세가 전성기 시절 무려 65만 명으로 구성된 상비군을 도입하면서 팡파르를 울렸다. 전 유럽을 경악케 했던 무시무시한 병력 규모였지만, 봉급 주고 군복 입히는 군대가 본격적으로 등장한 것도 사실이다. 고대 중국의 진나라와 고대 로마 이후 처음 있는 변화였다. 사실 그 이전의 모든 나라의 군대란 고무풍선 군대였다. 지금의 향토사단과 비슷해서 전쟁 등 유사시에만 몸집을 불리거나, 돈을 주고 병력을 사는 용병傭兵 시스템이었다. 평상시에는 왕가 사이의 정략결혼을 통해 동맹관계를 구축해 국방의 방어벽을 쌓았고, 이것이 근대 이전의 외교로 통하던 어리숙한 시기였다.

민족국가 영국, 프랑스, 스페인도 이때 모습을 드러냈다. 농사만 짓고 살던 방식에서 벗어나 부자나라를 만든 다음, 강력한 군대와 행정 시스템을 갖추는 새로운 질서야말로 개항 이후 우리가 따라가야 했던 선진문명이었는데, 독일 같은 후발 자본주의 나라도 마음이 급했다. 이미 산업화된 영국이란 모델을 따라 붙어야 했기 때문에 누구나 전전긍긍했다.

"어떻게 하면 우리도 자본주의 부국강병에 성공할까?"

결론은 제조업을 포함한 근대적 산업구조를 갖춰야 한다는 점, 이를 뒷받침하는 과학기술과 효율적인 관료 시스템이 필요하다는 것이었다. 후발국가일수록

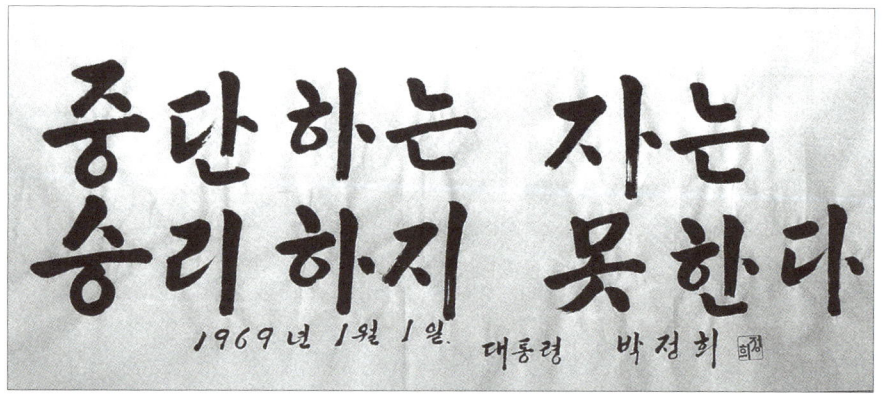

▶ 역대 대통령 중 박정희 글씨는 간결하면서 힘찬 것이 특징이다. 달필의 '익은 글씨'를 구사한 이승만과 다른 점이다.

국가의 역할이 절대적이다. 이를 실천한 후발 절대왕권 국가들도 부국강병에 어렵게 성공했는데, 하지만 그 이후 얼굴 표정을 싹 바꿨다. "우리들은 어렵게 성공했지만, 아시아는 절대로 안 된다"고……. 산업혁명도 없었고 과학기술도 서구의 것이라는 게 그 주장의 근거다. 도저히 성공할 수 없다는 그 과정을 따라잡은 것이 박정희 산업화의 핵심이다.

부국강병의 역사를 거슬러 올라간 '월반 프로젝트'가 바로 6070시대 압축 성장이었다. 당연히 스피드의 차원이 달랐다. 유럽의 산업혁명의 경우 그때 평균 경제성장률은 우리들 예상과 달리 1.1퍼센트 정도에 불과했다. 1.1퍼센트란 지금 기준으로 보면 시시해보이지만, 역사의 오랜 정체 상태를 깨는 놀라운 속도전이었다. 그 이전의 중농주의란 '플러스 마이너스 제로'의 구조라는 뜻이기도 하다. 어쨌거나 한국경제는 1960년대 이후 매년 10퍼센트 내외의 초고속 성장을 했다. 1퍼센트 성장이나 10퍼센트 성장은 그게 그것인 것 같지만, 천지차이다. 경제학자 장하준의 유명한 분석대로 1퍼센트씩 성장을 하면 국민소득이 2배가 되는 데 70년 정도가 걸린다. 그러나 성장률이 10퍼센트가 되면 10년 안쪽에 끝난다.

박정희는 의식했건 하지 않았건 간에 '서유럽이 했던 그대로', 단 압축적인 방식으로 18년을 밀어붙였다. 절대왕권 시절의 영국, 프랑스처럼 아니 러시아의 표트르대제가 그러했듯이 국가 스스로가 경제개발 마스터플랜을 짜고 지휘봉을 잡았다. 민족중흥, 조국 근대화라는 이름 아래 중상주의 정책을 도입했고, 빅 푸싱(크게 밀어붙이기)을 감행했다. 한국주식회사라는 말은 그래서 등장했지만, 그것은 서구 나라들도 매일반이었다.

왜 옛날에는 가난 구제는 나라도 못했을까?

박정희의 빅 푸싱이 얼마나 이례적인 것인가는 한국 근·현대사 100여 년을 살펴봐야 실체가 드러난다. 우선 구한말의 조선조 왕조국가 체제는 결코 빅 푸싱을 수행할 수 없었다. 그들은 '동아시아의 신성로마제국'인 중국 중심의 천하질서(중화사상)에 갇혀 있었기 때문이다. 점잖고 수준 높은 성리학의 이념은 중앙정부의 강력한 통치 대신에 느슨한 덕치德治내지 예치禮治로도 충분했다.

중앙정부가 강력할 필요조차 없었다. 지방의 엘리트(향촌 사대부)들은 자신의 윤리를 먼저 닦고 남을 다스리는 식의 멋스러운 수기치인修己治人이 모토였는데, 백성들은 기꺼이 따라줬다. 중앙정부는 이들 사이에 벌어지는 우아한 담론의 정치, 즉 붕당체제였다. 지방공동체는 가난하지만 안정적인 방식으로, 그들 나름대로 돌아가고 있었고, 중앙정부는 상징적 존재로 남아 있었다.

사실 근대 이전의 사회는 모두가 그러했다. 그게 꼭 나쁘다는 게 아니다. 생산성은 떨어졌지만 사회는 조용했고 백성들은 상대적으로 편안했던 '역사의 에덴 시대'다. 그걸 두고 훗날 어떤 서양사람(칼 마르크스)이 동아시아적 정체 상태라고 말한 것은 근거 없는 험담꾼의 독설에 불과했다. 자기네 서구 역사를 근대 이전의 앞뒤 상황을 제대로 챙겨봤어도 그런 유치한 발언을 할 수 없다는 말이다. 절대왕권 등장 이전의 동·서양 어떤 나라라도 국가상비군 같은 것은 별로 필요 없었고, 대신 평화스러운 병농일치兵農一致로 풀어갔다. '가난 구제는 국가도 못한다'는 말도 그래서 나왔다.

국가가 할 일이란 치수治水 사업 같은 사회간접자본에 조금씩 손을 대거나, 헐렁한 관료조직에 간혹 등장하는 말썽꾼인 변학도 스타일의 탐관오리를 손봐주는 게 전부였다. 낡았지만 안정적이던 그 질서가 거의 전면적으로 깨져나간 대사건이 바로 서세동점 물결이지만, 구한말의 정치체제로서는 어떻게 손을 써볼 여지조차 없었다.

문제는 해방 이후 역대 정권들도 그 틀에서 크게 벗어나지 못했다는 점이다. 이승만 정부는 강력하지만 무능한 권위주의가 전부였고, 장면 정부는 참신한 듯 보였지만 불안정한 붕당체제였다. 구한말 정부와 다를 게 없었다. 겉으로는 입헌 공화국이고, 서구식 민주주의였지만 부국강병을

▶ 표트르 대제 기마상. 상트 페테르부르크 중앙광장에 있다.

향한 총체적 개조는 꿈도 꾸지 못했다. 때문에 박정희 18년은 한국적 앙시앵 레짐Ancien Régime(구체제)의 틀을 깨는 강력한 지진이자, 정치사회적 혁명이었다.

결과적으로 그가 부국강병의 꿈을 달성했음은 누구도 부인 못한다. 그게 표트르대제의 꿈이자 박정희 개혁의 실체였다. 하지만 사람들 반응은 달랐다. 지식인, 언론은 부국강병과 근대화의 결과물인 시민사회와 대의민주주의(열매)에 우선적인 관심을 가지고 그걸 하루빨리 정착시킨다면, 자본주의라는 뿌리도 내릴 수 있다고 주장했다. 양쪽 사이에 충돌과 긴장은 피할 수 없었다. 국가 먼저, 시민사회 먼저의 게임이다.

참고로 요즘 국내외 학계의 새로운 합의는 경제발전에서 항상 국가가 먼저 앞서서 힘을 써야 하고, 시장은 나중에 뒤따라온다는 점이니 아이러니다. 어떤 학자는 박정희의 빅 푸싱을 진부한 용어인 독재라고 하지 않는다. 한국 사회에 꼭

필요했던 '국가 주도의 집중적 통치체계'라고 이름 붙인다.

사실 자본주의의 등장은 동양 우위, 서양 열세의 구조를 깨뜨렸을 만큼 거대한 전환이었다. 사회 시스템은 물론, 시민사회를 몰고 오며 근대의 문을 열어젖힌 에너지이기도 했다. 그 고전적 코스를 전혀 다른 역사적 맥락과 환경 속에 옮겨서 구현한, 그것도 20세기 한복판에서 만들어낸 박정희 18년을 놓고 해외학자들이 무수한 용어를 갖다 붙였다. 앨리스 암스덴 미 MIT대 교수는 규율된 시장 disciplined market이라고 했고, 로버트 웨이드 교수는 지도받는 시장 guided market이라고 불렀다. 권태준 전 서울대 교수가 조금 다르게 말한다. 60 70년대 한국의 자본주의는 가짜 시장 pseudo market이었다고 한다. 나쁜 뉘앙스가 아니다. 무늬만 시장일 뿐 실제는 거의 모든 것을 국가 주도로 했다는 것이다. 즉 박정희 시대란 20세기에 출현했던 중상주의와 절대주의 시대라는 얘기다.

"1960~1970년대 이 나라의 개발독재 체제는 차라리 의제 시장이라 함이 더 적절할 듯싶다. 다시 말해 자본주의 체제의 최소한의 제도, 즉 사적 소유권, 기업과 직업선택의 자유, 사적 거래, 계약의 자유 같은 것이 국가 최고 규범인 헌법에는 보장되어 있으되 그 실제는 국가에 의해 제약이 가해진 상태라는 뜻으로 말이다."

박정희 시대는 그만큼 별났다. 이유는 간단했다. 20세기의 한복판에서 18~19세기 방식을 통해 21세기를 앞당기려 했다. 그게 포인트다. 사람들은 그런 변화무쌍한 시차 변화에 어리둥절했고, 때로는 비판했지만 모든 게 자리 잡은 지금은 또 다르다. 예전에는 혼란스러워 보였던 역사의 지형지물들이 모두 차분하게 침전물로 가라앉았기 때문이다. 그게 지금이다.

지금 러시아 상트페테르부르크의 광장에 가보면 큼지막한 표트르대제의 기마상을 볼 수 있다. 러시아의 국민 시인 푸슈킨(1799~1837년)은 그를 기리는 시 한

편을 기꺼이 바쳤다. 치세 당시의 빅 푸시를 가능하게 했던 정신과 에너지에 대한 찬양인데, 은근히 그게 부럽다. 역사적 인물을 인물이게 만드는 요인은 결국 그 시대를 함께 살았던 사람들의 공감과 기억이기 때문이다.

어떤 정신이 이마에 새겨져 있고
어떤 힘이 그 안에 간직돼 있을까
그의 애마에는 어떤 불이 붙어 있을까
자랑스러운 애마여
네가 뛰어오를 때 그 어느 곳에 너의 네 발을 디딜 것인가.

라이벌 김일성을 제친 역전 대승부

"오늘날 소련은 사회주의 인터내셔널을 주장하던 지난날의 소련이 아니라 완전히 다른 나라로 전락했다. 소련은 단돈 23억 달러(당시 한국 정부가 소련에 제공한 경제협력기금으로 뒤에 30억 달러로 증액됐음)에 사회주의 맹주국으로서의 자존심을 팔아넘겼다."

1990년 6월 미국 샌프란시스코에서 노태우, 고르바초프가 한·소 정상회담을 하고 있을 그 무렵 북한의 로동신문은 자기네의 큰형님 국가인 소련을 가차 없이 공격했다. 전에 없던 일, 하지만 역효과를 낳고 말았다. 본래 국교정상화의 D데이는 1991년 1월 1일로 잡아놓았는데, 기분이 상했던 당시 소련 외무장관 셰바르드나제는 예정일을 3개월여를 앞당겨 버렸다. 그래서 새로 확정된 날짜가 1990년 9월 30일이다.

"이걸로 북한 친구들도 정신을 차리겠지!"

셰바르드나제가 외무장관 최호중 앞에서 했던 혼잣말은 오랜 남북 경쟁에서 북한 패배를 확인해준 선언이다. 김일성과의 오랜 승부에서 박정희가 완승을 거뒀음을 보여주는 심판으로도 훌륭했다. 북한의 몰락 징후는 오래 전부터 뚜렷했다. 서방 차관에 대한 이자도 갚지 못해 허덕였다. 북한의 패배를 확인해주는 또 한번의 시련이 그 직후 이루어진 한·중 무역사무소 개설 합의다. 그건 김일성에 대한 모독이었다. 1개월 전 중국을 찾아가 덩샤오핑에게 근심어린 표정으로 물었던 것이 김일성이다.

"과연 얼마나 더 붉은 기가 나부낄 수 있을 것인가?"

그때 김일성은 한국과 제발 수교를 하지 말라는 메시지 전달과 함께 그렇게 물어봤던 것이다. 소용없는 일이었다. 한·중 대사 교환은 1992년에 이뤄졌다. 김일성 사망은 2년 뒤인데 확실히 그는 말년 운이 특히 안 좋았다. 사회주의 낙원이라는 허장성세 속에 국가는 마냥 추락했다. 그의 사망 직전 북한은 5년 연속 마이너스 성장을 기록했다. 1989~1993년 사이에 -3.7퍼센트, -5.2퍼센트, -7.6퍼센트, -4.3퍼센트, -1.7퍼센트였으니 영락없는 '거꾸로 나라'였다.

그 직후 대홍수로 치명상을 입었다. 300만 명에 육박하는 사람들이 굶어 죽는, 체제 수립 이래의 최대 비극도 이때다. 그건 1980년대부터 예견됐고, 남북 격차도 손써볼 차원을 뛰어넘고 있었다. 이 모든 게 1961년 박정희 집권 이후 벌어진 변화다. 한국과 북한은 팽팽한 경쟁을 벌였으나 결과는 그렇게 나타났다. 정치학자인 박명림은 이렇게 밝히고 있다.

"1979년 박정희가 사망했을 때 김일성은 자신들의 1인당 GNP가 1,920달러라고 호기롭게 공개했다. 그러나 실제 통계에 따르면 그해 남한과 북한의 수치는 1,640달러 대 1,114달러로 제법 격차가 나 있었다. 김일성은 거의 두 배를 과장한 것이다."

두 사람이 경쟁을 벌인 18년 동안 한국은 GNP에서 82달러에서 20여 배가 뛰어 1,640달러를 기록했지만, 북한은 195달러에서 시작해 5.5배인 1,114달러에 그쳤다. 지금 남북한 비교 자체가 거의 의미 없다. 김일성의 북한이 실패한 결과이지만, 악센트는 한국 쪽에 찍어줘야 한다. 박정희의 한국이 거둔 승리가 역전승을

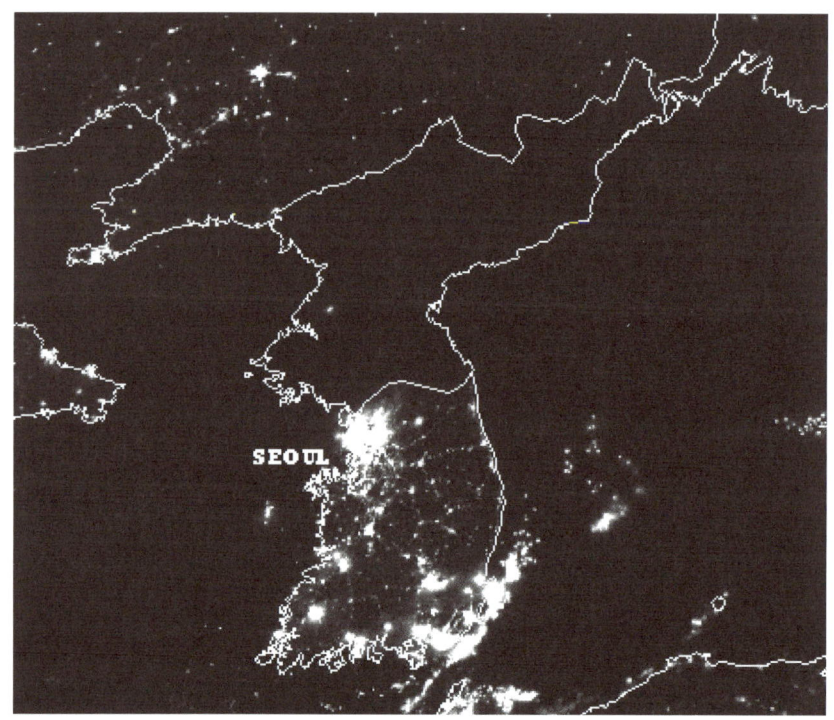

▶ 2005년 위성에서 촬영된 한반도의 밤 사진. 밝게 빛나는 곳은 인구밀도가 높고 산업이 발전한 대도시. 한반도의 북쪽은 거의 암흑이다. 서울 위쪽으로 평양으로 추정되는 지역에 작은 빛이 보인다.

이끌어냈다. 북한은 1950년대 잘나가는 것으로 보였다. 한국전쟁이 끝난 1954~1960년 공업생산은 연평균 39퍼센트 성장했다.

「1946~1960 조선민주주의인민공화국 인민경제발전 통계집」에 따르면 북한 경제는 1946년을 100으로 할 때 1956년, 1959년, 1960년 각각 153, 305, 328로 성장했다. 1961년 한 해 동안 예전 10년(1946~1955년)간보다 더 많은 공업 제품을 생산했다고 호기를 부렸다. 바로 그 타이밍에 박정희가 집권했다. 절묘하지 않은가! 남북 간 최대 격차가 벌어져 있는 시점에서 예상 밖의 대한민국 구원투수가 등판한 것이다.

▶ 영원한 라이벌 박정희와 김일성.

　이후 18년, 한국은 상대를 제치면서 분단시대의 풍경 모두를 뒤바꿔 놓았다. 북한의 몰락, 한국의 승승장구란 실은 집권 기간 내내 박정희가 품었던 소원이었다. 적지 않은 사람들이 "박정희는 김대중이나 김종필을 자신의 경쟁상대로 의식했다"고 말하고 있지만, 그것은 사실과 다르다. 그는 국내 정치의 게임에 그토록 몰두하지 않았다.

　국정의 우선순위는 남북관계가 먼저다. 골몰했던 경제발전도 다음 순위로 밀렸을 정도인데, 그게 박정희의 정치의식이자 내면이었다. 청와대 비서관 김두영의 증언도 그렇듯이 박정희는 경쟁 상대를 김일성으로 설정해놓고 있었다.

"둑 위에 선 사람만이 물 넘치는 걸 안다"

　'박 대통령은 늘 김일성을 의식하고 있었다. '김일성의 북한보다는 우리가 잘 살아야지' 하는 오기가 대통령의 언동에서 자주 비쳤다. 육영수 여사 피격사건이 일어난 1974년 8월 15일 이후 박목월 시인이 박대통령과 담소하던 중 김일성 이야기가 나왔다. 그때 마침 박 대통령은 담배 한 개비를 손가락으로 탁 튕겨서 식탁 밑에 떨어뜨리더라는 것이다. 박목월 씨는 '박 대통령이 얼마나 분하면 저렇게 할까' 라는 생각이 들더라는 이야기를 나에게 한 적이 있다."

국가 지도자가 되어야 국가안보의 책임을 실감하는지 박정희는 "둑 위에 선 사람이라야 한강물이 넘치는지를 알 수 있다"는 말을 종종 했다. 국정 책임의 중압감을 그렇게 표현했지만, 김일성에 대한 경계심이 가장 컸다. 일부 학자들은 남로당 전력이라는 콤플렉스 때문에 더욱더 반공주의를 내세웠다고 하지만, 그런 것만도 아니다.

김일성과 북한 그리고 공산주의에 대한 거부감은 그 이상의 깊숙한 이유가 있다. 각종 연설에 드러난 표현이나 어휘만 살펴봐도 그게 어렵지 않게 드러난다. 즉 그 이전에 역사인식과 처방이 박정희와 김일성은 근본적으로 달랐다. 서구 부국강병 식의 근대화를 김일성처럼 해서는 절대로 안 되며, 그건 우물 안 개구리 식의 자폭 게임이라는 게 박정희의 철학이었다.

역설은 5·16 당시 박정희의 구원투수 등판, 그리고 그 이전에 남로당 전력을 딛고 일어난 것 역시 모두 김일성 때문이라는 점이다. 달리 말하면 한국전쟁을 일으켰던 김일성이라는 외부 변수 없이 그토록 짧은 기간에 박정희가 역사 무대에 재등장하기란 힘들었다. 장성 승진을 포함한 군대 내 자리 잡기는 제한됐거나 늦춰졌을 것이다. 또 있다. 박정희는 광복 직후의 혼란 속에서 중대한 결격사유를 가졌는데, 이를 원인 무효로 해주는 지우개 역할도 김일성의 한국전쟁이었다.

더 중요한 것은 이 과정에서 박정희의 사상적 각성이 확실하게 이루어졌다는 점이다. 숙군이 한창이던 1948년 11월 체포 순간, 그는 공산주의의 환상을 완전히 버렸다. 그 증거가 전쟁 6개월 전 작성한 '연말종합적정판단서'인데, 북한 남침의 시기와 방식을 그토록 정확하게 예견했던 이 역사적 문서야말로 그의 사상

전향이 확고했음을 보여준다. 가상적 북한의 실체에 대한 인식, 사회주의에 대한 환상 깨기 없이 결코 불가능했을 치밀한 보고서다.

"전쟁이 시작됐을 때 한 사람은 최고 지도자였고, 다른 한 사람은 미래를 기약할 수 없는 상태였다. 전쟁이 없었을 경우에도 박정희가 그토록 빨리 군에 복귀할 수 있었을까를 생각한다면, '김일성의 군사공격'과 '박정희의 군대 복귀'라는 조합은 예사로운 것이 아니었다.…… 김일성은 자신이 일으킨 전쟁으로 남한 발전의 조건을 제공하고는 역전당한 셈이었다. 김일성은 자기가 제공한 토대로 인해 패배하는 비극적 패러독스의 주인공이 되고 말았다."

박명림의 지적은 설득력이 높다. '누가 더 인민을 잘 먹여 살릴 수 있나' 하는 경쟁에서 박정희가 완승을 거뒀지만, 왜 그랬으며 어떻게 가능했는지를 따지는 것도 중요하다. 박정희의 수출 드라이브와 근대화란 실용주의와 현실주의를 두 개의 축으로 한 노선인데, 그게 효과적이었다.

이는 예산 집행에서도 나타난다. 박정희 이전에는 국방비가 30퍼센트를 넘게 차지했으나, 집권 뒤 먼저 손을 댄 것은 국방비 삭감이다. 국방비 비중을 20퍼센

▶ 2005년 북한의 선군혁명총진군대회 주석단 모습.

트 이하로, 다시 10퍼센트 이하로 낮추면서 경제에 전력투구했다. 김일성은 자력갱생을 내세우면서도 속은 텅텅 비어 있었다. 박정희 집권 초기인 1963년 김일성은 호기롭게 대남 식량 원조를 제안하면서 한국경제에 훈수까지 두는데, 지금 읽으면 거의 코미디로 들린다.

"우리는 5~6년 전부터 쌀을 사오지 않습니다. 남조선 군대들이 먹는 양식은 다 미국 잉여농산물입니다. 남조선에서 박정희가 중농정책을 쓰고 자립경제를 건설하자는 목소리가 울려나오는 것만 해도 좋습니다. 우리는 그것을 찬성합니다. 그러나 그 자립경제는 미국과 일본의 돈을 꾸다가 해서는 안 됩니다. 그렇게 하면 식민지로 됩니다."

박정희의 역사무대 등장 도운 것은 김일성?

김일성은 거짓말쟁이였다. 앞에서는 그럴싸한 호언을 하면서도 뒤로는 군사노선을 강화했다. 1960년대 후반 군사비가 차지하는 비중은 30퍼센트를 웃돌았다. 정상적인 국정 운영이 불가능했고, 이미 북한사회는 골병이 들고 말았다. 1970년대 이후 뒤늦게 경제건설에 나섰으나 때는 버스가 떠난 뒤였다.

때문에 1970년대 중반을 분기점으로 남북체제 경쟁이 한국 쪽으로 기울었다는 평가도 사실과 다르다. 그 이전부터 대세는 기울었다. 북한은 1973년 서방 차관을 마구 도입했으나, 당시 그걸 갚지 못해 절절 매는 신세였다. 박정희의 한국 상황은 정반대였다. 중화학공업과 중동건설 붐의 열매를 조금씩 따먹으면서 경제에 화색이 돌았다. 커진 경제력을 바탕으로 국방비 지출액수에서 북한을 누르기 시작한 것도 그때다. 정확하게 1976년 이후다.

초기 포석을 잘 둔 결과다. 이런 추세는 도저히 돌이킬 수 없다. 지금 한국의 국내 총생산(GDP) 총액에서 방위비가 차지하는 비중은 3.6퍼센트인데, 다른 나라(2~5퍼센트)와 큰 차이가 없다. 북한의 방위비 비중은 너무도 기형적인 27.4퍼센트까지 올라간다. 김일성 생존 당시 북한은 철저한 병영국가였고, 지금도 변함이 없다. 그의 아들 김정일이 선군정치를 운운하지만, 저네들은 원래부터 선군정치로 놀았다. 그게 산소호흡기를 댄 북한의 회생이 불가능한 이유다.

적지 않은 사람들이 아직도 '김일성＝자주' '박정희＝대외의존'이라는 이분법을 구사하지만 그것도 허구다. 결정적인 사례가 1950년대 북한경제다. 알고 보니 원조경제로 이뤄진 모래성이었다. 1954년의 경우 소련 등 사회주의권의 원조는 예산수입의 34퍼센트였다. 전후 그들의 반짝 성장은 '해외원조 보톡스'를

▶ 북한의 교통 보안원이 선군정치를 강조하는 프로파간다 앞에서 차량 통제를 하고 있다.

맞은 덕이지, 체력 증진과는 무관했다. 게다가 김일성은 최소한의 인간적인 예의조차 없었다. 체제의 실패를 주민 앞에서 인정하지 못한다는 점이 그렇고, 라이벌 박정희에게 위해를 입히려 했던 시도(1968년 1·21 사태)에도 애써 책임을 회피하려 했다.

"박 대통령에게 말씀드리시오. 그 무슨 사건이더라, 청와대 사건이던가, 그것은 박 대통령에게 대단히 미안한 사건이었습니다. 전적으로 우리 내부에서 생긴 좌경 맹동분자들이 한 짓이지, 결코 내 의사나 당의 의사가 아닙니다. 그때 우리도 몰랐습니다. 내가 뭣 때문에 박 대통령을 죽이려 하겠습니까?"

1972년 5월 평양에 들어온 정보부장 이후락에게 김일성은 그렇게 말했다. 그는 대체 부끄러움이라는 것을 모르는 인물이라는 물증이 그 발언이다. 박정희의 대응은 무던히도 참는 쪽이었다. 그가 했던 것은 구두 경고가 전부였다.

"우리가 참는 데는 한계가 있습니다. 미친개에는 몽둥이가 필요합니다."

1976년 8월 판문점의 도끼만행 사건 이틀 뒤 박대통령은 그렇게 말했다. 연설원고에는 없었던 것을 대통령이 즉석에서 삽입한 것인데, 박정희의 분노와 함께 놀라운 인내심을 여실히 보여준다. 2년 전 그가 북한과 무관치 않은 재일동포 문세광의 테러 행위로 아내까지 잃었음을 감안해야 하기 때문이다. 그게 단순한 인내심 때문이었을까? 아니다. 인내란 인간적 덕목을 말할 때 쓰는 용어일 뿐이다. 박정희가 인내했다면 한반도의 주변 환경과 남북관계의 특수성을 염두에 둔 냉철한 전략적 판단 때문이다. 이 역시 박정희는 청년 시절 이후 군인 생활에 이르기까지 군사학에 관한 지식과 정보에서도 김일성을 압도했음을 확인해주는 증거다.

반면 김일성의 군사정보란 수십 명 내외 소규모 빨치산 활동에서 얻은 것이 거의 전부였다. 일본 학자 와타 하루키의 말대로 북한은 유격대국가다. 그가 만든 구호대로 '생산도, 생활도, 학습도 항일유격대 식으로!'를 주민들에게 강요했다. 하지만 그런 허술한 유격대 국가론은 국가의제와 목표 설정에서 허술했고 외곬으로 연결됐으며, 그런 이유로 결국은 몰락했다.

정보가 제한됐고 시야가 차단된 것이고, 결정적으로 조급주의를 낳고 말았다. 그 탓에 무모한 한국전쟁을 일으키고 끊임없는 도발을 일삼았으며, 경제에도 무리수를 둬 오늘의 불량국가 북한을 만들었다. 박정희와 김일성, 둘은 처음부터 불균형한 상대였고 체급부터 달랐다는 얘기다.

05

논란 속의 6070시대 '지뢰밭'

고대 이스라엘의 젊은 예수는 기존질서를 전면 거부했다. 완벽한 하느님 나라의 질서가 자기 생애에 구현된다고 믿었다. 그래서 철두철미 종말론자인데, 박정희도 그러했다. 근대화를 신앙이자 유토피아로 알았고, 그걸 구현하기 위해 '환자 대한민국'을 수술해야겠다는 소명의식에 사로잡혔다. 통치는 그 차원에서 이뤄졌지만, 논란도 피할 수 없다. 왜 민주주의를 차압했나, 지역차별은 무엇 때문인가, 월남파병과 한일회담의 평지풍파는 왜? 그리고 핵 개발은 무슨 영문일까? 무한논쟁의 지뢰밭을 들어가 보면······.

민주주의, 본질인가 하이패션인가

"보릿고개도 못 넘는 판에 무신 민주주의?"

무심코 내뱉는 말에 속생각이 담겨 있는 수가 있는데 박정희의 이 말이 그 경우다. 유신을 전후해 재야세력을 중심으로 민주수호국민협의회(1971년), 민주회복국민회의(1975년)가 등장할 무렵에는 더욱 싸늘해진 표정이었다.

"이 나라에 언제부터 회복할 만한 값어치 있는 민주주의가 있었나?"

놀라운 점은 그건 괜한 냉소가 아니고 자기 통치이념이었다. 본바닥 서구의 고전적 민주주의를 한국 정치에 도입해 흉내 내는 것이란 가식적 민주주의에 불과하기 때문에 뜯어고쳐야 옳다. 그러면 어떻게 할 것인가? 국민을 이끌어주는 교도教導 민주주의를 해야 한다는 게 그의 생각이다. 유신을 포장하기 위한 수사학이라고? 아니다. 박정희는 첫 대통령 선거 유세 때인 1963년 9월 대선에서부터 독설을 날렸다. 서구 민주주의 흉내는 천박한 사대주의 근성이라고 맹비판을 했다.

"이번 선거는 사상과 사상을 달리하는 세대의 대결이다. 민족적 이념을 망각한 가식의 민주주의 사상과, 강력한 민족적 이념을 바탕으로 한 자유민주주의 사상과의 대결이다. 윤보선 후보로 대표되는 구세대 정치인들은 천박한 사대주의 근성을 가졌다."

국민들은 억울했다. 박정희 식 민주주의란 독재를 포장하기 위한 변명이라고 생각했다. 의회를 운영하고 선거를 통해 지도자를 뽑는 민주주의를 운영할 능력이 있고, 상해 임정 시절부터 그렇게 해왔는데, 어느 날 빼앗겼다는 생각에 분노했다. 양쪽은 냉랭했다. "양말(경제발전) 먼저 신은 뒤 구두(민주주의)를 걸치자"는 게 박정희라면 "눈앞에 두 개가 있는데 함께 하자"라는 게 국민들의 생각이었다.

"한국에서는 '대통령을 바꿀 수는 없으니 국민이 달라져야 한다'는 강변이 통하던 시대였다. 유신은 '원하지 않는 임신'으로 태어난 눈물의 씨앗이었다. 국민이 지도자를 선출하는 것이 아니라 독재자가 자기 입맛에 맞는 국민을 만드는 식이었다. 1968년 프라하의 봄을 이끌던 체코의 두부체크가 남긴 말도 있다. '국민을 바꿀 수는 없으니 지도자를 바꾸어야 한다'고……."

소설가 박태순의 증언은 1970년대의 격앙된 분위기를 말해주지만 박정희의 괴로움은 여기에서 싹텄다. 비전을 함께 나눌 수 없기 때문에 지독한 외로움인 천고天孤로 이어졌다. 사실 그의 철학은 누구와 공감하기 쉽지 않다. 김종필 같은 넘버 투도 보스의 정치 이상을 완벽하게 공유하지 못했다. 누가 "박정희의 실수가 무엇이라고 보느냐?" 하고 물었다.

"정치 욕심……. 예, 그 어른 정치 욕심이 너무 많았지요."

2인자가 그 정도라면 야당 진영이 "박정희는 민주주의 신봉자가 아니다"라고 단정했던 것도 무리가 아니다. 그런 통념은 사람들이 기억하는 초대 미국 대통령 조지 워싱턴의 일화나 프랑스 대통령 샤를르 드골 등으로 대표되는 민주주의 모델 때문에 더욱 강화됐다. 특히 같은 군인 출신으로 3선 개헌 움직임에 브레이크를 건 채 시골로 돌아가 농부로 살았거나(조지 워싱턴), 자기의 진퇴를 묻겠다면서 실시했던 국민투표에서 패배하자 잔여 임기를 3년여 남긴 상태에서 권좌를 떠났던(샤를르 드골) 일화야말로 민주주의를 보여준다고 사람들은 굳게 믿었다.

그들 눈에 워싱턴은 확실히 돋보인다. 일부 사람들이 그의 재임 중에 헌법을 수정해 워싱턴을 3선 대통령으로 추대하자고 했다.

논의가 확산되자 "그런 움직임은 나와 전혀 관계없다"고 일축했다. 해본 말이 아니었다. 임기 만료 1년 전부터 그는 퇴임 고별사 문안을 만들고 있었다. 길지도 짧지도 않은 이 고별사는 몇몇 현안과 관련해 국민들에게 남기고 싶은 말을 차례로 담았지만 무엇보다 헌법 수호 의지를 분명히 했다. 변칙적으로 헌법을 바꿀 경우 결국은 정부가 무너진다고 경고했다.

"우리나라 정치 제도의 기본은 국민이 헌법을 제정하고 변경할 수 있는 권한을 가지고 있다는 점에 있다. 그러나 국민의 엄밀하고 인정된 행위에 따라 개정될 때까지 이 헌법은 신성하게 준수돼야 한다……."

조지 워싱턴, 드골과 박정희는 무엇이 다른가

워싱턴의 문민 우위에 대한 존중도 박정희와는 달랐다. 영국과의 독립전쟁이 끝나갈 무렵 평화조약 체결 때 워싱턴은 느닷없이 뉴욕 주지사를 찾기 위해 잠시 자리를 비웠던 일화로 유명하다. 주지사가 자기와 함께 말을 타고 가도록 함으로써 전쟁 종결과 함께 모든 권한은 민간으로 넘어간다는 것을 세상에 보여주려는 상징적인 노력이었다.

프랑스의 영광을 내세웠고 힘을 추구했던 정치인이 프랑스의 샤를르 드골이었지만 그 역시 멋졌다. 상원 개혁을 내걸고 실시된 국민투표에 덜컥 자기 대통령직을 걸었는데 찬성 47퍼센트 반대 53퍼센트로 부결되자 미련 없이 고향 콜롱베로 내려갔다. 학생들이 들고 일어났던 1968년 혁명에 밀린 것이다. 그런 그는

▶ 조지 워싱턴(좌)과 샤를르 드골(우). 미국 초대 대통령 조지 워싱턴은 3선 개헌 움직임에 브레이크를 걸고 시골로 들어갔고, 프랑스의 드골은 잔여임기 3년을 남기고 권좌를 떠났다.

1년 뒤에 죽었을 때도 "외롭게 누워 있을 딸 옆으로 가겠다"며 국립묘지 대신 시골 교회 뒤뜰에 묻히길 원했다.

대리석 묘비도 심플했다. 멋진 말로 장식된 묘비명도 모두 생략한 채 '샤를르 드골 1890~1970'이라고만 새겨졌다. 액수가 훨씬 많은 대통령 연금을 받기를 거부한 채 굳이 장군의 연금으로 사는 길을 선택했던 모습 때문에 사람들은 "죽어서도 말하는 정치인"이라고 그를 칭송한다. 우리는 외국의 지도자들을 그 나라 상황과 맥락에 상관없이 높이 평가하는 습관이 있지만, 박정희는 그렇지 않았다. 그 스스로 드골 이름을 언급했던 적이 있다. 1968년도의 일이다.

"나도 드골 식이 참 멋있다고 생각하오. 그러나 내 목표는 드골과 또 달리 무조건 한국의 빈곤타파요. 내 집권한 지 이제 8년째이지만 지금이야말로 정말 중요한 때가 아닌가 하오. 우리 경제가 이제 막 고속도로를 닦은 상태요. 그런데 시멘트도 굳기 전에 트럭이나 버스가 마구 달리면 뭐가 되겠소?"

3선 개헌 논의가 시작되던 무렵 했던 말이다. 누가 듣더라도 "내가 아니면 안 된다"고 하는 정치 욕심으로 들릴 법하다. 하지만 사람들이 잘 몰랐던 것은 서유럽과 미국은 200년 세월 동안 부국강병과 근대 만들기를 했으니 그래도 여유가 많았다는 점이다. 우리는 저들의 10분의 1 수준으로 빠르게 압축성장을 했으니 상황이 다를 수밖에 없지 않을까? 우리와는 다른 환경인데도 저들만을 모델로 하자는 것은 또 하나의 허위의식이 아닐까?

그럴수록 박정희는 외곬으로 갔다. 유신 뒤에 그는 벌써 사명감의 화신化身이었다. 겉치레 민주주의를 위해 에너지를 낭비할 수 없다는 신념이 더욱 단단해졌다. 청년 시절 만주 관동군의 효율 우선주의의 영향도 배어 있겠지만, 그런 태도는 고압적인 통치철학으로 연결됐다.

쿠데타 직후 자신의 정치철학을 담았던 소책자 『지도자의 길』은 엘리트 우월주의의 리더십론을 담고 있다. 그에 따르면 5·16은 사회 수술이다. 국가와 사회가 비상사태에 처해 있을 때는 언제든지 절차적 민주주의를 유보한 채 '집도'를 할 수 있다. 그게 그의 생각이었다. 문제는 집권 기간 내내 매 순간 매 국면이 바로 비상사태이자 긴급 상황이라고 규정했고, 그걸로 자기 행동을 정당화하는 듯 비춰진 점이다.

국민들은 "대한민국은 수술을 요하는 만성 환자라는 말인가?"라고 항변할 만했지만, 박정희는 판단이 달랐다. 실제로 최고조에 이르렀던 남북 긴장과 월남 패망, 미군 철수 움직임 등은 그의 외곬 예측에 힘을 실어줬다. 어떤 정치학자는 이를 강박증세라고 지적했는데, 어쩌면 고대 이스라엘 사회 한복판의 젊은 예수가 품었던 종말론적 심리와 비슷하다고 비교하는 이도 있다.

기존질서를 전면 거부했던 사나이인 젊은 예수는 혁명적이고 철저한 변화가 자기 생애에 이 땅에 구현된다고 확신했다. 그 점에서 많은 신학자들의 말처럼 철두철미 종말론자였던 그는 완벽한 하느님 나라의 도래를 고대하며 살았다. 박정희가 꿈꿨던 민족중흥과 근대화란 게 바로 그랬다. 민족중흥은 박정희가 고대하던 새로운 질서이자 유토피아였고 종교적 신앙으로 섬겼다. 그걸 구현하기 위해서는 지금 이 순간 '환자 대한민국'을 수술해야겠다는 소명의식을 품었다.

그의 사후 30년, 우리는 박정희가 품었던 꿈의 전체 모습을 볼 수 있다. 더욱이 서구 민주주의 탄생의 맥락도 안다. 상식이지만 우리가 금과옥조로 알고 있는 의회 민주주의, 선거 민주주의란 역사적 타협의 산물이다. 이전까지 왕의 개인적 재산이었던 백성들이 주권을 가진 시민계층으로 자리 잡으며 생겨난 계약의 시스템이 민주주의다.

리콴유 "민주주의, 본질적 요소 아니다"

주권을 상징하는 의회를 만들고, 이를 통해 자기들 이익을 반영하는 방식이다. 부국강병 정책으로 국고가 튼튼해지자 예전까지 그걸 유지·관리하던 사람들이 독립선언을 한 것이다. 군주의 입장에서 보면 원하지 않았던 임신이었다. 그들과 권력을 나눌 생각이 없었는데, 하다 보니 그렇게 됐을 뿐이다. 이후 19세기 식민지 시대를 거쳐 근대적 정치 시스템으로 등장했다.

때문에 민주주의란 그 자체로 본질이 아니며, 역사적 맥락과 상관없이 무조건 준수할 필요는 없다. 천부적 권리로서의 인권 선언과 함께 인류가 거둔 열매인 것도 사실이지만, 안정적인 중산층 계급이 없고 사회 역량이 부족한 상황에서 기쓰고 따라하는 것은 갓 쓰고 자전거 타는 격일 수도 있다. 누구의 편을 드는 게 아니라 요즘 학계 트렌드가 그렇다.

다양한 민주주의에 관한 최신 이론을 펼친 것은 미국 정치학자 파라그 카나다. '젊은 새뮤얼 헌팅턴'으로 불리며「뉴욕타임스」칼럼니스트로도 활동하는 그는 "모든 사회는 한 가지 목표, 즉 자신의 조건 개선을 원한다"는 애덤 스미스의 말을 인용하면서 최고의 이데올로기는 민주주의도 자본주의도 아니라 성공이라고 단언한다.

"인간과 국가는 에이브러햄 매슬로가 말한 욕구단계설에 따라 움직인다. 욕구단계설이란 인간에게 최우선은 굶주림과 목마름을 채우려는 생리 욕구라는 얘기다. 그 다음이 보호, 안정을 원하는 안전 욕구이며 마지막이 소속감, 애정, 자기존중, 인정을 원하는 존재욕구다. 민주주의에 대한 욕구는 마지막 단계인 존재욕구에 해당한다."

순수한 민주주의란 비유컨대 값비싼 하이패션과도 같아서 매일 입고 다니기에는 실용적이지 않다. 꼭 예전 박정희의 발언처럼 들리지만 우리 시대 미국학자의 새로운 목소리다. 민주주의를 금과옥조처럼 떠받들던 옛날과는 분위기가 영 다르다. 왜 그럴까? 탈근대주의의 영향도 있겠지만 아시아적 가치를 내세운 싱가포르의 리콴유, 말레이시아의 마하티르 그리고 무엇보다 한국의 박정희 통치의 성공 탓이다.

싱가포르를 이끌어온 리콴유의 경우 집권 이래 26년간 총리 재임 뒤에 퇴임했다. 도시국가 싱가포르를 아시아의 작은 용으로 일으켜 세운 인물이자, 대중에 영합하지 않는 지도자인데 그를 독재자라고 하는 이는 별로 없다. "민주주의는 본질적 요소가 아니라"는 주장도 서슴없이 내뱉는 그는 20세기의 지도자로 꼽힌다. 지금은 싱가포르의 상왕上王이다. 그리고 선임 장관senior minister이라는 보직으로 국정에 여전히 기여한다.

국내 학계의 일부 움직임도 그쪽이다. "최고의 이데올로기는 민주주의도 자본주의도 아닌 성공"이라는 파라그 카나의 발언을 국내 학계도 받아들이고 있다.

미국 스탠퍼드대 후버연구소에서 연구원 생활을 한 정치학자 김광동(나라정책원장)은 말한다. 우리 통념을 완전히 뒤집는 이론이다.

"안정에 기반한 사회경제적 발전과 함께 민주주의가 발전하고 공고화되는 것이다. 그 반대로 민주주의를 발전시킴으로써 사회경제적 발전을 가져오는 것은 아니다."

선거 민주주의와 의회 민주주의를 열심히 한다고 부자나라가 되는 것은 아니라는

▶ 싱가포르의 지도자 리콴유.

것인데, 이런 결론은 한국, 칠레, 홍콩, 베네수엘라 등 8개국을 연구한 결과다. 삶의 질 지수, 지속적 경제성장, 기회균등, 경제자유 등을 두루 고려했더니 홍콩, 싱가포르, 한국, 칠레 등은 민주주의라고 하는 옷을 입지 않았어도 부자나라가 됐다. 인도, 베네수엘라, 터키, 콜롬비아, 파키스탄 등은 민주주의에 충실한 듯 보이지만 경제는 바닥이다. 때문에 김광동의 박정희 시대 평가는 호의적이다.

"(박정희 시대는) 자유선거에 관한 한 비록 완전하지 못했고 권위주의적 성격이 있었다고 해도 그 외의 영역 즉 경제적 자유와 번영, 행정 효율의 제고와 법치 확립, 국가체제의 안정과 재산권 보호 등에서 한국의 정치는 제도화의 길로 들어서고 있었다."

안타깝다. 박정희는 너무 빨리 민주주의 실험을 했는지도 모른다. 그래서 더욱 외롭게 정치 실험을 했다. 선진국에서는 악마도 독재를 할 수 없지만, 개도국에서는 천사도 민주주의를 할 수 없다. 사회경제 토양 때문이다. 부국강병의 길을 따라 압축 성장해야 한다는 지도자, 그걸 폭거라고 받아들인 국민들은 어떤

점에서 서로 다른 세상, 다른 역사의 시간을 사는 듯 보였다. 6070년대는 그래서 정치의 측면에서만 보면 매우 안타까운 시대이기도 했다.

지역차별의 멍에

1971년 대선에서 김대중 후보가 얻었던 호남 표는 박정희 후보의 두 배에 가까웠다. 박정희의 영남 표(부산 제외)도 김대중의 세 배였다. 전례 없는 일이었다. 그 이전까지는 후보의 출신지역에 따라 표가 쏠리는 일이 없었다. '시골은 여당, 도시는 야당'이라는 여촌야도의 구도가 한국형 선거의 법칙이었는데, 이걸 깨버린 첫 변화였다.

박정희와 윤보선 후보가 붙었던 1963년 대선의 경우 야당 후보 윤보선은 박정희보다 서울, 경기 등 수도권에서 거의 두 배 가까운 득표를 하지 않았던가. 당시 두 후보의 차이는 15만 표에 지나지 않았고 박정희가 이긴 선거구는 호남과 영남뿐이다. 이때 호남에서만 35만 표를 이겼으니 이 지역은 박정희의 정치적 텃밭이 분명했다.

호남을 포기하고 영남의 지지만을 정치적 토대로 삼아야 할 어떠한 이유도 없었다. 1967년 대선에서도 여촌야도 구도는 마찬가지였다. 농업지역 호남에서 박정희의 지지도가 높게 나왔던 것이다. 이런 것을 뒤바꿔버린 1971년 대선에서는 무슨 일이 일어났던 것일까? 어떤 악재가 지역감정을 자극했을까?

우선 유세과정에서 문제가 있었다. 공화당은 "군부를 효과적으로 다스릴 수 있는 지도자가 대통령이 되어야 한다"며 김대중 불가론을 유포하기 시작했다. 있을 수 있는 네거티브 전략을 넘어 호남 정서를 자극하기 시작했는데, 국회의장 이효상의 유세 발언이 특히 고약했다. "경상도 대통령을 뽑지 않으면 우리 영남인은 개밥에 도토리가 된다"는 막말도 나왔다. 막바지에 대구와 부산에는 "호남이여, 단결하라" "호남 후보에게 몰표를 주자"는 등의 괴 유인물도 떠돌았는데, 영·호남 서로에게 유쾌하지 않았다.

하지만 당시까지만 해도 당시의 박정희 정권을 영남 정권이라고 몰아붙이는 사람은 없었고, 특정 지역을 거점으로 한 특정인의 패권정치로 규정하는 일도 없었다. '영남 정권' '호남 정치인'이라는 식의 딱지는 1980년대 이후에 자리 잡은 현상이다. 급기야 2002년 12월 대선에서 호남은 노무현에게 95퍼센트라는 기형적인 지지율을 몰아주지 않았던가. 당시 이회창은 이 지역에서 겨우 1~2퍼센트 득표하는 걱정스런 사태가 확대됐다.

그 이전 최악의 스캔들로 지목되는 1992년 대선 초원복집 사건도 현대정치사의 악몽이다. 민자당의 김영삼과 평민당의 김대중의 양자 구도이던 당시, 투표일을 며칠 앞둔 12월 부산의 한 음식점(초원복집)에서 김기춘 당시 법무장관을 비롯해 지역 기관장들의 회동 때 발언을 담은 도청 테이프가 공개됐다.

"우리가 남이가?"

여기에서 경남인사와 경북인사가 악수하며 나눈 말이 그러했는데, 그게 불에 기름을 부었다. 사람들은 가슴을 쳤다. 어찌 그리 추할 수가……. 최악의 사태는 이후 벌어졌다. 호남은 부글부글 끓었지만, 영남지역의 김영삼 지지율은 더 올라갔다. 선거사상 가장 악의적인 지역감정 선동사례인 이 사건이 14대 대선 결과에 실제 영향을 줬음은 물론이다.

호남 푸대접론, 근거 있는 주장인가

"우리가 남이가?"는 이후의 각종 선거에서도 지역주의에 편승하려는 악마의 주문이 되었지만, 실은 그런 뜻이 아니었다. 겸양의 표현을 담은 영남 지역의 방언이다. 도움을 받은 상대가 고마워서 어찌할지 몰라 할 때, "우리가 뭐 남이가?"라고 말해줌으로써 심적 부담을 덜어주던 따뜻한 말이었다.

전라도 기피 현상은 누구에 의해서, 무엇을 위해서, 어떻게 유포되기 시작했을까? 호남 사람들은 호남을 고립시키기 위한 정치공작이라고 흥분한다. 뿌리는 박정희라는 것이다. 박정희 시대의 부정적 유산의 하나로 지역차별을 말할 때 빠지지 않고 나오는 게 호남 푸대접론이다.

호남 푸대접론은 호남지역 출신 인사들에 대한 각종 인사상의 불이익에 대한 반감 그리고 6070시대 초기에 주로 서울, 부산을 축으로 하는 개발에 대한 호남 사람들의 상대적 박탈감에서 나왔다. 근거가 아주 없는 게 아니다. 상징적인 의미를 갖고 있는 파워엘리트 구성을 보면 3공화국에서 5공화국까지 재직했던 장·차관(급) 441명의 출신지역은 경상도 출신이 159명(36.1

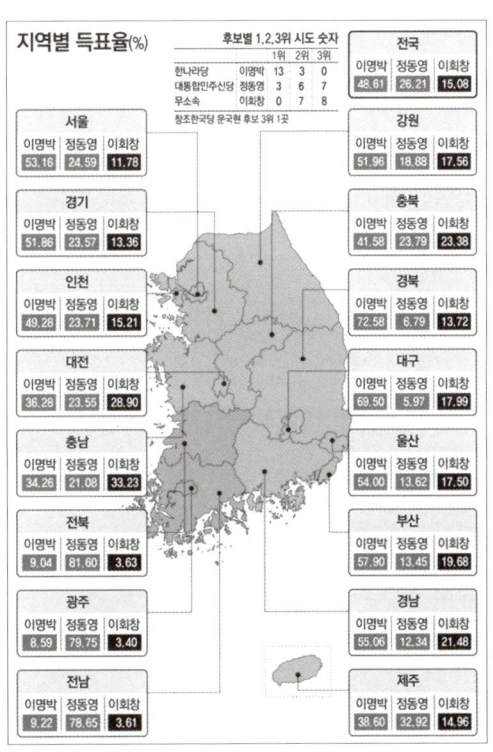

▶ 2007년 대통령 선거 주요 후보자의 지역별 득표율.

퍼센트)으로 가장 많다. 인구 대비 1.9배인데, 이는 호남 출신(61명 13.8퍼센트)보다 2.6배가 많은 수치다.

하지만 이런 통계는 실은 그 이전 상황을 감안해야 한다. 이승만 정부 때 장관을 지낸 인사들의 출신지역을 보면 참혹했다. 서울·경기(42.5퍼센트)가 압도적인 반면 영남(19.0퍼센트), 호남(4.0퍼센트)은 극도로 저조하다는 게 금세 드러난다. 박정희 정부 이후에는 그게 바로잡혔다. 서울·경기(15.2퍼센트)가 줄어든 반면 영남(29.0퍼센트), 호남(15.3퍼센트)은 약진하는 형세를 보였다. 분명히 박정희는 호남을 우대한 것이다.

그런 작은 의문과 티격태격을 잠시 접고 다른 자료를 보자. 실제로 지역차별의 징후는 존재했다. 일단 사회적 부 점유에서는 뚜렷하게 확인된다. 1986년 당시 고용인 1,000명 이상의 대기업 고용주의 출신지역을 조사했더니만 경상도 출신 고용주의 기업들이 전체 매출액에서 무려 61.3퍼센트를 차지했다. 전라·충청 지역은 7.9퍼센트에 불과했으니 현실적인 불균형이 매우 컸다는 얘기다.

대기업에 다니는 종업원 수도 영남 52.4퍼센트, 전라·충청 지역이 13.8퍼센트로 나타났다. 그렇다면 지역차별은 막연한 주장만은 아니라는 얘기인데 그런 지역차별의 실체를 박정희는 알고 있었을까? 알고 있었다면 그게 의도한 것일까, 아니면 의도하지 않았으나 불행하게도 사회적 고정관념으로 자리 잡은 것일까?

누구도 쉽게 말할 수는 없는데, 더구나 지역차별 문제는 예전보다 누그러들었다지만 완전히 사라진 것은 아니고 앙금으로 남아 있다. 의식 있는 영·호남 사람들도 괴로워하기는 마찬가지인데, 우선 살펴볼 대목은 초창기 서울·부산 개발축에 대규모 공장을 많이 지은 점이다.

그건 피치 못할 측면이 있었다. 공장이 성공하려면 입지가 좋아야 하는데 한반도 조건에서 으뜸은 누가 봐도 동해안과 남해안이었다. 섬이 많아 방파제 역할을 하고 준설도 필요 없었다. 도로와 철도가 발달됐다는 점도 좋았다. 반면 서해안의 경기도, 충남, 전북은 수심이 얕아 10만 톤, 25만 톤 급 배가 드나들 수 있는 항구를 만들려면 돈이 많이 들었다.

당시에 그곳은 해안을 따라 도로가 발달하지 못했고 철도 역시 장항선과 호남선이 전부였으니 초기 공업화가 서울·부산 개발의 축으로 쏠렸던 것이다. 부산, 울산, 포항은 한류와 난류가 교차하기 때문에 공장 오·폐수의 순환에도 유리했다. 반면 경기·전북·전남 해안에 공장을 지었다가는 어패류 오염을 피할 수 없었다.

대한민국을 품었던 그가 웬 지역차별?

우선순위의 결정에서 영·호남은 당시 환경이 매우 달랐다. 중국과 수교도 없었던 시절 서해안 쪽은 항구 개발의 필요성이 별로 없었다. 당시는 일본, 미국과의 수출입이 절대적인 비중을 차지했었고 따라서 부산과 남동지역을 키운 건 피할 수 없던 선택인지도 모른다. 이런 여러 가지 사실과 상황을 모두 머릿속에 집어넣은 채 상식의 잣대를 한번 들이대 볼 차례다.

1970년대 이후 주요 선거 때마다 호남 푸대접 때문에 표가 떨어진다고 야단이던 상황이었는데, 박정희 정권이 의도적으로 지역차별을 하려 했을까? 대한민국의 모든 것을 바꾸는 국가개조, 사회개혁의 과정에서 특정 지역을 백안시하고 다른 쪽에 혜택을 주는 식의 작은 정치, 이익집단화된 정치가 그의 안중에 있기라도 했을까?

그의 고향 구미시 상모리에 전기가 들어온 게 한국에서 가장 늦은 시기인

1970년대 중반이 아니던가. 그게 박정희의 진면목인데, 그럼에도 명백하고 의도적인 지역차별의 다른 증거들이 속속 포착된다면 박정희는 유죄이고, 비판 받아야 옳다. 그러나 그럴 가능성은 현재로서는 거의 없어 보인다. 따라서 지역차별이란 혹시 미필적 고의 같은 것이 아니었을까? 즉 의도하지 않았던 결과는 아니었을까?

오죽하면 박정희는 예전의 전주, 광주 유세에서 "공업화 안 돼 호남지역 사람들이 안타까워하지만 훗날에는 더 깨끗한 공장 지어서 더 잘 살게 된다"고 말을 해야 했을까. 현실적으로 호남 지역 사람들의 서운함이 풀어지지 않자 제2종합제철을 광양에 짓고, 석유화학 단지를 여천에 자리 잡게 하는 등 나름대로 노력을 했다.

이후 변화가 온 것도 사실이다. 지금 호남은 예전의 호남이 아니다. 김대중 대통령을 당선시키고, 노무현 대통령이 집권하면서 지역감정이란 말은 누그러든 게 사실이다. 지역 경제에 도움을 주는 각종 기업, 공장들도 들어섰다. 목포의 대불공단, 전주 현대차 공단 등이 그렇지만, 1980년대 들어선 뒤 지역경제를 이끌다시피 하는 포철 제2공장을 빼놓을 수 없다.

유공(SK)이 정유산업을 활발하게 전개하자, 1980년대 당시 정권은 호남정유(LG)도 이 지역에 들어서게 해 균형을 맞추려 했다. 그 무렵 세워진 기아차 광주공장의 경우 현재 6,700여 명이 근무하며 광주지역 총생산의 30퍼센트에 육박하는 매출액으로 효자 노릇을 단단히 하고 있다. 전북지역에도 새만금 사업을 펼쳤다.

남해고속도로, 88고속도로, 서해안고속도로 등 도로 인프라도 훌륭하다. 특히 1992년 준공된 종합 광양제철소는 세계 최고 수준의 기술력과 첨단 설비를 갖췄고, 단위제철소로는 세계 1위인 최대 규모가 아니던가? 광양 인구가 현재 14만

▶ 단위 제철소로는 세계 1위의 규모를 자랑하는 호남의 광양제철소.

여 명으로 불어나게 된 것도 그 때문이며, 이미 전남지역 재정자립도로 따져 당당 1위다.

 이런 상황에서도 지역차별이 전혀 없다고 할 수는 없다. 현실적으로 지역감정의 응어리가 남아 있다. 출발점으로 따지면 조선시대로 거슬러 올라갈 수도 있겠지만, 어찌 됐든 박정희의 개발시대가 일정한 원인제공을 한 것도 사실이다. 지금 필요한 것은 무엇일까? 특정인을 지목해 화풀이를 하는 것 못지않게 그런 아픔을 과거의 일로 만드는 노력도 중요할 듯하다. 그게 치유다. 그렇다면 박정희 시절의 작은 에피소드 하나는 치유의 한 희망이 아닐까?

 전북 정읍에는 '정읍 9경'의 하나로 불리는 정읍천변이 있다. 각종 체육활동의 공간은 물론 아름다운 벚꽃 가로수 때문에 절경의 하나로 들어갔다. 고속도로 정읍 나들목에서 시작하여 내장로와 만나는 지점까지 약 5킬로미터 우회도로 양쪽에 심어진 왕벚꽃나무의 내력은 이곳 헌수탑에 기록돼 있다.

"이 내장로는 박정희 대통령 각하께서 1973년 11월 22일 내장산에 오셨을 때 정주읍 우회도로를 관광도로로 개설하라는 분부로 총연장 5,361미터(폭 12미터)를 4억 5,700만원을 투자하여……."

이에 얽힌 사정이 흥미롭다. 당시 전북지사 황인성에 따르면 대통령이 광주에서 열린 새마을지도자대회에 참석하기 위해 호남고속도로로 전주를 통과하는데, 마중 나왔으면 좋겠다는 연락이 있었다. 지시대로 대기하던 도지사 앞에 대통령 차가 멈춰 섰다. 그렇게 얼결에 올라탄 대통령 차에서 가벼운 인사말이 오갔다. 대통령은 "황 지사, 잘하고 있소?"라고 물었다. 황인성이 무심코 말한다는 게 그만 전북지역의 정서였다.

"지난번 각하께서 호남고속도로 준공식 때 광주만 다녀가셨다고 해서 이 고장에서는 좀 섭섭해 합니다."

"그래요? 내장산호텔은 잘 만한가?"

"예, 썩 좋은 호텔은 아닙니다만……."

지역민들이 섭섭해 한다는 말 한마디에 박정희는 일정을 바꾸려 했던 것이다. 문제는 잠잘 곳이 화근이었다. 경호팀이 부랴부랴 호텔을 답사한 결과 시설이 너무 형편없고 외곽경호에 문제가 있으니 '대통령 숙박 불가'라는 것이다. 비서실장 김정렴도 경호팀의 견해에 동조해 내장산호텔은 안 된다고 거들었다. 대통령도 주변의 견해를 듣고 곤혹스러워 하는 표정이었다. 그런데 그게 아니었다. 박정희는 어떻게 해서라도 이 지역에서 하룻밤을 보내고 싶었던 것이다. 이번에는 대통령이 버텼다.

"뭐가 어때서. 거기서 자고 가겠어."

내장산호텔에 도착한 대통령은 흔쾌한 표정이었다. 기꺼이 보너스도 챙겨줬다. 박정희는 도지사와 함께 시가지 약도를 그려가며 지역발전의 보너스를 몇 개 구상했는데, 정읍천변은 그때 탄생했다. 하지만 부랴부랴 준비했던 저녁식사는 엉성했고, 곁의 황인성은 송구스러워서 연신 절절 매야 했다. 훗날 그는 밝혔다. 자기 탓에 대통령과 일행들이 그날 저녁 가장 험한 잠자리와 식사를 감내해야 했다고……. 다음날 아침 메뉴도 소박한 콩나물해장국이었다. 무럭무럭 김나는 해장국을 훌훌 들던 대통령은 빈말인지 진심인지 찬사를 연발했다.

"황 지사, 솔직히 어제 저녁은 좀 시원치 않았는데 오늘 아침 콩나물해장국은 정말 맛있구먼. 임자도 빨리 드셔."

지식인과 언론은 왜 등을 돌렸나

"시체여! 너는 오래전에 이미 죽었다. 죽어서 썩어가고 있었다. 넋 없는 시체여! 반민족적, 비민주, 민족적 민주주의여! 썩고 있던 네 주검의 악취는 사쿠라의 향기가 되어……."

그날 박정희가 내세웠던 이념인 민족적 민주주의를 상징하는 커다란 검은 관棺이 서울대 문리대 교문에 모습을 드러내며 데모가 벌어졌다. 1964년 5월 20일 서울 시내 9개 대학생 3,000명의 '민족적 민주주의 장례식'은 그렇게 요란했다. 그날 발표된 '민족적 민주주의 조사弔辭'를 쓴 것은 훗날의 시인 김지하. 학생 특유의 풋내 나는 글이지만, 이들은 5·16이라는 쿠데타가 자신들이 심었던 4·19라는 꽃을 꺾었다고 분노했다.

"어둡고 괴로웠던 3년 전 안개 낀 어느 봄날 새벽[4·19를 말함], 네가 3천만 온 겨레에게 외치던 귀에도 쟁쟁한 그 역사적인 절규를 너는 벌써 잊었는가? 절망과 기아선상에서 허덕이는 민생고를 시급히 해결하겠다던 공약 밑에, 너는 그러나 맨 먼저 민족적 양심세력에 대한 무자비한 탄압을 시작하였다. 그때 이미 우리는 알았다. 우리는 들었다. 그리고 우리는 맛보았다. 극한의 절망과 뼈를 깎는 기아의 서러움을……."

언론은 학생 시위에 호의적인 지면을 만들어 뿌렸다. 당시 시위를 보도한 신문들의 제목이 이렇다. '대학가 휩쓴 뜨거운 바람' '플래카드에 나부낀 애국심' '압박과 설움에서 해방된 민족 노래 부르며 의사당까지 밀고 가' '연도의 시민들도 합세' '지성의 격랑 정가를 뒤덮다' '몽둥이·최루탄 세례가 웬 말이냐. …분노의 행진'.

며칠 뒤인 6월 3일 비상계엄이 선포됐다. 집회 금지, 언론, 출판에 대한 검열, 무기 휴교와 통행금지가 주요 내용이다. 사태가 심상치 않던 4월, 박정희는 이미 계엄령 계획을 세워놓고 있었다. 비극이었다. 바로 몇 달 전 대선을 통해 민간정부로 정식 데뷔한 권력에 대한 비판은 분명 속도위반이었다.

허니문 과정을 생략한 것도 그렇지만 신생 정권을 반민족·매판·친일 세력으로 매도하고 들어갔다. 토론과 타협의 여지조차 없는 윤리·도덕적 단죄란 모든 것을 걸고 상대를 거꾸러뜨리는 모 아니면 도의 게임이다. 그 점에서 6·3사태는 불행했던 현대 한국정치의 모든 것을 담은 고전이다. 정치가 협상과 타협 대신에 벼랑끝 대치로 바뀌었고, 내출혈과 단죄로 치달았다. 박정희 18년 통치를 상징하는 지식인과의 불화, 언론과의 갈등은 그때 첫 모습을 드러냈다.

학생, 언론, 야당에 대한 부정적 시각이 이때 박정희에게 형성됐다. 그것은 일종의 원체험이라서 그의 DNA에 깊숙이 새겨졌다. 그는 사석에서 "접장(대학교수)과 학생들 그리고 기자 때문에 나라가 안 된다"는 불만을 털어놓으면서 "이런 풍토에서는 민주주의가 어렵다"고 잘라 말하곤 했다. "과연 이 나라는 누가 정치하는 것인지"를 물었던 국회연설에서 참았던 분노를 폭발시켰다. 그게 또 다른 논란을 낳았던 6월 5일 언론윤리위원회법 공표와 8월 25일 특별담화문으로 나

▶ 6·3 한일 회담 반대시위. 한일협정 비준 무효화를 외치는 경기고등학교 학생들.

타났다. 강도 높은 학생·지식인·언론 비판인데 그가 구사하는 각종 표현도 일체의 외교적 언어와 포장을 배제하고 있어서 대통령의 공식발언으로는 사뭇 격정적이다.

"우리나라 신문은 지난 18년간 선의이건 악의이건 너무나 많이 국민들을 자극했고 선동적인 언사를 써왔습니다. 이렇게 하여 신문의 경영수지는 맞춰왔을지는 몰라도 국가사회에 유익한 일을 해왔다고 단언할 사람이 누구이겠습니까?"

이때 그는 "일부 몰지각한 정치인의 낡고 썩은 버릇"에 대한 지적과 함께 데모 학생의 "일부 철부지 학생들"이 부채질하는 "망국의 풍토"를 강도 높게 질타했으며, 그런 유형의 지식인에 대한 비판 대목에서는 "값싼 인기를 누리려는 엉터리 학자"라고 목소리를 높였다. 언론과의 실랑이 속에 나왔던 언론윤리위원회법은 두 얼굴을 가졌다. 표면적으로는 정부, 언론 사이의 신사협정이지만, 실제로는 엉거주춤한 타협, 덧나기에 딱 좋은 구조였다. 언론자유에 앞서 사회·국가적 책무를 강조하고 있는 대목은 박정희의 언론관을 반영한 장치다.

현역군인 이석재의 지식인 융단폭격

그가 지식인과 언론을 보는 부정적 시선은 최고회의 시절로 거슬러 올라간다. 당시 의장 공보비서관이던 이낙선 중령은「최고인민회의보」에 '행동하는 지식인'이라는 글을 기고하며 냉소적인 교수, 학생들을 융단폭격했다. 박정희의 의중을 반영한 목소리다. 그의 글은 '정원의 잡초' 같은 지식인보다 군인 엘리트가 더 우월하다는 힘겨루기 식 주장도 담겨 있다. 조선왕조 이래 사대부 우위, 문민 우위의 전통을 뒤엎는 도발적인 어투다.

"행동이 없는 인간은 정원의 잡초에 불과하다. 인텔리는 통 말이 없다. 사사건건 냉소적인 논지로 일관하고 몽매한 국민에게 이유 없는 반감을 양성케 한다. 이조 당파의 생리적 후예라는 정통을 잊고 일제의 폭정에 대한 기억 때문에 '이유 없는 반항'을 신조로 삼는다. 인텔리가 가장 애석하게 여기는 것은 '한국에 태어난' 그 자체라고 한다. 그들이 희박한 지식을 과시할 때 우리 군인은 주견 있는 총명으로 답할 것이다."

이낙선의 글은 실은 SOS였다. 지식인들이 사회개혁에 동참하기를 기대하는 목소리였다. 그만큼 다급했고 사회통합을 위한 지식인의 역할을 기다렸다. 때문에 "가슴을 열어 사회와 민족 그리고 국가를 받아들여라. 빈사의 중태에 빠져 지금 당장에라도 죽을 것 같은 조국이 여러분의 앞에 있다"고 웅변조로 매듭지었지만, 좀처럼 메아리가 돌아오지는 않았다.

그게 한국적 불행이다. 권력과 지식사회가 소 닭 보듯 하며 겉돌았기 때문이다. 사실 권력을 쥔 대통령이란 누구이던가? 그 사회의 비전을 선포하는 사람이다. 그게 국가 통합과 국가의제를 정하는 지도자로서 당연한 역할인데, 박정희가 내세웠던 비전은 조국 근대화와 가난 탈출로 요약된다. 지식인들은 그런 전략적 목표를 맹렬하게 거부했다. 권력이 미웠고 무서웠다. 손가락질하는 게 비판정신이라고 여겼고, 언론인과 지식인의 독립성이라고 봤다. 신문기자들은 언론자유 원칙만을 확인하면서 권력을 사시의 눈으로만 보았다. 당시 동아일보 주필 천관우의 경우 1969년 당시 언론과 권력이 자율의 이름 아래 신사협정을 맺고 있는 상황을 "잠든 사이에 스며든 가스 중독"에 비유했다.

"자유와 저항 정신을 잊어버리고 안일하게 나날을 지내는 사이비의 언론자율, 협조정신이야말로 가장 큰 독소다."

그는 정부를 향해 "서서 죽을지언정 무릎 꿇지 않겠다"는 선전포고도 했지만,

또 한 명의 대표적인 논객이던 최석채도 마찬가지였다. 그들은 민주주의를 지키기 위한 언론자유를 생명으로 여겼다. 무엇을 위한 민주주의인지, 무엇을 위한 언론자유인가는 그 다음이었다. 그들에게 언론자유는 본질이라서 그 자체로 소중하고 가치 있다. 하지만 세상은 달라지고 있었다. 1960년대 중·후반 빠르게 발전하는 경제상황에 맞춰 국가부문이 폭발적으로 신장했고, 언론도 덩치를 키우고 있었다.

반면 그 안의 기자들은 일제시대 이후의 전통인 지사정신, 저항정신부터 확인했고, 그게 1970년대 언론노조 결성과 언론사별 언론자유 실천선언으로 나타났다. 배경에는 박정희 정부의 억압적 언론 정책이 자리 잡고 있지만 그게 전부는 아니다. 초미의 국가의제에 대한 엇박자는 매우 한국적인 상황이다.

불신의 눈으로 서로를 쳐다보던 권력과 지식인 사이를 언급할 때마다 빠지지 않고 등장하는 논란거리가 6070시대 지식인의 현실 참여를 제도화한 평가교수단 시스템이다. 1965년 7월 국무총리 산하의 기구로 발족한 평가교수단은 14명으로 출발하여 1970년 90명으로 늘었다. 초창기엔 경제학, 공학, 농학에서 정치학, 사회학, 교육학 등 인문사회과학 교수로 확대됐다.

평가교수단 제도 외에도 '화요회'(대학교수 그룹) '목요회'(언론인 그룹)라고 하는 비공식 자문그룹을 두었는데, 이때 서울대 구범모, 최문환, 고려대 정재각, 조지훈, 서강대 이승윤 등이 있었다. 사람들은 지금도 평가교수단의 역할을 박정희 정권 옹호라고 판단한 채 사시의 눈으로 바라본다.

심지어 지식인의 영혼을 팔아먹은 행위라고 욕을 하는 이도 간혹 있다. 그건 사실과 달랐다. 그들을 어용, 사쿠라로 보는 시선이 만들어낸 허상인지도 모른다. 그 점을 진솔하게 털어놓은 화요회 멤버 구범모의 고백은 경청할 만하다. 그에 따르면 자기는 젊을 적 서울대 교수로 있어서 국회의원이라는 권력 같은 게 별로 부럽지 않았다. 평가교수단 참여도 순전히 학문적 신념 때문이다.

"나는 5·16 당시 서울대에서 전임강사로 정치학을 가르치고 있었는데 다른 학자와 마찬가지로 윤보선, 박정희가 대결한 1963년 대선 때 윤보선 씨를 지지했다. 1963년 풀브라이트 교환교수로 1년 반 있었는데 당시 근대화론이 미국 사회과학 연구의 새로운 주류였다. 어떻게 후진국을 근대화로 몰고 갈 수 있느냐는 것이다. 그걸 배우면서 생각이 바뀌었다. 당시 중남미는 아무리 돈을 투자해도 근대화가 안 됐다. 밑 빠진 독에 물 붓기나 마찬가지였다. 한국도 어떻게 하면 그 고비를 넘겨서 근대화에 성공하느냐를 고민했다. 1964년 말에 돌아오니 정책구호가 조국 근대화다. 제 생각과 같았다. 근대화 정책을 추구하는 정부에서도 조언해줄 사람을 찾았고 그런 연고로 제가 정책 자문에 응했다."

대통령과 순수한 동지였던 철학자 박종홍

그래도 다행인 점은 대통령과 지식인의 관계가 순수한 동지애로 연결된 사례인데, 그중 하나가 1970년 12월 교육·문화담당 특보로 임명됐던 철학자 박종홍과 박정희의 사이다. 둘 사이의 관계를 가까이에서 살펴봤던 사람들은 "서로 완벽하게 의기투합해 한 분은 경제를, 또 한 분은 정신 면을 일으켜 민족중흥의 역사적 사명을 다했던 분"이라고 평가했다. 비서실장 김정렴의 말이다. 그를 청와대로 모셔오는 과정도 예사롭지 않았다. 특보 제안을 박종홍은 고사했다. 이미 연로했고 새벽까지 연구하는 올빼미형의 생활 사이클 때문에 정시 출근이 힘들다고 말했다.

"꼭 모셔야 한다. 오후에 출근하셔도 좋다고 전해라."

대통령도 요지부동이었다. 박정희의 그런 정성을 확인하자 박종홍도 쾌락을 했다. 이후 박종홍이 9시에 칼출근을 했음은 물론이다. 하지만 한국철학의 원로인 그가 특보로 임명되자 사람들은 뒤에서 연신 수군댔다. 당시 대학가의 놀란 표정을 전한 것은 제자이자 언론인인 최정호인데, 실은 그 자신도 "순수한 학자이자 대학과 지성을 대표하는 상징"이 권력에 참여했다는 것 자체가 무언가 비정상적이라고 판단하고 있었다.

▶ 1970년 12월 교육·문화담당 특보로 임명됐던 철학자 박종홍.

"1970년 가을 선생님께서 청와대 특보로 들어가신다는 소식을 들었을 때 나는 커다란 충격을 받았다. 왜 그랬을까? 그때까지 생애가 세속과는 너무나도 아랑곳없었던 꿋꿋한 선비의 삶으로 일관했기 때문이 아닐까? 한국의 지성사에 충격적인 사건이 아닐 수 없었다. 지성의 한 세계와 권력의 한 세계 사이에는 서로가 건널 수 없는 깊은 골짜기가 가로놓여 있다."

세속 대 권력, 선비 대 정치인, 지성 대 현실을 갈라놓는 태도부터가 다분히 한국적이다. 마치 금줄을 쳐놓은 듯 서로가 건너갈 수 없는 사이라는 단정부터 의아스럽다. 하지만 박종홍은 현실의 땅을 딛고 철학을 하려 했고, 그 연장선에서 청와대 제안을 받아들였다. 그의 그런 자세는 당시에 썼던 일기에 잘 담겨 있다.

"세론이 분분하다. 나는 설명이 불필요하다. 내가 옳다고 생각하는 것을 행할 뿐이다. 지금이 중요한 시기다. 교육이나 문화는 국가 백년대계다. 학문은 그저 안심입명을 위한 것이 아니다. 나의 철학을 산 철학으로 할 것이냐의 문제는 이 민족이 사느냐의 문제와 같다."

　권력에 가까이 가지도 말 것이며 너무 멀리 하지도 말자는 한국 지식인 특유의 태도의 뿌리는 깊다. 조선시대 유교의 명분론 탓이다. 항상 삐걱대던 둘 사이에서 빈곤으로부터의 해방이라는 국가 목표에 대한 공유는 기대하기 힘들었다. 언론도 그런 점에 대한 정확한 개념을 갖지 못했던 것이 사실이다. 비대하고 전지전능한 것으로 상정된 권력을 꾸짖어야 한다는 생각부터 했으니 실제로는 '작은 언론'이었다. 결정적으로 학생, 지식인, 언론의 박정희 비판과 백안시는 그 정권이 쿠데타 권력이라는 판단에서 나왔지만 그것도 섣불렀다. 겉으로 보이는 것만큼 5·16이 민주주의의 꽃을 피워낸 4·19를 무참히 꺾은 것일까? 둘 사이는 그렇게 대립일까?

　"4·19와 5·16은 한문성어로 일연탁생一蓮托生이다. 한 연뿌리에서 시작한 연꽃이 여기저기 핀다는 뜻이다. 왜냐면 4·19 때 분출한 것이 화산의 용암이란 말이다. 그 용암이 1년 정도 있다가 또 한 번 분출한 것이 5·16이다."

　이 말을 한 것은 언론인 출신으로 국회의원을 지냈던 남재희였는데, 유감스럽게도 그런 탄력적인 관점은 지금도 소수의견으로 남아 있다. 30년 전에는 더욱 드물었다. 그런 태도가 6070년대를 놀라운 성공과 별도로 '빡빡한 시대'로 만드는 데 일조했고, 보다 생산적인 관계 형성을 어렵게 했다. 그런 요인이 박정희를 더더욱 독선으로 몰고 간 혐의도 없지 않다.

테마 6070

한국의 보배 함병춘, 상처받은 지식인 김형효

1970년대 대통령을 보필했던 특보 중 박종홍과 함께 쌍벽을 이루는 인물이 함병춘 특보이다. 연세대 교수로 재직하던 중 청와대의 강력한 동참 권유에 따라 임기 후반을 함께했던 법학자인 그는 '한국의 보배'로 불린다. 인격과 학문적 업적 그리고 국가에 봉사하는 학자 상 때문이다. 1983년 아웅산 사태 때 순직해 더욱 아쉬움을 남긴 그는 박정희 정권에서 처음에는 국토통일원 고문으로, 이후 1970~1973년 정치담당 특보를 지냈다.

이후 주미대사로 발탁돼 1977년까지 활약했던 그는 한미관계가 나빠지는 과정에서 대통령 박정희의 소신을 말리기도 하고 때로는 정교한 분석 아래 대미 강공 드라이브에 힘을 보태기도 했다. 미국이 한국을 버릴 수는 없으니 주체적인 입장에서 전략적 드잡이를 할 수 있다고 조언했다. 대사 시절에는 미국 측에 한국의 문화와 특수성을 합리적으로 설명하려는 노력을 경주했다. 확실히 함병춘은 철학자 박종홍과 함께 박정희에게 특보 이상의 특보이고, 정신적 교유까지 가능했다.

당시 풍토에서는 교수가 관계에 진출한다는 이유로 비난을 피할 수 없었지만, 개의치 않았다. 대변혁의 조국에 봉사하는 것은 지식인의 도리라고 판단했

▶ 박정희 정권 당시 정치담당 특보를 지낸 함병춘.

기 때문이다. 그는 북한 위협 앞의 한국사회가 절실히 요청했던 국민통합을 창출하고, 국제사회의 주류그룹에 합류하는 것을 자기 사명으로 삼았다. 혼자만이 아니라 이홍구 박사, 훗날 주미대사를 역임한 김경원 박사와도 교유하며 지혜를 짜냈다.

함병춘 이름 석 자는 마치 건너갈 수 없던 강 사이 같았던 박정희와 지식인 사이의 불연속선에서 존재하는 희망의 이름이지만, 불행했던 권력-지식 사이에서 심한 고통을 당했던 대표적인 이가 서양철학자 김형효다. 물론 몇 명 되지 않는 사람 중의 하나다. 한창기가 발행하는 『뿌리깊은 나무』 편집진으로도 활약했고 서강대 철학과 교수였던 그는 학문적 소신 아래 새마을운동을 지지했다. 하지만 그 때문에 어용교수로 몰려 1980년 서울의 봄 때 자의 반 타의 반 대학에서 물러나야 했다. 학문적 훼절을 했다고 보는 이들의 백안시 태도가 견디기 어려웠기 때문이다.

김형효는 누구라도 인정하는 철학자다. 벨기에 루뱅대에서 학위를 받았던 그는 프랑스 현대철학의 권위자였지만, 한국철학에도 밝았다. 훗날 『하이데거와 화엄의 사유』 『사유하는 도덕경』 등의 저술에서 나타나듯 양쪽을 오가는 비교철학을 발전시키기도 했던 그는 원효, 율곡, 퇴계의 철학에도 독자적인 해석 틀을 가지고 있었다. 그런 김형효의 박정희 정권에 대한 옹호는 철학자의 양심에 비춰 부끄러움 없는 행위였다.

▶ 새마을운동을 지지했던 철학자 김형효

김형효의 철학은 민족주의와 반공주의에 토대를 두면서 '힘 있는 민족' '힘 있는 국가'를 강조한다. 그에 의하면 백의민족을 운운하고 평화애호민족을 강조하는 것은 "거짓 섞인 민족 예찬론"에 불과하다. 따라서 우리 역사에서 결여돼온 무인武人정신을 새롭게 받아들일 것도 제안했다. 그런 그에게 5·16은 "기술과 윤리가, 정신적 힘과 경제적 힘이 잘 조화된 운동"이며, 새마을운동 역시 강한 민국, 강한 국가를 만드는 프로젝트라고 평가했다. 생전에 한 번도 박정희를 만난 적이 없던 그로서 당대 현실에 대한 발언은 너무도 자연스러웠으나 세상은 인정해주지 않았다. 지금도 김형효는 1970년대 자기의 소신을 소중하게 생각하고 있다.

"당시 대학가는 박정희 대통령을 완전히 부정하는 분위기였다. 어떤 현상에도 양면이 있는 법인데, 그러한 완전부정은 비과학적이며, 그 자체가 또 다른 폭력이다. 자유 없기는 피차 마찬가지였다. 가족에게 협박 전화도 많이 왔다. 흑백논리는 양쪽에 책임이 있다."

그가 보기에 우리나라 사람들은 모든 목표를 한꺼번에 이루겠다는 조급주의 내지 이상주의의 환상을 가졌다. 민중과 대중, 독재와 민주, 빵과 자유, 성장과 분배 등 이분법에도 아주 익숙하다. 명분에 과도하게 집착하는 정서는 조선시대 이래로의 전통인지도 몰랐다. 현실참여파인 정도전, 명분과 이상을 중시했던 정몽주 둘 사이의 흐름이 갈등해온 역사다. 하지만 그 뿌리인 '정몽주주의'는 현실과 실리를 애써 백안시하려 하지만 자기가 흑백논리에 빠져 외눈을 하고 있는지를 잘 모르고 있다.

한일회담, 월남 파병 대차대조표

박정희 시대 최대 쟁점의 하나가 한일국교정상화 회담과 월남 파병이다. 두 가지는 1960년대 초·중반을 뜨겁게 달궜던 쟁점이자, 지금도 논란이 분분한 대표적인 지뢰밭으로 남아 있다. 박정희 비판자들에게는 명백한 정책 실패이자, 그 이상의 지탄거리다. 친일파이자 독재자이기 때문에, 도덕적 결격사유를 가졌던 지도자인 박정희가 결코 넘어서는 안 될 선을 넘었다고 흥분한다.

그들이 볼 때 출범 초기 박정희 정권은 가시적 성과를 보여주고 싶어서 일본 자본을 끌어들이는 무리수를 뒀다. 한일회담의 경우 식민통치 시대에 대한 공식 사과도 받아내지 못했고, 대일청구권 금액도 배상금이 아닌 독립축하금조라서 부당하다. 때문에 실패한 회담이다. 재일교포의 법적지위 및 대우에 관한 협정도 부실해서 결국 차별대우를 불러왔다고 그들은 흥분한다.

월남파병에 대한 논란도 그 못지않다. 심할 경우 미국의 선전에 속아 넘어가 베트남 민중들의 정당한 민족해방전쟁에 개입했던 추악한 전쟁이라고 단정한다. 그걸 지적하는 대표적 논객이 이영희인데, 그런 논리는 2000년대에 나왔던 대담집 『대화』에서도 재확인된다.

"한국인에게 손가락질 한번 해본 일이 없는 베트남인들을 죽이기 위해서 연

몇십만 명의 군대를 파병하게 된 계기와 배경을 아세요? 한국 국민들만이 미국의 전쟁주의자들에게 속아 넘어간 것이 아니에요. 미국 국민들도 그렇고 전세계가 미국의 엄청난 기만, 사기, 허위날조 또는 과장된 선전에 속았던 거예요."

그런 그들의 눈으로 보아 한일회담과 월남 파병 두 가지는 박정희 정부 정책의 대표적인 '죄목'에 해당한다. 그들의 주장이 옳긴 옳은 것일까? 거의 반세기 전에 이뤄진 결정이고, 판단할 충분한 자료도 노출돼 있기 때문에 정치적 흥분이 필요 없는 상황이 지금이다. 6070시대 한반도의 좌표를 만들었던 이 대표적 외교정책을 둘러싼 논란은 이제는 차분히 대차대조표와 함께 디테일을 살펴봐야 할 시점이다.

"우리가 언제까지 미국놈들 밀가루나 얻어먹고 살아야겠어? 경제발전은 해야겠는데 모든 게 돈이야. 세수稅收가 늘어날 것 같지도 않고 외자도입도 어려워. 유일한 방법은 합의한 대로 일본으로부터 유상, 무상 6억 달러 청구권 자금을 받는 거야. 정치 생명을 걸고 추진할 생각이니 그쯤으로 알고……."

격정적인 박정희의 말을 경청하던 이는 박태준이다. "나라 경제 일으키는 데는 이 길밖에 없다"면서 박정희는 눈에 불을 켰는데, 그게 1964년 1월, 대통령 취임 후 며칠 되지 않았을 때다. 그만큼 박정희의 결심은 대단했다. 한일회담 카드를 뽑았을 때, 아니 김종필-오히라 비밀회담이 발표되던 때부터 여론은 끓기 시작했지만, 박정희 머리는 실리주의로 가득했다. 명분 따위는 저 멀리 내던졌다. 달러가 나올 구멍은 일본, 월남 두 곳이 아니던가! 우선 한일회담.

"너무 민족감정만 앞세우면 뭘 해. 일본이 미국에 머리 숙이고 배웠듯 우리도 그런 자세로 배워야지." "이제는 국제화 시대야. 쇄국은 끝났어. 가까운 선진국 일본을 멀리한다면 우리의 발전도 그만큼 늦어져. 어쨌든 협력시대를 열어야 돼."

그런 말도 했던 박정희의 태도는 이승만과 180도 달랐다. 이승만은 한일회담이 시기상조라고 투덜대곤 했다. 다만 미국이 강요하니까 겉으로만 하는 척을 했다. 감정의 앙금이 가라앉은 20여 년 뒤에 시작하거나, 당시 한국의 중장년층이 사망한 다음에 하는 것이 좋다고 생각했다. 사실상 하지 않겠다는 얘기와 다름없었으니 회담 진척이 잘 될 턱이 없었다. 박정희는 마음이 바빴다.

"일본에서 돈 빼앗아오는 데는 관심 없다. 그보다는 우리 경제를 일으키는 데 어떻게 일본을 끌어들여 활용하느냐에 관심이 있다"고 호언하면서도 서두르는 기색이 역력했다. 청구금도 챙기고 일본을 전략적 파트너로 삼자는 전략이었다.

박정희에게 야당과 지식인, 학생들은 굴욕외교라는 비판을 쏟아 부었지만, 정확한 지적은 못 됐다. 막연한 격정을 쏟아냈을 뿐 대안은 없었고, 결정적으로 회담을 추진하는 지도자에 대한 최소한의 예의도 지키지 못했다. 1965년 한일회담 타결 직후 담화문에서 대통령이 격하게 털어놓은 것처럼 "과거로만 보면 그들에 대한 우리의 사무친 감정은 어느 모로 보나 불구대천"이고 "가슴에 맺힌 반일 감정"이다. 한일회담은 '그럼에도 불구하고' 진행하는 회담이고, 전략적 결단으로 풀어가는 회담이었다.

"쇄국은 끝났어. 민족감정 내세워 뭐해?"

월남 파병도 그랬다. 박정희에게 월남은 절대로 거둘 수 없는 빅 카드였다. 5·16 초기부터 그 구상을 했고, 파병 용의를 먼저 밝힌 것도 미국이 아닌 박정희였다. 처음부터 끝까지 이니시어티브를 그가 쥐고 있었던 것도 한일회담에 비해 상대적으로 부담이 덜하다는 계산 때문이다.

"미국이 너무 많은 부담을 지고 있는 게 안타깝다. 우리 한국은 잘 훈련된 100만 명의 장정을 보유하고 있다. 정규군이 바람직하지 않다면 지원군이라도 보낼 용의가 있다. 군 지휘관들과도 얘기 끝냈다."

1961년 11월 한·미 정상 간의 단독회담에서 그렇게 시원스럽게 밝혔다. 움찔했던 것은 존 F. 케네디 대통령 쪽이었다. 당시 개입 여부를 둘러싸고 미 행정부가 갈팡질팡하던 때라서 한국 지도자의 기습 제안을 당장 받아들이기가 힘들었다. 둘 사이에 오고 간 대화를 언론에 공개하면서도 박정희의 파병제의 대목만은 삭제했을 정도다. 그런 분위기는 존슨 대통령 이후 바뀐다. 반전 무드에 맞서기 위해 힘으로 월남전을 종결하겠다며 북베트남 폭격을 서둘던 무렵, 박정희라는 존재는 미국의 보배로 떠올랐다.

하지만 미국은 당시 아시아에서 물오르기 시작했던 민족주의 운동을 과소평가하는 바람에 전쟁에서 헤맸고 끝내 패전의 굴레를 뒤집어쓴다. 우리는 저들과 달랐다. 철두철미 경제적 실리 위주였으니까 상처도 덜했다. 공산세력으로부터 자유세계를 지킨다는 것이나, 수렁에 빠진 미국을 돕겠다는 것은 어쩌면 표면에

▶ 월남 파병 전 국내에서 행해진 맹호부대 사열식.

▶ 박정희에게 월남 파병은 실리와 함께 대미관계 정상화 속에서 안정적으로 국정운영을 할 수 있는 절호의 계기였다.

내건 명분이었다. 대규모의 국제적 파병, 그것도 현대 이후 첫 파병에 그 정도의 포장술과 명분이 필요했을 뿐이다.

1964년 겨울, 눈이 펑펑 쏟아지던 날 한남동 국방장관 공관에서 박정희는 부총리 장기영, 국방장관 김성은 앞에서 또 한 번 속마음을 드러냈다. 한일회담에 임했던 철두철미한 실리외교의 입장, 전략적 결단으로서의 월남 파병 정책의 성격이 다시 드러난다.

"실은 나도 월남 파병이 표면에 내세운 것만큼의 명분은 별로 없는 참전이란 걸 잘 알고 있소. 그러니 더더욱 실리를 챙기는 데 소홀해선 안 되오. 그리고 파병 규모는 최대가 5만 명, 그 이상은 절대 안 되오. 이 점 잊지 말고 미국과의 협상에 임해줬으면 하오."

실무협상이 윤곽이 잡혀가던 그때, 대통령은 완전 타결을 위해 미국을 공식 방문했다. 10만 명 환영인파 사이로 리무진 방탄차를 타고 카퍼레이드를 벌였다. 뉴욕 5번가의 오색 꽃가루 행사는 미국 건국 이래 다섯 번째다. 2차 대전의 영웅 맥아더, 아이젠하워 그리고 처칠과 대만의 손미령 여사에 이은 대형 이벤트였으니 미국이 얼마나 우리의 파병을 학수고대했는가를 보여준다. 박정희로서는 엄청난 실리와 함께 대미관계 정상화 속에서 안정적으로 국정운영을 할 수 있는 절호의 계기였다. 그만큼 실무 교섭에서 유리한 쪽은 우리였다. 마음껏 큰소리치며 실속을 얻어낼 수 있었다. 군현대화계획은 미국도 입을 벌릴 정도의 천문학적인 예산으로 꾸며졌고 거기엔 잠수함 도입까지 포함돼 있었을 정도다.

실제로 치러진 베트콩과의 전투도 훌륭하게 소화해냈다. 아니 기대 이상으로 전투력을 발휘했고, 미군이 우리 전술을 따라하기도 했다. 한국전쟁에서 백골부대를 이끌고 게릴라전을 수행했던 채명신은 월남에서는 청룡부대를 지휘했다. 중대 단위로 핵심지역을 점령해 주민과 섞여 있는 베트콩을 차단하는 전략은 훌륭하게 먹혀들었다. 1967년 4월 「뉴스위크」가 "선생인 미군을 앞서는 비범한 학생이 바로 한국군"이라고 치켜세운 것도 당연했다.

처음부터 노리고 들어간 월남이었지만 기대만큼 짭짤했다. 폭발적인 월남 특수는 사회 표정까지 바꿨다. 해방 이후 처음으로 흥성거리는 사회 분위기를 만들었다. 집안이나 동네 형님 중 월남에 간 사람들이 많았던 지금의 40대 이후 세대는 그걸 기억한다. 도시는 물론 농촌까지 마찬가지였다. 연인원 파병 인력 31만 7,000명을 배출한 곳은 아무래도 농촌이 많았기 때문이다.

월남 현지에서 번 돈으로 산 TV 등 가전제품이 시골 마을 가가호호에 들어가면서 피부에 와 닿는 변화가 속속 연출됐다. 사람들은 뿌듯해했다. 그게 달랐던 점이다. 강력한 반전 여론에 노출된 미국에서 월남 파병은 부끄러운 일, 숨기고 싶은 일로 치부됐지만, 우리는 그렇지가 않았다. 전장은 바다 건너 제3국에 있다지만 그래도 전시상황은 전시상황이라서 정부로서는 경제발전을 위해 필요한 약간의 사회적 긴장감과 애국심 고양 효과를 함께 노릴 수 있었다. 그랬다. 가수 김추자가 '월남에서 돌아온 김 상사'를 부르던 시절이 그때였다.

노래를 유심히 떠올려 보라. 김 상사로 대표되는 파병 장병들을 목소리 높여가며 전쟁영웅으로 찬양하지 않았다. 우리는 그럴 만큼 긴장하지 않았고 어깨 힘이 들어갈 필요가 없었다. 김추자 노래는 그렇다고 너무 가볍지도 않은 절묘한 톤을 유지했다. 싸움터에서 전공을 세우고 돌아오는 군인에 대한 자랑스러움을 표현했다. 그 노랫말대로 "온 동네 잔치하는" 즐거움이 담겨 있고, 그 멋진 남자에 대한 여자들의 기대감을 담았는데, 그게 그때 사회 분위기다.

월남 파병에 따른 미국 측의 대 한국 지원액은 9억 2,700만 달러. 주로 월남 현지에 진출한 한국 회사들이 미군 측과 맺은 비즈니스인데, 그것만 해도 대일 청구권 자금보다 많았다. 월남 사회에 들어갔던 한국 회사들이 민간 부문에서 벌어들인 외화(5억 3,700만 달러)는 따로 있었다. 1968년이 가장 짭짤했다. 월남전이 절정이던 그때 무역 외 소득으로 분류되는 월남에서 들어온 달러는 그해 수출액의 3분의 1을 차지했다. 이때 떴던 대표적인 기업이 한진상사다. 하역·운수 분야에 진출해 큰돈을 만졌고 이 돈으로 대한항공을 인수했다.

하지만 우리는 안다. 이 시절 아픔도 있었다. 월남 파병 병력 연인원 31여 만 명 중 전사자 3,806명, 부상자 1만 1,062명이 발생했다. 지금도 그때의 고엽제 등 후유증을 겪는 사람이 있다. 밀림에 미군 비행기로 뿌려졌던 맹독물질 다이옥신 때문이다. 일부이지만 64명의 2세들도 고엽제 후유증을 물려받았다. 하지만 베트남, 저들의 민족해방전쟁에 쓸데없이 끼어들어 양국 관계에 부담을 안고 있었다는 식의 논리는 너무 정치적인 주장이어서 고려할 가치가 없다. 고엽제전우회가 2009년 7월 동작동 현충원 앞의 녹지에 월남 참전 45주년 기념탑을 세운 것을 음미해봐야 한다. 누구도 챙기려 하지 않았던 기념탑을 그들이 만든 것은 참전에 대한 정당한 재평가와 그 시대 젊은 영혼들의 희생에 대한 기억을 새삼 요구하는 것은 아닐까?

단 남북관계의 긴장은 월남 파병과 무관치 않았던 원치 않았던 부산물이었음을 기억해야 한다. 당시 펼쳐졌던 공산세계 대 자유세계의 대결에서 한반도 병력이 대거 월남 쪽으로 빠지자 김일성이 그에 따른 압박을 한 것이다. 사회주의 연대의 전선에서 한국을 압박해서 월맹을 돕는다는 전략이었다. 1·21사태, 푸에블

로호 납치사건 등 유달리 험했던 1960년대 남북 긴장은 북한 나름의 응징이었다.

한일회담 종삿돈으로 구축한 경제의 베이스캠프

한일회담은 따져볼 대목이 훨씬 더 많다. 양국 국교 정상화의 타이밍과 명분을 놓고 여전히 벌어지는 시비와 논란 때문인데, 냉전 기운이 극대화됐던 1960년대 한·미·일 삼각관계 복원은 일단 꼭 필요했었다. 더 중요한 것은 박정희가 노린 게 실리외교였다면, 그렇게 확보한 청구권 자금 8억 달러로 과연 무엇을 어떻게 사용했느냐는 대목을 촘촘히 따져봐야 한다. 한국경제가 기사회생할 수 있었는지, 과연 했다면 어떻게 기여를 했는지가 중요하다. 냉정하게 말한다 해도 깔끔한 살림 솜씨였다. 한국경제의 베이스캠프가 이때 꾸려졌다. 무상자금 3억 달러의 경우 대부분 비영리 공공사업과 기술사업에 투자됐고, 유상자금 2억 달러는 포항제철에 1억 1,400만 달러가 투입됐다.

박정희 시대의 3대 토목공사인 경부고속도로, 소양강댐, 서울지하철 1호선 중 지하철 1호선을 제외한 나머지에도 고르게 배분됐다. 이 중 박태준의 포항제철이 갖는 상징성은 컸다. 당시 '산업의 핵'으로 불리던 근대적 종합제철공장을 갖는다는 것은 한국의 숙원사업이었는데, 여기에 집중 투자를 한 것이다.

"모두 우향우!' 1968년 6월 15일 새벽 4시. 비상 소집된 포항제철 건설요원들은 긴장한 표정이었다. 수평선 너머로 붉은 태양이 막 솟아오르고, 현장 건설사무소 오른쪽 아래로는 영일만의 짙푸른 파도가 일렁이고 있었다. 나는 요원들에게 외쳤다. '우리 선조들의 피의 대가인 대일 청구권 자금으로 짓는 제철소요. 실패하면 역사와 국민 앞에서 씻을 수 없는 죄를 짓는 것입니다. 그때는 우리 모두

▶ 1973년 6월 9일 포항제철 1기 고로에서 첫 쇳물이 쏟아지는 것을 지켜보며 박태준과 직원들이 환호하고 있다.

저 영일만에 몸을 던져야 할 것입니다.'"

박태준이 리얼하게 밝혔듯이 청구권 자금은 정말 값지게 써야 했다. 종잣돈을 제대로 활용하자며 절치부심했다. 본래 청구권 자금은 농수산 부문에만 쓰이도록 용도를 콕 찍어뒀는데, 보다 값지게 쓰려면 그렇게 할 수만은 없었다. 정말 요긴한 게 종합제철 사업이라면 우리 국회는 물론 일본까지 설득하자며 방향을 바꿨다. 어렵게, 어렵게 우여곡절의 설득과 양해의 과정을 거쳤다. 하지만 여기에는 다른 이유가 있었다.

본래 포항제철 건설 자금은 미국 유럽 등지에서 조달하려고 했으나 세계은행(IBRD)이 "경제성이 없다"며 고개를 내저었다. 이들의 부정적 판단이 내려지자 미국 회사인 코퍼스를 중심으로 한 컨소시엄도 제철 프로젝트에 등 돌렸다. 그러나 종합제철 사업은 꼭 해야 했다. 이런 상황에서 아무리 둘러봐도 기댈 곳은 청구권 자금이 유일했다. 결과적으로 청구권 자금 전용은 보약이었다.

박태준의 말대로 "실패하면 역사와 국민 앞에서 씻을 수 없는 죄"인데 허투루 할 수 없지 않은가! 포항제철 말고 청구권 자금이 투자된 경부고속도로와 소양강댐 건설이 갖는 파급효과는 몇몇 수치로 파악하기 힘들 정도다. 경부고속도로도 그렇지만 소양강댐의 경우 당시로서는 아시아 최대 규모였고, 세계적으로 4위에 해당하는 초대형 토목공사였다.

전력생산은 물론 수해, 한해 예방과 식량증대 효과에서 양식산업에 이르기까지 다목적 효과를 가져왔으니 성공도 대성공이었다. 중요한 것은 따로 있다. 청구권 자금은 우리의 무역구조를 바꿔놓은 결과를 가져왔는데 그 또한 핵심 중의 핵심이다. 1950년대까지 우리는 수입 대부분(52.2퍼센트)을 미국의 원조로 해결하고, 수출은 일본으로 하는 방식이었다. 수출도 농수산물이 전부였는데, 그 구조가 완전히 바뀐 것이 1960년대 중반 이후다. 한국 제조업에 필요로 하는 자본재와 원재료를 일본에서 수입해 수출용 완제품을 만들어 보다 큰 시장인 미국에 내다 팔기 시작했다.

폭발적인 수출 증가 등 한국경제에 발동을 거는 데 청구권 자금이라는 윤활유는 결정적이었다. 더 필요한 윤활유는 월남 파병에서 들어오는 돈으로 보충했음은 물론이다. 한일회담, 월남파병은 아무것도 없었던 1960년대를 위한 훌륭한 밑천이었다.

그럼에도 아직 한일회담의 뒷얘기는 무성하다. 청구금액을 몇 배 더 받을 수 있었는데 그렇지 못했다는 둥, 장면 정권은 30억 달러를 받아내려 했던 데 비해 수지 맞추는 장사는 못 됐다는 둥……. 박태준이 말했던 "선조들의 피의 대가"와, 이영희 등 비판적 지식인들이 말한 "젊은이들 피의 대가"를 어떻게 달러 액수나 수치로만 파악할 것인가? 결국은 그들의 피가 우리 경제의 뼈와 살이 됐다면 앞으로의 소모적 논란이 더 이상 필요할지가 의문이다.

아킬레스건으로 남은 공작정치

1970년대 박정희 주변의 핵심인사들 사이에서 '대통령 부府'라는 말이 유행했다. 청와대 비서실-중앙정보부-경호실 등 3개 권력 기관을 총칭하는 말인데, 헌법에는 그런 용어가 있을 리 없다. 현실적으로 국정을 요리하는 중추기관 셋을 임의로 그렇게 불렀을 뿐이다.

대통령부란 말에는 입법부-사법부-행정부는 들러리라는 뉘앙스가 풍기는데, 실제로 대통령부는 유신 선포 이후 중화학공업과 수출 드라이브를 강하게 거는 최전선이자 사실상의 헤드쿼터였다. 박정희의 행동반경이 그러했다. 그는 좌청룡 우백호를 끼고 살았다. 청와대에서 시내를 내다볼 때 왼쪽이 국군통합병원(보안사)이고, 오른쪽이 궁정동(정보부)이었으니 양쪽을 교대로 내려가 쉬었다 오곤 했다.

6070시대 정보정치, 공작정치도 이 축을 중심으로 돌아갔다. 이 축이 가장 맹렬하게 작동했던 게 박정희, 김대중이 격돌했던 1971년 대선 직전이다. 야당 신민당에서 대선 후보를 뽑는 과정부터 대통령부는 깊숙하게 개입했다. 정부 여당의 구미에 맞는 후보가 뽑히도록 뒷작업을 하는 것이다.

지금이야 꿈도 못 꾸는 게 공작정치이지만, 그때는 과연 어떻게 진행됐을까?

▶ 박정희와 전 신민당 총재 유진산.

야당 중진들에게 자금을 대주거나, 여자 관계 등의 약점을 잡아 뒤흔드는 '종합선물세트 방식'이 총출동했다. 결국은 김대중이 깜짝 후보로 등장했었지만 본래부터 대통령부의 희망사항은 전혀 다른 그림 쪽이었다. 나이 지긋한 정객 유진산이 올라와 박정희와 맞붙는 모양새, 그게 입맛에 맞았다. 박정희가 상대하기 만만하다고 판단했고, 태권도의 약속대련처럼 서로에게 상처를 주지 않을 것이라고 보았기 때문이다.

당시 그런 켯속을 모르는 이는 별로 없었다. 정치가 으레 그런 것이려니 했다. 정보부 요원들이 정당 사무실은 물론 그 주변의 다방에 상주했는데, 큰 뜻을 품은 정치인이라면 대통령부 쪽의 사람들과 비공식적으로 접촉하는 것을 피할 수 없는 현실로 받아들이고 있었다. 아무리 그렇다고 야당 내부의 경쟁에 정부여당이 끼어드는 것은 이상한 모양새인데, 그건 무슨 논리 때문이었을까?

당시 젊은 연배로 40대 기수론을 앞세웠던 김대중, 김영삼, 이철승 중 한 명이 대선 후보로 지명된다면 박정희의 표현대로 "애송이와 싸우는 결과"가 되기 때문이다. 순전히 한국적 논리요 상황이었다. 대선 후보 지명을 앞두고 정보부장 김계원이 유진산 집에 인사차 드나들었을 정도였으니 참 희한했다. 당시 공화당 실세로 정치자금을 주물렀던 김성곤도 또 다르게 지원했다. 때문에 유진산의 승리는 별로 어렵지 않아 보였다.

"내(가) 굳세게 싸워서 저들을 누르겠시다."

유진산은 특유의 화법으로 그런 다짐을 했는데, 엉뚱하게도 다짐을 주고받는 상대가 대통령부 쪽의 사람일 때도 많았다. 실제로 그의 정치적 위상을 올려준다는 의도로 일본, 베트남, 필리핀을 순방하며 사토 수상, 티우 대통령, 마르코스 대통령들과 어울리는 모습을 연출하기도 했다. 그게 후보 지명대회를 한 달 앞둔 1970년 8월인데, 물론 대통령부의 보이지 않는 손의 개입이었다.

"신민당 대통령 후보는 꼭 40대라야 된다는 인위적 조건 자체가 일견 첨단의 시대감각처럼 보일 수도 있지만, 기실은 후진사회에나 있을 수 있는 변칙풍조였다. 연령문제는 자신들의 이익에 결부시켜 당에 충격을 부각시키고……."

유진산은 그렇게 말했지만 착각이었다. 이미 정보정치, 공작정치가 통하지 않는 시대가 왔던 것이다. 김대중, 김영삼, 이철승 트리오는 나이 65세의 유진산이 낡은 구세대 정치인이고 선명한 투쟁노선을 갖지 못하다고 몰아붙였다. 바람은 매서웠다. 이 서슬에 밀려 유진산은 일보 후퇴를 선택했다. 대선 후보는 저들 중의 한 명이 되지만, 자신은 당권을 쥐겠다는 현실적인 판단이었는데, 문제는 그게 대통령부와 먼저 했던 은밀한 약속을 파기하는 결과였다. "위약이다" "어쩔 수 없다"면서 서로 티격태격하는 촌극도 연출됐다. 그런 뒤에 이뤄진 지명대회도 대단한 드라마였다.

누구나 김영삼 승리를 예상했고, 그것도 몰표가 나올 것으로 보았다. 2차 결선 투표까지 가는 반전 드라마에서 김대중이 막판 뒤집기에 성공했다. 김대중이 박정희와 맞붙는 '예정에 없던' 본선 게임은 그렇게 해서 이루어졌다. 새로운 감수성을 가진 세대들이 속속 자리잡는 1970년대 사회 분위기에서 박정희는 95만 표 차이로 어렵게 김대중을 따돌려야 했다. 하지만 서로는 셈법이 달랐다. 말하자면 이런 식이었다.

"우리가 쓴 돈이 도대체 얼마인데, 내 표가 이게 전부야? 앞으로 이런 식의 선거는 정말 곤란해."(박정희)

"1971년도 대선 패배는 내가 대통령직을 도둑맞은 것에 불과하다."(김대중)

'한국정치의 고전'으로 통했던 정보정치

유신 이후인 1974년 여름, 김영삼이 신민당 당권을 쥐고 총재가 된 것도 맹렬한 공작정치의 개입을 뛰어넘은 극적인 승리였다. 대통령부는 김영삼의 총재 등장을 막으려고 경쟁 후보 지원에 여념 없었지만 끝내 뜻을 이룰 수가 없었다. 눈여겨볼 점은 당시 공작정치의 주역은 정보부가 아니었다는 점이다. 청와대 비서실도 뛰고 있었고, 더 비중 있게는 차지철이 은밀하게 움직였다. 국회 내무위원장으로 있었던 그는 대통령의 신임을 등에 업은 채 본업(국회의원)보다 부업(공작정치)에 더 몰입했다

물론 청와대의 교통정리에 따른 것인데, 이에 따라 정보부는 뒷짐을 지고 물러나 있어야 했다. 박정희는 각 사안마다 여러 개의 정보라인 사이에 하나를 찍어 정보정치를 함으로써 충성경쟁을 유도하고, 중복 체크를 하는 이점이 있었다. 꼭 그랬을까? 이점보다 약점으로 연결되기도 했다. 1974년 선보였던 정보 라인의 혼선은 10·26까지 내내 이어진다는 관측도 없지 않다.

10·26이 일어나던 해 5월 신민당에서는 새 총재를 뽑는 전당대회가 한창이었는데, 이때도 차지철이 반 김영삼의 정보정치를 지휘하고 있었다. 그때 그의 신분은 경호실장. 하지만 그것도 정상은 못 됐다. 김재규가 이끄는 정보부의 일감(정보수집)을 가로챈 모양새가 아니던가? 즉 차지철, 김재규 사이의 충성경쟁과

갈등은 오래전부터 불꽃을 튕기고 있었다. 문제는 혼선이다. 김재규는 김재규대로 김영삼을 찾아가 총재 경선 포기를 설득했고, 차지철은 차지철대로 반 김영삼 쪽 후보 지원을 위해 자금과 정보를 살포하고 있었다.

"정보 수집을 더해야 돼!"

박정희는 당시 김재규, 차지철 양쪽에 그런 주문을 계속했지만 이런 공작정치를

▶ 1974년 8월 신민당 전당대회에서 당수로 선출된 김영삼.

뚫고 김영삼은 대역전 드라마를 썼다. 투표했던 대의원의 수에서 11표 차이로 중도통합론자인 이철승을 눌렀는데, 이로써 유신 말기 정부와 야당 사이에는 도저히 양보할 수 없는 정면대결이 펼쳐지고 말았다. 기억하실 것이다.

"이대(위대)한 민껀(민권)의 승리입니다. 국민 여러분!"

김영삼은 특유의 사투리 억양으로 반 박정희, 반 유신을 대내외에 공식화했다. 10년 전 김형욱이라는 부메랑도 결국은 그가 키웠던 화근이었지만, 김영삼의 등장도 그런 격이었다. 공작정치를 한다는 게 그만 김영삼 특유의 투쟁 기운에 기름을 들이붓고 만 결과가 아니었을까?

김영삼에게 야당분열을 노리는 공작정치는 내내 악몽으로 남아 있었다. 각목대결로 치달았던 그 이전의 1976년 신민당 전당대회도 알고 보면 차지철의 작품이었다. 그걸 감 잡았던 김영삼은 "박정희 대통령이 공작정치의 명수"라고 비난하기 시작했다. 부마사태와 이를 둘러싼 궁정동 비극도 넓게 보면 공작정치, 정보정치의 후유증인데, 문제는 박정희다. 그의 정보정치는 만년 들어 조금씩 중독 현상을 보이고 있었다.

증거가 정보부, 보안사 등의 전통적인 정보 라인 사이의 또 다른 충성 경쟁 유도였다. 박정희는 양쪽도 못 믿어 제3의 정보팀을 따로 뒀다. 자신의 통치자금으로 비선秘線 정보조직을 운영한 것이다. 그게 10·26 이후 실체가 조금씩 드러난 이규광 별동대다. 이곳에는 10여 명의 전·현직 정보기관 출신이 진을 쳤다. 주로 정치인이나 고급공무원들의 부정비리들을 캐는 일이었지만 야당에 대한 정치 공작 등 기획 정보활동도 했다. 이들을 총지휘하는 것이 차지철. 그가 김재규에게 대들며 으름장을 놓을 수 있던 배경에는 대통령의 신임 외에 이규광 정보팀의 고급정보가 있었다.

정보부 위의 옥상옥 '정보수집 별동대'

오죽하면 당시 차지철 휘하의 경호실 차장과 보안사령관을 차례로 지냈던 전두환이 "10·26 직전 김재규, 차지철의 우군 사이의 갈등은 김일성과의 전쟁보다 더했다"고 말했을까? 박정희 말기 국정 장악의 혼선에 대한 지적도 적지 않다. 매일 아침 비서실장의 종합보고에 앞서 경호실장이 시국 현안을 보고하는 비정상적인 일도 생겨났다. 비선 조직의 보고란 책임이 뒤따르지 않기 때문에 더욱 위험했다.

어쨌거나 박정희는 정보부, 보안사 외에도 공식조직으로 검찰, 경찰을 뒀지만, 옥상옥을 만들어야 직성이 풀렸다. 지금 생각해보면 1970년대 국내외 정세는 비상하게 돌아갔고, 이에 대한 박정희 식의 대응은 좀 희한했다. 즉 엄청난 효율과 함께 비정상적인 구조를 함께 품은 채 삐걱거리는 모양새다.

1970년대의 긴장은 유달리 가팔랐지만, 다행스럽게도 경제는 달랐다. 중화학공업에 전략적 투자를 했던 경제는 고공행진을 거듭했다. 1970~1975년 중화학 부문 연평균 신장은 무려 20퍼센트였다. 1979년에 이르러서는 제조업 생산의 51.2퍼센트를 차지했고 공산품 수출액의 37퍼센트를 맡았다.

당시 서구 언론이 앞다퉈 한국을 동남아 신흥공업국으로 떠올렸던 것도 그때인데, 이런 변화를 이끌어냈던 국내 정치는 위험했고 비유컨대 갓길 주행을 거듭했는지도 몰랐다. 그게 박정희식 통치 그늘의 하나다. 토론과 여과보다는 효율 지상주의였다. 그토록 원했던 것이 가난 축출과 근대화였는데, 그걸 너무도 전근대적인 방법으로 이룩하려 했다면서 아쉬워하는 이들도 적지 않다. 논란의 여지는 있겠지만 그 점에서 박정희 시대는 장기지속이 가능한 정치 시스템과는 거리가 없지 않았다.

그걸 너무 아쉬워할 필요는 없다. 박정희는 혁명가였고 정치인이었지 정치 교사는 아니었다. 한반도 모더니즘의 문을 열어젖혔던 대단한 공로자이지만, 동시에 전근대의 기질과 성향도 분명 함께 있었다. 그것이 일부 부정적 유산으로 연결됐지만, 역사상 걸출한 인간은 본래 중층적인 모습이다. 근대과학을 일궈낸 17세기 물리학자 아이작 뉴턴만 해도 그렇다. 중력이론을 발견했던 그였지만 그는 전근대적인 주술사이자 중세 신비주의자의 면모로도 유명하다. 연금술, 점성학은 물론 장미십자회에 매료됐던 모순투성이의 과학자가 뉴턴이다. 그를 두고 과학자가 아니라고 말하는 이는 지금 없다. 중력이론의 가치를 부정하는 이는 더더욱 없다.

10·26과 핵개발, 그리고 '미국 변수'

1965년 5월 미국 방문 당시 박정희는 플로리다 주의 케네디우주센터에서 아틀라스 로켓 시험발사를 참관했다. 지축을 흔드는 굉음과 함께 로켓이 치솟았다. 흰색 연기 꼬리를 남긴 채 순식간에 새까만 점으로만 남았다. 쌍안경을 붙잡고 있는 박정희에게 누군가 다가서며 "소감이 어떻습니까?" 하고 가볍게 물었다.

"뭐? 소감? 남이 쏘아 올렸는데 소감이 다 뭐야?"

의외의 반응이다. "야 장관이네" 하는 립 서비스나 감탄은 없었다. 뭔지 못마땅한 듯했다. 뚱한 표정이 유머 없는 박정희 모습 딱 그대로다. 그로부터 13년 뒤인 1978년 9월 중부 해안에서의 박정희는 전혀 달랐다. 한국이 쏘아 올리는 지대지 미사일 시험발사, 그는 긴장과 흥분을 애써 누르고 있었다. 베시 주한유엔군 사령관까지 참석한 자리에서 쏘아 올려지는 미사일은 장거리, 중거리를 두루 포함했다.

상식이지만 장거리 미사일은 전자, 금속, 기계, 항공이 망라된 과학의 꽃인데, 탄두 개발도 만만치 않으나 추진체만 해도 또 다른 노하우가 필요했다. 예정된 다연발 로켓, 대전차 로켓 시범 발사에 이어 중거리 미사일도 어렵지 않게 성공했다. 남은 것은 하이라이트인 사정거리 180킬로미터의 장거리 미사일 '백곰'. 카운트다운이 끝나자마자 거대한 비행체가 불기둥을 내뿜으며 수직으로 치솟았다. 1단 로켓이 떨어져 나가고 2단계 로켓이 점화되면서 포물선으로 궤도를 잡고는 눈 깜짝할 새 시계를 벗어났다. 나머지 비행 모습은 통제소와 TV 화면에 선명히 나타났다. 박정희는 눈을 뗄 수 없었다.

대성공! 잠시 후 군산 앞바다의 한 섬에 미사일이 명중하는 장면이 화면에 생생하게 나타났다. 엄청난 흥분이 장내를 술렁이게 했다. 지대지 미사일을 자체개발해 소유한 일곱 번째 나라로 한국이 등재되는 순간이었다. 대통령의 얼굴에 환하게 꽃이 피었다. 일찍이 보지 못했던 희색, 만면에 가득한 자부심이었다.

이후 바빠진 것은 미국이다. 급했기 때문이다. 우선 한국형 지대지 미사일 생산 유보부터 요청해왔다. 대신 주한미군이 자체 도입, 운용하겠다는 성의 있는 약속도 했다. 박정희는 일단 동의를 했지만 알고 보면 위험천만한 국면이 펼쳐지는 찰나였다. 미사일 개발 성공은 향후 한국이 핵무기 개발을 마음만 먹으면 못할 것도 없다는 것, 그걸 계기로 한반도 상황이 전면적으로 바뀐다는 것을 뜻했는데, 그

▶ 미국 나이키 허큘리스 미사일의 발사 모습.

게 박정희 시대를 위협하기 시작했다.

　더욱이 한미관계가 흔들리고 있었다. 미사일 등 핵무기 카드를 쥐고 있던 박정희는 미국의 심기를 건드리면서 양국간 긴장을 연출했다. 부국강병의 꿈이 가시권에 들어오고 있는 찰나, 위협은 엉뚱한 곳에서 터져 나온 것일까? 1975년 월남 패망 이후 박정희는 미국의 배신 가능성을 염두에 둔 채 '비 오는 날'에 대비하고 있었다. 자신도 있었다.

　중동 건설시장에 진출했고, 중화학공업과 새마을운동이 순조롭게 굴러갔으며 연간 국방비 지출에서도 북한을 앞서기 시작했다. 하지만 한미관계는 전과 달랐다. 인권외교를 앞세운 카터의 철군 압력에 이어 박동선의 대미 로비 사건은 코리아 스캔들로 마구 번져갔다.

　급기야 전 중앙정보부장 김형욱이 미 의회의 청문회 스타로 출현하면서 워싱턴에는 반박정희 기류가 형성됐다. 국내 정치도 빡빡해져갔다. 1975년 5월 김영삼이 신민당 총재로 재등장했고, 청와대 주변에서는 눈에 띌 정도로 권력 경화현상이 발견되고 있었는데, 돌이켜보면 이런 모든 요소들이 뒤엉킨 채 10·26의 대폭발을 향해 한 걸음 한 걸음씩 옮겨가는 모양새였다.

1970년대 초반부터 준비해온 핵무기

　1974, 1975년쯤이면 상호 불신의 벽이 높아지면서 적극적인 미국의 저지와 한국의 방어 노력이 불꽃을 튕겼다. 미국이 "아주 위험한 목적을 가진, 끈질기고 거친 고객"인 한국이 비밀리에 추진하고 있는 핵무기 개발을 "조기에, 그리고 단호하게" 막아야 한다고 내부방침을 정해놓았던 것이다.

"미국은 국제적인 (핵 관련) 공급 국가들과의 공조 속에서, 한국이 민감한 기술과 장비에 접근하는 것을 막아야 한다."

월남 패망의 와중인 1975년 3월 훈령에서 헨리 키신저 국무장관은 일본, 프랑스, 캐나다, 일본, 오스트리아 주재 미국대사들에게 그렇게 일렀다. 주한 대사 스나이더도 며칠 뒤 보낸 전문에서 "한국이 핵무기를 개발하는 데는 10년이 안 걸릴 것"이라고 지적했다. 한국의 저돌적인 추진력과 기술 수준을 무서워한 것이다. 돈도 있으니 제3국으로부터 사들일 수도 있었다.

그 무렵 박정희는 스나이더를 만났다. "미군이 한국에 주둔하는 기간인 향후 3~5년 사이에 단거리 미사일을 개발하라고 지시했다"고 공개적으로 밝혔다. 핵 개발 의지를 처음으로 천명한 것이다. '백곰' 시험 발사 당시 한국은 핵비확산조약(NPT)에 가입치 않은 상태였다. 국제법을 통한 제재가 불가능하다는 미국의 약점을 박정희가 모를 리 없었다.

몇 년 전인 1974년 인도 핵실험 소식에 놀랐던 미국이 결사적으로 저지 작전으로 나올 것이고, 때문에 자신이 쥐고 있는 카드가 대단히 위험천만할 수 있음도 직감했다. 자기 운명에 영향을 줄 수 있음을 알았지만, 박정희는 오랜 장고 끝에 '고!'를 불렀다. 뚜껑 열린 판도라 상자가 향후 어떤 결과를 낳을까? 박정희의 임기 후반 핵 개발과, 이를 둘러싼 한미관계의 복잡한 면모는 아직 전모가 모두 밝혀지지 않았다. 너무도 예민한 사안이고, 5공화국 등장과 함께 서둘러 양국이 봉합을 해버렸기 때문이다. 하지만 지금 생각해보면 한국의 핵 개발과, 이를 둘러싼 양국 충돌은 정해진 수순이었는지 모른다.

몰아치던 국제관계가 그랬고, 습관처럼 "미국놈들"을 말했던 박정희의 기질도 그걸 부채질했다. 생각 이상으로 빨랐다. 핵 개발은 1970년대 초반, 즉 닉슨 시절에 이미 시작됐다고 미국의 한반도 전문가 돈 오버도퍼가 그의 책『두 개의 한국』에서 밝히고 있다.

"박대통령은 일단 핵무기의 원료인 플루토늄 제조용 재처리 시설 확보에 주력했다. 야심에 찬 남한의 핵발전소 건설계획은 주로 미제 장비와 기술에 의존하지만, 박대통령은 재처리 장비와 기술을 전수받을 국가로 1972년 비밀리에 프랑스를 선택했다. 프랑스와의 긴밀한 협력 결과 1974년에는 매년 20킬로그램 상당의 핵분열성 플루토늄을 제조할 수 있는 재처리 플랜트 시설의 설계도가 완성됐다. 미국이 히로시마에 투하했던 것과 맞먹는 위력을 지닌 핵폭탄 2기를 제조할 수 있는 시설이었다."

급기야 미국은 협박 카드를 뽑아들었지만 그들이 원하는 대로 컨트롤이 안 되고 있었다. 1976년 5월 새 국방장관 도널드 럼스펠드의 발언이 우선 그렇다. "한국 정부가 핵 개발을 강행하는 경우 안보 및 경제 협력관계를 포함해 모든 관계를 재검토할 것"이라고 경고했다. 한국은 일보 후퇴하며 프랑스와의 계약을 취소했다.

캐나다의 중수로 구입도 포기했다. 하지만 박정희는 꿈을 아주 버리지는 않았다. 핵무기 개발팀을 해체하기는커녕 한국핵연료개발공사라는 새 기구로 흡수시켜 발전용 원자로에서 사용할 핵 연료봉 제조 임무를 새롭게 부여했다. 1978년에는 프랑스와 재처리 시설에 대한 협의를 재개, 미국을 분노케 했다. 급기야 카터가 나섰다. 그는 프랑스 대통령 발레리 지스카르 데스텡과 담판했다. 핵을 둘러싼 갈등이 최고조로 이르렀던 게 그때다. 스나이더도 연신 가슴을 졸였다.

"무엇보다 독자적인 생존을 추구하고 자주성을 회복하고자 하는 박정희의 열망과 의지가 살아 있기 때문"이라는 판단 때문이다. 실제로 박정희는 1981년까지는 핵무기 개발을 완료할 수 있다고 청와대 참모들에게 밝혔다. 구체적으로 1981년 국군의 날 행사에서 핵무기를 발표한다는 계획까지 갖고 있었다. 1978년 무렵 박정희는 "핵무기 개발의 95퍼센트는 완료됐다"고 호언했다.

집권말기 미국에 냉소적이던 박정희

훗날 스나이더 대사는 한미 양쪽에 문제가 모두 있지만 미국에 더 책임이 있음을 암시했다. 자국 이익을 대변하는 대사로서는 매우 드문 발언이라서 음미해볼 여지가 많다. 특히 카터의 인권외교와 주한미군 철수론이 매우 적절치 않았던 정책이었음을 재확인해주는 대목이다.

"박정희도 문제이지만, 미국 정부 태도를 종합해보건대, 남한 사람들의 안보에 대한 우려도 일리가 있다."

당시 박정희가 갖고 있던 심리상태도 중요하다. 결정적인 의사결정을 할 때 백그라운드는 최고지도자의 가치판단이기 때문인데, 당시 그는 카터와 워싱턴 정가에 냉소적인 발언을 던지고 있었다. 때로는 동맹국의 수장을 겨냥한 발언은 외교문제로 비화될 소지마저 있었기 때문에 아슬아슬하기도 했다.

"내년 1978년에 프랑스에서 장갑차 150대를 도입하고 가을에는 서해에서 미사일 시험발사도 할 것입니다. 이번에 하비브 미 국무차관이 오면 핵을 가지고 가겠다고 으름장을 놓을 텐데 가져가겠다면 가져가라지. 그들이 철수하고 나면 우리는 핵을 개발할 작정이오."

"동맹이란 양 당사국의 이익을 위한 것인데 미국사람들은 그러지 않더군요. 철군 문제가 등장하지 않는 날이 없는데 가든 안 가든 결정은 지어야겠어. 그런데 미8군 장성들은 모두 철수를 반대하더군. 골프를 끝내고 이야기하면서 내가 '카터 대통령이 군 출신이니까 잘 알 것 아니냐'고 했더니 미국 장성들이 '그 사람, 잠수함 석 달 탔습니다'라고 하더군."

1977년 청와대 비서관과 기자단 그리고 퍼스트레이디 역할을 수행하던 박근혜가 있는 점심자리에서 던진 발언들에는 가시가 돋쳐 있었다. 그러면서 은근한 자신감 같은 것도 배어 있는데 바로 전 해도 그랬다. 워싱턴에서 코리아게이트가 한창일 때는 더욱 냉소적인 발언을 했다.

"우리 국내에도 카터한테 편지질해서 우리 정부에 압력을 넣어달라고 하는 사대주의자들이 있다. 카터가 아니라 더한 사람도 어림없는 얘기다. 미국 신문들은 미군을 빼간다면 우리가 매달릴 줄 아는데 천만의 말씀이다. 공군이야 빼가라 해도 미국이 안 빼가겠고, 지상군도 있으면 좋겠지만 내정간섭을 위한 흥정거리로 삼겠다면 나는 '잘 가라'고 하겠다."

문제의 카터가 서울을 찾은 것은 1979년 7월이다. 모든 게 정상이 아니었다. 전날 도쿄에서 G7 정상회담을 마치고 전용기 에어포스 원을 타고 도착했던 그는 마중 나온 박정희와 냉랭한 악수를 나눈 뒤 바로 동두천의 미군부대로 향했다. 그날 박정희는 카터의 시간 지체로 두 시간이나 기다려야 했으니 마음이 편했을 리 없다. 다음날 1차 정상회담은 파행의 연속이었다. 주변에서는 신신당부했다.

"주한미군 철수는 이미 유야무야 됐으니 새삼 이 문제를 거론하지 마시라. 그게 카터 체면을 위한 것이다."

박정희는 그걸 무시했다. 이미 알려질 만큼은 알려진 이야기이지만, 박정희는 의전을 미뤄둔 채 무려 45분간을 한반도 안보 강의에 할애했다. 카터, 당신이 못 미더우니 기회에 한 수 가르쳐주겠다는 식의 일방적인 훈계이자 강의였다. 그러면서 손가락으로 탁자를 탁탁 치기도 했다. 절제가 안 됐을 때 나오는 그의 습관이었다. 일방통행 식의 연설에 카터는 화가 극도로 치밀었다.

"만약 박정희가 이런 식으로 나온다면 주한미군 전원을 철수시킬 거야."

일방적인 연설을 귓전으로 듣던 카터는 회담 와중에 그런 메모를 써서 배석 장관에게 넘겼다. 최고조의 험악한 분위기에서 박정희는 작심한 듯 비아냥 발언을 계속했는데, 이 통에 통역을 하던 최광수는 톤을 낮춰보려고 절절 매야 했다.

"인권 문제는 내가 먹여 살리는 내 국민의 문제이다. 내가 더 잘 아니까 간섭 말라. 미군이 좀더 있으라는 것은

▶ 1979년 6월 29일 내한한 카터 대통령이 여의도 광장에서 열린 시민환영식에서 군중에게 손을 흔들어 답례하고 있다.

북한이 공격할 경우 중국, 소련이 지원하지 않는다는 보장이 없기 때문이다. 그러나 가겠다면 빼가라. 무기와 장비는 놓고 가면 좋겠다. 그냥 주면 좋겠지만 돈을 달라면 주겠다."

양국 간의 정상회담이다. 그것도 군사동맹 사이의 회담, 국력 차이가 하늘과 땅만큼 컸던 상황에서 이토록 독설 교환으로 시종했던 회담은 거의 유례가 없다. 작은 나라의 노회한 지도자 박정희는 생각 이상으로 오만했고, 큰 나라의 어설픈 아마추어 지도자 카터는 수모를 당했다고 생각하고 이를 갈았다.

운명의 D데이 10·26을 불과 3개월여 남겨놓고 있던 한미 관계는 정상적 모습에서 이토록 멀었는데, 그 핵심에는 박정희가 추진해온 핵 개발이 자리하고 있었던 게 사실이다. 박정희의 죽음을 몰고 온 1979년의 비극이란 이런 복합적인 모순이 어느 날 펑 하고 터진 사건이지만, 앞뒤 정황은 간단한 도식으로 정리될 수 없다. 어쨌거나 논란 속의 핵 개발 문제, 그게 핵심인지도 모른다.

테마 6070

극과 극의 스타일, 카터와 레이건

"카터는 역시 촌놈이야. 땅콩 농장 출신이 맞구만."

미 대통령 카터와의 정상회담을 마치고 난 뒤에 박정희는 참모들에게 그렇게 말했다. 짐을 벗은 듯 후련한 표정이었다. 1970년대 이후 내내 고통스러웠던 '미국이라는 터널'의 끝이 보인다고 생각했는지 모른다. 사실 1960년대 대미 기상도는 흐린 뒤 활짝 갬(케네디 → 존슨)이었다. 1970년대는 장마 뒤 태풍(닉슨 → 카터)이라는 악천후였는데, 그게 종결되는 듯했다. 카터의 임기 종료도 얼마 남지 않았다.

박정희는 서울 정상회담에서의 기 싸움에서 카터를 눌렀다고 생각했고, 실제로 이후 주한미군철수 문제는 흐지부지됐다. 하지만 최종 스코어는 전혀 딴판으로 나타났다. 우리가 알듯 얼마 뒤 10·26이라는 비극적 사태로 이어졌고, 이는 미국 변수와 무관치 않다는 것을 우리는 알고 있다. 워싱턴의 사주 등 적극적 개입 가능성을 말하는 게 아니다. 현재까지 그런 증거는 없다. 양국의 불편한 관계는 한국의 핵 개발을 계기로 대충돌했고, 이때 박정희가 비운을 맞았다는 정황이 그렇다는 얘기다.

다만 서울-워싱턴 사이의 험악한 분위기가 청와대 주변의 작은 권력자 몇 명에게 일정한 암시를 줬을 가능성은 없지 않다. 주한 미국대사 글라이스틴도 회고록에서 그런 가능성을 얼핏 암시한 바 있다. 신문기자이자 한반도 전문가로 유명한 돈 오버도퍼 역시 "김재규의 과격한 암살행동은 일종의 광기에서 비롯된 것이지만, 동시에 그간 미국 정부가 한국에 보여줬던 태도가 그를 부추겼을 가능성도 있다"는 입장이다.

▶ 한반도 문제에 대해 전혀 다른 구상을 가졌던 카터(좌)와 레이건(우) 미국 대통령.

　1960년대 중반 6·3사태 때 한일회담 반대를 외치는 대학가를 향해 박정희가 계엄령 선포 등 강공을 취했던 것은 미국의 엄호사격 때문이다. 10·26 전후의 상황은 전혀 딴판이었다. 워싱턴은 서울을 핵을 가지고 노는 천둥벌거숭이라고 봤다. 그게 박정희 통치환경의 한계상황이었지만 아이러니는 따로 있다.

　박정희가 10·26 전후 1년여만 잘 견뎌냈더라면 카터라는 태풍은 소멸되고, 레이건이라는 훈풍을 만날 수도 있었다. 후임 대통령 레이건은 카터와 전혀 다른 마인드를 가진 지도자였다. 그에게는 한국 정치범의 인권문제보다 나라 전체가 수용소 군도인 북한의 주민 인권이 관심이었다. 그걸 극명하게 보여주는 게 1980년 11월 대선에서 승리한 레이건이 전임자 카터와 마주 앉아 인수인계를 할 때의 풍경이다. 산적한 국내외 현안에 대한 논의가 끝난 다음 이윽고 한반도 문제 차례였다.

　"신군부에 의해 고초를 당하고 있는 김대중을 따르는 대학생들이 민주화 투쟁을 하다 자칫 권력에 찍히면 강제 입영을 당합니다."(카터)

　"허허, 저도 한국의 대통령들처럼 시위 가담학생들을 군대에 보낼 수 있는 그런 권한을 갖고 싶습니다."(레이건)

▶ 1981년 당시 레이건 대통령과 정상회담을 위해 워싱턴에 방문한 전두환.

실제로 취임 뒤의 레이건은 당시 현안이었던 김대중 문제는 한국 정부가 결정할 사안이라며 카터와 정반대의 길을 선택했다. 자신의 취임식 바로 다음날인 1981년 1월 21일, 레이건은 전두환의 방미 계획을 발표했다. 놀라웠다. 영국, 프랑스 등은 물론이고 일본, 캐나다 등 주요 서방 선진국들을 제치고 한국의 지도자를 초대한 것인데, 그게 전부가 아니다. 레이건은 팡파르가 울리는 가운데 만면에 미소를 띤 채 전두환 일행을 따듯하게 영접했다.

"한국과 미국은 자유의 가치를 공유하고 있다. 자유와 우의에 기초한 한미 양국의 특별한 유대관계는 30년 전이나 지금이나 변함없다."

백악관 이스트룸에서 마련된 오찬에서 그렇게 말한 것은 레이건이었다. 주한미군 철수 문제는 완전히 없었던 일로 정리됐다. 전임자 카터와 한국의 박정희 사이에 빚어졌던 알력과 갈등이 극적으로 봉합됐음을 알려주는 자리였다. 냉전을 종식시킨 레이건다운 정치 감각은 카터의 주한미군 철수론을 원위치시켰고, 그걸 만천하에 공개 선언했다.

바로 이때 1970년대 박정희가 추진해왔던 핵 개발 프로젝트가 올 스톱됐음은 물론이다. 레이건의 유별났던 환대도 이런 극적인 타결에 따른 화해무드와 무관치 않은 것으로 추측된다. 옛말에 입춘에 장독 깨진다고 했던가? 1979년에 박정희가 유념했어야 할 말은 혹시 그게 아니었을까? 당시는 카터 대통령의 임기가 1년여밖에 남지 않았었다. 취임 초부터 꺼냈던 철군안도 수그러들 참이고, 정상회담은 그간의 헛소동을 마무리 짓는 의식이었다. 하지만 박정희는 그걸 몰랐다. 아니 알고 있었겠지만, 대충 넘어갈 수는 없었다. 그간 당했던 고통이 얼마나 컸나! 또 그런 한켠에 넘치는 자신감도 작용했을 것이다. 이것이 끝내 화를 불렀던 것일까? 보다 분명한 디테일에 대한 규명은 아직도 숙제로 남아 있다.

06

그와의 싸움, 그와의 화해

박정희 재평가 작업은 지금도 진행 중이다. 학계의 진보 진영은 박정희로 상징되는 근대화, 산업화의 가치, 그에 따른 사회변화 모두를 미워하고 부정한다. 이게 맞는 지적일까? 맞서는 쪽도 치열하게 응전 중이다. "당신들은 '민주주의의 적' 박정희라는 가공의 유령을 만들어 놓고 있고 소모전을 한다"는 지적이다. 학계 검투사들이 총동원된 이 싸움의 한쪽에서 정신과의사 이시형 박사 등은 오래 전부터 '박정희와의 화해'를 고백하고 있다. 박정희, 참 문제적 인간이 맞기는 맞다.

'성난 얼굴로 돌아보라' 민중문화운동

　　그가 비명에 갔던 1979년 10·26 이래 대한민국은 박정희와 제대로 헤어지지 못했다. 그게 진실이다. 훌훌 털어버릴 요소와, 기꺼이 끌어안을 유산의 사이를 구분하지 못한 채 엉거주춤한 채로 오늘을 산다. 그가 남긴 유산의 실체를 잘 모르니까 빚어지는 안타까운 일인데, 적지 않은 사람들은 아예 '박정희 거꾸로주의'로 가기로 작심했다.

　　박정희와 정반대로 하는 것이 민주화이고, 사회정의라고 확신했던 탓이다. 이런 비판과 분노를 1970년대 이래 앞장서서 이끌어왔던 것이 문화영역이다. 민중과 민주주의라는 깃발을 앞세운 채 독자적인 세력으로 자리잡아온 민중문화운동 혹은 문화운동그룹이 자라난 것이다. 이른바 운동권이나 386세대도 이 그룹의 자궁에서 컸다. 지금 적지 않은 사람들이 막연한 반 박정희 정서를 가지고 있다면, 그 뿌리도 십중팔구 민중문화운동 세력이다. 나이로 치자면 지금의 50대 중반 이하 30~40대의 지적·정서적 성장을 도운 젖줄이 민중문화운동 쪽이다. 아니 20대들도 그 영향에서 자유롭지 못하다.

　　때문에 민중세력은 이미 한국사회의 다수이자 주류다. 현실적으로 행세하는 물리적 힘과 영향력이 그러하고, 예전 민주화에 기여했다는 이유로 지적-도덕적 헤게모니를 쥐고 있다. 1970년대 초에는 체제 밖의 작은 목소리, 주변부의 힘없는 상상력에 불과했지만, 이제 체제 중심부에 성큼 진입한 것이다. 아니 스스로 체제establishment이자, 제도권이 됐다.

진보세력을 감싸주는 것도 민중문화세력이다. 진보의 후광을 장식해주는 역할이다. 보수에 대한 공격을 주도하는 서슬 퍼런 비판의 언어를 토해내는 말 공장 역할도 이들의 역할인데, 이들이 가장 못 참아주는 주인공이 박정희다. 다른 것은 다 참아도 박정희만큼은 안 된다는 주장이다. 자연인 박정희, 정치인 박정희는 오래전 사라졌지만, 민중세력은 '민주주의의 적' 박정희라는 가공의 유령을 만들고 그와의 싸움을 지금도 벌이고 있는 것이다. 박정희로 상징되는 근대화, 산업화의 가치, 그에 따른 사회변화, 이 과정에서 피할 수 없었던 부작용 모두를 미워하고 부정한다.

또 그런 내용을 30년이 넘도록 소설, 시, 영화, 미술, 연극 장르의 작품 안에 담아왔는데, 그러다 보니 어느덧 문화계는 삐딱한 일탈의 상상력 일변도로 바뀌었다. 더 큰 문제는 그게 주류로 등장하면서 사회 구성원의 생각을 온통 그쪽으로 바꿔 놓은 점이다.

이 통에 국가주의란 일단 원죄와 타도의 대상이며, 기성 제도권과 정부 등 기존 권위란 일단 부정해야 할 영역이다. 때문에 젊은 세대는 부모세대의 삶과 역사를 따뜻한 눈길로 보지 못한다. 젊은 세대만이 그러한가? 어쩌면 한국사회가 그러하다. 춥고 배고팠던 1960~1970년대 헝그리hungry 사회였던 한국은 요즘 걸핏하면 성을 내는 앵그리angry 사회로 체질이 바뀌었다. 어느덧 그런 심리가 사회적 유전자로 자리 잡은 느낌까지 든다. 예전에는 엽전의식, 짚신의식 같은 자기비하 심리가 문제였다면, 이제는 냉소주의 심리와 함께 지독한 과거 역사 부정이 유행처럼 자리 잡았다. 그런 생각의 뿌리는 만만치 않다. 애시당초 민중문화운동그룹은 문화란 민중(노동자, 농민을 포함한 기층서민)을 위해 복무해야 한다고 보았다.

리얼리즘이라는 무기를 통해 독재 권력과 병든 사회를 감시하거나 비판해야 한다는 소명의식에 마음이 급했다. 때문에 민중문화운동은 분노를 키우는데, 그것은 급기야 체제 변혁의 꿈을 꾸거나 정부, 공권력, 기성세대에 대한 증오와 불신으로 발전한다. 그 점에서 민중문화세력이 거둬온 지난 30년 승리란 박정희 체제가 남긴 가장 큰 그늘인지도 모른다.

민중문화운동의 출발은 소박했다. 산업화의 그늘과 사회적 약자를 보듬어주자는 것이었다. 문학의 경우 윤흥길의 「아홉 켤레의 구두로 남은 사내」(이하 「아홉 켤레」), 조세희의 『난장이가 쏘아올린 작은 공』과 황석영의 「객지」 「삼포 가는 길」 등 도시빈민과 주변부 노동자를 그린 일련의 작품이 그때 등장했다.

「아홉 켤레」는 윤흥길이 1977년 「창작과비평」 여름호에 실은 연작소설 중 첫 편이다. 도시 빈민의 소요 사건에 연루돼 주모자로 지목돼 옥살이를 하는 소시민의 삶을 담았다. 작품 속의 주인공은 대학졸업자 권기용. 그는 경기도 광주(훗날 성남)에 대규모 주택단지가 들어선다는 소문을 듣고 빚을 내 철거민 '딱지'를 사들였다.

정부의 계획 변경으로 딱지 값이 폭락하면서 민심이 나빠진다. 이때 권기용은 대학물을 먹었다는 이유로 등 떠밀려 투쟁위원이 된다. 경찰과 대치한 채 싸움도 벌이고 주동자로 찍혀 직장에서 쫓겨나는 삶……. 1980년대 대학가 필독서였던 이 작품을 균형감각을 가지고 읽는 사람은 드물다. 실은 해방 이후 발생했던 도시빈민 문제를 작가 윤흥길이 잘 가늠했는지도 의문이다.

1971년 8월 광주대단지에서 시위대 3만여 명이 시내버스를 탈취하는 소요가 「아홉 켤레」의 작품 배경이다. 오래 누적됐던 도시빈민 문제가 터진 것이다. 이를 배경으로 깔고 있는 윤흥길의 「아홉 켤레」는 성공한 작품이 분명하다. 하지만 도시 빈민 문제를 소외된 인간과 휴머니즘의 각도에서 조명했을 뿐 1960~1970년대 이래 구조적인 측면에 대한 이해를 충분히 갖고 있는가는 별도의 문제다. 때문에 '얇은 휴머니즘' '작은 문학' 이라는 비판도 가능하다. 전체를 보지 못하는 원천적 한계 때문이다. 작품의 성격이 그러하지만, 이에 대한 요즘의 표준적 해석은 더욱 가관이다.

윤흥길 「아홉 켤레…」, 성공한 작품 맞을까?

지금 이 작품은 고교에서 배우는데, 보통은 한국사회의 폭력적 구조를 깨닫게 해주는 작품으로 설명된다. 그게 맞는 말일까? 주인공 권기용이 그러했듯이 당시 사람들은 "소주를 마시며 양주를 마실 날을 꿈꾸고" 있지 않았던가? 그게 세상살이의 진실인데, 민중그룹은 양주 마시는 이들에 대한 증오부터 다짜고짜 키워왔다. 1980년대 접어들며 무려 60퍼센트 대의 사람들이 자신을 중산층이라고 응답했듯이 광주대단지에 살던 권기용도 그 대열에 끼고 싶었을 것이다. 하지만 거기에 끼려는 것은 '투항'이라면서 대신 계급적 분노를 다량 주입했다.

하지만 문학 작품들의 허위의식은 1980년대 이후 더욱 커지고 높아졌다. 현대사 전반에 걸쳐 독자적인 해석을 내놓는 등 전선을 확대했고, 암묵적으로 정치투쟁을 배제하지 않았다. 그게 문제였다. 이를테면 현기영의 「순이 삼촌」 『지상에 숟가락 하나』, 조정래의 『태백산맥』의 경우 4·3사건, 여순반란사건 등에 대한 비판적 해석의 표준을 제시했고, 지금은 고전으로까지 추앙받는다.

현대사를 다룬 많은 작품들이 무수히 존재하고, 따라서 민중그룹은 단지 '그

많은 것들의 하나'로 지분을 가진 게 아니라 '모든 것'이자 유일한 해석으로 행세한다. 이런 역학구도도 문제이지만, 내용도 좀 걸린다. 이들은 이전까지 교과서에 나왔던 해석을 무시하고 들어간다. 지금도 건국 과정에 대한 총체적 비판을 주도하는 것은 중고교 역사 교과서가 아니라 민중문학 쪽의 작품이다.

어쨌거나 체제 저항의 앞줄에 서 있던 문학은 1970년대 중후반 쯤이 되면 「창작과비평」 「문학과지성」 등의 매체를 거느린 채 지식인들을 위한 지적 논의의 멍석 노릇을 도맡았다. 1980년대 중·후반에 접어들면서 거의 전투적이고 살벌한 분위기까지 강력하게 풍겼는데 「실천문학」의 경우 표지에 '민중시대의 문학적 실천을 위한 부정기간행물'이라는 슬로건을 달았을 정도다. 가장 전투적인 시인이었던 김남주의 작품 두 개를 보자.

▶ 윤흥길의 「아홉 켤레」는 1971년 8월 광주대단지 사건을 다루고 있다.

예술이라면 제 애비도 몰라보는 후레자식이 예술지상주의였다
염병할! 그놈의 사후의 명성이란 것도
부르조아 새끼들의 위선이 거만이 구역질나서 보들레르는
자본의 시궁창 파리 한복판에 악의 꽃을 키웠다

대한민국의 순수파들 절망도 없이
광기도 자학도 없이 예술지상주의를 한다
자르르 교양미 넘치는 입술로
자본가의 접시에 군침을 흘리면서 예술지상주의를 한다
에끼 숭악한 사기꾼들
죽으면 개도 안 물어가겠다
그렇게 순수해가지고서야 어디 씹을 맛이 나겠느냐

- '예술지상주의' 일부

낫 놓고 ㄱ자도 모른다고
주인이 종을 깔보자
종이 주인의 모가지를 베어버리더라
바로 그 낫으로

- 시 '낫' 일부

이 정도라면 리얼리즘도 문학도 아니다. 옛 소련과 중국 등의 공산주의 미학 이론인 사회주의 리얼리즘이라는 것도 이렇게 조잡스럽지는 않았다. 아니 길거리 투쟁 구호에도 못 미치는데, 평론가들이 '투쟁의 미학'이라고 치켜세웠다. 그

런 방향 없는 공격성은 1980년대 사회과학의 시대를 열었다. 정기간행물에 이어 단행본까지 반 박정희 대열에 합류한 것이다. 잡지, 단행본 등 출판 부문이 참여하는 민중운동이 본격화됐고, 이들은 결정적인 외부 상황변화에도 흔들리지 않았다.

성난 얼굴로 과거를 보라고 부채질한다면……

1980년대 말 소련과 동유럽 등 현실사회주의 몰락이라는 외부 변수는 군부독재를 물리치고 민주화를 쟁취했다는 6월 대항쟁의 열기 속에서 힘을 못 썼다. 이들은 금서목록에서 해제된 마르크스·레닌주의를 바탕에 깔면서 민중의식을 전파했다. 상업주의 출판이면서도 스스로를 변혁운동이라고 자부했다. 해방 이후 보수 문단을 물갈이하는 데 성공한 문학은 이웃 동네(영화, 미술)에도 영향을 줬다. 영화의 경우 6월 대항쟁 시절 〈구로 아리랑〉〈아름다운 청년 전태일〉을 앞세워 검열철폐 운동을 시작했으며, 오윤, 박불똥, 홍성담, 신학철 등의 민중미술도 탄력을 받았다.

민중미술은 1979년 '현실과 발언전' 결성 이후 현실사회를 리얼리즘 미술로써 창작하는 것을 목표로 한 동인그룹 임술년의 창립을 통해 걸개그림과 판화운동 등으로 저변을 넓혔다. 체제비판적인 성향이 아니면 지식인 축에도 끼지 못하는 시대가 된 것이다. 민중운동, 변혁운동은 대유행이었다.

저변이 넓어지면서 '아침이슬' '상록수' '그날' '공장의 불꽃' 등 1970년대 김민기를 중심으로 만들어진 운동성 경향의 노래는 운동가요 장르를 낳았다. 이 공을 마지막으로 받았던 것이 다름 아닌 학계다. 그들은 역사학, 철학, 사회학, 경

▶ 분노의 민중 미술을 대표했던 판화 작가 오윤과 그의 작품.

제학을 중심으로 학술운동을 벌이며 반 박정희의 체제 변혁을 측면 지원했다.

1970년대 후반 이후 나왔던 역사학자 강만길의 『한국현대사』나 한길사의 『해방 전후사의 인식』 시리즈야말로 그들의 목소리를 대변한다. 또 친일파 인명사전을 만드는 민족문제연구소 설립도 세 불리기에 결정적이었다. 그런 민중문화운동은 더 이상 문화 흐름의 하나가 아니라 교과서에도 나오는 지식으로 옷을 갈아입었다. 그 사례가 좌편향 시비가 끊이지 않는 중고교 역사 교과서다. 대한민국은 정통성이 결여됐고, 분단을 초래한 책임이 있다고 서술하는 식이다.

결정적인 것은 교과서가 드러내는 반 박정희의 정서인데, 문제가 됐던 어느 출판사 교과서의 경우 박정희는 헌법 위에 존재했던 대통령으로 못 박는다. 시장경제 그리고 산업화와 경제개발에 대한 부정적 평가 속에 북한의 천리마운동을 치켜세우는 반면, 새마을운동은 "박정희 정부가 대중적인 지지를 기반으로 장기집권을 정당화하기 위한 수단이었다는 평가를 받고 있다"는 식이다. 앞 세대가 이뤘던 성취를 부정하고 내리깎는 인식이 역사교육이라는 이름 아래 통용되고 있는 것이다. 지나친 근대화, 산업화 때문에 민주화의 가치가 훼손됐고, 인간의 얼굴을 한 근대가 불가능했다는 인식이다.

시인 김수영의 유명한 말대로 문화는 본디 불온한 것이라서 비판적 상상력을 기본으로 한다. 문제는 그게 도를 넘어 문화 공룡으로 진화했다는 것이다. 30퍼센트의 지분만을 가져도 되는데 이미 70퍼센트 이상의 지분을 행세하고 있다. 이런 구조를 키웠던 박정희의 대응도 문제가 없지 않다. 박정희 체제의 비밀은 성공의 길을 걷는 그 순간부터 내부에서 배신의 싹을 키우는 구조다. 중산층이 자리 잡고 먹고사는 문제가 해결되는 시점부터 다른 차원을 꿈꾸게 되는 것이다.

이들이 민주화, 인권 등 보편적인 서구 가치와 보다 세련된 문화를 원했고, 그 새로운 틀에서 박정희를 공격했다. 박정희가 집권 기간 내내 내세웠던 문화란 전통문화의 복원, 민족사관 정립과 퇴폐사조 일소 등의 가치였는데, 이는 오래전 어용 내지 관제官製 문화로 찍혀 외면 받았다.

어쨌거나 1960~1970년대까지 진행된 다음 막을 내렸어야 할 '박정희 대對 반박정희'의 문화구도는 이후 더욱 견고해졌다. 문화란 살아 있는 생태계라서 옛것을 버리고 다시 성장해야 하는데, 민중문화 헤게모니 30년 문제는 문화사의 큰 흐름으로 자리 잡았다.

20세기 한복판에서 부자나라 반열에 오른 한국의 사례야말로 신데렐라 스토리다. 우리가 만들어낸 기적의 성장에 자부심을 가져도 좋다. 하지만 완벽한 모더니티의 구현, 폭력, 불평등 등의 무리수가 전혀 없는 유리알 같은 사회, 그런 게 어디 존재하기는 할까? "왜 우리는 그렇지 못했나?"를 따져 물으며 전 시대를 공격하는 것은 성숙한 태도가 못된다. 어쨌거나 박정희, 그와의 싸움은 지금도 현재진행형이다.

학계 검투사들, 반 박정희 칼 뽑다

학계를 진보-보수 양쪽으로 구분하는 관행이 자리 잡은 것은 실은 얼마 되지 않았다. 2000년대 초반 이후의 일인데, 진보 쪽 학자들은 공통적으로 박정희를 비판한다. 한국사회에는 전 시대의 부정적 유산이 남아 있는데, 이 불합리와 사회혼란은 모두 박정희 때문이라고 그들은 입을 모은다.

민중문화운동의 영향 아래 형성된 1980년대 학술운동의 여파인데, 이들이 수적으로나 영향력으로나 대세인 양 보인다. 젊은 층에 대해 어필하는 힘도 비교할 수 없이 크다. 그 한켠에 나라 만들기의 첫 삽을 떴던 할아버지, 아버지 세대를 따뜻한 시선으로 바라봐야 한다는 소수의견이 보수 학계로 자리 잡고 있다. 진보-보수 구도를 가르는 기준점은 박정희에 대한 호불호다.

진보 쪽 목소리를 대변하는 역사학자가 성공회대 교수인 한홍구다. 그는 꽤 팔린 대중교양서 『대한민국사』를 포함해 『특강: 한홍구의 한국 현대사 이야기』를 통해 현대사의 주요 쟁점에 거의 융단폭격하는데, 박정희와 전 시대에 대한 비판으로 시종한다. 그가 역사를 보는 흑백논리(선악사관)는 도처에서 역사 허무주의를 낳고 있지만, 혈기방장한 탓인지 브레이크를 잡지 못한다.

"학생들과 시민들이 흘린 피의 수혜자가 된 민주당 정권은 혁명의 계승자이기보다는 이승만 정권 수립 당시의 권력 배분에서 배제된, 어떤 의미에서는 더 보수적인 집단이었다. 그래도 제2공화국 시절에 존재했던 개혁의 열망과 가능성은 5·16 군사반란으로 짓밟혀버렸다."

강한 톤으로 고정관념을 재확인할 뿐 신통한 학문적 성찰이나 내용은 없다. 그가 볼 때 시민혁명의 결여 때문에 대한민국은 지금 "시민 없는 시민사회"가 특징인데 그래서 서구와 같은 개인주의가 발전할 토양도 없어졌다. 이런 풍토에서 국가주의적 사고방식만이 횡행한다.

그의 개탄대로라면 "한 시대를 제대로 장송하지 못한 채 정신없이 새 시대로 들어가기 때문에" 우리는 역사의 진보가 없다. 책의 앞머리에 실린 이 글은 '단 한 번도 왕의 목을 치지 못한⋯⋯'이라는 제목인데, 그는 이글을 "독재 잔재만큼은 확실히 청산하고 나아가야 할 것이다"라는 대자보 아닌 대자보로 매듭짓는다. 친일파 청산에 대한 짙은 아쉬움을 남기거나, 병영국가를 조성하는 징병제를 없애고 모병제로 바꾸자는 제안도 담는데, 그에게 대한민국은 볼썽사나운 미완의 국가다.

책임 있는 학자의 진지함이 실종된 그에 비해 상대적으로 균형 잡힌 사람이 같은 대학의 사회학자 조희연이다. 1980년대 학술운동 당시 젊은 연배였으니 지금은 손호철, 김동춘 등과 함께 좌파 학계에 대표성을 갖고 있는 그는 『박정희와 개발독재시대』라는 책을 썼다. 대학 시절 유신을 경험했던 조희연은 유연해 보인다. 때문에 그가 볼 때 여러 얼굴을 가진 박정희는 미국에 의존적이었지만 민족주의적 태도를 가지고 있다. 그의 시대 역시 다면적이다. 때문에 박정희의 남로당 전력에는 기꺼이 '기소유예' 처분을 내린다. "당시 전반적인 좌익 분위기에는 민족주의, 진보주의의 요소가 강력했고, 박정희 역시 그때는 진보적 지향을 가졌다"고 보기 때문이다.

5·16혁명의 배경에도 민족주의적 성향이 있었고, 초기 경제계획에 진보 경제학자 박희범도 참여했다는 점도 확인해준다. 그가 일으켰던 쿠데타는 노골적인 정권 욕심의 결과는 아니다. "당시 한국사회에는 군부와 학생집단을 제외하고는 근대적 합리성을 갖추고 있는 집단이 상대적으로 거의 없었다"는 것이다. 하지만 숙군수사에 협조해 살아남은 것은 박정희의 기회주의적인 모습이며, 이후 쿠데타 세력은 한국현대사에 정치군인의 나쁜 전통을 남겼다.

　조희연은 박정희 체제를 놓고 "나름대로 잘 짜여진 모델" "개발을 성공적으로 추진한 모델"이라고 평가한다. 진보학자로서는 이례적이지만, 박정희 시대의 경제적 성공은 폭력적·권위주의적 방식을 동반했기 때문에 지금 박정희를 부활시킬 수는 없고 민주주의와 복지에 의해 재구성된 정치모델이 필요하다는 제안도 내놓는다.

박정희 비판 선봉에 선 러시아 출신 박노자

　하지만 현재 반 박정희 정서를 가장 강력하게 유포하는 주인공은 한홍구도 조희연도 아니다. 2008년 말 『자유를 향한 20세기: 한국 정치사』를 썼던 원로 정치학자 한배호 역시 아니다. 러시아에서 귀화했던 한국학 연구자 박노자가 맨 앞줄에 서 있다. 1991년 고려대 유학을 거쳐 모스크바국립대학에서 학위를 딴 그는 지금 노르웨이의 오슬로국립대학 교수로 있다. 그는 무엇보다 『당신들의 대한민국』 『좌우는 있어도 위아래는 없다』 등 시사적인 교양서로 젊은 독자층을 유지하고 있다. 역사학자 허동현과 함께 쓴 『우리 역사 최전선』도 꾸준히 읽히고 있다.

　훌륭한 우리말 문장을 구사하는 그는 몇몇 일간지에 칼럼을 쓰기도 하는데,

한국 출판계 데뷔 초부터 비판적인 성향이었다. 높은 휴머니즘이라는 기준과 "인간의 얼굴을 한 근대"에 대한 옹호를 깔고 있었기 때문에 호소력이 없지 않았다. 귀화 외국인이라는 제3의 시선도 높은 점수를 땄던 요인이다. 문제는 현실과 유리된 논리 비약이 많아지면서 자해와 패배주의의 역사학을 부채질한다는 점이다.

"자기가 남을 잡아먹고 싶으면서도, 남에게 잡아먹히기를 겁내며 다들 깊은 의심의 눈으로 서로서로를 쳐다보면서……."

중국 소설가 루쉰이 했던 이 말이야말로 대한민국의 초상화로 딱 어울린다는 것, 현재 한국은 "자본주의 지옥"이라는 지적이 그런 사례다. 집단주의, 기회주의와 함께 일그러진 장유유서, 남존여비로 똘똘 뭉친 봉건적 유습도 안타깝다. 한국사회는 자본주의, 국가, 폭력의 삼위일체로 돌아간다. 대학생들은 그런 한국 사회를 비판하지만, 막상 국가폭력인 군대 문제에는 입을 닫는다는 게 박노자의 비판이다.

그런 모든 배경에는 개발독재가 똬리 틀고 있고, 박정희가 자리 잡고 있다. 박정희 개발시대 비판은 메이지 일본의 아류라는 비판으로 치닫는다. 이 과정에서 우리 근현대사의 아픔과 피치 못했던 곡절은 건너뛴다. 디테일에 대한 배려도 없고 애정도 없다. 그런 시각의 하이라이트가 다음이다.

"박정희는 메이지시대의 계몽독재를 영남 출신 군인의 개발독재로 개작改作하고, 메이지의 어용 재벌 못지않은 재벌을 키워내는가 하면, 북한 문제를 이용하여 일제에 버금가는 전사회의 군사화를 이루고, 한국전쟁 특수로 치부한 50년대의 일본에 질세라 베트남 전쟁을 틈타 건설과 정책적 대미 수출의 '땡'도 잡았다."

너무 앞질러 나간 그의 목소리는 1970년대 이후 진지를 구축한 민중문화운동이 내세우는 현대사 비판의 집약이다. 가깝다면 좌파 논리의 양대 축인 민족해방

(NL), 민중민주(PD) 중에서도 PD의 논리다. 그 점은 산업고도화에 성공한 중화학공업을 비판하는 데서 엿보인다.

"군·관·재계의 극소수 파쇼적 지배층이 전 국민을 반공과 공안으로 묶어 민족의 전 역량을 '국방을 위한 공업'으로 전환시킨 것은 어떤 의미에서 일제의 축소판에 불과했다."

박노자를 이해 못할 것도 아니다. 그는 소련의 붕괴 직후 러시아가 보였던 사회 아노미 현상과 부패 관료층에 질겁했다. 20대 초반 나이였다. 상처 받은 채 유학 왔던 서울에서 또 한 번 환멸을 경험해야 했다. 러시아에서 명예박사 학위를 받으러 이리저리 뛰던 학계의 원로 교수와 총장들의 저열한 모습도 실망스러웠다.

러시아 미녀들과의 술자리를 다음날 화제로 삼는 '사장님' '교수님'들과 그런 사회 풍조에 대한 개탄은 민중문화운동 쪽 학자들의 논리와 결합됐다. 박노자도 1970년대 이후 초강세인 민중문화운동, 그것이 현대사 등 역사학 분야에 정착한 학술운동의 영향으로부터 자유롭지 못하다는 증거다. 사실 역사를 선과 악의 대립으로 보는 민중사학은 이미 현실의 힘으로 등장했다. 몇 해 전 위력을 발휘했던 '일제하 친일 반민족 행위 진상 규명에 관한 특별법'이 그것 아니던가.

역사가 과연 자유, 민주, 민중의 실험실일까?

당시 이 법의 제정을 촉구했던 원로 역사학자 이만열은 "해방 후 한국사회의 원죄와 같은 존재이자 일제 식민잔재의 핵심 요소인 친일파에 대한 역사적 청산 없이 낡고 병든 과거와 단절하는 것은 불가능하다"고 말했다. 원로 학자 강만길도 동조했던 논리이니, 국내 학계는 표면적으로 진보 일색이다. 그런 종교적 선악사관에 대한 늦었지만, 설득력 있는 지적은 서울대 교수 이영훈으로부터 나왔다.

그건 소모적 열정이자 정치행위에 불과하다. 그가 볼 때 지난 세월은 학문이 외부 힘에 의해 휘둘려 정상적인 발전이 어려웠다. 현대사를 비판적으로 보는 시선이 압축된 대표적인 것이 1970년대 말~1980년대 초에 나온 『해방전후사의 인식』시리즈인데, 이 책에는 "(광복과 함께) 암흑의 세력이 물러가고 광명의 시대가 열렸으나 불행하게도 또 다른 암흑(친일파 정권과 미군정)이 찾아왔다는 식"의 생각이 깔려 있다. 이영훈의 지적은 날카롭다.

"이 입장에 가담한 논객들은 다음과 같은 시각을 공유했다. 첫째 한국사회는 미국제국주의 지배하의 식민지다. 둘째 남한에서 자본주의가 발달했다고 하나 민족분열이 고정화되고 자립적 민족경제의 기본이 파괴됐다. 셋째 이러한 남한 사회의 변혁을 위해서는 민주기지인 북한으로부터의 변혁역량을 적절히 고려할 필요가 있으며, 남한에서의 변혁운동은 노동계급의 헤게모니가 관철되는 인민민주주의 혁명이다……."(『해방전후사의 재인식』에서)

역사란 것이 과연 그러한 것일까? 역사가 자유와 민주 그리고 민중이라는 것만을 증류해내는 과학 실험실일까? 인간 본성인 이기심과 욕망 그리고 자유가 뒤엉켜 돌아가는 소용돌이가 현실 속의 역사가 아닐까를 그는 묻는다. 분단과 전쟁 당시 아무도 한국이 세계시장에서 10대 교역국가로 발돋움하고 북한이 기아의 수용소로 굴러 떨어질 것을 예측하지 못했다.

"더할 수 없는 북한의 비극은 그곳에서 민족과 혁명의 이중주가 울려 퍼지는 가운데 인간 정신의 자유가 철저히 말살되었기 때문이다. 반면 남한의 민주주의와 시장경제는 온갖 잡동사니 문명요소들이 뒤엉켜 출발이 심히 불안정했지만 인간 본성인 자유와 이기심이 한껏 고양되는 가운데, 한반도에서 역사가 시작된 이래 최대의 물질적, 정신적 성과를 축적했다. 이 대조적인 현대사를 역사의 신클리오는 처음부터 알고 있었다."

지금 좌파로 통칭되는 사람들도 6070시대가 올린 성취를 모르지는 않는다. 질풍노도의 그 시대가 좀더 인간적이었으면, 좀더 '다 함께 잘 살기'의 동참 과정이었으면 하는 소망을 깔고 있을 것이다. 단 안타깝게도 그들은 너무 멀리 나갔다. 그 결과 분노와 독기를 품었고, 앞 시대를 이끈 박정희를 포함한 개발시대의 아버지들과 화해하는 데 실패했다.

진보-보수라는 구분은 실은 고정적인 게 아니다. 한 번 진보라고 영원한 진보일 수 없다. 사회가 변하면 학문 틀도 변한다. 한국사회에 대한 자신의 비판적 학문이 잘못이었음을 인정하는 이들도 적지 않은데, 그 하나가 서울대 명예교수인 경제학자 안병직이다. 그는 1980년대 전반까지 식민지 반봉건사회론을 주장했던 학자다. 한국경제는 아무리 해보니 식민지적 성격을 벗어날 수 없고 절반쯤은 봉건적 사회에 머물 수밖에 없다는 시선이었다.

1980년대 중반 이후에야 한국경제의 변화된 현실이 들어왔다. 이때 대한민국의 성장과 발전을 긍정하게 됐다. 서울대 민주화를 위한 교수협의회 초대 회장을 맡았던 그는 요즘은 민중운동사에 빠져든 국사학계는 균형을 잃었다고 거침없이 비판한다. 왜 선진국을 따라잡는 데 성공한 6070시대의 캐치업(catch-up) 과정을 인정 못하느냐는 지적이다. 이런 시선은 국사학자 이태진, 서울대 교수 박효종 등이 두루 인정하지만 아직은 소수 의견이다. 민중문화운동의 힘이 그만큼 강력하다는 증거다.

이영훈 등이 참여했던 책 『해방전후사의 재인식』의 머리말을 쓴 사람은 역사학자인 서울대 교수 박지향이다. 여성이어서일까? 그의 글은 부드럽다. 그리고 가슴에 다가온다. 즉 나라 만들기에 첫 삽을 뜬 세대들을 따듯하게 이해하게 싶고, 인간 삶의 여러 가지 얼굴에서 애틋함을 느낀다고 그녀는 진솔하게 털어놓았다. 선배들의 열망과 마음이 가슴에 와 닿는다고도 했는데, 지금 절실하게 필요한 것은 그런 치유의 접근이 아닐까?

테마 6070

이시형, 김동길, 손학규, 김문수의 박정희 재발견

"여러분, 혹시 배 고파보신 적이 있었나요?"

"(방청객들) 예."

"에이, 있기는 뭐가 있어요. 혹시 수술했었나 보지요?" (웃음)

"어릴 적 제 집에서는 사흘 동안 굴뚝에 연기를 못 올리던 때가 있었습니다. 저녁에 할아버지는 기운이 없어서 기침소리조차 낼 수 없었습니다. 다음날 가장이 냉수 한 그릇 마시고 대문 나가는 것을 식구들이 우두커니 바라보던 것을 상상이나 할 수 있겠습니까? 그때는 누구나 그랬습니다. 그렇게 배고파본 이들에게는 '잘 살아보자'는 제안만큼 강력한 게 없었습니다."

2009년 3월 정신과의사 이시형이 TV 앞에서 한 발언이다. KBS 1TV 〈이시형의 대한민국 건강 제안〉에서 그는 절반의 시간을 6070시대 한강의 기적 스토리에 쏟았다. 가족 이야기도 꺼냈다. 1964년 서독 광부 파견 때 자기 친동생도 그 대열에 지원했다는 것이다. 그러면서 왜 박정희가 서독을 방문했고, 어떻게 눈물로 차관을 얻어냈는지도 강조했다.

그의 마지막 멘트도 "제2 한강의 기적을 꿈꾸며 강연을 마칩니다"였다. 왕년의 베스트셀러 『배짱으로 삽시다』의 저자로 사회에 활력과 기를 불어넣어 주던 그가 박정희에 대한 옹호를 펼친 것은 우연일까? 아니다. 실은 그의 독자적인 배짱 철학 때문에 박정희 재발견이 가능했다. 그가 말하는 배짱이란 헛된 용기가 아니다. 무엇보다

▶ 박정희 논쟁에 뛰어든 다양한 지식인들. 왼쪽부터 이시형, 김동길, 손학규, 김문수.

명분이나 체면치레 따위로부터 자유로울 수 있는 탄력적인 태도가 바로 배짱이며, 그것이야말로 산업화 시대의 필수다. 또 어차피 거쳐야 할 산업화를 빠르고 효율적으로 이룩한 지도자가 박정희라면 그를 존경하는 것은 당연한 일이다. 평소에도 그는 이렇게 말해왔다.

"우리는 지나치게 명분에 얽매여 있습니다. 그래서 실리파를 몰아붙이지만, 이론으로는 명분이 항상 좋겠지요. 문제는 균형감각입니다. 배짱이란 현명하게 실리를 선택할 수 있는 진정한 용기를 말합니다."

이시형의 박정희 옹호가 설득력이 있는 것은 그가 사회과학을 전공한 학자가 아니기 때문이다. 맞다. 박정희에 대한 생각은 관련 학자나 논객들의 전유물이 아니다. 그 시대를 살았던 이들의 정직한 증언도 귀담아 봐야 하는데, 그 사례가 연세대 명예교수 김동길이다. 그는 2009년 초 박정희대통령기념사업회 주최 강연회에 출연했다. 연사로 참석해 "지금은 박 전 대통령 같은 리더십이 필요한 시기"라고 말하기도 했다.

그 자리는 김동길이나 기념사업회 모두 어색한 자리였다. 그는 민주화 노선에 섰던 대표적 인물이기 때문이다. 하지만 그날 강연에서 그는 "내가 유신체제를 비판한 것은 대한민국의 기반이 그만큼 튼튼했기 때문에 마음 놓고 흔들어댈 수 있었던 것"

이라고 밝혔다. 이런 발언은 일회성이 아니며 느닷없는 개종도 아니다. 2004년 기독교 모임에서도 박정희야말로 빈민굴에서 우리를 구해줬다면서 개발독재도 시대적 소임을 일정하게 해낸 성과라고 공감했다. 김동길처럼 박정희 재발견에 나선 사람의 하나가 경기도지사 김문수다.

"나는 박정희 대통령이 서거했을 때, 만세를 가장 많이 불렀던 사람이지만 역사가 박 대통령의 말이 맞았다는 것을 입증하고 있다."

그런 말을 그는 단골로 하고 다닌다. 2007년 이화여대 특강에서도 정운찬, 박현채 등 경제학 교수들은 죄다 틀렸고 박정희의 말이 옳았다는 말도 했다. 당시에 고속도로, 자동차산업, 중공업을 하지 않았다면 지금 무엇을 먹고 살았을지가 궁금하다고 말했다. 대학생 시절의 객기와 오만으로부터 비로소 벗어난 것이다. 하지만 박정희 재발견의 선두는 전 경기도지사 손학규다. 대학 때부터 민주화 운동에 뛰어들었고, 운동권 위장취업의 원조였던 그는 1980년 서울의 봄 이후 결행했던 해외 유학에서 새로운 안목을 갖게 됐다.

"거기서 충격 받았다. 국제사회에서 한국의 발전모델이 화제였다. 수교하기 전이던 중국의 유학생조차 '한국이 자신들의 모델'이라고 했다. 차츰 세상을 넓게 보는 시각을 갖게 되었다"고 말했다. 그런 그는 중도파이다. 산업화 세력의 업적도 평가하지만, 민주화 세력이 없었다면 오늘날 민주주의가 가능했겠는가라는 판단을 갖고 있다.

왜 적지 않은 사회지도층 인사들이 보다 유연한 시각으로 개종 아닌 개종을 하는 것일까? 정보가 부족할뿐더러 세상을 몰랐던 책상물림으로 체제 비판에 열중하다가 막상 자신의 삶을 책임지고 공직 등 사회생활을 하다 보니 균형 잡힌 안목이 생긴 것은 아닐까? 더없이 숨 가빴던 6070시대의 무한질주 끝에 이제는 총체적인 시선으로 그 시대를 돌아볼 수 있는 것은 아닐까? 박정희 사후 30년, 무언가 새로운 변화가 만들어지고 있다는 징후다.

제3의 목소리, 경제학자 장하준

"아프리카 모잠비크의 수도 마푸토에 있는 전자업체 '트레스 에스트렐라스'는 수소연료 전지의 세계 첫 개발에 성공했다고 최근 밝혔다. 차세대 자동차 동력원인 수소연료 전지는 2063년 양산체제에 들어가며, 이로써 이 회사가 세계 초일류 기업에 도전하는 길이 열렸다."

반세기 뒤를 무대로 한 가상 경제뉴스 한 토막이다. 뉴스의 제목은 '모잠비크 세계 초일류에 도전하다'이고, 게재될 매체는 2061년 6월 28일자 영국 「이코노미스트」로 설정했다. 영국 케임브리지대의 경제학자 장하준이 쓴 『나쁜 사마리아인들』의 프롤로그는 그런 황당 스토리로 시작한다. 이어지는 기사의 뒷부분이 저자의 생각을 잘 담고 있다.

"세 개의 별이라는 뜻을 갖고 있는 '트레스 에스트렐라스'는 사업 초기 한국의 삼성전자 납품업체로 출발했다. 얼마 안 돼 바로 자리 잡은 이 기업은 다음 목표를 수소연료전지 개발로 잡았다. 회사 회장은 이날 회견에서 '모든 사람들이 우리를 보고 미쳤다고 했으나 끝까지 밀어붙였다'고 말했다. 트레스 에스트렐라스의 성공은 모잠비크의 기적을 보여준다. 16년 내전이 끝난 지난 1995년 1인당 국민소득이 82달러였던, 세계에서 가장 가난한 나라였다. 이 회사가 어두운 그늘에서 수직상승, 나무 꼭대기에 오른다면, 이런 도전은 나이지리아 어느 구석의 연료전지 회사라도 가능하지 않을까?"

경제학 책이 왜 이런 엉뚱한 스토리로 시작할까. 이유가 있다. 저자 장하준은 가상기업 트레스 에스트렐라스라는 이름을 한국의 삼성전자를 염두에 두고 패러디해서 만들었다. 그 기업의 모국인 모잠비크의 기적 스토리를 일부러 만들어낸 것은 6070시대 한강의 기적을 낳은 한국을 염두에 둔 것이다. 한반도 모더니즘 혁명이 얼마나 이례적이고 특별했었나를 보여주려는 전략이다. 장하준 스스로 그걸 묻는다.

"만일 당신이 거의 반세기 전인 1961년 '앞으로 40년 뒤 못 사는 나라 한국이 세계 최대의 휴대폰 수출국가가 될 것이다'는 말을 들었다면 그때 곧이들으려 했을까?"

사실 박정희가 5·16 쿠데타를 일으키던 당시 서구의 사람들은 극동의 한국을 아프리카 나라 모잠비크 정도로 알고 있었다. 서운하지만 그게 엄연한 사실이다. 그리고 이 책은 미국에서 영어로 먼저 출판됐다. 자신의 독자적인 경제이론을 유럽권 독자에게 설명하기 위해 책을 썼다. 장하준 책에 등장하는 한국 스토리는 국내용이 아니고, 한국 사회에서 벌어지는 진부한 이념논쟁과도 전혀 상관없다.

눈여겨볼 점은 이 책이 분명 학술서인데도 앞부분에는 우리가 아는 6070시대 이야기나, 서울 변두리에서 방 두 개짜리 집에서 살던 어릴 적의 장하준 이야기 등 매우 사적인 스토리

▶ 박정희를 보는 시야를 열어준 경제학자 장하준.

까지 출동한다는 것이다. 요즘 학술서의 트렌드가 그러하지만, 그건 설득력을 높이기 위한 그만의 장치인데, 장하준의 설명에 따르면 아버지는 공무원이었다.

상대적으로 잘 사는 편에 속했지만 1960년대 당시 그의 집에는 수세식 변기가 없었다. 다만 흑백 TV를 갖고 있었는데, 그것도 아버지가 하버드대 유학 당시 받았던 장학금을 모아 사들인 귀중품이었다. 사람들이 중요한 스포츠 경기 때만 되면 우, 하고 집에 몰려들었다. 어느 날 당시 전라도 광주에 살던 사촌이 그의 집에 놀러왔는데, 조심스러운 표정으로 물어왔다. 저기 저쪽의 하얀색 장롱은 무엇이냐고? 그는 냉장고를 처음으로 본 것이다. 얼마전까지 우리 모두는 그렇게 살았다.

세월이 흘러 2003년, 장하준은 귀한 손님을 서울에 모시고 왔다. 노벨경제학상 수상자인 저명한 조지프 스티글리츠 교수가 그인데, 그를 모시고 국립민속박물관을 구경시켜드렸다. 마침 1950년대 후반~1960년대 초반 서울 중산층 동네 사람들의 생활상을 보여주는 흑백사진전이 열리던 참이었다. 그런데 뒤쪽에서 전시회를 보던 20대 한국인 여자 두 명이 자기들끼리 연신 수군댔다.

"어머, 이게 정말 우리 한국이란 말이야? 꼭 베트남 같아!"

그렇다면 '베트남에서 한국으로의 변화'는 어떻게 이루어졌을까? 소년 장하준의 회고에 따르면, 자신은 어릴 적 양담배를 피우는 사람을 보면 신고하는 것이 애국자로서의 의무라고 배웠다. 이런 '반역행위'를 진짜 신고하지는 않았지만 친구 집에 갔다가 양담배가 눈에 띄면 자기들끼리 입방아를 찧곤 했다. 지독하게 국산품 애용을 교육시켰던 한국은 수출로 벌어들인 달러로 기계를 비롯해 산업 원자재를 구입했다.

"부자나라 되려면 한국을 따라 하라"

수입금지 조치와 높은 관세 그리고 사치품에 대한 특소세 부과 등의 방식을 통해 외화낭비를 억제했다. 수입금지 품목에는 자동차에서 가전제품, 위스키, 과자류가 포함됐고, 그렇게 허리를 졸라맨 결과 성공했다. 모두 정부가 앞장섰다. 장하준이 한국 사례를 자기 개인사와 함께 소개하는 이유는 18세기 산업혁명 이래로 국가의 적극적인 개입 없이 성장했던 나라는 없음을 강조하기 위한 것이다.

부자나라, 초일류 기업이 되려면 간단하다. 꼭 한국처럼만 하라는 것이다. 뒷마당에 심어진 뽕나무나 올리브나무만 기르거나 봉제품을 만지작거리지 말고, 초일류에 도전하는 '미친 짓'을 벌여야 한다. 이때 국가가 총대를 메야 한다.

지도자의 역할이 중요하다는 것은 두말할 필요도 없다. 지금도 주류 경제학 교과서들은 비교우위이론을 들먹거리면서 "네가 할 수 있는 것만을 하라. 미친 짓은 제발 하지 말라"고 하지만 그걸 귀 담아 들으면 독약을 마시는 결과다. 실은 그건 경제학 내부의 문제다. 그의 이론이 맞을 수도 있고 틀릴 수도 있다. 다만 신고전학파 경제학에 대한 대안을 제시한 학자에게 주는 상(뮈르달 상)과 경제학의 지평을 넓힌 사람에게 주는 상(레옹티에프 상)을 거푸 수상했던 장하준의 말이니, 근거 없는 싱거운 소리는 아닐 것이다.

중요한 것은 2005년 그가 국내에 등장했을 때 한국사회에 던진 충격이다. 진보냐 보수냐의 구분을 떠난 그의 목소리는 국내 학계에 혁신적이었다. 정치적 이해 속에서만 따지던 박정희에 대한 논의가 확 달라졌다. 그의 책 『쾌도난마 한국경제』가 등장한 직후다. 그는 한국경제 성장을 둘러싼 담론이 이데올로기 싸움으로 치닫는 경우가 많다며 이렇게 허심탄회하게 밝힌다.

"경제발전을 이루기 위해 꼭 박정희처럼 유신 독재를 감행해야 했는가 하는 것을 논쟁할 수 있겠지요. 그러나 경제발전이 좋으냐, 나쁘냐는 논쟁이 필요한 문제는 아닙니다. 지금은 경제발전이 이뤄낸 성과를 우리 모두 공유하고 있기 때문에 당연하게 여기는 경향이 있지만, 한번 생각해보십시오. 경제발전이란 것은 단순히 잘 먹고 좋은 옷 입게 되는 것만은 아닙니다. 병을 앓지 않고 어린 자식을 잃지 않도록 삶의 질을 높이는 것이 경제발전입니다. 멀리 갈 필요가 없습니다. 우리 부모 세대만 해도 한 집안에서 자식 한 둘은 어릴 때 질병 등으로 말미암아 잃곤 하는 일이 흔하지 않았나요?"

장하준은 말한다. 간단하다. "박정희처럼 하지 않았어도 우리는 경제개발에 성공할 수 있었다는 말을 자주 하지만 그건 참 곤란한" 노릇이다. 그가 단언하는 것은 1950년대 이승만 식 경제 시스템을 계속했더라면 삼성이나 현대 같은 기업은 없었다는 것이다. 기껏 다국적 기업의 아시아 지사나 몇 개 있을 것이다.

그가 하는 박정희 평가는 찬양이 아니다. 박정희가 광야에서 헤매던 우리 민족을 이끌고 민족중흥을 이뤘다는 얘기는 적극 경계해야 한다는 게 그의 생각이다. 다만 박정희의 리더십 자체를 부정하는 것은 엉터리 논리에 불과하다. 큰 회사에 좋은 경영자가 왜 필요하냐는 식의, 완전히 잘못된 논리다. 그건 규칙만 잘 만들어놓으면 허수아비를 앉혀놓아도 회사와 국가가 씽씽 잘 돌아간다는 식의 허술한 논리가 아닐까?

"저임금, 착취 없이 산업화가 가능했을까?"

"박정희가 경제발전에 성공한 요소 중 가장 중요한 두 가지는 다음과 같습니다. 첫째 박정희는 시장을 맹목적으로 따르지는 않았지만, 그렇다고 시장을 완전히 부정하지도 않았습니다. 북한의 경우 문을 꽁꽁 걸어 잠그고 우리 식으로 살자는 것이었어요. 한마디로 쉽고 저렴하게 들여올 수 있는 기술까지 부정했던 것입니다. 그러나 박정희는 시장을 철저히 이용했던 거죠. 둘째 박정희는 자본가를 통제했습니다. ……그 배짱 좋은 정주영 회장도 못하겠다고 버티는 것을 박정희가 윽박질러서 만들게 한 것이 현대조선 아닙니까?"

산업화 성공이 노동자, 농민의 수탈로 가능했다는 식, 민중문화운동 식의 통념에도 장하준은 직격탄을 날린다. 6070년대 당시 한국의 실질임금 상승률은 세계 최고 수준이었다는 것이다. 그리고 역사적으로 노동자, 농민을 억압하지 않고 경제를 발전시키는 데 성공한 나라는 없었다는 냉정한 진실도 들려준다.

"세계적으로 봐도 지난 30~40년 동안 한국인들의 노동 시간은 세계에서 가장 길었죠. 하지만 임금도 많이 올랐다는 데서 그나마 위안을 얻을 수 있다고 생각합니다. 그렇지 않은 나라도 너무나 많거든요. 지금 선진국이라고 불리는 미국과 영국은 마치 고상하게 산업화 과정을 거쳤을 것 같지만, 그 나라들도 한때 우리보다도 더한 착취와 저임금의 시기를 거쳤습니다. 안타까운 일이지만 이런 과정을 거치지 않은 산업화라는 것이 정말 가능한지 곰곰이 따져볼 필요도 있습니다."

문제는 지금이다. 장하준의 지적은 6070시대 바로 보기가 아니라, 2000년대 지금을 제대로 파악하자는 제안이다. 그가 볼 때 1997년 IMF 이후 한국경제는 박정희 시대보다 상황이 더 나빠지거나 체질 자체가 더 종속적으로 변했다. 박정희 반대로만 달려간 결과다. 박정희 식은 모두 뜯어고쳐야 하고, 그게 개혁이라고 믿어온 결과다. 장하준은 말한다. 그게 바로 지금 한국이 걸려서 헤매고 있는 '개혁이라는 덫'이다.

"1997년 이후 지속적으로 재벌개혁을 해왔습니다만, 솔직히 노동자들이 덕본 것이 뭐 있습니까? 일자리 불안해지고 비정규직 많아지고……. 결국 과거 체제의 문제점에 대한 진단이 잘못됐기 때문에 잘못된 처방이 나오고 있는 겁니다."

장하준이라는 존재는 귀중하다. 그는 이른바 진보도 아니고 보수도 아니다. 보수가 보면 진보로 보이고, 진보 쪽에서 보면 보수로 보인다. 즉 양쪽의 고정관념을 뒤흔들며 제3의 성찰을 이끌어낸다. 더구나 그에게 박정희는 핵심 주제가 아니다. 그렇기 때문에 그의 박정희 이야기는 신뢰할 수 있다.

하지만 『쾌도난마 한국경제』가 처음 출현할 당시는 진통을 겪어야 했는데, 그것이야말로 기형적인 한국만의 현상이었다. 경제학자로 했던 박정희에 대한 언급이 당시 통념에 어긋난다고 출판사 측이 판단했다. 저자에게 그 대목을 모두 삭제하자고 제안했다. 말도 안 되는 제안을 장하준이 받아들였을 리 없다. 멀쩡한 학문적 소신을 왜 굽히느냐고 물었다. 그런 우여곡절을 거쳐 나온 책 『쾌도난마 한국경제』가 한국사회에 영향을 줬음은 물론이다.

| 에필로그 |

박정희는 이제 치유와 화해의 이름이다

2005년 말 명지대 국제한국학연구소는 흥미로운 만남을 시도했다. 학술회의를 마련해 박정희 시대의 핵심 참모 몇 명을 초청했다. 구술사口述史, 즉 문헌에 없는 얘기를 얼굴을 맞대며 이끌어내자는 논의의 멍석을 깔아준 것인데, 당시 모습을 드러낸 사람이 언론학자 정진석이다.

1970년대 이후 기자협회와 관훈클럽에서 일하며 그 시대 언론 분위기를 가장 잘 아는 사람이었다. 외국어대 교수 생활까지 했으니, 현장과 학문을 오갔던 그는 뜻밖의 발언을 했다. 요즘 젊은 교수들이 "박정희 시대야말로 억압적인 언론정책을 통해 흑백논리로 논조를 유인했고, 편 가르기를 일삼았다"면서 비판을 하지만 그게 결코 전부가 아니라는 주장이다. 그 시절 신문 판매부수도 폭발적으로 늘었다. 대한민국 빅뱅은 언론산업에도 영향을 줬다. 전국 일간지 발행부수는 1970년 총 200만부였으나 10년 뒤에는 270퍼센트 늘어난 540만부를 기록했다. 하지만 권력·언론 유착으로 지금의 신문들이 성장했다는 것은 근거 없는 주장이다.

"그러면 왜 (정부 신문이라는) 서울신문은 1등이 안 됐는가? 경향신문은 신진자동차가 운영하다가 MBC하고 합쳤습니다. 그러면 경향신문도 1등이 되었어야 하는 것 아닙니까?"

물론 동아일보 광고 탄압 등 부당한 언론 통제가 있었고, 그게 유신 시절의 부정적 유산의 하나임을 그도 인정했다. 하지만 그날 정진석의 제안은 언론 분야를 떠나 박정희 시대의 전체를 어떻게 균형 있게 볼 것인가에 많은 암시를 준다.

"군사정부를 덮어놓고 '암울한 군사독재 시절'이라고 말합니다. 암울하게 살았던 사람도 있었지만 그렇지 않은 사람도 많았습니다. 내년이면 월급이 오를 것이라는 기대감을 지닐 수 있었고, 셋방에서 더 나은 집으로 옮길 수 있다는 희망을 안고 사는 사람들이 많았습니다. 그 결과 오늘날에도 여론조사를 하면 박정희에 대한 좋은 평가가 나오고 있는 것입니다."

실감 나는 지적대로 가까운 시대 즉 '온리 예스터데이'일수록 잘못 아는 정보

▶ 제8대 총선 지원 유세 현장의 박정희. 1971년 5월 18일.

가 많다. 목소리 큰 역사책, 쉰 목소리의 학자들 때문이다. 자기들 관점에 따라 역사를 재단한다. 정진석의 주장은 그런 목청 큰 목소리가 얼마나 허구인가를 보여준다. 역사학자 윤해동이 『식민지의 회색지대』에서 말한 대로 목청 큰 역사책이 말하고 있는 정형화된 기억과 다른 '작은 경험', 즉 개개인이 했던 경험이 더욱 진솔한 역사일 수 있다.

목청 큰 역사책, 사실을 모르는 사람들이 너무 쉽게 말하고 숨어서 돌팔매질에 열중한다. 그중 거칠고 쉰 목소리는 논객 진중권으로부터 나왔다. 그는 박정희 시대와 개발연대를 최악의 독재이자 파시즘의 정치였다고 비판하지만, 도를 넘었다. 결과적으로 지식사회를 황폐하게 만들었다. 오래전 선보인 『네 무덤에 침을 뱉으마』가 그것인데 다음 인용하는 글은 초판 표지를 장식한 문구다.

"죽은 박정희교의 노예가 되어버린 일그러진 우익들의 초상. 극우 파시즘의 망령에 사로잡힌 그들의 정신 상태를 예리한 철학적 분석과 통쾌한 풍자로 해부한다."

풍자와 비판에도 금도襟度가 있고 예절이 있다. 요설이 난무하는 그의 박정희 공격에는 차라리 눈을 감고 싶다. 엄밀한 논의마저 생략했기 때문에 프로파간다에 속한다. 이런 반 박정희 논리는 지난 30년을 넘게 유지돼온 한국 지식사회의 사막화 현상을 재촉했다. 학문의 이름으로 기왕의 고정관념과 편견을 증폭시켰는데, 우선 많은 정치학자들도 그랬다.

박정희에 '닫힌 태도', 변함없는 학문세계

정치학자들은 박정희 개인에 관한 한 닫힌 태도를 보인다. 이를테면 한국의 대표적인 정치학자인 길승흠, 진덕규, 손호철 등은 박정희의 경제개발이란 쿠데타를 일으켜서 정통성이 없었던 지도자의 콤플렉스 때문에 더욱 강력하게 추진됐다고 말한다. 이런 주장이 객관적 사실도 아니라는 것은 삼척동자가 안다.

쿠데타로 집권했던 나라가 20세기 들어 수십 개인데, 그렇다면 정통성 없는 지도자가 이끌었던 아르헨티나, 말레이시아, 브라질, 칠레, 파키스탄 등은 모두 콤플렉스 때문에라도 부자나라가 돼 있어야 한다. 현실이 과연 그렇던가? 반대가 아니던가? 정치학자 중 박정희 시대의 경제성장이 결국 민주주의 토양 마련에 기여했다는 역설을 적절히 말한 사람은 길승흠 등 몇 명에 불과하다.

『박정희와 김일성 연구』를 펴냈던 양성철의 경우, 초기에 이루어진 연구이긴 하지만, 박정희를 '전형적으로 권력에 굶주린 인간'의 관점에서 접근한다. 너무 거칠지 않을까? 왜 학자들은 이 정도에서 그칠까? 최소한 민족주의를 포함한 박정희의 정치사상이야말로 훌륭한 연구 테마일 텐데 편견 없는 연구 논문은 드물까?

'나는 모를세라' 하며 눈을 감는 사정은 장삼이사들의 고정관념과 다를 게 없다. 박정희의 민족주의를 제3세계에서 나타나는 민족주의로 보는 입장은 이정식이 거의 유일하다. 이정식은 미국에서 활동하는 학자이기 때문에 국내 학계의 눈치 보기 풍토로부터 자유롭다.

나머지 학자들의 경우는 "박정희는 본래 민족주의자였는데, 훗날 반 민족주의로 변질했다"고 주장하는 게 보통이다. 엉거주춤한 결론이다. 남이 볼 때 균형 잡힌 주장으로 보이도록 애써 포장한 것은 아닐까? 최소한 100명 중 한 명 정도는 "나는 그렇게 보지 않는다"고 말해야 하지 않을까? 처음부터 박정희에게 민족주의 같은 것은 없었다고 백안시하는 학자도 부지기수이다. 강만길, 박현채, 서중석 등이 그들인데, 여기에서 물어보자. 왜 이런 현상이 벌어질까?

첫째 한국정치학은 아직도 박정희란 인물은 평가가 엇갈리는 정치인이기 때문에 굳이 개입하는 것이 시기상조라고 본다. 둘째 한국 정치학은 지나치게 과학주의에 사로잡혀 있다. 그들 눈에는 바다 건너 서구의 사례만이 '매우 과학적으로' 보이고, 때문에 서구의 사례만을 줄기차게 언급한다. 셋째 국내 정치학은 무엇보다 민주정치와 독재정치라는 이분법에 경도되어 있어 독재자 박정희는 굳이 언급할 가치가 없다고 본다.

그게 정치학자 정윤재의 지적이지만, 털어놓고 말하면 그들은 몸을 사린다. 주변의 동료 학자들의 시선이 걸린다. 약간의 냉소주의에 저항의식을 가진 채 독재자 박정희를 비판해야 학자답다고 본다. 그런 구조가 하도 오래되니까 이제는 자기 확신으로 굳어졌다.

"아무렴, 이렇게 하는 것이 학문의 독립성 혹은 가치중립성을 유지하는 것이 아닐까?"

하지만 그것이 학자로서의 직무유기이자, '학문 관료주의'의 태도임을 저들 스스로 모르지 않는다. 정치학이 씨름해야 할 대상인 한국정치라는 바다에는 미처 닻을 내리지 못하는 자세, 그런 엉거주춤한 자세는 실사구시에서 한참이나 멀다. 이런 와중의 재야 그룹 백기완의 사자후는 신선했다. 학자들이 자기 틀에 갇혀 있을 때 보통 사람의 건강한 시선이 차라리 돋보이는 법이다.

"1972년 유신이 채택됐고 사람들은 유신독재라 불렀었다. 그 시대는 세계적으로 어떤 시절이었는가? 민주주의 역사가 300년 되었다는 영국도 자치구인 북아일랜드 사람에게 연방선거권을 주지 않았을 뿐 아니라 그들을 구속할 때 재판받을 권리조차 주지 않았다. 미국은 어떠했는가? 불과 30여 년 전만 해도 반민주적이고, 반인권적인 인종차별이 통용됐다는 것도 알 것이다. 대만에 가본 적 있었더냐. 그렇게 많이 허물었다 하는데도 곳곳에 장개석 동상이 서 있다. 유신을 대한민국의 나치정권처럼 떠드는 사람들이라면, 장개석이 수만 명의 대만인들을 학살한 대만의 2·28 사건은 알아야 한다. 힘이 없어 나라를 빼앗겼던 식민지 시절의 경험을 되풀이 하지 않고자 절치부심했던 박정희의 가슴을 한 번이라도 생각해 봤더냐?"

백기완은 유신 시절 재야그룹을 만들었던 중심인물이었다. "박정희는 우리 같은 사람(정치적 반대자) 3만 명만을 못살게 했지만 다른 정치인들은 국민 3,000만 명을 못살게 했다"는 그의 맺음말은 울림이 크다. 무엇보다 지식인의 허위의식에서 벗어나 있다. 우리는 왜 우리 현실을 우리 언어로 말하지 못할까? 왜 그걸 일반이론으로 당당하게 풀어내지 못할까?

춘원 이광수에 돌팔매질하는 사람들

남의 이론, 남의 현실에 코 박는 '대리전代理戰 학문'의 구조 말고 또 하나의 큰 장애물이 현대사를 보는 고질적인 선악사관이다. 역사를 선과 악의 대결장으로 상정하는데 특히 현대사가 그 전쟁터이다. 민족과 정의의 이름 아래 몇몇 배신자, 즉 친일파·모리배와 매판 기업가 등을 추려내는 데 여념 없다. 학계의 그런 태도는 공분公憤도 아닐뿐더러, 균형 잡힌 역사의식도 아니다. 역사가 어디 수학의 인수분해이던가?

그런 인식이 압축된 것이 전임 대통령 한 명의 발언이다. 그는 공식 연설에서 "우리 역사는 기회주의가 득세하고 정의가 패배했다"고 주장했다. 1970년대 책 『해방전후사의 인식』 등을 읽으며 "피가 거꾸로 돌았다"고도 했다. 정의로운 역사를 만들겠다는 의욕이었겠지만, 하나만 알고 둘은 몰랐다. 그런 인식에 밀려 오래전 희생된 사람이 작가 춘원 이광수다.

"이광수는 한국지성사의 뜨거운 감자다. 그는 이제 죽은 개처럼 불리고 있다. 누구든 그 이름만 들먹거리면 마치 X이라도 밟은 것처럼 화들짝 놀라고, 자기 이름이 그와 동렬로 열거되면 모욕당한 것처럼 분개한다."

▶ 한국 사회 특유의 흑백논리에 희생된 춘원 이광수.

춘원은 근대사의 아픔과 영광을 함께 상징하는 이름이다. 하지만 지금 그는 친일파라는 무덤에 넣어졌고, 사회적 익명 상태에 놓여 있다. 누가 그걸 시켰나? 현대사를 보는 선악사관, 즉 흑백논리가 시켰다. 그 풍토를 지적한 것은 국내 지식인이 아니다. 『이광수를 위한 변명』을 펴냈던 이중오 당시 뉴욕주립대학 교수였다. 그가 볼 때 춘원을 욕하는 한국사회란 거대한 위선자들의 나라이다.

이중오의 말대로 요즘 춘원을 진지하게 말하는 이는 거의 없다. 장편소설 『흙』 『무정』 『사랑』은 중고생 시절에 읽고 바로 졸업한다. 기껏 『민족개조론』을 썼던 친일파라며 매도한다. 이게 근대문학의 첫 장을 연 큰 작가에 대한 사회적 예우일까? 역시 옛 시대 선배들과 조상을 욕하는 우리 정신사의 내출혈 구조와 선악사관이 문제다. 선악사관은 왜 생겨났을까?

물론 해방 이후 반민특위 활동 등이 벽에 막히면서 친일파 청산이 만족스럽지 못했고, 때문에 건국의 정통성이 흐려진 데 대한 안타까움의 소산이다. 이해한다. 하지만 이들이 놓친 것은 사람 없고 자원 없던 광복 이후의 현실이다. 모든 먼지를 쓸어버린 백지 위에 큰 붓으로 건국이라는 새 그림을 시원시원하게 그렸더라면 얼마나 좋았을까? 하지만 그게 불가능했다.

사람들은 보통 제2차 세계대전 당시 독일 나치에 협력했던 부역자들을 단죄했던 프랑스의 사례를 상기시키고 있다. 하지만 프랑스가 점령당한 기간은 불과 4년여였고, 우리는 36년이었다. 한 사람이 태어나 성장하는 긴 세월이다. 이후 건국 과정은 참혹한 조건을 감내해야 했다.

때로는 원칙과 명분을 잠시 접더라도 일부 모리배와 친일파를 끌어안아야 했고, 따라서 건국이란 용광로일 수밖에 없었다. 모리배와 친일파 그리고 민족주의자가 포함돼 움직였던 거대한 용광로 말이다. 놀라운 점은 그런 아픔과 모순 속에서 대한민국이 솟아났다. 춘원 그리고 박정희를 포함한 근현대사의 큰 이름들은 이런 혼란 속에서 활동했고 때로는 흙탕물이 튀기도 했다. 하지만 흙탕물이 묻었다고 춘원이 아니고 박정희가 아닌 것은 아니다.

"우리가 알고 있는 춘원은 장 보드리야르의 표현을 빌리자면 허구적 메타포, 즉 가상일 뿐이다. 그게 망령처럼 한국의 지성들을 사로잡고 있지만 신문화 유입기에 춘원이 보여준 행적에서 인정할 것은 인정하고 비판할 것은 비판함으로써 공정한 대차대조표를 만들자. 인간의 삶에서 필연적으로 뒤섞일 수밖에 없는 돌멩이와 보석을 가려내 온당한 평가로 존재를 드러내자."

'왜 지금 다시 춘원인가?'를 물었던 의사 이중호는 이렇게 말하는데, 그건 박정희에게도 그대로 해당되는 말이 아닐까? 이제 시작이다. 우리는 지금 그 작업의 첫발을 내딛었을 뿐이다.

| 부 록 |

나는 왜 이 책을 썼나?
– 저자의 셀프 인터뷰

많은 이들이 말한다. 한국 사회에 인재는 많지만 그들을 인물로 키워내지 못한다고……. 맞는 말이다. 동시대인 중 왜 인재가 없고, 인물이 없을까? 걸출한 아티스트 백남준, 박생광, 한창기가 그러하고 기업가 정주영, 이병철도 마찬가지다. 도산 안창호, 남강 이승훈은 또 어떠한가. 그들이야말로 영웅들인데, 우리가 아는 것은 피카소나 레오나르도 다빈치 그리고 잭 웰치나 빌 게이츠 같은 외국 CEO가 전부다. 민망한 노릇이다.

눈먼 우리가 그들을 알아보지 못하고, 자리매김에 서툰 탓이다. "이게 내가 본 그 사람입니다"라며 소신 있게 제시 못하는 것이다. 사정이 그러하니 사회적 기억과 공감대 형성은 더욱 어렵다. 그 인물과 관련된 단편적인 에피소드 몇 개를 주변의 사람들끼리 나누다가는 이내 잊혀진다. 썰렁하다. 서두에서 밝혔듯이 이 책은 실물 크기의 박정희와, 6070시대 사람들의 따뜻한 감동을 나누려는 작업이다. 이상도 이하도 아니다. 정치적 이해가 있을 리 없고, 소모적인 논쟁을 거듭하자는 것도 아니다. 반복하지만 젊은 세대와의 공감을 염두에 두고 오해와 불신 속에 버려져왔던 그의 삶과 시대를 재해석했다. 이를 통해 사회적 치유에 이바지하길 기대한다. 그게 전부다.

이 책의 마무리인데, 본래 책을 쓰는 과정에서는 소중하지만, 잘려져 나가는 대목이 적지 않았다. 체계를 잡아 쓰다 보니 틀에 들어오지 않으면 하는 수 없이 버려야 한다. 아까운 이삭들이다. 기회에 독자들이 궁금해 할 만한 질문을 떠올려 봤고 이에 스스로 답을 하는 방식으로 이삭줍기를 한다. 무엇보다 저자인 내가 왜 어떤 계기로 이런 작업을 했는지, 작업 과정의 뒷얘기는 무엇인지, 험한 한국사회에서 혹시 보수 우파라는 공격을 받을 경우 어떻게 할지에도 자문자답을 했다. 요즘 같은 창의경영 시대에 박정희가 살아 돌아온다면 어떨지도 가상해봤다.

>> 사람들이 저자인 당신의 출신 지역부터 확인하려 할 것 같다. 일테면 영남사람인지 호남사람인지를……

"대명천지에 그런 것부터 말해야 한다는 게 유감천만이지만 실은 이런 작업을 하기에 내 위치가 썩 좋을지도 모른다. 고향은 충청남도 천안이다. 천안 시내에서 조금 들어가는, 거봉포도로 유명한 입장에서 입장초등학교를 거쳐 천안중학교를 다녔다. 1972년 서울에 유학 왔다. 개신교 미션스쿨인 대광고등학교와 서강대학교를 졸업했다. 학교 졸업해서도 30년 가까이 신문기자 생활만을 했다. 정당이나 시민단체 활동, 그런 건 전혀 없었다."

>> 그동안 펴낸 책들도 주로 음악·출판·학술·사진·지식사회 등 문화 영역이거나 유명한 주먹인 방배추 스토리 등인데, 이번에는 박정희라니 느닷없다.

"저널리스트를 본래 제너럴리스트라고 하지 않던가? 모든 영역을 커버한다는 뜻일 텐데, 그렇다면 박정희야말로 내 영역이다. 그의 사후 30년, 박정희와 그의 시대는 시사時事의 영역이다. 현실정치는 아니지만, 그렇다고 역사로 편입된 것도 아닌 중간이다. 역대 대통령 이야기는 누군가가 동시대의 이야기로, 문화 콘텐츠로 만들어내야 하는데, 어떤 이가 그런 말을 했다. 미국 대통령들은 죽어서도 살아 있지만, 우리 건국의 아버지들과 역대 대통령들은 살아 있어도 죽어 있다고……. 그건 아니다. 사실 사람 얘기만큼 재미있는 게 있던가? 포장된 얼굴 말고 맨얼굴과 인간됨은 그 자체로 감동이다. 토머스 제퍼슨은 인간의 자유와 평등을 주장하면서도 정작 흑인 노예를 소유한 모순된 인물이었으며, 케네디는 대단한 여성 편력의 못 말리는 바람둥이인데다가 각종 병력(病歷)을 숨기려 드는 약점도 가졌다. 이런 사실들을 미국의 후손들은 편안하게 이야기한다. 흠집이 있다면 그것도 지적한다. 우리도 그래야 한다. 대통령 이야기가 턱없는 아동용 위인전 같은 것은 아니지 않던가?"

>> 그건 저널리즘 말고도 학계에서 해야 할 영역이 아닐까?

"물론이다. 외국 같으면 전기작가가 할 것이고, 저널리스트나 대학교수 등이 뛰어들 수도 있을 것이다. 하지만 이번에 책을 쓰면서도 재확인했지만, 요즘 교수들은 너무 좁은 영역에서 활동한다. 철학자 니체의 말대로 '학문 노동자'라는 지적도 그 때문이고, 사실 학문 관료주의의 늪에서 자유롭지 못하다. 심한 말을 해서 유감이지만 내 생각이 그러하다. 삶이 전체이고 통합인 데 비해 그들은 정치학, 사회학, 경제학으로 나누고 쪼개서 본다. 현미경을 들이댄다고 그 시대와 사람 모습이 보일까? 결정적으로 대학교수가 곧 지식인은 아니다. 지식인이란 독립된 마인드로 무장한 위엄 있는 존재다. 서구 지성사가 보여주듯 근대 지식인의 원조는 19세기 소설가 에밀 졸라인데, 시대통념과 싸우고 권력과 드잡이를 하면서 책임 있는 지식인 상을 구현했다. 박정희 책을 쓴다면 앞으로 그런 지식인 그룹에서 나와야 할 것이다. 내 책은 그걸 위한 서장일 뿐이다."

>> 서점에 가보면 박정희를 포함한 역대 대통령 책들이 거의 없던데.

"그게 우리 사회의 현주소라는 게 내 판단이다. 물론 전직 관료들의 증언록이 아주 없지는 않다. 박정희가 그중 많은 편이지만 양과 질에서 만족스럽지 않으며, 더욱이 다른 대통령은 전멸하다시피 했다. 하지만 6070시대는 금박시대라는 이름에 걸맞게 좀 더 치밀하고 풍부한 읽을거리가 필요하다. 평전·전기의 영역으로 들어가면 더욱 문제다. 제대로 된 책이 드물거나 아예 등장한 적도 없으니 주위 사람들에게 좋은 책 한두 권을 추천하기 어렵다. 박정희의 경우 광범위한 취재를 토대로 한 조갑제의 『박정희』(전13권)가 있다. 그 책은 하버드대 한국학연구소장 카터 J. 에커트의 평가대로 "가장 신뢰할 만한 전기"이다. 단 국내에서는 저자 이름만으로 호된 공격을 받거나 외면당하고 있다. 평전으로는 전인권의 『박정희 평전』이 매우 균형 잡힌 책인데, 딱 거기까지다. 그게 전부다. 안타깝다."

>> 그중에서도 왜 당신은 박정희를 선택했나?

"6070시대는 우리 현대사의 청년기에 해당한다. 대한민국의 뼈대와 얼굴 그리고 체질이 이때 형성됐다. 우리 역사를 통틀어 그때만큼의 에너지와 역동성을 연출했던 시기는 없을 것이다. 그걸 이끌어냈던 박정희는 '현대사의 허브$_{hub}$'라서 간단하게 파악되지 않는 인물이다. 태생에서 성장·출세 과정이 모두 그렇다. 지금도 박정희란 이름 석 자에 극도의 반발에서 뜨거운 찬양까지 다양한 반응이 엇살리는 것도 그런 까닭이 아닐까? 지금 이 사회를 갈라놓고 있는 보수–진보의 이념 갈등도 알고 보면 박정희를 둘러싼 판단에서 비롯된다. 그렇다면 그 '문제적 인물'을 우회하지 말고 들여다보고 싶었다."

>> 이런 풍토에서 박정희를 말하는 것은 아직도 금기다. 책을 쓴 당신에게 불이익

이 돌아오지는 않을지…….

"요즘 세상에도 금기라는 게 있나? 빅 브라더가 따로 있단 말인가? 최소한 나는 그걸 받아들일 수 없다. 단 험한 사회 분위기가 신경 안 쓰일 리 없다. 진보연해야 행세하는 지식사회 구조를 알 만큼은 안다. 대충 묻어가는 게 내 개인으로는 이로울지도 모른다. 박정희를 언급한 나는 세상 눈치 모른 채 거꾸로 가는 선택을 했는지도 모를 일이다. 하지만 이제 때가 되지 않았던가? 언제까지 일그러진 틀에 갇혀 살아야 하나? 이 책은 지식인의 허위의식을 여러 차례 언급했다. 한일회담, 월남파병이라는 전략적 결단 앞에 저주를 내리고, 훗날 국독자(국가독점자본주의론) 식반론(식민지반봉건론)의 주문呪文을 외우던 그들이 지금은 민중문화운동이라는 철옹성을 만들었다. 물론 한번쯤은 꼭 필요했던 성찰의 과정이라고 믿고 싶다. 나도 그쪽의 열정에 한때 공감을 했으니까. 문제는 지금이다. 터놓고 말해 그게 한때 통했던 지적 권위라고 치자. 하지만 지금은 사회적 부담이자 짐이다."

>> 이 책을 쓰게 된 계기도 궁금하다.

"여러 가지로 시절 인연이 닿은 건 아닐까? 현대사에 대한 관심이야 본래부터 있었는데, 2005년 선보였던 경제학자 장하준의 『쾌도난마 한국경제』를 본 것이 계기다. 신선했다. 근무하던 중앙일보 지면에 한 면을 다 털어서 소개했다. 진보-보수라는 구분에서 자유로운 그의 접근과 진지함이 인상적이었고, 박정희에 대한 고정관념을 많이 씻었다. 그 2~3년 전 국내 사회과학자 중 내가 가장 신뢰하는 연세대 박명림 교수로부터 박정희에 관한 얘기를 들었는데 인상적이었다. 이 책에도 등장하는 시인 구상과의 아름다운 우정 이야기였는데, 그때 박정희를 새롭게 봐야겠다는 생각을 했다.

분류하자면 나는 리버럴한 축이었다. 75학번 유신세대이고 성향도 진보 쪽에 가까웠다. 그런 연유 때문에 한쪽으로 너무 쏠린 지식사회 분위기를 잘 안다. 하지만 지금의 낡은 풍토를 보면서 '이제는 아니다'는 판단을 굳혔다. 그러다가 몇 해 전 음악애호가 황인용 선생의 소개로 고은선 박사를 만났는데, 본래 국제정치학을 전공한 그의 열정과 지적 관심사에 많은 공감을 했다. 뜨겁게 토론하고 자료를 주고받는 과정에서 박정희 책에 대한 구상이 자연스럽게 자리잡았다."

>> 그래서 박정희를 둘러싼 진보·보수 학계의 논쟁에 지면을 할애했나?

"그렇다. 이 책 포인트의 하나가 그쪽 분석이다. 1970년대 싹을 틔우고 1980년대 이후 지적·도덕적 헤게모니를 쥐고 있는 민중문화운동이 그것인데, 그들의 표적은 항상 박정희다. 하지만 물어보자. 그들은 왜 그렇게 앞 세대, 부모 세대의 삶과 역사에 대해 부정적인가? 그것도 근거 없는 일방적 재단이자 매도이다. 공자 말씀이 생각난다. 『논어』의 「자로」편을 보면 제자 섭공이 스승에게 이렇게 묻는다.

'우리 마을에 매우 정직한 사람이 있는데, 그가 자기 아버지가 양 한 마리를 훔쳤다고 고발했답니다. 이 얼마나 정직합니까?' 공자의 반응은 달랐다. '너희 마을의 정직한 자는 그러하냐? 우리 마을에서 아버지는 아들이 양을 훔친 것을 숨겨주고, 아들은 아버지를 위해 숨겨준다. 이게 우리 마을의 정직이다.' 공자가 말하는 정직이란, 도덕이란 이토록 탄력적이다. 나는 그 말을 치유와 감싸 안음의 재발견이라고 해석한다. 이 책에서도 그걸 강조했다."

>> 그렇다고 부모세대 역사를 무턱대고 끌어안나? 그게 능사일까?

"실제 그대로, 편견과 오해에서 자유로운 박정희와 그의 시대 복원이 목표다. 친일파, 독재자, 지역차별의 원조가 박정희라는 대중적 오해부터 풀면서 시작했다. 그런 것에 발목 잡혀 사람 박정희의 전체 모습에 접근하지 못한다면 서로에게 불행이다. 박정희 삶의 귀중한 블랙박스인 상모리에 대한 관심도 이 책의 논점이다. 박정희의 삶에 대한 일관성 있는 해석의 실마리를 제공했다고 생각한다."

>> **책에 등장하지만 만주군관학교 입학, 일본 육사 졸업 뒤 만주 근무 1년 등도 상모리 원체험과 관련이 있을까?**

"그렇다. 그가 사범학교 시절 그렇게 지독한 슬럼프를 겪었고, 교사 생활 3년을 채우자마자 만주로 달려갔는데, 이것도 상모리 때문이다. 내가 아는 박정희는 시대와의 불화를 그런 식으로 지독하게 겪었고, 낡은 틀을 깨고 싶어 몸살을 앓았던, 예민했던 사람이다. 국가 개조의 꿈과 구체적 방식을 만주 관동군 조직에서 확인했고, 그걸 실행에 옮기는 과정이 훗날 쿠데타였다. 반복하지만 상모리 원체험과 만주체험 없이 정치인 박정희의 탄생은 없다. 이 책에서 일부러 비교작업을 해봤지만, 그런 삶의 행로는 역사의 라이벌인 함석헌·장준하에 비춰 부끄러운 것만도 아니다.

원수처럼 으르렁거렸던 게 프랑스 대통령 드골과 철학자 사르트르 사이라서 이들이야말로 역사상 유명한 칼과 펜의 대립이다. 하지만 그들은 한 시대 같은 꿈을 공유했으나 방법만 달랐던 적대적 파트너로 보는 게 요즘의 대세다. 내 생각이 바로 그렇다. 박정희의 반대편에 있던 함석헌·장준하 그리고 문화계 인사 한창기까지 마찬가지다. 그들은 '다른 이름 같은 꿈'을 꿨던 사람이라는 게 내 시각이다. 때문에 박정희가 '식민화된 청년'에 불과하다는 것도 정말 말도 안 되는 편견이다."

>> 쉽게 말해 인간 박정희에 대한 당신 의견은 어떠한가?

"나는 『삼국지』의 울보 유비와 또 달랐던 '울보 박정희'의 모습에 주목했다. 또 놀라운 예술가적 기질을 가진 시인 박정희의 모습도 그의 맨얼굴의 하나라고 본다. 청탁불문의 호쾌한 술꾼 모습도 매우 인간적이다. 반면 폭력정치, 정보정치를 즐기는 마키아벨리언의 모습까지 인간 박정희가 가진 다양한 모습을 놓치고 싶지 않았다. 확실히 그는 여러 개의 얼굴을 가졌다. 그런데 여기에서 물어보자. 본디 사람이란 게 그렇듯 다면적이고, 중층적重層的이지 않던가?"

>> 책을 보면 유난히 굴곡이 많고 주요 고비마다 새로운 방향을 잡아 삶의 비약을 꾀했던 박정희 삶의 특징을 '단절적 청산'으로 해석하고 있던데…….

"그건 정치학자 전인권의 해석으로부터 암시를 받았다. 우리 현대사가 본디 그렇게 무섭게 출렁댔다. 그레고리 핸더슨의 유명한 말처럼 '소용돌이의 한국정치'가 아니라 '소용돌이의 현대사'다. 박정희는 성장기의 일제 식민지, 청년기의 해방정국·건국, 정치인 입신을 준비하던 한국전쟁·제1공화국을 거치면서 그때마다 급격한 전환과 성장을 거듭했다. 즉 그는 어린이 위인전의 인물들처럼 타고날 때부터 무엇이 되겠고 어떤 삶을 살아야겠다고 결심하지 않았다.

대신 어릴 적부터 원인 모를 몸살, 홍역을 내내 앓았던 인물이고, 삶의 외연이 넓어지면서 그 원인을 자기가 진단하고 스스로 처방했다. 이윽고 방향을 잡아 새롭게 튀어 올랐고, 그게 시대와의 부딪침으로 나타났다. 그의 삶만 그런 게 아니라 정책철학도 마찬가지다. 임기 중후반의 중화학공업 정책과 유신도 그렇다. 본래 만주 체험 당시부터 희미한 윤곽 정도를 갖고 있었지만, 1970년대 초, 그러니까 경제가 어느 정도 올라가며 자신감을 갖게 되는 유신 단행 직후 또 한 번의 비약을 결심하게 된다."

>> 당신 책의 큰 논란거리가 유신체제에 대한 긍정적 재해석인데 오버한 것은 아닐까?

"어떻게 내 얘기가 100퍼센트 맞는다고 보장할 수 있나? 가설의 하나일 뿐이고, 세상에 유통되는 낡은 통념에 의문부호를 달기 위한 것이다. '박정희는 경제개발에는 성공했으나 독재를 해서……' 라는 통념이란 것도 실로 우스운 일이다. 절차적 민주주의라는 것만을 잘 지키고 있으면 개발독재나 장기집권도 없었고 경제개발에도 성공할 수 있었다는 가정도 한가한 소리다. 20세기 다른 나라 역사를 살펴보라.

전 서울대 교수 권태준의 명언에서 암시를 받았지만, 이승만, 박정희 같은 강력한 정치리더가 없었다면 불법, 탈법은 조금 줄었을지 모르나 계속 '약보합세의 국정'이 유지되고 전형적인 라틴아메리카나 동남아 수준에 머물고 있었을 것이다. 지금 누리고 있는 민주주의도 언감생심일 것이다. 동북아 3국의 역학관계를 냉정하게 고려한다면, 1988년 서울올림픽 같은 국제무대 데뷔도 없었고, 그 이전에 대한민국이 공중분해가 되었을 가능성도 한번쯤은 생각해볼 수 있지 않을까? 물론 가정이다."

>> 10·26이라는 비극적 죽음은 책에서 별로 언급하지 않았던데.

"내 책은 전기가 아니라서 어쩔 수 없이 건너뛰었다. 그의 삶과 통치 행위 그리고 현대사를 포괄한 정치 에세이, 현대사 산책이 내 책이다. 물론 중심에는 항상 박정희가 있다. 박정희는 어찌 보면 그다운 죽음을 맞았는지도 모른다. 품위 있는 자연사는 그에게 어울리지 않는다. 무책임한 말로 들릴까 걱정이지만, 10·26은 너무도 극적인 그의 생애에 어울리는 운명적 마무리는 아니었을까하는 생각도 든다.

배신의 칼에 찔려 폼페이우스 조각상 아래서 숨을 거둔 로마 시대 카이사르처럼 드라마틱했다. 대중적 이미지 속의 일본 전국시대 명장들의 스타일에 비하자면, 도요토미 히데요시나 도쿠가와 이에야스도 아니고, 오다 오부나가의 스타일이다. 박정희는 의외로 예술적 기질과 부끄럼을 타는 성격을 가졌지만, 놀랍게도 마키아벨리언의 얼굴을 가졌다. 그 점에서 근대정치의 완성자인데, 뚝심의 오다 오부나가에게도 그런 기질이 많이 있다. 그의 죽음도 그렇지 않나? 부하 아케치 미츠히데의 습격을 받아 나이 마흔아홉에 숨졌다."

>> 요즘은 모든 게 이익집단화된 시대다. 엔지오NGO 등 시민사회가 힘이 있는 시대이고, 협치協治가 중요하다. 이런 시대에 박정희가 살아 돌아온다면 어떨까? '앙코르 6070'이 가능할까?

"그건 아니라고 본다. 박정희는 일단 그 시대의 인물이다. 책 본문에서도 그런 표현을 했지만, 6070시대라는 필름을 되감아 상영해본다고 가정할 경우 똑같은 성취, 똑같은 상황이 나오리라는 법은 별로 없다. 그래서 나는 이 책에 그의 18년 통치가 탄탄대로였다는 식의 가정에 의문부호를 달아봤다. 6070년대는 무수한 시행착오와 승부수의 연속이었는데, 그건 두 번 다시 펼쳐지기 힘들 것이다. 사실 박정희는 대의정치, 선거 같은 절차적 민주주의와 정당정치에도 서툴렀다.

효율과 생산성을 위해 민주주의도 잠시 유보해도 좋다는 정치철학을 가졌던 사람이다. 내 말은 지금처럼 창의경영이 중요시되는 시기, 다양성과 다원주의라는 풍토 속에서 박정희 패러다임은 통하기 힘들다는 얘기다. 자발적 국민통합이라는 측면에서도 볼 때 그 시대는 강압의 분위기가 있었던 것이 사실이다. 때문에 '앙코르 6070'은 환상일 수도 있다. 물론 국정의 방향을 잡고 효율적으로 추진하는 박정희 식 리더십을 오늘의 상황에 맞게 변형시켜 도입하는 것은 얼마든지 가능하다."

>> 자, 책의 끝 대목에서 당신이 보는 박정희의 이미지를 보다 넓은 틀에서 말해보라. 박정희가 과연 한국정치의 지속가능한 모델인지에 대한 견해도 궁금하다.

"친구의 말로 내 마음을 털어놓고 싶다. 홍사종 미래상상연구소 대표가 내 친구인데, 그에 따르면 아카시아는 수입된 수종 중 산림을 황폐하게 만들어 실패한 나무라고들 알고 있지만 그게 사실이 아니란다. 그가 직접 나무 심으며 깨달았고, 국립산림과학원의 정헌관 박사에게 확인한 바로는 아카시아 나무야말로 고마운 수종이다. 뿌리혹박테리아가 있어 비료 없이 자라는데다가 풍부한 나뭇잎으로 결국 비옥한 토양을 만드는 데 일조한다.

따라서 그냥 내버려둬도 성장이 무척이나 빨라서 50년쯤 자라면 제 무게를 견디지 못해 비바람에 뿌리째 뽑혀 쓰러진다. 생명을 다한 뒤에는 숲의 주인인 참나무 등한테 자리를 내어주는 것이다. 황홀한 바통 체인지이자, 불가에서 말하는 성주괴공成住壞空의 이치 같은 게 아닐까? 이뤄진 것은 잠시 머물다가 이내 스러진다는 얘기다. 그가 최근 펴낸 『아카시아 나무에게 권력을 묻는다』는 책에도 그 얘기가 쓰여 있는데, 어쩌면 박정희의 역할이야말로 그런 게 아닐까?

아카시아 나무를 수입해 많이 심은 것도 박정희인데, 어찌 보면 자기 역할과 통치에 대한 훌륭한 은유가 아닐까 싶다. 부국강병을 위한 한시적 역할이 자기의 임무라고 여기지 않았을까? 그가 자기가 무한정 집권하는 영원한 제국을 꿈꿨다고 보기는 힘들다. 그 스스로가 그걸 잘 알고 있었다고 나는 믿는다. 그렇다면 지금 우리의 역할도 분명해진다. 훌륭하게 생명을 다하고 퇴역한 아카시아의 역할을 기억하되, 지금은 보다 다양하고 지속가능한 생태계를 아름답게 꾸미는 것이다. 그게 중요하다."

>> 마무리 대목이다. 책의 대미를 짓는 지금 특별히 덧붙이고 싶은 말이 있나?

"『군주론』으로 유명한 니콜로 마키아벨리가 생각난다. 사람들은 그의 책으로 『군주론』을 기억하지만 그는 고대 로마사에 관한 고전적 저작을 남겼다. 『로마사 논고』가 그것인데 인상 깊은 대목은 정치란, 그 나라의 운명이란 결국은 어떤 지도자를 만나느냐에 따라 달라진다는 지적이다. 공화정, 군주정, 민주주의 등 정치제도 차이와 상관없이 두루 통하는 말이다. 주권재민 원칙의 민주주의 체제를 사는 지금의 우리가 들으면 낡은 발언이지만, 번득이는 통찰력을 부인할 수 없다. 마키아벨리에 따르면 고대 로마의 놀라운 영광이란 건국 이후 잇달아 즉위했던 3인의 지도자에서 비롯된다. 그걸 마키아벨리는 "로마가 만난 거대한 행운!"이라고 강조한다. 용맹했던 로물루스(기원전 753~715년), 40년 넘는 평화를 선물했던 성인 반열의 누마(기원전 715~673년) 그리고 로물루스에 비견할 만한 천부적 재능의 툴루스(기원전 673~641년) 때문에 로마의 기틀이 잡혔고, 후대의 영광이 꽃 피웠다.

만일 그들이 출현하지 않았더라면 초창기에 이웃나라의 먹이가 되었을 것이라는 분석이다. 고대 로마뿐인가? 마키아벨리에 따르면 고대 이스라엘도 그랬다. 다윗은 예지와 용기로 천하를 호령한 뒤 아들 솔로몬에게 왕국을 물려주었다. 솔로몬도 이집트와의 통상을 통해 막대한 부를 쌓았지만 이 유산은 아들 르호보암에게 물려줄 수 없었다. 아들이 형편없이 못났던 탓이다. 건국 60여 년, 아직도 갈 길이 먼 우리가 경청해볼 만한 대목이다. 분명한 것은 좋은 지도자를 만나는 것은 로또 복권 당첨과는 다르다는 점이다. 그 나라는 자기 수준에 맞는 지도자를 선택하기 때문이다. 국민들이 준비하고 깨어 있어야 하는데, 그러기 위해서라도 근·현대사 지도자들의 빛과 그림자를 섬세하게 복기復棋하는 작업은 더없이 요긴하다. 그 점을 독자분들과 함께 음미하고 싶은 마음이다."

박정희, 한국의 탄생

펴낸날	초판 1쇄 2009년 10월 9일
	초판 12쇄 2025년 3월 25일

지은이	조우석
펴낸이	심만수
펴낸곳	(주)살림출판사
출판등록	1989년 11월 1일 제9-210호

주소	경기도 파주시 광인사길 30
전화	031-955-1350 팩스 031-624-1356
홈페이지	http://www.sallimbooks.com
이메일	book@sallimbooks.com

ISBN	978-89-522-1241-2 03900

※ 값은 뒤표지에 있습니다.
※ 잘못 만들어진 책은 구입하신 서점에서 바꾸어 드립니다.